ATLAS HISTORIQUE DE MONTRÉAL

ATLAS HISTORIQUE DE MONTRÉAL

Jean-Claude Robert

ART GLOBAL
LIBRE EXPRESSION

DONNÉES DE CATALOGAGE AVANT PUBLICATION (CANADA)

Robert, Jean-Claude, 1943-

Atlas historique de Montréal

Comprend des réf. bibliogr.
Publ. en collab. avec : Éditions Libre Expression.

ISBN 2-920718-48-7
ISBN 2-89111-525-2 (Libre Expression)

1. Montréal (Québec) – Géographie historique – Atlas.

1. Titre.

G1144.M6S1 1993 911'.71428 C93-097168-X

Cet ouvrage a été publié à l'initiative et sous les auspices de la Fondation Lionel-Groulx.

Une subvention du ministère du Patrimoine canadien a permis la préparation de cet ouvrage.

Comité éditorial :
Suzane Bélanger, Éditions Art Global,
André Bastien et Cécile Masse, Éditions Libre Expression.

Illustration de la couverture :
Vue de Montréal au XIXe siècle.
Lithographie de Cooke Smyth. Photo : Renaud Kasma.

Imprimé au Canada

ISBN 2-920718-48-7 (Art Global)
ISBN 2-89111-525-2 (Libre Expression)
1er trimestre 1994

Sources des illustrations apparaissant dans les introductions des parties 1 à 6 :

La place d'Armes en 1830.
R.A. Sproule. Aquarelle. Collection : Musée McCord d'histoire canadienne, Montréal (M21761), p.10

Armoiries de la ville de Montréal.
Archives de la ville de Montréal, p.12

Détails de la carte de Vallard.
Huntingdon Library, San Marino, CA, pp.14-15

«Carte geographique de la Nouvelle Franse Faictte par le sieur de Champlain» (détails).
Tirée de Samuel de Champlain, Les voyages du sieur de Champlain..., *Paris, 1613, Bibliothèque nationale du Canada, pp.26-27*

Vue de quelques maisons de Montréal et de l'église paroissiale, 1686.
Claude Chauchetière. Archives de la Gironde, Bordeaux, p.34

Élévation de l'Hôtel-Dieu, 1695 (détail).
Gédéon de Catalogne. Collection des religieuses hospitalières de Saint-Joseph de Montréal, p.35

Vue de Montréal vers 1720.
Newberry Library, Chicago, p.46

Montréal vers 1790.
Thomas Davies. Aquarelle. Musée des Beaux-Arts du Canada, Ottawa, p.51

Le port de Montréal, 1839.
James Duncan. Archives nationales du Canada, p.78

Le port de Montréal, 1880.
Archives nationales du Canada(C73278), p.85

Vue de l'ouest de la ville.
Collection Robin Grey. Archives nationales du Canada (C76322), p.120

Le centre-ville vers 1960.
Archives du Canadien National (CN 53723-4), p.125

TABLE DES MATIÈRES

À ma mère, Jeannette Riendeau, et à la mémoire de mon père,
Jean-Paul Robert, Montréalais de naissance et de cœur.

Si de nombreux pays possèdent aujourd'hui leur atlas historique, s'il en va de même pour certaines régions et provinces en Europe et en Amérique, rares sont en revanche les villes ou les métropoles qui peuvent se flatter d'avoir le leur. Ce sera désormais le cas de Montréal, grâce au présent ouvrage.

La Fondation Lionel-Groulx se réjouit d'avoir conçu et mis au point ce projet, dont la réalisation a été confiée au professeur Jean-Claude Robert, de l'Université du Québec à Montréal. L'ouvrage se situait dans le cadre du 350e anniversaire de Montréal : il est finalement heureux qu'il le déborde, puisqu'il en assure ainsi le prolongement, bien au-delà de 1992. D'ailleurs, même s'il peut être conçu à l'occasion d'un événement particulier, un pareil outil est naturellement soumis à une longévité singulière.

Un atlas historique, c'est en quelque sorte l'histoire à la rencontre de la géographie, et la géographie répondant aux questions de l'histoire. Il exprime par excellence la synthèse de deux disciplines sœurs, étroitement associées en cette occurrence, pour le bénéfice non seulement des historiens et des géographes, mais aussi de leurs collègues de moult autres disciplines, notamment les économistes, démographes, sociologues, urbanistes, linguistes, et bien d'autres encore.

Voici donc un instrument entre tous précieux, qui permet de saisir d'un coup d'œil, de mesurer et d'analyser les grandes étapes du développement et des transformations de Montréal sous l'angle de la démographie, de l'économie, de l'urbanisme, de la socio-culture, du système d'enseignement, des transports et des voies de communication. De surcroît, l'atlas est également riche d'enseignements par la qualité des cartes et plans qui en constituent l'essentiel, dont plusieurs remontent aux siècles précédents ou ont été réalisés à partir de documents anciens.

Outre sa valeur d'ordre scientifique et son intérêt pédagogique, l'*Atlas historique de Montréal* est aussi un témoignage d'ordre esthétique et documentaire qui s'inscrit parmi les œuvres que doit posséder toute personne intéressée par l'histoire de Montréal, et plus largement par l'histoire de la Nouvelle-France. Ce n'est pas là un ouvrage destiné uniquement à un public spécialisé; il constitue un instrument de référence et d'information pour l'équivalent contemporain de l'«honnête homme» d'antan (qui serait tout autant «honnête femme», n'était le caractère ambigu de l'expression).

L'*Atlas historique*, qui porte excellemment son nom, rappelle aussi, à qui serait enclin à l'oublier, que notre ville fut d'abord une œuvre française, qu'elle fut ville française pendant près de 120 ans et que pour l'essentiel, le cœur du Montréal historique, le Vieux-Montréal, vit encore selon le premier schéma d'aménagement urbain, le premier tracé des rues dessiné par Dollier de Casson, supérieur des Prêtres de Saint-Sulpice (seigneurs et pasteurs) et ses successeurs.

Venant après *Clés pour l'histoire de Montréal* (la première bibliographie exhaustive, riche de près de 4 000 références) et après *Pour le Christ et le Roi*, l'émouvante et exaltante aventure des premiers Montréalais racontée dans un album somptueux, voici, avec l'*Atlas historique*, la trilogie complète. La Fondation Lionel-Groulx est heureuse d'avoir suscité ces trois ouvrages réalisés sous ses auspices, et qui ont représenté sa contribution au 350e anniversaire de Montréal.

Le livre a pour lui la durée. Celui-ci a également pour lui la nécessité, dans la mesure où il comble une lacune évidente. L'*Atlas historique de Montréal* raconte notre évolution autant qu'il décrit l'aménagement de notre espace : à la rencontre du lieu et du temps, il est aussi bien moyen d'interprétation du passé qu'outil de prospective. Saluons donc comme un acquis et comme une promesse à la fois la parution du premier *Atlas historique de Montréal*.

JEAN-MARC LÉGER
Directeur du Centre de recherche Lionel-Groulx

Les cartes et plans anciens[1] constituent de remarquables documents pour connaître le passé. Ils permettent de saisir plus facilement le cadre concret des transformations, de suivre l'évolution des formes urbaines sur une longue période et, ainsi, de mieux les comprendre et les connaître. Du point de vue esthétique, certains pourraient être considérés comme des œuvres d'art. Aux XVIIe et XVIIIe siècles, cartographes et dessinateurs rivalisaient d'habileté pour produire des œuvres à la facture et aux détails soignés, aux cartouches embellis par des arabesques ou des figures. Cette tradition se poursuivra pendant quelque temps au XIXe siècle, et certains plans de Montréal sont entourés de vues gravées de la ville.

Au cours de ses 350 ans d'histoire, Montréal a suscité l'élaboration d'un nombre impressionnant de cartes et de plans, spécialement à partir du XVIIIe siècle. De toute nature et de toutes tailles, ils représentent des espaces aussi différents que l'archipel de Montréal, une subdivision de terrain, le bornage d'un lot ou, encore, la ville à une grande échelle, avec les contours des rues et des bâtiments. Un inventaire sommaire effectué à partir des fichiers des grandes collections[2] a permis de dénombrer près de 1 500 cartes et plans, auxquels il faut ajouter tous ceux du XXe siècle encore utilisés dans les différents services de la ville de Montréal ou de la Communauté urbaine de Montréal, et dont le nombre est difficile à évaluer. Ce chiffre ne comprend pas non plus les cartes dressées par les services des divers ministères, tant fédéraux que provinciaux. En ajoutant à ces derniers les milliers de plans parcellaires conservés aux Archives nationales du Québec et qui ne concernent souvent qu'un lot, voire une partie de lot[3], cette production atteint un volume considérable.

La quasi-totalité des cartes et des plans produits semble avoir été conservée; néanmoins, certains ont été irrémédiablement perdus. Jean Bourdon (vers 1601-1668), l'un des premiers d'une longue succession d'ingénieurs arpenteurs et de cartographes œuvrant en Nouvelle-France, a dressé une carte de l'île de Montréal en 1637, qui ne fut jamais retrouvée[4]. La correspondance officielle indique parfois qu'un plan a été envoyé en métropole ou qu'il a été annexé à une pièce, sans qu'il ait été conservé dans le dépôt d'archives. D'autres ont été détruits, lors de naufrages ou d'incendies, par exemple, ou encore parce qu'ils ont été volontairement supprimés[5]. Ainsi en est-il pour les plans en relief de Montréal et de Québec que Gaspard-Joseph Chaussegros de Léry (1682-1756) avait confectionnés au XVIIIe siècle. Entreposés à l'Hôtel des Invalides à Paris, leur état de délabrement leur valut d'être finalement éliminés, en 1872[6]. En dépit de ces disparitions, les cartes et les plans de Montréal constituent un corpus documentaire impressionnant, mais souvent difficile à utiliser, en raison de la dispersion des collections, de la dimension ou de l'état de conservation de certaines pièces. La variété des cartes et des plans, ainsi que la relative continuité des thèmes traités d'une époque à l'autre, ont rendu possible la conception de cet ouvrage, et ont permis de préparer une analyse thématique de l'évolution de la ville à travers ses plans anciens. Quelque 75 documents de ce type ont été retenus, et forment le cœur de cet atlas. Ils représentent une sélection des documents cartographiques essentiels à la compréhension de l'histoire de la métropole.

Pour mieux être mis en valeur, ils se trouvent intégrés dans un ensemble de 41 planches, dont chacune traite d'un thème de l'histoire de Montréal pour une période donnée. Chaque planche comporte un ou plusieurs plans, souvent accompagnés de figures. Cependant, les documents cartographiques existants ne couvraient pas tous les thèmes analysés. À la sélection de matériel ancien s'est donc ajoutée la confection, pour cet atlas, de près d'une cinquantaine de plans et de figures permettant d'illustrer des phénomènes pour lesquels il n'existait aucune représentation[7]. Dans quatre cas, il a fallu redessiner certains plans originaux pour faciliter leur lisibilité (planches 27 et 31). D'autre part, les documents cartographiques anciens ne sont pas systématiquement reproduits de façon intégrale, l'objectif de l'atlas n'étant pas de publier un fac-similé en grandeur réelle de chacun des plans; ils sont reproduits partiellement ou en format réduit, selon l'exigence du thème. La couleur a été généralement privilégiée, sauf dans les nombreux cas où les originaux étaient monochromes. Pour le XXe siècle, une photographie aérienne a été utilisée, cette technique étant devenue l'un des principaux instruments de la cartographie moderne.

L'utilisation des plans anciens pose des problèmes particuliers au chapitre de l'interprétation. Trop souvent, malheureusement, ils ne servent qu'à des fins d'illustration, comme agréments d'un texte, ou comme simple moyen de localiser un phénomène dans l'espace. Il s'agit pourtant de véritables sources historiques, qui apportent de nombreux renseignements précis sur un événement et une période donnés, au même titre que des textes manuscrits[8]. Même si l'utilisateur peut avoir l'impression, en les consultant, d'entrer quasiment de plain-pied dans le passé et de suivre en détail l'évolution de la ville, de ses bâtiments et de l'emplacement des grandes institutions, il serait cependant inexact de présenter les plans anciens comme autant d'instantanés sûrs, donnant une image absolument conforme de la réalité de l'époque. Produits à la suite d'un travail d'abstraction, ils peuvent représenter un choix d'éléments d'un paysage retenus par le cartographe, tout comme une norme souhaitée ou, encore, une volonté d'action future.

LE PLAN ANCIEN ET SON INTERPRÉTATION

Quelques exemples illustreront les problèmes d'interprétation que peut rencontrer l'historien. Le plan des premières rues de Montréal de 1672, attribué à François Dollier de Casson (1636-1701), montre un tracé en damier, avec des voies qui se croisent à angle droit (planche 7). Il s'agit cependant d'un véritable plan directeur, qui vise moins à reproduire l'espace urbain tel qu'il existe qu'à orienter son développement : bon nombre de rues sont encore des sentiers serpentant entre les maisons, ou demeurent à l'état de projet, et les autorités seigneuriales doivent rappeler à plusieurs reprises à leurs censitaires de ne pas semer sur l'emplacement prévu pour les rues, et d'en respecter l'alignement pour les constructions. L'observateur non prévenu risque de garder l'image d'un bourg beaucoup plus ordonné qu'il ne l'était en réalité. Durant la première moitié du XVIIIe siècle, Gaspard-Joseph Chaussegros de Léry, ingénieur du roi envoyé en Nouvelle-France en 1716 pour lever les plans des fortifications de Québec, a travaillé à la reconstruction de celles de Montréal; entre 1717 et 1745, il a produit régulièrement une série de plans de la ville qui lui ont servi à présenter ses projets ou à illustrer l'état d'avancement des travaux effectués durant l'année (ceux de 1717 et de 1731 sont reproduits respectivement aux planches 11 et 13). Il s'est souvent contenté de recopier son dessin de base et d'y signaler les progrès accomplis, sans procéder à de nouveaux levés topographiques. Chaussegros de Léry ne s'étant intéressé qu'aux fortifications, ses plans ne montrent jamais bien clairement les faubourgs, dont les développements sont pourtant stimulés par la construction de la muraille. Dans pareil cas, l'interprétation doit tenir compte des intentions du cartographe.

Le plan de James Cane daté de 1846 (planche 21) illustre de façon très détaillée le bâti urbain et le découpage de chacun des lots. Des chercheurs qui l'ont examiné soigneusement y ont toutefois décelé certaines anomalies. En effet, le bâti de la vieille ville, c'est-à-dire l'ancien périmètre fortifié, n'est pas rendu dans le même détail que celui des quartiers. Plus précis dans le cas de ces derniers, le découpage des lotissements indiqué n'y est cependant pas toujours exact, car l'auteur a fait figurer certaines subdivisions qui étaient enregistrées, mais non réalisées sur le terrain[9].

Le fait de découvrir une erreur ou une anomalie sur un plan ne signifie pas pour autant qu'il doive être rejeté dans sa totalité, comme l'illustre l'exemple du travail de John Adams, en 1825 (planche 21). Il s'agit ici d'un plan de très grande qualité, reposant sur des levés topographiques effectués pour l'occasion. Pourtant, l'auteur a choisi de représenter la place d'Armes dans un état différent de celui qu'il avait sous les yeux. En 1825, l'église Notre-Dame était en construction, et la vieille église paroissiale occupait toujours partiellement la place, bloquant en partie la rue Notre-Dame. Sans doute pour éviter que son plan, mis en vente par souscription[10], ne paraisse prématurément démodé, Adams a choisi de représenter la place en n'y faisant figurer que la nouvelle église. Or, l'ancienne ne sera démolie qu'en 1830 et son clocher subsistera jusqu'aux années 1840.

La comparaison de plans successifs pour un même lieu permet de mettre au jour d'autres problèmes. Une équipe d'archéologues a examiné minutieusement la représentation d'une même aire du Vieux-Montréal sur 13 plans des XVIIe, XVIIIe, XIXe et XXe siècles[11]. La représentation de deux éléments faciles à mesurer, soit la longueur d'un segment de la rue Saint-Paul et celle d'un segment de la rue Saint-Sacrement, varie de 12,2 % dans le premier cas et de 8,9 % dans le second. Poursuivant leur analyse, les archéologues font apparaître une marge d'erreur moyenne de 8,7 % des angles d'alignement des mêmes rues à différentes époques.

Ces quelques exemples illustrent les difficultés d'utilisation des plans anciens. Cependant, s'ils sont employés avec un minimum de précautions, ils peuvent nous apprendre beaucoup sur le développement urbain.

LA STRUCTURE DE L'ATLAS

Les 41 planches couvrent l'histoire du site de la ville depuis les glaciations jusqu'à nos jours. Elles sont présentées en six parties, formant autant de périodes chronologiques : Montréal avant Montréal; la fondation de Ville-Marie, de 1636 à 1663; la seconde fondation, de 1663 à 1699; la ville des fourrures et la porte de l'Ouest, de 1700 à 1799; de la ville commerciale à la métropole industrielle, de 1800 à 1899; de la métropole canadienne à la métropole québécoise, de 1900 à nos jours. Le découpage par siècle permet de mettre en lumière d'autres phénomènes que les coupures classiques — et importantes à n'en pas douter — basées sur les phénomènes politiques. Par exemple, l'évolution des structures de la ville et le développement de son économie répondent à d'autres stimulations et obéissent à un autre rythme.

Les introductions qui précèdent les sections présentent un survol des grands moments de chacune des périodes, suivi d'une analyse des faits saillants de l'évolution de la société urbaine et des rapports de pouvoir qui la caractérisent. Les 41 thèmes retenus ne traitent pas de tous les aspects de la vie urbaine, puisque certains n'étaient à peu près jamais représentés; par exemple, la répartition de l'habitat, la densité de la population, la pratique religieuse ou le comportement électoral ne feront l'objet d'aucune cartographie avant le XXe siècle. Le texte des introductions tente toutefois de rappeler les grandes lignes de l'évolution de ces données. Le thème de chacune des planches est présenté de façon succincte et, dans la majorité des cas, le texte qui l'accompagne esquisse le bilan des connaissances sur le sujet et présente les grandes tendances actuelles de la recherche. Lorsqu'un thème particulier a fait l'objet de controverses, celles-ci sont toujours présentées brièvement, pour permettre au lecteur de comprendre les principaux débats et leurs enjeux. Ce choix découle du fait que, dans l'importante historiographie sur Montréal[12], les auteurs ne justifient pas toujours clairement leurs interprétations. Cet atlas devrait permettre de clarifier un certain nombre de débats, en indiquant des pistes de recherche.

MONTRÉAL AVANT MONTRÉAL

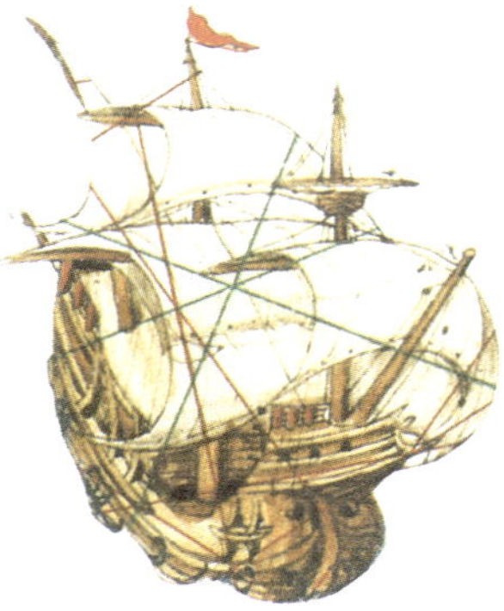

La ville de Montréal est née du Saint-Laurent, et plus particulièrement des rapides de Lachine, qui interrompaient toute navigation continue entre la mer et les Grands Lacs. Dans l'évolution du site, ces deux éléments ont toujours joué un rôle déterminant : le premier en offrant un véritable réseau de voies de communication vers l'intérieur avec ses différents affluents, et le second en obligeant les voyageurs à mettre pied à terre. L'histoire de Montréal commence donc bien avant l'arrivée de Paul de Chomedey de Maisonneuve (1612-1676) en mai 1642, et même avant celle de Jacques Cartier (1491-1557) en octobre 1535. C'est à la dernière grande époque de bouleversements géologiques, à la fin du Quaternaire, lors des dernières glaciations, soit il y a environ 70 000 ans, que remontent la formation et la mise en place des particularités et des qualités du site de la ville. Les mouvements des glaciers transforment alors tout le terrain, modelant les paysages, créant les formes qui existent toujours et réorganisant le réseau de drainage. L'être humain n'apparaît sur le territoire qu'après la fonte des glaciers et l'assèchement de la mer de Champlain. Le peuplement de l'Amérique a été influencé par les conditions climatiques qui ont favorisé d'abord l'installation dans les zones les plus chaudes : les premières populations, originaires d'Asie et ayant traversé il y a plusieurs millénaires le détroit de Béring alors exondé, se sont dirigées vers le sud en empruntant une trouée dans les glaciers.

L'implantation dans la partie nord du continent s'est faite progressivement, car les conditions climatiques et les ressources de la chasse et de la pêche n'ont d'abord été propices qu'aux chasseurs nomades. Les Amérindiens et leurs ancêtres, appelés Paléoindiens, occupent le territoire de la vallée du Saint-Laurent de façon continue depuis environ 6 000 à 7 000 ans. Le changement le plus significatif dans leur mode de vie est l'introduction de l'horticulture, aux environs de l'an mil. Avec cette nouvelle connaissance, l'être humain pouvait en partie s'affranchir des résultats toujours aléatoires de la chasse et de la pêche, et conserver des surplus alimentaires pour des périodes assez longues. La production agricole constituait, en outre, une base d'échanges intéressante entre nations amérindiennes, et permettait une certaine sédentarisation, attestée par l'apparition de villages. L'évolution millénaire des civilisations américaines a été sérieusement perturbée à la fin du XVe siècle et durant le XVIe siècle par l'arrivée des Européens. Les effets de ce phénomène ont cependant été moins importants dans le nord de l'Amérique que dans le sud : les contacts y furent plus pacifiques, les nouveaux venus étant moins nombreux et les échanges commerciaux qui s'instauraient reposant sur une collaboration avec les Amérindiens.

C'est la volonté des puissances européennes de découvrir le monde et d'exploiter ses richesses qui stimule les explorations. Depuis longtemps, l'Europe connaissait les produits de l'Orient, acheminés par la longue route de la soie. Le progrès des connaissances géographiques va permettre des tentatives pour échapper à la tutelle des marchands vénitiens et des musulmans. La mise au point de nouveaux types de navires comme les caravelles, plus adaptées à l'exploration que les lourdes, lentes et coûteuses galères, permet de se rendre beaucoup plus loin et, surtout, de s'éloigner des côtes. La recherche de la route de l'Orient par l'Ouest aboutit, de façon paradoxale, à ce que l'historien Daniel Boorstin appelle la «surprise américaine[13]», car si la rotondité de la Terre permettait de prévoir en faire le tour d'un côté comme de l'autre, la présence d'un continent entre l'Europe et l'Asie était une découverte imprévue.

L'Amérique fait rapidement la fortune de l'Espagne et du Portugal, et suscite de nombreux autres voyages d'exploration parmi les autres pays européens, chacun voulant revendiquer sa part de l'héritage d'Adam, pour paraphraser la formule attribuée à François Ier (1494-1547) et, surtout, espérant trouver de l'or ou des métaux précieux. C'est dans ce contexte que Jacques Cartier entreprend ses voyages; à la recherche de richesses facilement accessibles, dans sa précipitation, il se méprend sur la nature des minéraux qu'il rapporte, ce qui lui vaudra au moins d'enrichir la langue française de l'expression «faux comme diamant du Canada». Ces premiers explorateurs ne sauraient toutefois être assimilés dans leur totalité à des aventuriers dont la cupidité n'aurait eu d'égale que la naïveté. Les hommes de la Renaissance sont également assoiffés de connaissances nouvelles, comme en témoigne leur attention à prendre des notes et à décrire les nouveaux territoires; ils ont laissé un héritage scientifique remarquable, comme en attestent les progrès de la géographie et de la cartographie.

La religion joue également un rôle fondamental dans ce mouvement d'ouverture de l'Europe vers le monde. La grande crise religieuse amorcée avec la proclamation des thèses de Luther (1483-1546) en 1517 n'oppose pas l'incroyance à la croyance, mais bien deux conceptions opposées, et bientôt ennemies, de la vie religieuse, élaborées à partir des mêmes livres saints. Secouée par cette crise, l'Église catholique s'engage dans la Contre-Réforme, qui lui permet de restaurer partiellement son unité, particulièrement sur le plan doctrinal et disciplinaire. Une des dimensions de cette réforme se traduit alors par la renaissance de l'esprit missionnaire et de son triple objectif : la conversion des païens, des hérétiques, et le retour des fidèles éloignés de l'Église. La découverte de territoires inattendus et de populations inconnues ouvre donc de nouveaux horizons et stimule le zèle missionnaire.

Mais, dans une société chrétienne jusque dans sa définition — le roi de France ne porte-t-il pas le titre de «Sa Majesté Très Chrétienne» dans les textes officiels — les valeurs religieuses s'accommodent aisément des autres : les activités commerciales, en particulier, ne sont pas incompatibles avec les objectifs religieux. Cette combinaison de valeurs de nature différente peut faire paraître ambiguës les motivations des premiers explorateurs. Tels sont les éléments qui influencent le climat général dans lequel Jacques Cartier entreprend ses voyages à partir de 1534, jusqu'au second, qui l'amène enfin à explorer le Saint-Laurent jusqu'à l'île de Montréal.

Après les années 1535-1543, les visites ralentissent et sont plus espacées. Les Amérindiens sont devenus hostiles et essaient d'empêcher les Européens de pénétrer à l'intérieur des terres; en dépit de cela, quelques-uns parviennent cependant à remonter le Saint-Laurent. Ainsi, le neveu de Cartier, Jacques Noël, puis ses fils, y ont fait des incursions durant les années 1580. Entre 1578 et 1588, des pêcheurs basques iront au-delà du lac Saint-Pierre[14]. Au moment de l'arrivée de Cartier, le territoire de l'île de Montréal est en partie habité mais, par la suite, il est abandonné et se mue en un véritable *no man's land* entre groupes amérindiens rivaux.

Entre l'échec de la tentative de colonisation de Jean-François La Rocque de Roberval (vers 1500-1560) en 1542-1543[15], et la première visite de Samuel de Champlain (vers 1570-1635) en 1603, l'intérêt pour les colonies diminue beaucoup en raison des guerres de religion en France. Une fois la paix rétablie, dans le cadre de la politique de redressement et d'expansion vigoureusement menée par le cardinal de Richelieu, les explorations reprennent, mais dans une tout autre perspective. La recherche de l'or et de l'argent fait place à des objectifs commerciaux qui s'inscrivent dans le cadre du mercantilisme : les colonies ont pour rôle de fournir à la métropole matières premières ou produits exotiques. Les explorations sont dorénavant financées partiellement par des compagnies, et conduisent à la fondation de l'Acadie en 1604 sur la côte atlantique. Très rapidement toutefois, les avantages de la vallée du Saint-Laurent pour les échanges avec l'intérieur entraînent l'installation de postes permanents à Tadoussac, puis à Québec. Champlain se rend sur l'île de Montréal à plusieurs reprises, y séjournant même assez longuement en 1611. Explorant alors ce qui sera connu sous le nom de pointe à Callière, il projette d'y installer un poste permanent pour exploiter pleinement les avantages du site.

UN CARREFOUR DE VOIES D'EAU

La situation de Montréal présente, d'après tous les auteurs, deux qualités essentielles. L'île se trouve à un carrefour de voies d'eau exceptionnel et au point de rupture de charge sur un grand axe de pénétration fluviale[16]. Ces caractères fondent toute la valeur du site et conditionnent en grande partie son développement.

LES GRANDS SYSTÈMES FLUVIAUX

L'Amérique du Nord comporte trois grands systèmes fluviaux. Deux d'entre eux prennent leur source au cœur du continent : ce sont l'ensemble Mississippi-Missouri et le Saint-Laurent. Le premier mesure quelque 6 230 km, et draine avec ses tributaires un territoire de 3 250 000 km^2, avant de se jeter dans le golfe du Mexique. Le second s'allonge sur plus de 3 000 km, depuis l'extrémité des Grands Lacs jusqu'à l'Atlantique, et irrigue un territoire de 1 400 000 km^2. Le troisième, le Mackenzie, parcourt quelque 4 300 km dans le nord-ouest, avant de rejoindre la mer de Beaufort, dans l'océan Arctique; son bassin s'étend sur 1 820 000 km^2. Quelques autres fleuves complètent le réseau, tel l'Hudson qui prend sa source près des Grands Lacs et se jette dans l'Atlantique. Pour les premiers occupants, le réseau hydrographique sert de système de communication. Ils créent des types d'embarcations adaptés aux diverses conditions, par exemple, dans le nord-est de l'Amérique, le canot d'écorce, principal moyen de transport durant des siècles.

Dans ce contexte, le Saint-Laurent possède des avantages évidents. En premier lieu, son cours permet de pénétrer profondément au cœur de l'Amérique du Nord et, surtout, par le biais de divers tributaires et de portages, il ouvre l'accès aux deux autres bassins. Une fois atteinte la région des Grands Lacs, il devient possible de rejoindre le Mississippi-Missouri et, au nord-ouest, le bassin du Mackenzie. Le Saint-Laurent apparaît donc très tôt comme l'axe central des communications à l'intérieur du continent. Les échanges se faisant à partir de la côte Atlantique, la voie laurentienne est plus commode, parce que rapide et directe. Ses avantages stratégiques se précisent à la faveur du développement du commerce des fourrures, et avec la rivalité politique entre la France et l'Angleterre.

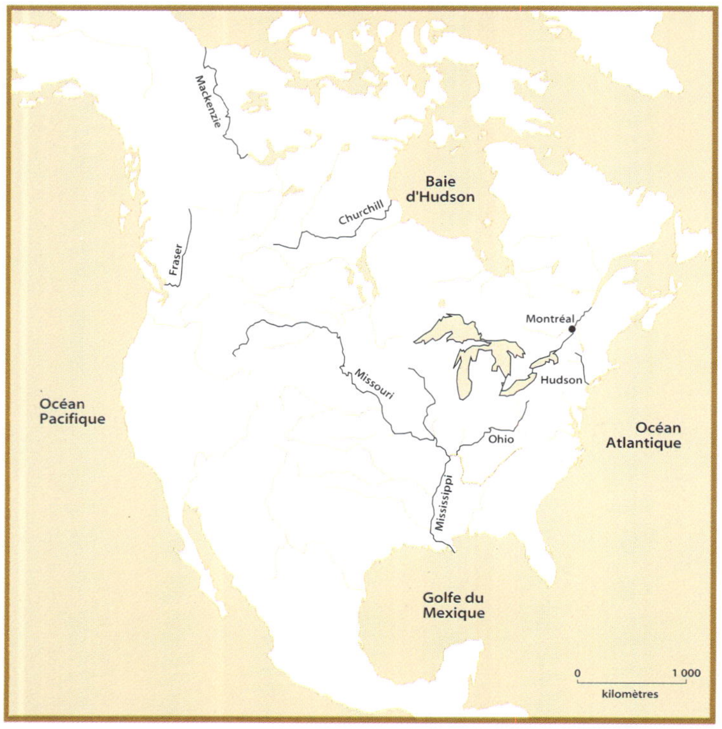

Il est possible de naviguer de façon ininterrompue depuis la mer jusqu'à Montréal mais, vers l'amont, une barrière de rapides interdit tout passage. On appellera d'abord «sault Saint-Louis», puis «rapides de Lachine», cette dénivellation d'une longueur de 10 km où s'engouffrent les eaux du Saint-Laurent, à la sortie du lac Saint-Louis, en chutant de 13 m [17].À cet endroit, il est donc nécessaire de procéder à un portage et à un changement d'embarcation pour avancer davantage; mais, ce verrou une fois franchi, la route vers les Grands Lacs et vers le Nord-Ouest devient relativement aisée, du moins jusqu'aux chutes du Niagara.

Par la rivière des Outaouais, qui prend sa source dans le Bouclier canadien, et en suivant l'un de ses affluents, la Mattawa, les canots bifurquent vers l'intérieur et, par le lac Nipissing et la rivière des Français, rejoignent le lac Huron pour atteindre le point de jonction des Grands Lacs, à Michillimakinac. Ce trajet permet de gagner du temps en évitant un long détour vers le sud et, le cas échéant, de se protéger des ennemis. La rivière des Outaouais mène également vers les territoires de la baie d'Hudson, au-delà du Bouclier. À quelques kilomètres en aval de Montréal, la voie du Richelieu s'ouvre au sud, vers le lac Champlain et le fleuve Hudson. Quatre routes se croisent ainsi à Montréal : celle de l'océan, celle des Grands Lacs, celle du Nord et celle de l'Hudson. L'influence de ce premier réseau est durable car, très rapidement, canaux, routes et chemins de fer doubleront les cours d'eau, accroissant ainsi l'importance stratégique de la ville.

Mais la supériorité de la voie laurentienne, qui permettait d'atteindre assez rapidement l'intérieur du continent, n'est pas suprématie. Elle se maintiendra tant que les communications reposeront sur l'usage du canot, soit jusqu'à la fin du XVIIIe siècle. Mais la possibilité de rayonner en éventail vers l'intérieur assure l'avantage marqué de Montréal dans l'organisation de la traite des fourrures.

UNE ÎLE EN FORME DE BOOMERANG

L'île de Montréal est située à quelque 1 500 km de la mer et forme, avec l'île Jésus, le centre d'un archipel contenant plusieurs îles de moindres dimensions. Elle affecte la forme d'un V, ou d'un boomerang, et mesure près de 52 km de long sur 18 km dans sa partie la plus large.

Deux éléments dominent le relief de l'île : le mont Royal et les terrasses qui s'allongent le long de l'axe du fleuve. La «montagne», comme l'appellent les Montréalais, dresse sa masse de plus de 200 m à peu de distance de la rive du Saint-Laurent. Massif résiduel très ancien, résultat d'une intrusion de roches ignées à l'époque du Crétacé, il partage cette origine avec les collines isolées de la rive sud, les autres Montérégiennes. Élévation de forme irrégulière, plus abrupte à l'est qu'à l'ouest, le mont Royal est formé de

PLANCHE 1

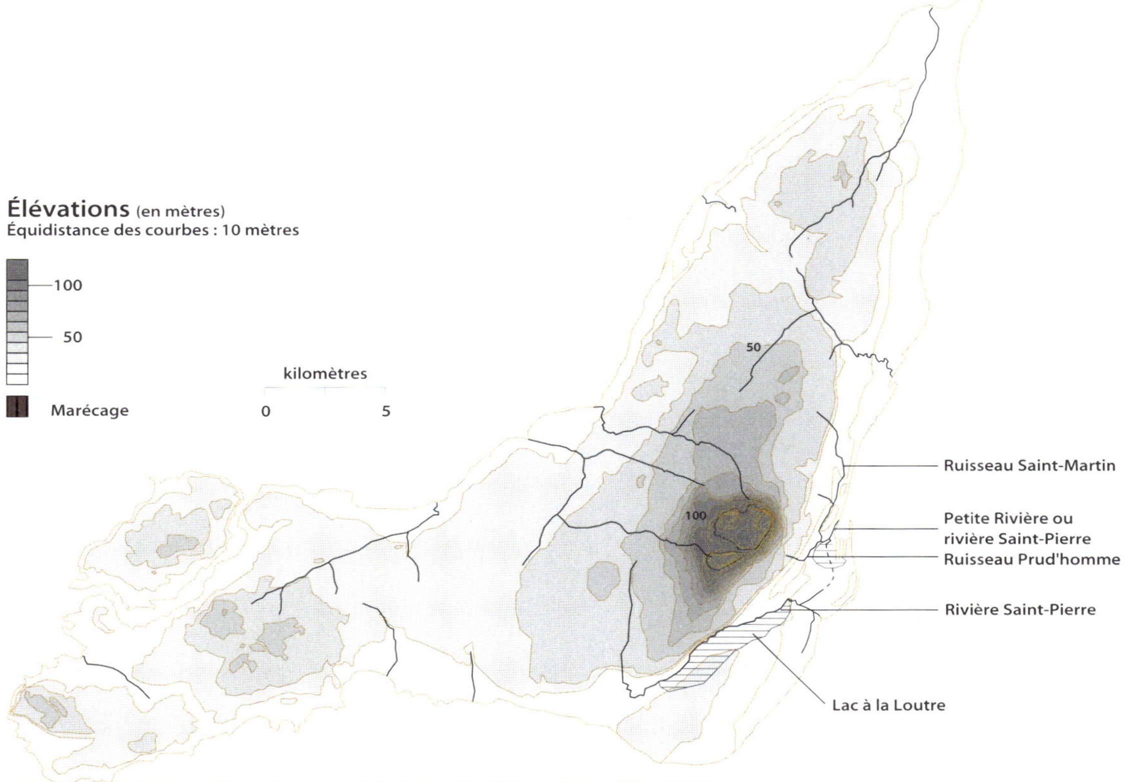

Relief et principaux cours d'eau anciens de l'île de Montréal. Les éléments du relief et les courbes de niveau ont été tracés à partir de données contemporaines. Pour faciliter la lecture de cette carte, certaines parties des cours d'eau importants ainsi que les ramifications des petits affluents n'y sont pas représentées.

Ville de Montréal, Service des travaux publics, Les ruisseaux et les fossés, 1958.

quatre sommets[18]. Bien qu'il constitue le point le plus élevé de Montréal, son influence sur ses premiers développements n'est cependant pas très grande. Les terrasses forment l'autre élément du relief. D'origine à la fois glaciaire, marine et fluviatile[19], elles continuent de marquer le paysage urbain. Les plus connues sont celles qui longent la rue Sherbrooke, la côte du Beaver Hall et le boulevard René-Lévesque, et celle qui correspond à la crête que suit la rue Notre-Dame, dans le Vieux-Montréal actuel.

L'île est drainée par un certain nombre de cours d'eau de faible débit (dont quelques-uns sont plutôt irréguliers), presque tous canalisés aujourd'hui, mais dont le rôle fut important. La rivière Saint-Pierre prenait sa source du côté sud-ouest de l'île et s'épanchait dans un lac peu profond — qui a maintenant disparu — avant de se jeter dans le Saint-Laurent, vis-à-vis de l'île des Sœurs. Le ruisseau Prud'homme descendait du mont Royal et rejoignait le ruisseau Saint-Martin qui, venant du même endroit, contournait en partie l'emplacement du Vieux-Montréal avant de se jeter dans le fleuve, à la pointe à Callière. Auparavant, ces deux derniers cours d'eau se rejoignaient dans un marécage, du côté de l'actuel carré Chaboillez. Dès le XVIIe siècle, une branche secondaire de la rivière Saint-Pierre, qui drainait vraisemblablement ce dernier marécage, a été canalisée, pour rejoindre le cours de la Saint-Martin et se jeter dans le Saint-Laurent à la pointe à Callière. Depuis le XVIIIe siècle, on l'appelle la «petite rivière» ou la «rivière Saint-Pierre»[20].

UNE POINTE SITUÉE ENTRE DEUX ZONES DE TURBULENCE

Le site de la ville a été déterminé par la proximité des rapides de Lachine mais également par les caractères favorables du relief. L'agglomération s'est fixée sur le bord du fleuve, entre deux zones de turbulence. Terminus du portage de Lachine, la pointe à Callière présente des qualités évidentes : les remous des rapides s'y calment, permettant la mise à l'eau des canots, tandis que, en aval, elle forme un petit havre naturel abrité du courant Sainte-Marie.

Face au risque d'inondations périodiques de l'hiver et du printemps, les premiers colons ont rapidement choisi de s'installer une dizaine de mètres au-delà, soit sur le bourrelet aujourd'hui couronné par la rue Notre-Dame, qui se terminait à l'est[21] par une éminence appelée «coteau Saint-Louis»[22]. Sur cette pente plus élevée, les bâtiments étaient à l'abri des inondations et, de plus, cette position offrait un intérêt stratégique évident : la crête, entourée d'eau sur trois côtés et dotée d'une forte élévation, favorisait la surveillance des environs. Dès le XVIIIe siècle, la ville commencera à déborder par rapport à son emplacement d'origine qui forme toujours le vieux centre, berceau de Montréal.

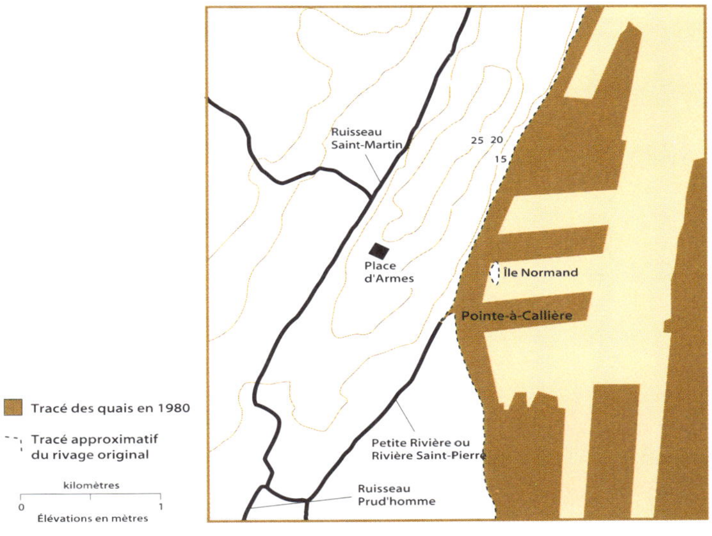

DES GLACIATIONS À LA MER DE CHAMPLAIN

Le site de Montréal a connu de nombreuses transformations au cours de son histoire géologique, parmi lesquelles une invasion marine durant l'ère primaire, et des intrusions ignées durant le secondaire. Mais les bouleversements les plus importants pour l'histoire de la ville sont encore les plus récents, qui ont déterminé les traits du paysage tels que les premiers occupants les ont trouvés et qui demeurent en grande partie ceux que nous connaissons.

LE REMODÈLEMENT DES GLACIERS

À travers sa longue histoire, la Terre a connu plusieurs épisodes glaciaires plus ou moins longs. Toutefois, le plus récent, celui du Quaternaire, a laissé le plus de traces dans le paysage en modifiant complètement les formes et le réseau de drainage. Cette période d'environ 1,6 million d'années[23] compte elle-même un certain nombre de glaciations, chacune suivie d'un mouvement de retrait des glaciers vers le nord. La dernière en Amérique du Nord, appelée wisconsinienne, a duré près de 70 000 ans. L'étendue de la nappe de glace a fluctué, mais elle a atteint sa superficie maximale il y a environ 20 000 ans, et couvrait alors la quasi-totalité du territoire canadien — on avance la proportion de 97 % incluant à peu près tout le Québec[24].

La masse de glace n'est pas d'un seul tenant : on distingue plusieurs calottes qui se développent et évoluent à des rythmes différents. L'épaisseur de la glace est également variable, pouvant atteindre jusqu'à 4 000 m par endroits. La succession d'avancées et de reculées d'une telle masse entraîne un remodèlement de la morphologie du terrain, le glacier creusant des lacs ici, poussant des débris ailleurs, et comblant des dépressions. Tout le territoire aura donc été laminé. Il y a 15 000 ans, cet amoncellement de glace commence à fondre, se fractionnant en calottes distinctes et se retirant graduellement vers le nord ou vers les sommets les plus élevés[25]. L'eau de fonte s'accumule alors dans de vastes lacs proglaciaires.

UNE TERRE ENVAHIE PAR LES EAUX

La mer de Champlain résulte de deux phénomènes : d'une part l'enfoncement du continent sous le poids des glaciers et, d'autre part, la fonte relativement rapide de la glace. Les terres se retrouvent donc pendant quelque temps à un niveau inférieur à celui de la mer et sont envahies par ses eaux.

Cette irruption a eu lieu il y a environ 12 000 ans, alors que la mer se mêle aux eaux d'un lac proglaciaire. L'archipel de Montréal est dégagé des glaces pour se retrouver enfoui sous plusieurs mètres d'eau. Seuls émergent les sommets des collines Montérégiennes, dont celui du mont Royal. Les eaux atteignent les vallées des rivières Rouge et du Nord dans les Laurentides, qui prennent alors l'allure de fjords[26]. La mer de Champlain a une configuration variable selon les époques : à son origine, la mer touchait le front du glacier, alors situé vis-à-vis de l'axe du Saint-Laurent actuel, puis il est remonté graduellement, jusqu'à atteindre le sommet des Laurentides. La superficie maximale de la mer de Champlain[27] compte environ 55 000 km². Cette mer boréale fut probablement longtemps parsemée de banquises qui se détachaient des bords du glacier[28].

Les dernières glaciations, il y a environ 20 000 ans. L'amorce de la trouée à travers les glaciers permettra aux premiers humains d'aller vers le sud.

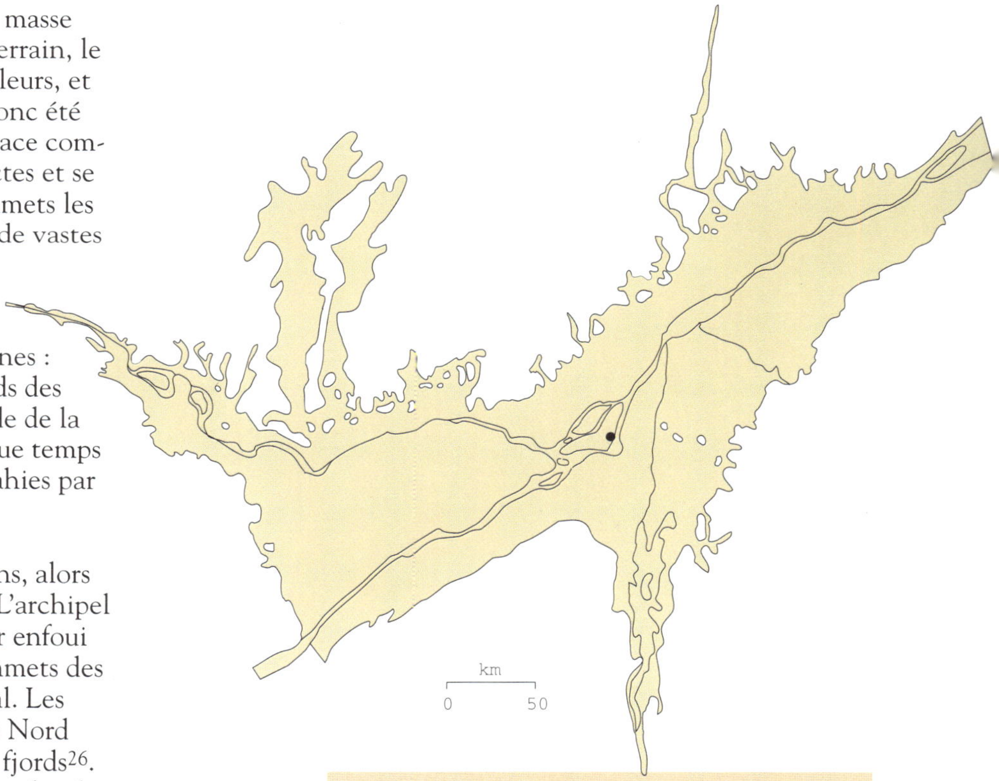

Tracé de l'aire maximale occupée par la mer de Champlain.

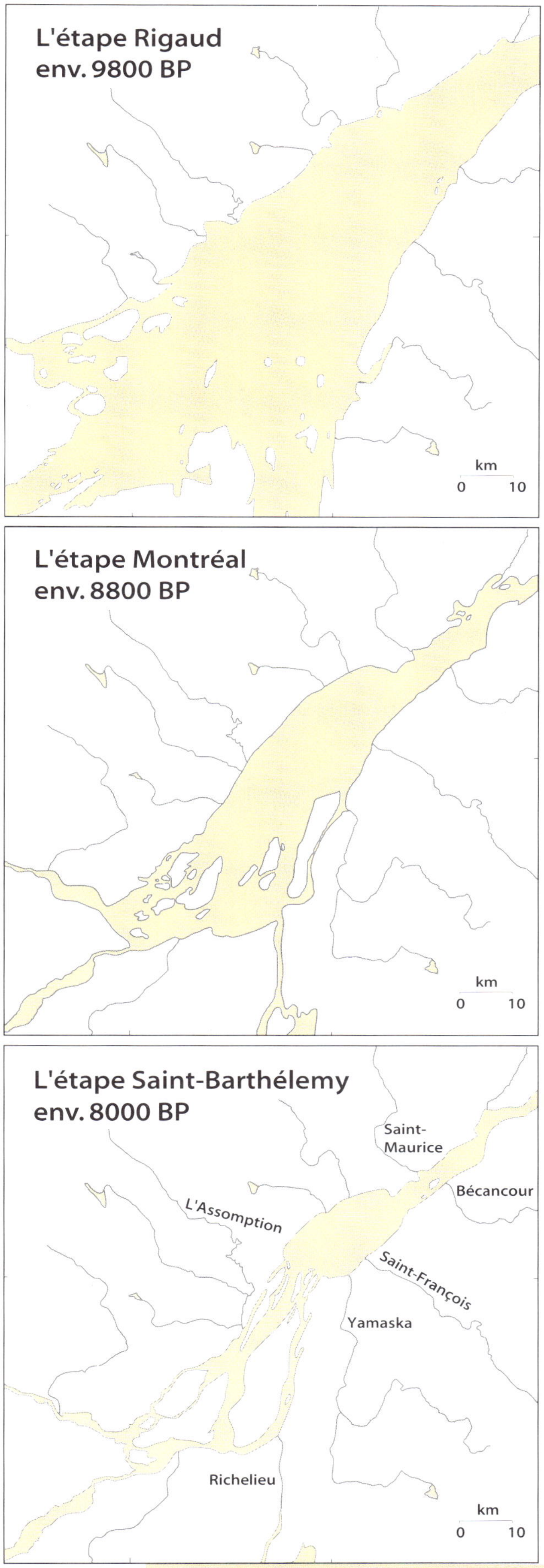

De la mer de Champlain au Saint-Laurent.

Le relèvement isostatique rapide entraîna également des changements : le continent, libéré du poids des glaciers, s'est relevé, d'abord au rythme de plusieurs mètres par siècle, évolution qui a sensiblement ralenti par la suite[29]. La salinité des eaux est inégale et instable. La partie orientale, en contact avec la mer, est plus salée que la partie ouest, qui reçoit constamment de nouvelles eaux de fonte. Cela ne l'empêche pas d'être fréquentée par une faune marine très diversifiée, comme en témoigne la présence de nombreux ossements de baleines et de phoques retrouvés[30].

L'ÉTABLISSEMENT DU SYSTÈME FLUVIAL

La mer de Champlain ne dure que 2 000 ans environ. Il y a 10 000 ans, un lac d'eau douce, le lac à Lampsilis, l'aurait remplacée. Le relèvement constant du continent avait fini par interrompre l'arrivée de l'eau salée. Graduellement, l'écoulement des eaux vers la mer s'accélère, la taille des lacs diminue et le cours du Saint-Laurent, tel qu'il est connu à la période historique, prend forme. Une étude de 1967 a permis d'identifier trois rivages successifs, présentant autant d'étapes de l'évolution de cette masse d'eau. Le plus ancien (9800 BP)[31], le rivage de Rigaud, culmine à 70 m et détermine un bassin encore assez vaste. L'archipel de Montréal est alors toujours submergé. Il émerge partiellement au niveau subséquent, appelé rivage Montréal, suivant l'altitude de 30 m. Le coteau Saint-Louis est sans aucun doute la seule partie du Vieux-Montréal se présentant hors de l'eau, formant ainsi une île distincte[32].

Le réseau hydrographique commence à se ramifier à la faveur du retrait des eaux. Sur la rive nord, le tracé des rivières est à peu près déterminé, tandis que sur la rive sud le cours du Richelieu est en pleine évolution; une terrasse qui émerge forme une île que contourne un chenal estuarien, et qui deviendra éventuellement le lit du Richelieu. En amont sur le Saint-Laurent, le lac Saint-François est déjà formé. L'archipel de Montréal est encore largement submergé et traversé par des chenaux estuariens, notamment par la future vallée de la rivière Saint-Pierre.

Le dernier rivage, celui de Saint-Barthélemy, est daté d'environ 8000 ans BP et atteint la cote de 15 m. L'archipel a presque entièrement émergé et le Vieux-Montréal est rattaché à l'île. Le réseau hydrographique a continué à évoluer. Les rapides de Lachine sont apparus, ainsi que le lac Saint-Louis. Les rivières ont quasiment toutes trouvé leur lit, à quelques exceptions près, comme les rivières L'Assomption et Richelieu. Cette dernière aboutit encore dans un bras du Saint-Laurent. Par la suite, le niveau des eaux continue à baisser et les rivières prennent graduellement leur cours définitif. Le Saint-Laurent coule au milieu d'un vaste marécage, lentement drainé par des chenaux. Ceux-ci, qui marquaient encore l'entrée du lac Saint-Pierre, disparaissent ensuite en partie, laissant apparaître les îles. Le Saint-Laurent est maintenant en place. L'effet des marées est encore perceptible à l'entrée du lac Saint-Pierre, comme l'unique trace d'activité marine subsistant. Imperceptiblement, conditions climatiques et végétation se modifient. La toundra fait place progressivement à des érablières et les conditions deviennent propices à l'établissement des humains[33].

LES PREMIERS OCCUPANTS

La première occupation de l'île de Montréal remonte à quelques millénaires. La recherche sur l'histoire des populations amérindiennes anciennes a connu un regain d'intérêt depuis une vingtaine d'années et présente l'image d'une mosaïque de sociétés relativement complexes, organisant leur espace et entretenant des relations entre elles.

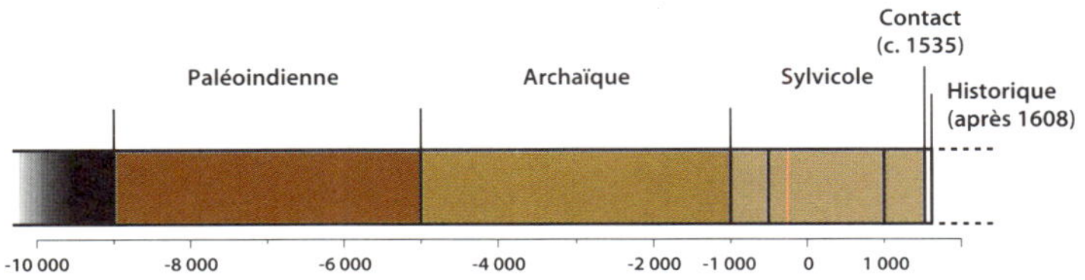

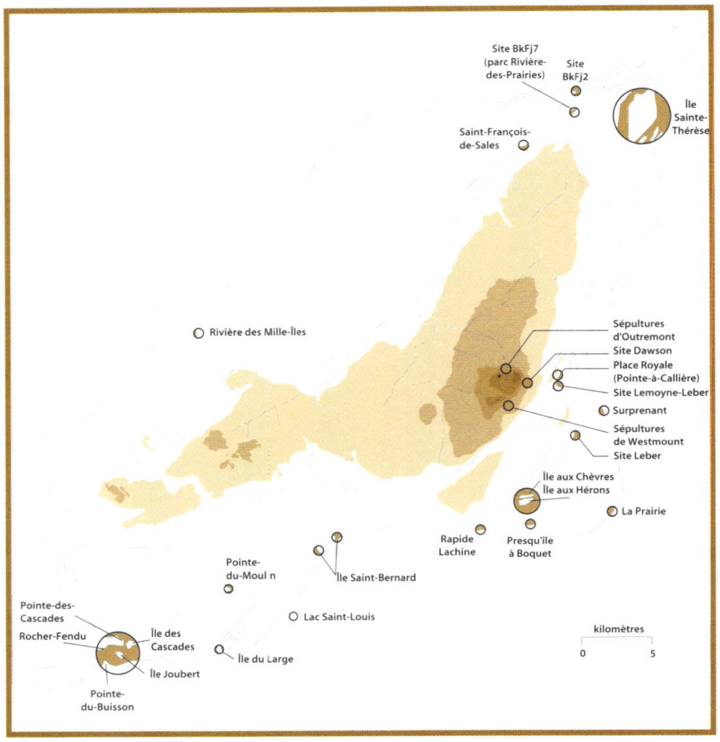

LA PRÉHISTOIRE AMÉRINDIENNE

Les archéologues et les préhistoriens divisent le temps compris entre la fin des glaciations et la première occupation européenne en trois âges : ce sont le Paléoindien (9000 à 5000 av. J.-C.), l'Archaïque (5000 à 1000 av. J.-C.) et le Sylvicole (1000 av. J.-C. à la période de contact avec les Européens, vers 1535 par convention)[34]. Une autre étude y adjoint deux autres phases, celle du contact proprement dit, et celle du début de l'occupation européenne (1608), appelée historique[35].

Les Paléoindiens seraient arrivés par la Béringie, ce pont terrestre ayant existé entre l'Asie et l'Alaska au moment des glaciations; ils seraient descendus vers le sud en empruntant un corridor libre de glace ouvert à l'est des Rocheuses. Les premières migrations pourraient dater de quelque 25 000 à 30 000 ans[36], mais le moment le plus probable se situe avant 12 000 ans[37]. L'installation des humains était impossible avant le retrait des eaux et l'assèchement minimal des terrains, si bien que jusqu'à présent les seuls vestiges de cette époque ont été retrouvés dans des îles du lac Saint-François, en amont de l'archipel de Montréal. Il s'agissait sans doute de chasseurs de gros gibier, de caribou probablement, à cause du climat subarctique de cette époque[38].

Les vestiges de l'Archaïque sont abondants au Québec, beaucoup moins dans l'île de Montréal. Des chasseurs et des pêcheurs, premiers occupants permanents de la région, vivent à proximité des rivières et des plans d'eau. Ils seraient arrivés il y a 7 000 ans et auraient occupé la plaine laurentienne il y a 6 000 ans[39]. Leurs campements commencent à peine à être repérés grâce à des fouilles récentes[40]. La dernière période, le Sylvicole, est mieux connue. L'abondance des sites et des cultures identifiés a amené les archéologues à la diviser en trois époques : le Sylvicole inférieur (1000 à 400 av. J.-C.), le Sylvicole moyen (400 av. J.-C. à 1000 ap. J.-C.) et le Sylvicole supérieur (1000 à 1535). La plupart des sites archéologiques datent de cette époque[41]. Le Sylvicole est caractérisé par l'introduction de l'horticulture et de la poterie qui bouleversent les conditions d'existence.

LES SITES D'OCCUPATION HUMAINE

Jusqu'aux années 1960, l'archéologie amérindienne était le domaine de quelques amateurs éclairés. Au début des années 1970, le réexamen par l'archéologue James F. Pendergast et l'anthropologue Bruce G. Trigger des artefacts du site Dawson et de l'ensemble des travaux existants suscitent l'intérêt[42]. Mais les recherches menées par des archéologues professionnels ont commencé beaucoup plus tard, de fait durant les années 1980[43].

Les enquêtes sont menées dans des conditions difficiles : l'île de Montréal et son périmètre sont presque complètement urbanisés. Les sites datent surtout du Sylvicole, mais l'Archaïque est également représenté. Il s'agit essentiellement de lieux de passage, de campements saisonniers utilisés régulièrement, plutôt que de villages, en particulier dans l'île même, où les vestiges sont relativement peu nombreux[44]. L'emplacement découvert par John William Dawson (1820-1899) (voir planche suivante), sans contredit un village, fait exception. La répartition des fouilles le long du Saint-Laurent indique la pérennité et l'importance de la circulation sur le fleuve. L'absence d'agglomération pourrait signifier que le centre de gravité démographique des populations préhistoriques se serait trouvé davantage vers l'amont, du côté des Grands Lacs.

LES IROQUOIENS DU SAINT-LAURENT

Le groupe des Iroquoiens du Saint-Laurent[45] occupe une place centrale dans les enquêtes archéologiques; d'une part à cause de son rôle dans l'histoire des contacts avec les Européens et, d'autre part, parce qu'il représente une étape fondamentale dans l'évolution des modes de vie amérindiens[46].

L'origine et la filiation des Iroquoiens du Saint-Laurent ont fait l'objet de multiples débats. Au début, on cherchait surtout à les relier à des populations amérindiennes du XVIIe siècle. Aujourd'hui, l'hypothèse généralement admise voudrait qu'ils se soient développés sur place, à partir de populations amenées par une migration très ancienne, remontant à l'époque archaïque[47]. Vers 2500-2000 av. J.-C., des Proto-Iroquoiens s'installent dans la vallée du Saint-Laurent. Nomades, vivant de chasse, de pêche et de cueillette, ils subissent, vers 1000 av. J.-C., une première mutation, avec l'adoption de la poterie, dont l'examen a permis d'établir des similitudes, et peut-être des influences, entre les groupes laurentiens et ceux de la région des Grands Lacs et de l'État de New York.

La culture du maïs commence à s'implanter vers le VIIIe ou le IXe siècle, mais c'est à partir de l'an 1000 que s'achève la transition vers une société horticole. La diffusion de l'agriculture se fait toutefois progressivement, en suivant le Saint-Laurent de l'amont à l'aval[48]. Cette nouvelle activité, exercée par les femmes, permet aux Iroquoiens du Saint-Laurent de s'affranchir en partie de la dépendance de la cueillette et de la chasse. Elle entraîne des modifications dans l'habitat, avec le développement de villages entourés de palissades, ainsi que des transformations dans la structure sociale, en particulier l'émergence des lignages maternels. Vers 1300, le mode de vie des Iroquoiens du Saint-Laurent est semblable à celui des Hurons et des Iroquois des Cinq Nations[49].

Traditionnellement, la répartition géographique des Iroquoiens du Saint-Laurent se divise en trois aires : une première, centrée sur le lac Ontario et le haut Saint-Laurent, une deuxième autour de Montréal, et une troisième, polarisée sur Québec. L'anthropologue Bruce G. Trigger identifie ces deux derniers groupes comme les Hochelaguiens et les Stadaconiens[50]. Des travaux récents, suggèrent un nouveau découpage basé sur l'existence de distinctions culturelles, répartition ternaire, mais joignant Montréal à l'aire touchant le lac Ontario et mettant l'accent sur l'aire centrale, autour de Trois-Rivières[51].

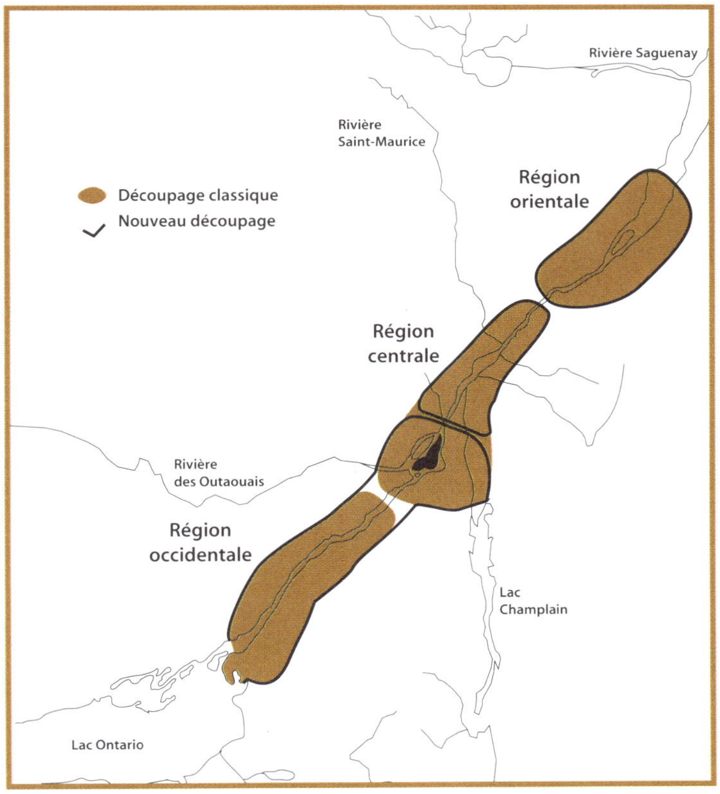

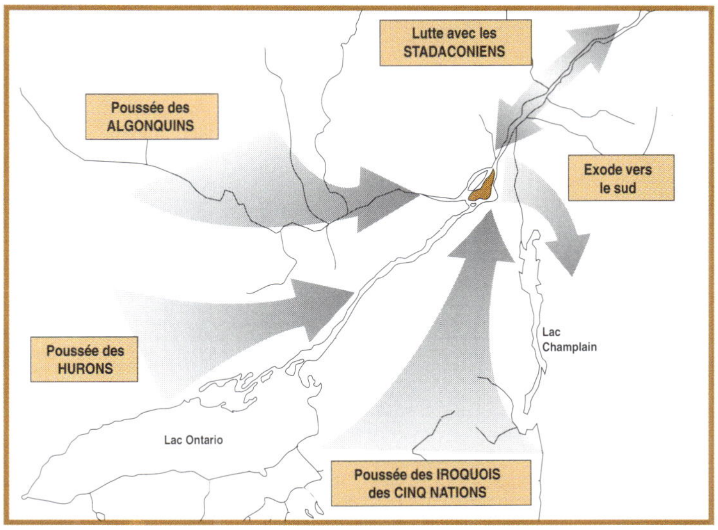

LA DISPARITION DES IROQUOIENS DU SAINT-LAURENT

Entre la visite de Jacques Cartier en 1535 et celle de Samuel de Champlain en 1603, Hochelaga et Stadaconé semblent s'être volatilisés. Lorsque Champlain retourne à Montréal en 1611, sa description fait état de prairies anciennement cultivées, mais aucun vestige d'Hochelaga n'est plus visible.

De nombreuses hypothèses tentent d'expliquer la disparition des Iroquoiens du Saint-Laurent. Trois causes distinctes sont mises en avant : la conquête, puis la dispersion ou l'assimilation des Iroquoiens du Saint-Laurent par des groupes divers, hypothèse développée de nombreuses fois depuis les écrits de Samuel de Champlain et de Marc Lescarbot (vers 1570-1642) au XVIIe siècle[52]; puis viennent les épidémies, qui auraient décimé la population et, enfin, une série de récoltes calamiteuses qui auraient forcé les Iroquoiens du Saint-Laurent à descendre vers le sud.

Une combinaison de facteurs serait une explication plus probable. L'anthropologue Claude Chapdelaine évoque la possibilité d'un scénario composite où des Hurons évinceraient les Iroquoiens du Saint-Laurent en amont de Montréal, tandis que les Hochelaguiens seraient chassés par les Agniers (Mohawks) et que les Stadaconiens seraient victimes des pressions des Iroquoiens (Hochelaguiens, Agniers ou Hurons) ou des Algonquiens (Micmacs ou Etchemins)[53]. Leurs motivations ont également fait l'objet de bien des controverses. Pour Bruce G. Trigger, l'approvisionnement en produits européens serait à la base des rivalités pour le contrôle des voies d'accès[54], ce que conteste John A. Dickinson[55]. D'autres auteurs voient plutôt la conquête et l'absorption éventuelle des Iroquoiens du Saint-Laurent comme le résultat de luttes séculaires entre nations dans le Nord-Est américain, qui auraient culminé avec l'arrivée des Européens[56]. Déjà avant le XVIe siècle, les Hurons avaient refoulé les Iroquoiens du Saint-Laurent vers le cours supérieur du fleuve[57], et Cartier avait signalé les relations hostiles des Stadaconiens avec certains autres groupes[58]. Ce phénomène a grandement facilité l'installation des Français au XVIIe siècle dans la vallée du Saint-Laurent, qui était alors devenue une sorte de *no man's land*, une zone tampon entre différentes nations.

LES PREMIERS VISITEURS EUROPÉENS

Les relations de voyage de Jacques Cartier apportent le premier témoignage de la visite d'un Européen dans l'île de Montréal en 1535 et en 1541, ainsi que les seules descriptions connues des Iroquoiens du Saint-Laurent. Un autre siècle s'écoulera avant que les Européens ne s'installent dans l'île de Montréal, à demeure cette fois. Mais entre-temps, de nombreux autres explorateurs s'y rendront : Jean-François La Rocque de Roberval en 1543, le neveu de Cartier, Jacques Noël, accompagné de ses fils, durant les années 1580, des pêcheurs basques demeurés anonymes et, finalement, Samuel de Champlain, qui fait plusieurs séjours dans l'île à partir de 1603. Ces multiples explorations s'accompagnent d'un remarquable essor de la cartographie, qui s'enrichit des progrès de la connaissance des terres nouvelles.

LES VOYAGES DE CARTIER ET DE ROBERVAL

Jacques Cartier ramène, de son premier périple de 1534, les deux fils du chef iroquoien Donnacona (mort vers 1539), qui lui font part des richesses d'un royaume du Saguenay se trouvant vers l'amont du grand fleuve. En 1535, de retour dans l'estuaire, Cartier se dirige rapidement vers Stadaconé, où il retrouve Donnacona et les siens. Il souhaite vivement remonter le Saint-Laurent, mais ses hôtes font tout pour l'en empêcher : refus de l'accompagner, menaces plus ou moins voilées, simulation d'une intervention surnaturelle, tous les moyens sont employés pour l'en dissuader. Les Stadaconiens désirent sans doute continuer à contrôler l'accès vers l'intérieur.

Parti de Stadaconé avec l'un de ses trois vaisseaux, l'*Émérillon*, ainsi que deux barques, Cartier remonte jusqu'à un lac peu profond, qu'il nomme «lac d'Angoulême» et que Champlain rebaptisera plus tard «lac Saint-Pierre». Le bateau ne pouvant remonter plus loin[59], il poursuit son périple avec des barques et, le 2 octobre, il aborde enfin dans l'île de Montréal où une foule l'attend. Le lendemain, il se met en marche avec sa troupe vers Hochelaga; il y est reçu cérémonieusement et, à partir de là, il gagnera le sommet du mont Royal. Ayant constaté l'ampleur des rapides, il rebrousse chemin et retourne à Stadaconé, puis en France. En 1541, dans le cadre d'une expédition dirigée par Jean-François La Rocque de Roberval et dont le but est, cette fois, d'atteindre le royaume de Saguenay et ses

richesses, il repasse par Montréal pour effectuer une reconnaissance approfondie des rapides; son récit ne mentionne pas Hochelaga, mais une ville appelée Tutonaguy, ainsi qu'une seconde ville, qu'il ne nomme pas. Le nom de Hochelaga s'appliquerait-il à une région, à une population, ou s'agirait-il plutôt d'une île, comme semble l'indiquer la carte de Vallard de 1547? Tutonaguy serait-il le véritable nom du village amérindien? Celui-ci aurait-il plusieurs noms ou s'agirait-il d'un autre bourg?

Le débat reste ouvert, en raison de l'imprécision des textes[60]. Cartier retourne en France assez précipitamment, les relations avec les Stadaconiens s'étant détériorées. Deux ans plus tard, La Rocque de Roberval, en l'absence de Cartier, rentré sans son autorisation, remonte lui aussi jusqu'à Montréal, d'après une inscription apparaissant sur une carte de 1550, la mappemonde de Pierre Desceliers (vers 1500-après 1558), mais les circonstances de son séjour demeurent inconnues[61] et il repart la même année. Par la suite, quelques visites sporadiques sont signalées, en particulier celle de quelques pêcheurs basques[62], mais elles ne laissent pas de traces manuscrites remarquables.

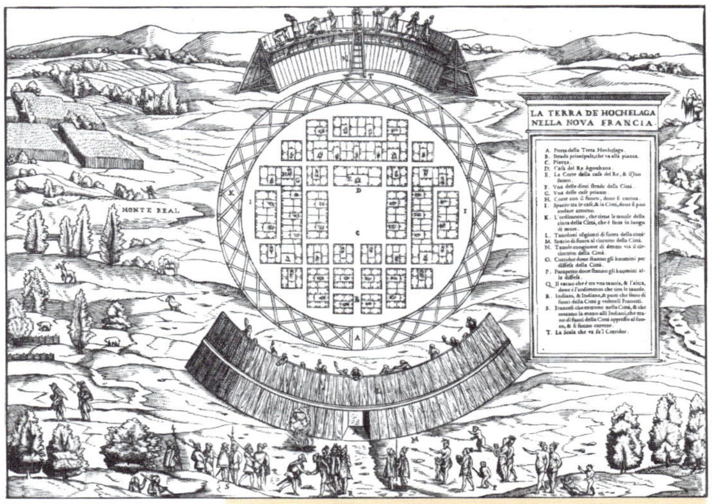

«La terra de Hochelaga nella Nova Francia.»
Bibliothèque nationale du Canada.

Les notes prises au cours des expéditions vers le Nouveau Monde par les premiers explorateurs ont permis le progrès de la cartographie. Ainsi, la carte dite de Vallard – portant le nom d'un de ses premiers propriétaires – réunit des données apparaissant sur d'anciennes cartes et d'autres résultant des explorations de Jacques Cartier. L'auteur a illustré l'arrivée et l'installation des premiers Européens, probablement le groupe de Cartier ou de Roberval. Orientée vers l'équateur et non vers le pôle nord, cette carte est attribuée à l'école de Dieppe.
Huntingdon Library, San Marino, Californie.

Les explorations de Cartier et de Roberval ont permis de reconnaître en partie les lieux, comme en témoigne la cartographie, mais beaucoup d'éléments importants restent inconnus, notamment le fait qu'Hochelaga et/ou Tutonaguy soient situés sur une île.

LE VILLAGE D'HOCHELAGA

Selon la coutume iroquoienne, le village d'Hochelaga est entouré d'une palissade et situé à quelque distance du fleuve (5 à 8 km)[63]. Il compte une cinquantaine de maisons longues, faites à partir d'une ossature de bois recouverte d'écorce. Chaque maison loge plusieurs familles et sert également d'entrepôt pour la nourriture. Au cœur du village se trouve une place où Cartier et ses compagnons rencontrent la population, estimée à l'époque à quelque 1 500 personnes[64].

Plus ancienne représentation connue d'une ville d'Amérique du Nord (outre le Mexique), *La Terra de Hochelaga nella Nova Francia* paraît en 1556 avec la traduction italienne des voyages de Cartier par Giovanni Battista Ramusio (1485-1557), et serait l'œuvre de Giacomo Gastaldi[65]. La fidélité et la qualité du plan ont fait l'objet de controverses[66]. Il ne s'agit pas d'un document cartographique dressé à partir de croquis du terrain et de notes, mais du résultat d'une reconstitution dessinée et ornée de quelques embellissements, selon la description de Cartier.

«Ladicte ville est toute ronde et cloze de boys à troys rancqs en façon d'un piramyde croizee par le hault ayant la rangee du parmy en façon de ligne perpendicullaire puys rangee de boys couchez du long bien joings et cousuz à leur modde et est de hault envyron deux lances. Et n'y a en icelle ville qu'une porte et entree qui ferme à barres sur laquelle et en plusieurs endroicts de ladite closture y a manieres de galleryes et eschelles à y monster qui sont garnyes de rochiers et cailloux pour la garde et deffence d'icelle. Il y a dedans ladite ville envyron cinquante maisons longues de envyron cinquante pas chacune et douze ou quinze de laize et toutes faictes de boys couvertes et garnies de grands escorses et pellures desdits boys aussi larges que tables bien cousues artifficiellement selon leur modde et par dedans icelle y a plusieurs aistres et chambres. Et au milieu d'icelles maisons y a une grande salle par terre où ilz font leur feu et vivent en communaulté puys se retirent en leursdites chambres les hommes avecque leurs femmes et enffans. Et pareillement ont greniers au hault de leurs maisons où mectent leur blé... au meilleu d'icelle ville où il y a une grand place entre les maisons spacieuse d'un gect de pierre en carré ou envyron[67]».

Les récits d'explorations ultérieures, ainsi que les résultats des fouilles d'autres villages iroquoiens corroborent assez largement cette description. Même s'il est inexact comme document cartographique, en raison de sa diffusion, le plan de Gastaldi/Ramusio a joué un rôle dans l'émergence du toponyme Montréal[68].

LES TRAJETS DE CARTIER DANS L'ÎLE

Le trajet suivi par Cartier dans l'île de Montréal fait lui aussi l'objet de débats, tous centrés autour de l'interprétation du texte des relations de voyage de Cartier, et sur les quelques cartes d'époque disponibles. Le premier trajet fait aborder l'explorateur du côté nord-est, vis-à-vis du courant Sainte-Marie, ou au pied des rapides de Lachine. Plus plausible et davantage conforme à la description de Cartier du haut du mont Royal, il a la faveur de la majorité des historiens.

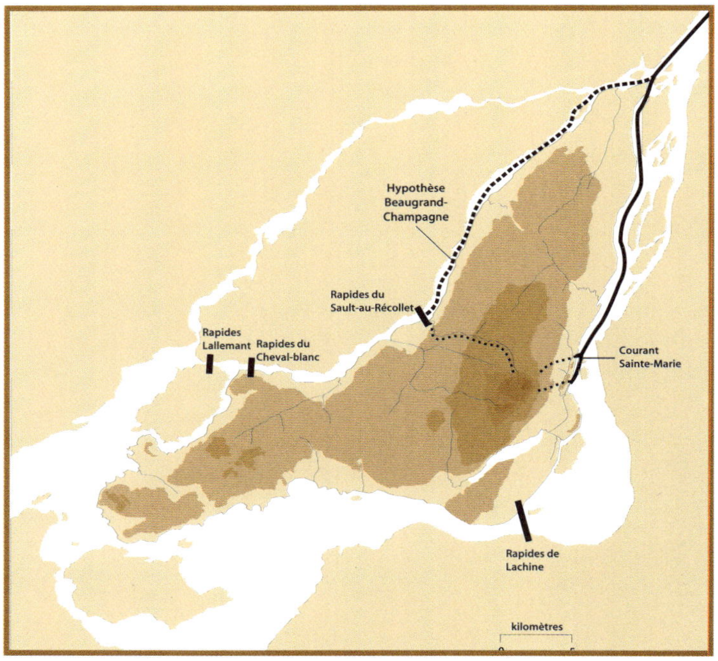

Le second trajet fait bifurquer Cartier par la rivière des Prairies, qu'il remonterait jusqu'au sault au Récollet, d'où il gagnerait le mont Royal. Ce trajet, proposé par Aristide Beaugrand-Champagne en 1923[69] et repris depuis par certains auteurs[70], est cependant moins vraisemblable[71]; il paraît difficile de croire que Cartier, navigateur expérimenté, ait confondu la rivière des Prairies avec le Saint-Laurent, sans s'apercevoir de l'existence de la rivière des Mille-Isles. En outre, la vue décrite par Cartier au sujet du sommet du mont Royal fait allusion au Saint-Laurent, car il voit les rapides de Lachine ainsi que les Montérégiennes. Dans ce contexte, l'expression utilisée par l'explorateur pour décrire les rapides ne conviendrait pas pour ceux du sault au Récollet. D'autre part, le trajet par la rivière des Prairies, l'entraînant sur la face nord-ouest du mont Royal, lui aurait permis de déduire facilement que Montréal était une île. Il demeure toutefois que l'ambiguïté même des propos de Cartier ne permet pas de trancher la question à partir des seuls textes.

L'EMPLACEMENT D'HOCHELAGA

L'emplacement d'Hochelaga varie selon les trajets proposés. Les partisans de l'arrivée par la rivière des Prairies localisent l'agglomération à Outremont, tandis que d'autres la situent soit près de l'Université McGill, seul endroit où des fouilles ont démontré l'existence d'une agglomération d'importance (site Dawson), soit sur le flanc est du mont

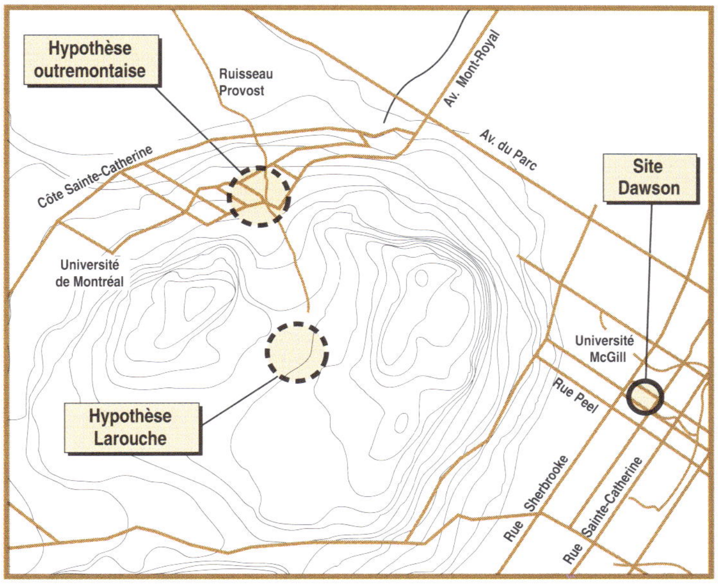

Royal. Mais l'analyse de Bruce G. Trigger démontre que le site Dawson serait trop exigu pour pouvoir correspondre à celui d'Hochelaga[72]. Plus récemment, l'urbaniste Pierre Larouche, en utilisant le plan de Gastaldi/Ramusio comme document topographique dressé directement d'après observation sur le terrain et mesures réelles – ce qu'il n'est absolument pas – a proposé comme emplacement l'espace délimité par les quatre sommets du mont Royal[73]. L'éloignement du Saint-Laurent, joint à l'absence de tout artefact, constituent les faiblesses principales de cette hypothèse, comme d'ailleurs de celle d'Outremont[74]. L'énigme demeure entière, même si la situation sur le flanc sud-est demeure la théorie la plus plausible.

LE GRAND SAULT SAINT-LOUIS

Dès 1603, Samuel de Champlain remonte le Saint-Laurent au-delà des rapides de Lachine, qu'il nomme d'abord «le grand sault» avant de les appeler plus tard «sault Saint-Louis». En 1611, profitant d'un séjour plus prolongé dans l'île de Montréal, il en mesure toute l'importance. Un poste au pied des rapides permettrait aux Amérindiens de ne pas avoir à descendre plus loin sur le Saint-Laurent, et assurerait aux Français un avantage indéniable pour la traite des fourrures. Néanmoins, la lenteur du développement de la Nouvelle-France ne permet pas de donner suite à ce projet.

La carte est assez précise, et illustre les progrès de la cartographie depuis l'époque de Cartier : elle devient un instrument de travail, où sont consignés les résultats des explorations en vue d'une utilisation future. Orientée vers le sud, elle montre l'île Sainte-Hélène au bas et, sur la droite, à l'endroit du navire, se trouve la pointe à Callière et la petite rivière Saint-Pierre. Le mont Royal apparaît dans la partie droite, juste au-dessus des Amérindiens armés d'arcs. L'espace que Champlain a fait défricher et qu'il a appelé place Royale sera utilisé par Maisonneuve en 1642. Des fouilles récentes (1982-1991) ont permis de découvrir que l'endroit aurait servi à plusieurs reprises, depuis 1 000 ans, de lieu de halte aux Amérindiens[75]. Les vestiges retrouvés remontent surtout au Sylvicole moyen et supérieur et s'apparentent à deux traditions culturelles : les plus anciens remonteraient à la tradition Owasco, originaire de l'État de New York, et les plus récents à la tradition iroquoienne.

«Le grand sault Saint-Louis». Samuel de Champlain, *Les Voyages du Sieur De Champlain*..., Paris, 1613. Bibliothèque nationale du Canada.

LA FONDATION DE VILLE-MARIE – 1636-1663

Les circonstances de la fondation de Ville-Marie sont uniques en Amérique du Nord : c'est une ville conçue dès le début comme un projet missionnaire. Les fondateurs voulaient former une petite société franco-amérindienne qui recréerait, en un lieu éloigné, l'idéal de la communauté chrétienne d'origine, telle qu'on pouvait l'imaginer au début du XVIIe siècle. Les objectifs sont précisés dès 1643, dans un opuscule intitulé *Les Véritables Motifs de Messieurs et Dames de la Société de Nostre Dame de Monreal. Pour la conversion des Sauvages de la nouvelle France* : «... pour y assembler un peuple composé de François [et] de Sauvages qui seront convertis pour les rendre sedentaires, les former à cultiver les arts mechaniques & la terre, les unir sous une meme discipline, dans les exercices de la vie Chrestienne...[76]».

C'est vers 1636 qu'un pieux laïc, vivant dans une petite ville de province française, a l'idée de fonder «au Montréal», cette colonie d'un nouveau genre. Jérôme Le Royer de La Dauversière (1597-1659) fait partie d'une famille aisée et hérite de son père un certain nombre de charges auxquelles s'ajoute celle de receveur des tailles dans l'élection de La Flèche. Sans être riche, il jouit d'une honnête aisance. D'après les sources traditionnelles, c'est un visionnaire, et les témoignages de l'époque n'hésitent aucunement à attribuer une origine surnaturelle à ses projets. Comme l'écrit Lucien Campeau : «Dans l'histoire de Ville-Marie, tout semble commencer par des visions...[77]» Déjà, en 1633, La Dauversière ambitionne de fonder une communauté de sœurs hospitalières à La Flèche, projet qu'il réalise en 1636. Il est secondé dans ses entreprises par un collaborateur fortuné, Pierre Chevrier, baron de Fancamp (1600?-1690?)[78], qui sera également son bailleur de fonds pour la fondation de Montréal. Vers 1639, les deux hommes font la connaissance de Jean-Jacques Olier (1608-1657), futur fondateur du séminaire de Saint-Sulpice, qui deviendra l'un des piliers de la Société de Notre-Dame de Montréal[79].

La Dauversière et Fancamp mettent leur projet à exécution. En 1640, ils s'emploient à racheter l'île de Montréal, propriété de l'un des dirigeants de la Compagnie des Cent-Associés, Jean de Lauson. Puis, ils se mettent en quête de chefs pour leur expédition. Grâce aux jésuites, ils font d'abord la rencontre de Paul de Chomedey, sieur de Maisonneuve, gentilhomme champenois et officier à la demi-retraite, dévot lui-même, et vite gagné à l'entreprise. En 1641, à La Rochelle, durant la phase finale des préparatifs, les associés sont occupés à faire des achats et à recruter des engagés lorsque, presque providentiellement, survient Jeanne Mance. Désireuse depuis un certain temps de fonder un hôpital en Nouvelle-France, elle s'en était ouverte à son confesseur qui l'avait mise en rapport avec des personnes qui lui avaient suggéré ce voyage. Ces événements montrent l'importance et le rôle joué par les divers réseaux de relations à l'intérieur du milieu dévot dans la France de l'époque. Dès le début, un partage des responsabilités se met en place entre Chomedey de Maisonneuve et Jeanne Mance. Le premier commande les opérations et la seconde participe aux décisions et joue un rôle déterminant dans la direction générale des affaires.

Après avoir terminé la sélection, assez rigoureuse, des premiers engagés qui seront leurs collaborateurs immédiats, ils font mettre l'expédition à la voile en mai 1641. Deux navires partent de La Rochelle, transportant la majorité des effectifs et un troisième, avec à son bord une dizaine de personnes, lève l'ancre à Dieppe. Les responsables voyagent sur des navires différents et, le 8 août, Jeanne Mance atteint Québec; Maisonneuve arrive plus tard, et la saison est trop avancée pour tenter de s'installer à Montréal.

Au cours de l'automne et de l'hiver, les gens de Québec aux prises, eux aussi, avec une pénurie de colons, cherchent à dissuader Maisonneuve de mener à bien son projet et lui proposent même de s'installer sur l'île d'Orléans, mais rien n'y fait : ni la menace iroquoise, ni les problèmes d'isolement ne le font renoncer à sa «folle entreprise» comme on le lui dit à Québec. Au printemps, pendant qu'à Québec les Montréalistes préparent leur installation, les membres de la Société de Notre-Dame de Montréal se réunissent à Notre-Dame de Paris et consacrent l'île à la Sainte Famille, et plus particulièrement à la Vierge. Le 17 mai, Maisonneuve et Jeanne Mance (1606-1673) fondent Ville-Marie, sur l'île de Montréal.

La longue période d'insécurité qui marque les premières années de l'existence du petit poste risque même un moment d'entraîner un mouvement d'abandon, et rend le recrutement difficile en France. Pour les Montréalistes, la première attaque des Iroquois, en 1643, inaugure une longue série d'embuscades et de coups de main qui connaîtra heureusement une première trêve d'une vingtaine d'années avec l'arrivée du régiment de Carignan-Salières en 1665, et cessera définitivement avec la paix de 1701.

L'histoire de Montréal est fertile en anecdotes en tout genre illustrant aussi bien l'ingéniosité et le courage des colons que l'intrépidité et l'opiniâtreté des Iroquois. Il n'en demeure pas moins que, dix ans après la fondation, la population du poste a diminué, beaucoup d'engagés préférant s'en retourner au terme de leur contrat. Vers 1650, la situation semble presque désespérée, plus personne n'osant sortir du fort. La situation se rétablit cependant durant la même décennie, avec l'arrivée des recrues de 1653 et de 1659. À ce moment, la population dépasse le seuil critique.

Si les motifs missionnaires des premiers Montréalistes sont indubitables, tout comme le désintéressement de Paul de Chomedey de Maisonneuve ou celui de Jeanne Mance, le commerce des fourrures commence très tôt dans l'histoire de Ville-Marie. En 1645, de Maisonneuve obtient le droit pour les colons résidants de participer au commerce. Le site de Ville-Marie en faisait un point stratégique pour les échanges avec les Amérindiens qui descendaient chaque année l'Outaouais et le Saint-Laurent. Au début, le commerce est très libre : il suffit d'être colon domicilié pour pouvoir y participer. La foire aux fourrures permet à chacun de comparer les prix et la qualité avant de procéder à ses achats. À partir des années 1650, de véritables marchands commencent toutefois à émerger. Charles Le Moyne (1626-1685), arrivé à Montréal en 1646, bâtit sa fortune dans le commerce des fourrures. Interprète et négociateur auprès des Amérindiens, il joue également un rôle diplomatique important. À sa mort, il est le plus riche citoyen du bourg. Jacques Le Ber (vers 1633-1706) se fixe à Montréal en 1657 et, l'année suivante, épouse la sœur de Le Moyne. Il s'associe avec son beau-frère et édifie lui aussi une fortune respectable dans la fourrure.

Le commerce s'imbrique rapidement aux activités militaires. La pression iroquoise ayant pour objectif de détourner les autres Amérindiens des Français, ces derniers entreprennent de changer de stratégie et de passer à l'offensive. Ils veulent montrer à leurs alliés qu'ils sont capables de contrer les raids iroquois par des tactiques similaires. L'exploit controversé de Dollard des Ormeaux (1635-1660) au Long Sault, en 1660, constitue la première manifestation de ce changement d'attitude.

Graduellement, la fourrure prend de plus en plus d'importance dans l'économie de la petite colonie. Ces rentrées de fonds sont nécessaires pour assurer l'existence des Montréalistes, d'autant plus que la situation financière de la Société de Notre-Dame de Montréal se détériore et devient même catastrophique au moment du décès de Jérôme Le Royer de La Dauversière, en 1659. Très endetté, ce dernier laisse des comptes embrouillés, ayant mélangé ses affaires personnelles à celles de sa charge de receveur des tailles et à celles de la Société. L'enthousiasme des débuts avait faibli chez les autres sociétaires, et certains, ayant perdu tout intérêt pour l'entreprise, s'étaient retirés. En quelques années, la Société doit céder la seigneurie de Montréal et disparaît définitivement en 1663.

La petite collectivité qui gravite autour de Jeanne Mance et Paul de Chomedey de Maisonneuve est assez variée : formée de colons et d'engagés, elle commence à attirer des gens qui s'étaient d'abord installés ailleurs en Nouvelle-France. La vie communautaire a connu une période intense à l'époque de l'enfermement dans le fort de 1642 à 1653, mais, par la suite, ces liens se distendent. Il n'y aura pas de prêtre résidant avant l'arrivée des sulpiciens en 1657, les jésuites desservant le poste avec l'aide de missionnaires. La relative indépendance vis-à-vis de la hiérarchie catholique indique bien le caractère à la fois religieux et laïc de la fondation de Ville-Marie, et correspond aux préoccupations des dévots de la première moitié du siècle : une volonté d'action sur la société «en dehors de tout contrôle politique ou ecclésial[80]».

La mise en place des institutions religieuses s'effectue à la fin de la période de fondation, avec l'installation des sulpiciens comme premier clergé résidant en 1657, celle des religieuses hospitalières de Saint-Joseph en 1659 et l'arrivée des premières compagnes recrutées par Marguerite Bourgeoys (1620-1700) cette même année. Trois religieuses viennent prêter main forte à Jeanne Mance : ce sont Judith Moreau de Brésoles (1620-1687), Catherine Macé (1618-1698) et Marie Maillet (1610-1677), qui jettent les bases de la première communauté féminine à Montréal. En 1658, Marguerite Bourgeoys (1620-1700) a commencé son œuvre d'enseignement et amorcé la fondation de sa communauté en ramenant de France, l'année suivante, quatre collaboratrices : Edmée Chatel[81], Marie Raisin (1636-1691), Anne Hiou (1638-1693) et Catherine Crolo (1619-1699). Dès le début, les institutions religieuses occupent une place importante dans l'espace : Marcel Trudel a calculé qu'en 1663, l'Hôtel-Dieu, la Fabrique et les «Filles séculières de la Congrégation» possèdent 42 % du territoire urbain[82]. Cette caractéristique marquera le paysage montréalais jusqu'à la fin du XIXe siècle.

L'arrivée des sulpiciens entraîne une certaine rivalité avec les jésuites. La création du premier siège épiscopal en Nouvelle-France[83] occasionne une lutte d'influences entre les deux instituts religieux auprès de la cour et de Rome, chacun cherchant à imposer son candidat; c'est celui des jésuites qui sera finalement choisi. Les missions forment un autre point de friction, les jésuites voyant d'un mauvais œil l'arrivée de concurrents. Le gouvernement de Louis XIV avait voulu éviter la création d'un monopole par les jésuites et avait permis l'envoi de prêtres de Saint-Sulpice. Cette volonté royale se manifeste de nouveau en 1692, alors que les récollets et les jésuites reçoivent l'autorisation d'installer un couvent à Montréal[84].

Au-delà des tensions, l'idéal religieux demeure bien vivant à Ville-Marie durant les années de fondation, et subsiste par la suite dans la mémoire collective des prêtres et des communautés religieuses. Aussi, cette période apparaît rétrospectivement comme une sorte d'âge d'or où la vie de la petite communauté chrétienne se déroulait selon les préceptes évangéliques. Comme l'écrivait la sœur Marie Morin (1649-1730), à la fin du XVIIe siècle, les Montréalais vivaient comme des saints[85].

LE PROJET MISSIONNAIRE

Le projet de fondation de Ville-Marie s'inscrit dans le contexte religieux et scientifique de son époque. La Contre-Réforme s'est accompagnée en France d'une vigoureuse poussée de zèle pour la conversion des païens à l'intérieur du royaume, comme dans les pays de mission. Pour concevoir et organiser ce genre d'expédition à l'étranger, il fallait toutefois disposer d'un minimum de connaissances sur le milieu, et d'un mode de diffusion efficace desdites connaissances. Les explorations et les ouvrages de Samuel de Champlain, la publication des *Relations* des jésuites, et le réseau de contacts de ces derniers à travers la France remplissent ces conditions durant la première moitié du XVIIe siècle.

L'ŒUVRE DE CHAMPLAIN

Champlain est l'un des premiers à se voir confier la tâche d'explorer et de cartographier le nouveau territoire. Il se montre très productif : entre 1603 et 1618, il parcourt près de 6 000 km de côtes et de cours d'eau, en prenant force notes et mesures. Par la suite, il dresse et dessine 28 cartes et plans et publie trois ouvrages substantiels portant sur ses explorations. Les spécialistes considèrent que sa cartographie marque une rupture avec l'ancien modèle du XVIe siècle[86].

En comparant deux cartes de Champlain, l'une réalisée en 1612 et l'autre en 1632, les résultats de son travail, constamment mis à jour, apparaissent mieux. La progression dans la définition des contours de la Nouvelle-France est manifeste. S'appuyant sur les travaux cartographiques des auteurs de son temps pour les régions qu'il n'a pas encore visitées, il se base sur ses propres observations pour celles qu'il a explorées. Ainsi, le Saint-Laurent et la route vers les pays d'en haut par l'Outaouais sont tracés avec une précision jusqu'alors inconnue[87].

Champlain est soucieux d'inventorier au mieux les ressources et les habitants du pays. Voyageant avec les Amérindiens, il se fait préciser maints détails et, d'une façon générale, tire parti de leur savoir géographique. Sa carte de 1632 localise les territoires des différentes nations. Le caractère avantageux de la position de Montréal y est manifeste, à mi-chemin entre les postes français existants et les Amérindiens. Champlain s'occupe lui-même de la diffusion de ses travaux, qui sont relativement bien connus et circulent dans les milieux cultivés en France.

Les *Relations* des jésuites, qui commencent à paraître un an après la sortie de son dernier ouvrage, prolongent ses travaux et prennent le relais de la diffusion des connaissances sur la Nouvelle-France. Cette publication annuelle vise à faire connaître les missions et les entreprises de la Compagnie de Jésus, à travers les descriptions et les anecdotes comme celles qui accompagnent la première mention de Montréal en 1637. Les jésuites sont également à la tête d'un réseau très efficace de contacts à travers la France, qui leur permet de rejoindre les milieux dévots. La fondation de Ville-Marie a pu s'organiser à distance, par quelqu'un qui n'y était jamais allé, et qui n'y mettra d'ailleurs jamais les pieds.

Les Grands Lacs et le Saint-Laurent en 1612, détail de la «Carte geographique de la Nouvelle France». Samuel de Champlain, *Les Voyages du Sieur De Champlain...*, Paris, 1613. Bibliothèque nationale du Canada.

La vallée du Saint-Laurent en 1632, détail de la «Carte de la Nouvelle France, augmentée depuis la dernière… par le Sr de Champlain… .
Samuel de Champlain, *Les voyages de la Nouvelle France Occidentale*, Paris 1632. Archives nationales du Canada, NMC51970.

Jérôme Le Royer, sieur de La Dauversière, passera toute sa vie dans la ville de La Flèche. Animé d'une profonde et sincère piété, ancien élève des jésuites, membre de la Compagnie du Saint-Sacrement[88], il conçoit, vers les années 1635-1636, l'idée de créer une fondation pieuse en Nouvelle-France[89]. Certains historiens doutent que son projet ait bénéficié des connaissances de l'époque, particulièrement par le biais des *Relations* des jésuites, mais la majorité d'entre eux penche pour une influence positive[90]. Pour répondre à l'argument de ceux qui soulignent le caractère plutôt sommaire des renseignements portant sur Montréal dans les *Relations*, Lucien Campeau émet l'hypothèse que l'intérêt de Jérôme Le Royer de La Dauversière peut très bien ne pas s'être fixé immédiatement sur un lieu particulier, mais s'être précisé entre 1636 et 1640[91]. À ce moment, le projet aurait été mûr et Le Royer de La Dauversière, associé à un autre dévot, Pierre Chevrier, baron de Fancamp, aurait entamé les démarches préparatoires à la première expédition : achat de la seigneurie de l'île de Montréal en 1640, rencontre avec Chomedey de Maisonneuve, puis avec Jeanne Mance. Dans ces trois cas, le réseau des jésuites a joué un rôle essentiel pour mettre les individus en relation.

En mai 1641, trois navires emportent le premier contingent vers Québec. À la fin de février 1642, alors que Chomedey de Maisonneuve et Jeanne Mance se trouvent à Québec, une association pieuse, les «Messieurs et Dames de la Société de Notre-Dame de Montréal pour la conversion des Sauvages de la Nouvelle-France» s'assemble à Notre-Dame de Paris pour consacrer solennellement l'île de Montréal à la Sainte Famille[92]. Les connaissances sur la Nouvelle-France avaient suffisamment circulé dans la métropole pour qu'un tel projet puisse être élaboré. Il restait cependant à affronter l'épreuve du terrain.

LES DÉBUTS DE VILLE-MARIE

Entre l'installation de Maisonneuve à Ville-Marie en 1642 et son départ définitif en 1665, il ne s'écoule pas tout à fait un quart de siècle et, déjà, le projet initial commence à être modifié en profondeur. L'hostilité des Iroquois, dont la première attaque survient en 1643, empêche les autres Amérindiens de venir s'installer à Ville-Marie, et rend le recrutement difficile en France. La dissolution de la Société de Notre-Dame de Montréal en 1663 consacre la fin du rêve missionnaire, qui fait place peu à peu à l'objectif d'une colonisation européenne plus conventionnelle, axée sur la mise en valeur agricole et commerciale. L'île de Montréal devient alors, et pour un siècle, la véritable frontière occidentale de la Nouvelle-France. Le campement à palissades des débuts se transforme d'abord en fort, puis, avec la construction des premiers bâtiments, en bourg aux dimensions modestes, aux rues mal définies.

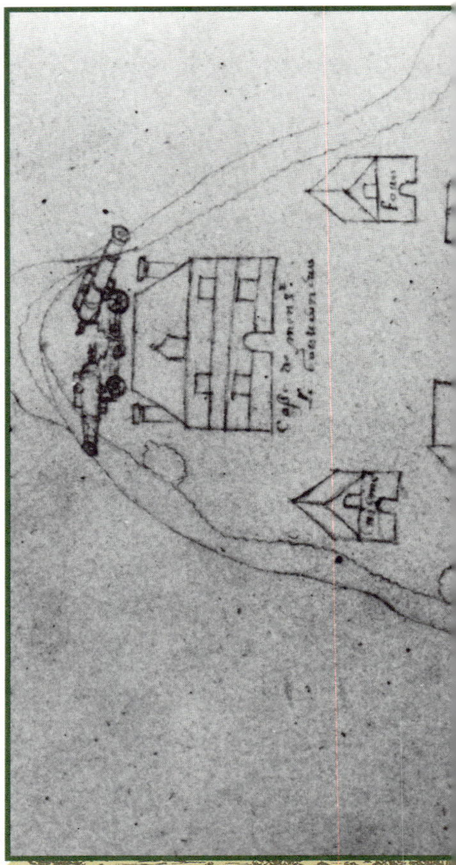

LE PREMIER CAMPEMENT

Sous la direction de Maisonneuve, la quarantaine de Montréalistes, comme on appellait à l'époque les premiers colons, passe l'hiver à Sainte-Foy, préparant les bateaux et le matériel nécessaires à l'expédition. Le 8 mai 1642, une petite flotte de quatre embarcations[93] quitte Québec. Le gouverneur de la Nouvelle-France, Charles Huault de Montmagny (vers 1583-1653), avec son escorte militaire, ainsi que le supérieur de la mission jésuite du Canada, le père Barthélemy Vimont (1594-1667), accompagnent le groupe jusqu'à Montréal.

Le 17 mai, la petite troupe met pied à terre à l'endroit même où Champlain avait séjourné en 1611, à la pointe à Callière. Le travail commence alors très rapidement : après une messe[94], les hommes dressent un campement et commencent à ériger une enceinte de pieux. La construction du bâtiment principal, qui sera la résidence de Maisonneuve, commence peu après et, à la mi-mars 1643, la charpente est terminée. Par la suite, les Montréalistes peuvent quitter leur «méchantes cabanes», au gré de la construction des autres bâtiments[95].

Dès cette première année, le principal point faible du site devient évident : trop basse, la pointe est susceptible d'être inondée dès que les eaux du Saint-Laurent monteront pour une raison ou une autre. À partir de l'automne 1643, le fort de Maisonneuve change d'allure sous la direction de Louis d'Ailleboust de Coulonge et d'Argentenay (vers 1612-1660), ingénieur militaire et nouvelle recrue : l'enceinte de pieux est démolie et remplacée par quatre bastions, le tout étant achevé en 1646[96]. Ni l'emplacement exact du fort sur la pointe à Callière ni même son aspect extérieur ne sont connus. Les fouilles entreprises dans les environs n'ont pas

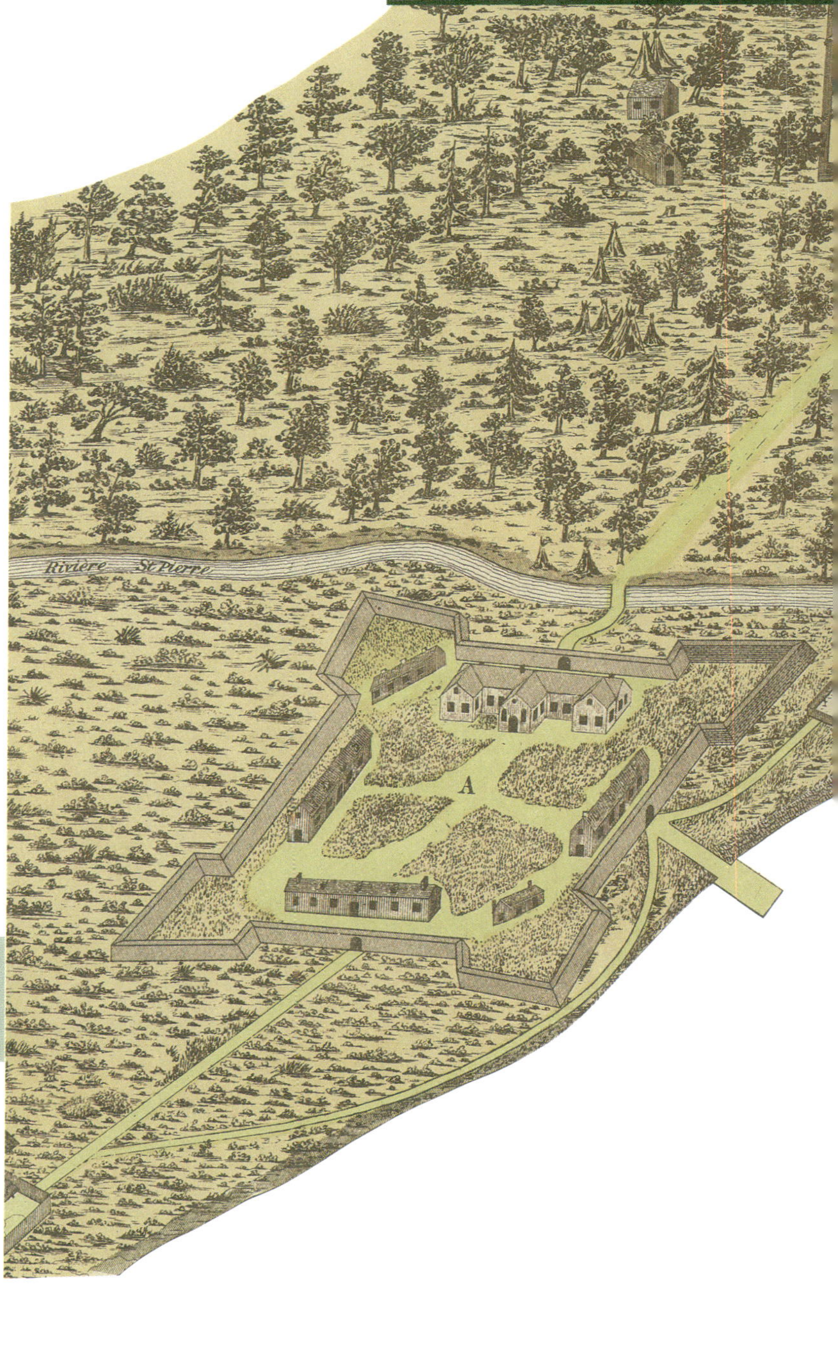

Le fort de Ville-Marie.
Pierre-Louis Morin. Le Vieux Montréal 1611-1803, Montréal, 1884.

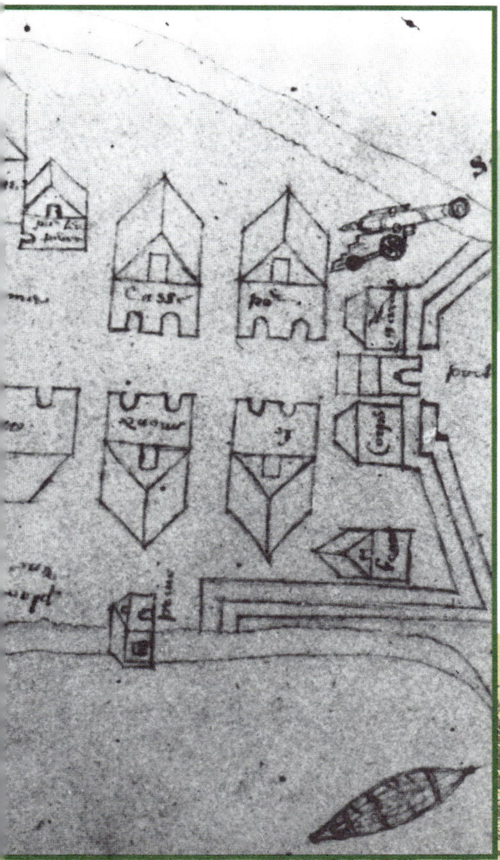

Plan présumé du fort de Ville-Marie, attribué à Jean Bourdon, daté de 1647.
Département des livres rares et des collections spéciales, Université McGill.

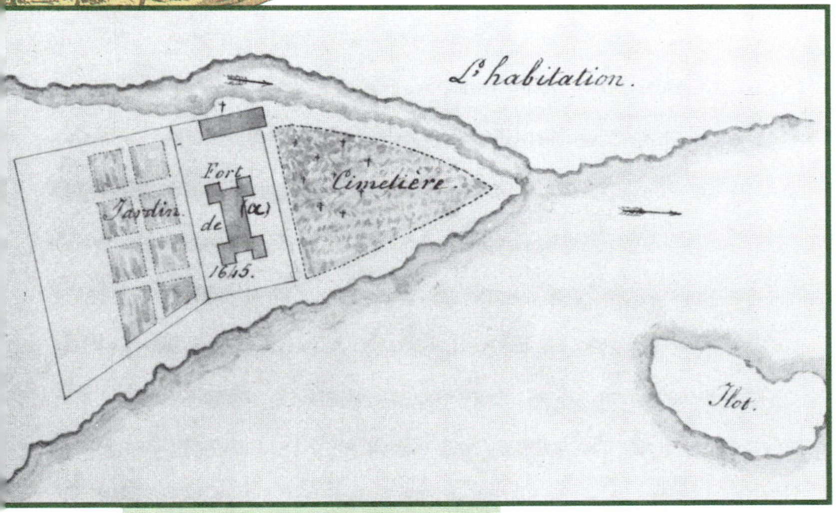

Pointe à Callière, plan du fort de Ville-Marie.
Félix Martin. Archives du séminaire de Québec.

permis de mettre au jour des vestiges indiscutables du fort[97]. L'unique document historique retrouvé, le plan attribué à Jean Bourdon, daté de 1647, pose des problèmes de vraisemblance[98]. Utilisé par certains, qui basent leur jugement sur la concordance entre les divers bâtiments et la description de François Dollier de Casson[99], il est récusé par d'autres comme n'étant pas un plan de Montréal[100].

Une seconde représentation, préparée vers 1850 par le père Félix Martin (1804-1886), probablement d'après des renseignements fournis par Jacques Viger (1787-1858), penche pour une orientation et une forme différentes. Ces deux derniers détails amènent cependant à contester la validité historique du document, car le fort ressemble étrangement à la maison de Callière, construite entre 1688 et 1697[101], figurant sur les plans du XVIIIe siècle (voir planche 11).

La troisième représentation, maintes fois reproduite, est l'œuvre d'un arpenteur et architecte, P.-L. Morin (1813-1886), et fait partie d'un atlas publié en 1884[102]. Malheureusement, son auteur n'a jamais fait part de ses sources ni de sa méthodologie, ce qui rend l'utilisation de son travail très problématique[103]. Outre la résidence du gouverneur, connue aussi sous le nom de maison seigneuriale, le fort comprend des logements, un magasin, une chapelle, une cuisine, un four, une forge et un jardin[104]. Au tout début, l'Hôtel-Dieu s'y trouve également[105]. Possédant toutes les caractéristiques d'un avant-poste placé en territoire à risque, le fort permet aux Montréalistes d'être à l'abri d'éventuelles attaques. Grâce à son puits, aux provisions qu'elle reçoit de Québec et de France, ainsi qu'aux premières maigres récoltes de son jardin, la petite colonie parvient à subsister, mais ne deviendra autonome que graduellement, avec la progression des défrichements.

L'Hôtel-Dieu constitue un élément central de la réalisation du projet missionnaire. Sa construction, entreprise en 1645, marque la première tentative de sortie hors de l'enceinte fortifiée et d'établissement du poste sur un terrain plus élevé et étendu (200 arpents), à l'abri de la montée des eaux. Jeanne Mance s'y installe et accueille dès lors les premiers malades[106]. Les bâtiments sont alors en bois, et entourés d'une palissade, mais l'insécurité ralentit le progrès. En 1651, Jeanne Mance se voit contrainte de retourner au fort, et l'Hôtel-Dieu est transformé en redoute. Ce grand enfermement, moins de 10 ans après la fondation, correspond à une période difficile où les bâtisseurs songent même à remettre leur projet en question. En 1653, cependant, l'arrivée d'une recrue importante ainsi qu'une certaine accalmie dans les attaques iroquoises redonnent espoir et Jeanne Mance peut réintégrer son hôpital en 1654.

Plan de Montréal entre 1650 et 1672.
Pierre-Louis Morin. Le Vieux Montréal, 1611-1803, Montréal, 1884.

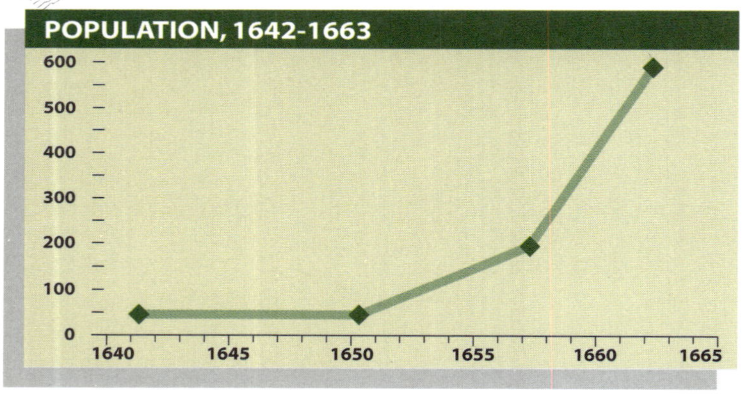

L'ÉVOLUTION DU BOURG

Les projets véritables des fondateurs quant au détail de l'aménagement de la ville[107] sont mal connus. Leur intention semblait être de créer une ville, ce qui est confirmé dès 1643 par un document écrit de la Société de Notre-Dame de Montréal, intitulé : *Les véritables motifs de Messieurs et Dames de la société de Nostre Dame de Montréal Pour la Conversion des Sauvages de la nouvelle France*, dans lequel sont évoqués «l'isle & la ville qu'on y désigne, sous le nom de Ville-Marie»[108]. Chomedey de Maisonneuve semble hésiter à concéder des terres et procède très lentement. L'historienne Louise Dechêne explique cette réticence par l'hypothèse selon laquelle les associés auraient voulu créer un grand domaine qui utiliserait la main-d'œuvre autochtone[109]; l'historien Lucien Campeau abonde dans ce sens, en précisant que le projet primitif était d'installer une réduction indigène sur le modèle de celle de Sillery. Dans ce contexte, l'Hôtel-Dieu en aurait formé le pivot, ce qui explique la taille importante de la concession faite en 1644[110]. Par la suite, devant le peu d'attrait manifesté par les Amérindiens pour le site, la Société de Notre-Dame de Montréal aurait donné de nouvelles instructions à Maisonneuve lors de son passage à Paris en 1647, visant cette fois à mettre en valeur la seigneurie[111], d'où le projet d'édifier un bourg.

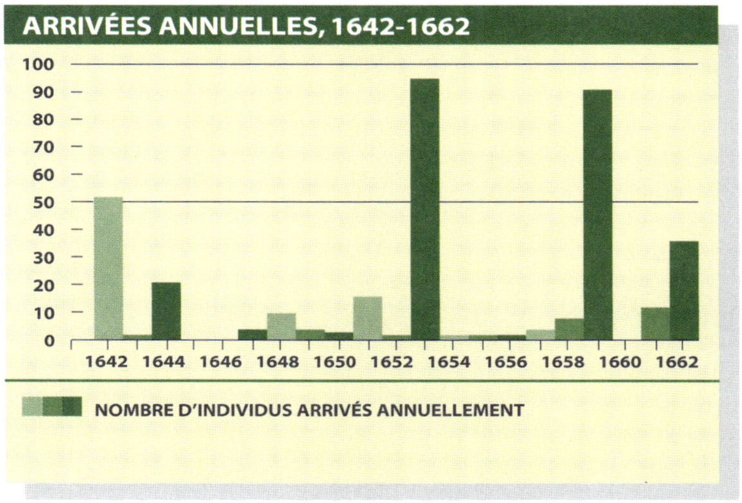

La première concession de terre a lieu en 1648 et, à cette occasion, le texte évoque le projet urbain. Pierre Gadois (vers 1594-1667) s'engage à construire sa maison «au lieu et place destinés pour la construction d'un bourg ou ville»[112]. Le choix précis de ce lieu s'explique sans doute par la présence de «prairies» anciennement défrichées qu'avait signalées Champlain en 1611[113]. La construction d'un premier moulin a lieu la même année et, trois ans plus tard, la concession de la commune marque la volonté de mettre en place une exploitation agricole du territoire. Reste l'Hôtel-Dieu, dont le terrain partage en deux l'espace prévu pour la ville jusqu'en 1655, alors qu'il est réduit à quelques arpents. Un second moulin, installé sur le coteau Saint-Louis, vient s'y ajouter en 1658. Le premier semis urbain progresse très lentement et ne semble pas ordonné en fonction d'un plan d'aménagement défini[114].

L'antériorité de l'installation de l'Hôtel-Dieu créait un point de convergence dans l'espace, autour duquel se développait le tissu urbain. Déjà, le sentier menant de la pointe à Callière à l'hôpital formait un premier rayon. L'irrégularité de l'implantation des maisons, imposée pour des raisons de sécurité, obligeait à les installer de façon à ce qu'elles se couvrent l'une l'autre[115], ce qui pourrait expliquer une forme vaguement radio-concentrique[116]. L'Hôtel-Dieu polarise le petit bourg, et tient lieu de véritable centre communautaire, au détriment du fort de Maisonneuve, qui devient la maison seigneuriale. Les maisons sont plutôt rudimentaires, tout en bois ou en colombages[117] mais leur nombre croît régulièrement; en 1659, le gouverneur d'Argenson (1625-1709) en compte une quarantaine[118]; en 1664, on en dénombrerait une soixantaine[119]. Les bâtiments se trouvent reliés entre eux par des sentiers, dont certains deviendront des rues, alors que d'autres seront abandonnés. Le long de la grève se tient la foire aux fourrures qui a lieu chaque année à la fin de l'été. Avant 1663, la traite des fourrures constitue une activité plutôt intense, à laquelle participent tous les habitants du poste ou presque, en dépit des interruptions d'arrivages causées par les Iroquois[120].

UN DIFFICILE RECRUTEMENT

Le peuplement démarre lentement. La volonté de la Société de Notre-Dame d'attirer les autochtones n'implique d'ailleurs pas de grands besoins de population. Outre Maisonneuve, Jeanne Mance et les quelques associés qui partagent les objectifs de la fondation pieuse et qui s'y emploient, la majorité des Montréalistes est formée d'une population d'engagés, c'est-à-dire généralement d'hommes jeunes, célibataires pour la plupart, et qui ont signé un contrat de trois ou cinq ans au terme duquel ils reçoivent un petit pécule et se font payer le voyage de retour pour la France. Ils ont également la possibilité de demeurer sur place : ils obtiennent alors le droit de faire du commerce[121].

Les conditions locales forcent bientôt la Société à augmenter la taille du groupe, mais le recrutement reste difficile, les récits d'attaques iroquoises ayant circulé en France; de plus, les ressources de la Société de Notre-Dame de Montréal sont insuffisantes, si bien que Jeanne Mance devra même employer une partie de l'argent destiné à l'Hôtel-Dieu pour payer la levée d'une recrue.

Outre le premier contingent de 1642, il n'y aura que deux autres efforts importants de recrutement, l'un en 1653, qui amène environ 95 personnes, et l'autre en 1659, où l'on compte 91 arrivées[122]. Le premier survient à un moment crucial, et permet à la petite colonie de survivre; avec le second, la population de Ville-Marie atteint une certaine masse critique, et la petite ville peut progresser, d'autant plus que les arrivants sont assez jeunes, leur âge moyen étant de 24 ans[123]. L'installation progressive des institutions religieuses contribue également à ce développement, par les services qu'elles rendent et les différents investissements qu'elles font. En 1657, les prêtres de Saint-Sulpice viennent prendre en charge la desserte paroissiale; 1659 voit arriver les premières sœurs hospitalières de Saint-Joseph comme, d'ailleurs, les premières compagnes de Marguerite Bourgeoys, qui formeront plus tard la Congrégation de Notre-Dame.

LA SECONDE FONDATION – 1663-1699

Durant cette courte période, la ville connaît une seconde fondation : si la première était placée sous le signe d'un projet missionnaire et d'une volonté de renouer avec l'idéal des premiers chrétiens, la seconde est essentiellement marquée par l'échange commercial et les relations avec les Amérindiens. Phénomène révélateur, le nom de Montréal commence à supplanter celui de Ville-Marie après 1670[124].

Le développement des activités du commerce de fourrures imprime très rapidement à l'économie et à la société des caractères particuliers. Le déplacement de la traite vers l'intérieur entraîne le déclin rapide de la foire annuelle et crée la nécessité d'entretenir des relations harmonieuses avec les Amérindiens, et aussi d'acquérir une meilleure connaissance de la géographie nord-américaine. Durant ces années, la forme de la ville tend à se préciser. Deux décisions, prises à quelques années d'intervalle, influenceront durablement l'évolution du plan de la ville : il s'agit du bornage des voies, effectué en 1672, qui permet de tracer les premiers grands axes et qui impose en partie la grille des rues, et de la construction de la palissade en 1687 et 1688.

LA SOCIÉTÉ URBAINE

Montréal compte environ 600 habitants en 1663; il s'agit donc d'une petite agglomération qui, en dépit de sa taille, ne saurait cependant être assimilée à un village. La présence d'administrateurs chevronnés ainsi que la nature et la diversité des fonctions qui y sont exercées dépassent largement les besoins de la campagne environnante et, d'ailleurs, le développement agricole aux alentours de la ville est à peine naissant. Montréal est alors un poste avancé, mais les composantes essentielles de la société d'Ancien Régime s'y retrouvent : les deux premiers états, le clergé et la noblesse, occupent une place prépondérante, et jouissent de leurs privilèges traditionnels. En dépit de cela, la société est remarquable par sa diversité : Amérindiens, engagés et soldats se croisent dans les rues et sur la place du marché; marchands, équipeurs et coureurs de bois se retrouvent dans les mêmes auberges. Beaucoup de Montréalais sont animés par le profit que génère la traite des fourrures. Les occasions de promotion sociale sont réelles, comme en témoigne par exemple la carrière de Charles de Couagne (1651-1706) : arrivé en Nouvelle-France comme maître d'hôtel du gouverneur, Louis de Buade de Frontenac (1622-1698), il s'intéresse très tôt aux fourrures. Installé dans la ville après 1681, il devient un marchand important et laisse, à son décès, une fortune considérable[125]. Commerçants de fourrures, missionnaires et militaires entreprennent l'exploration du territoire, en collaboration avec des Amérindiens. En l'espace de quelques années, l'intérieur du continent, entre Montréal, les Grands Lacs et la baie d'Hudson, est mieux connu et fait l'objet d'une cartographie plus précise. Le commerce des fourrures reste à peu près l'unique base de l'économie urbaine.

L'Église joue alors un rôle important dans la société. Les laïcs pieux ont peu à peu laissé place au clergé et aux religieux, si bien que la ville ressemble, par son encadrement et son personnel, aux autres villes du royaume. Même si l'époque fervente des fondateurs est terminée, les sulpiciens travaillent à maintenir une discipline très stricte chez les fidèles et pratiquent une religion rigoureuse et austère. À la fin du siècle, les Montréalais accueilleront avec soulagement les jésuites et les récollets, qui proposent des modèles de vie chrétienne plus souples que les Messieurs de «la paroisse». Les communautés féminines consolident leur établissement. Les sœurs hospitalières de Saint-Joseph, après avoir connu un moment d'hésitation vers 1673, lors du décès de Jeanne Mance, conservent la gestion de l'Hôtel-Dieu. Elles entreprendront même des travaux d'agrandissement en 1689. Marguerite Bourgeoys fonde la communauté de la Congrégation de Notre-Dame, qui obtient ses lettres patentes royales en 1671, mais devra attendre la fin du siècle (1692), pour la reconnaissance canonique. Entre-temps, les activités d'enseignement se développent et la communauté ouvre, en 1676, un pensionnat pour jeunes filles à Montréal. Toutes les communautés entreprennent la construction de leur couvent et leur église en maçonnerie, indice de leur volonté ferme de s'établir durablement. Les sulpiciens bâtissent la première véritable église paroissiale, ainsi qu'un séminaire, qui servira de presbytère et de maison seigneuriale. Cet ensemble de propriétés et de bâtiments concrétise la fonction religieuse au cœur du paysage urbain naissant.

Le mysticisme est toujours présent, et inspire même des actions remarquables. François Charon (1654-1719), né à Québec et pratiquant le commerce des fourrures à Montréal, décide, après une grave maladie, de se consacrer au soin des pauvres et des infirmes. En 1694, l'hôpital qu'il a fait construire sur la pointe à Callière accueille son premier pensionnaire, et l'évêque de Québec autorise le fondateur, ainsi que quelques compagnons, à vivre en communauté[126]. Jeanne Le Ber (1662-1714), fille de l'un des marchands les plus prospères de Montréal choisit, en 1679, de mener une vie de recluse, consacrée à la prière et à la contemplation et s'installe dans une cellule attenante à la chapelle de l'Hôtel-Dieu, qu'elle ne quittera plus[127].

LUTTES DE POUVOIR

Phénomène unique pour un poste de cette taille en Nouvelle-France, Montréal est depuis ses débuts une ville seigneuriale. Alors que Québec relève du domaine royal, Montréal fait partie intégrante de la seigneurie de l'île de Montréal, dont le titulaire est le supérieur du séminaire de Saint-Sulpice de Paris depuis 1663. Cela signifie en clair que la disposition du sol dépend du bon vouloir du seigneur ou de ses représentants au Canada. Les sulpiciens pratiquent une gestion beaucoup plus rigoureuse que la Société de Notre-Dame de Montréal. Dès leur prise en charge, ils vont refaire le terrier, remembrer des terrains pour leur usage, en céder d'autres le long de la place du marché, et déplacer le territoire de la commune concédé aux habitants qui était jusqu'ici très bien situé pour la foire aux fourrures. Les seigneurs disposent de pouvoirs étendus dans la ville, comme en témoigne l'opération de bornage des rues à laquelle se livre le supérieur François Dollier de Casson en 1672. Leur droit de justice n'est pas négligeable et, comme le souligne Louise Dechêne, «il n'y a rien en matière civile et criminelle qui ne soit de la compétence du bailliage»[128]. Cependant, la justice royale tente de supplanter cette juridiction, et les plaintes et les recours adressés au Conseil souverain finissent par miner la crédibilité des juges seigneuriaux. En 1693, les pouvoirs de la seigneurie en matière judiciaire sont abolis au profit de la justice royale. Les autres pouvoirs seigneuriaux, mieux affirmés depuis 1663, ne déclinent toutefois pas.

Le pouvoir royal prend donc plus d'ampleur à la faveur de la disparition du régime des compagnies en 1663, et du rappel de Maisonneuve en 1665. Dorénavant, la Nouvelle-France est administrée comme une province française et dotée d'un gouverneur et d'un intendant. Dans chaque district, le gouverneur est représenté par un gouverneur particulier. L'intendant possède également son délégué. Le pouvoir du gouverneur est en principe très large, puisqu'il représente le roi et commande les militaires. En pratique, même s'il jouit de la préséance dans les cérémonies, il partage la gestion de la colonie avec l'intendant. Ce dernier, responsable de l'administration civile, veille également à la bonne marche des tribunaux établis dans chacun des districts. À Montréal, en l'absence de l'intendant, c'est le commissaire-ordonnateur qui remplit cette tâche et qui pourvoit à la bonne marche de l'administration. Le gouverneur particulier joue un rôle central dans les relations avec les Amérindiens, comme l'illustre la carrière de Louis-Hector de Callière (1648-1703). Après s'être longuement battu contre les Iroquois (1684-1699), il entame des négociations avec eux, et la grande paix de Montréal de 1701 sera, pour une large part, son œuvre. D'autres gouverneurs particuliers ont utilisé leur pouvoir à des fins personnelles : François-Marie Perrot (1644-1691), gouverneur entre 1669 et 1684, met sa situation à profit pour développer des activités commerciales et évincer ses concurrents. Il est finalement rappelé, mais les plaintes des Montréalais de toutes conditions, seigneurs, marchands ou engagés, sont longtemps restées lettre morte, le gouverneur Frontenac lui accordant sa protection[129].

La fonction militaire s'est développée depuis la construction du fort de Maisonneuve en 1642, et la défense du poste est une préoccupation constante, qui entraîne la construction d'une série d'ouvrages avancés. En 1683, l'installation des Compagnies franches de la Marine marque le début de la présence de troupes régulières. Les militaires dépendent du gouverneur pour le commandement mais sont tenus de respecter la juridiction de l'intendant.

La décision prise par le gouverneur de Montréal, Louis-Hector de Callière, de construire une nouvelle palissade étend encore l'emprise des militaires sur la ville. Cette fois, le roi, par l'intermédiaire de ses officiers, impose aux seigneurs et aux censitaires une utilisation particulière de l'espace. La présence de l'enceinte et de ses portes entraîne une nouvelle réglementation.

Soumis au pouvoir de la seigneurie et du roi, les Montréalais perdent, durant ces années, la seule institution représentative qu'ils possédaient. En 1677, le gouverneur interdit l'élection de représentants ou syndics de la communauté des habitants : or, depuis les années 1640, les syndics servaient d'intermédiaires entre les autorités et la population[130].

UN PLAN D'AMÉNAGEMENT

La prise en charge de la seigneurie de Montréal par les sulpiciens en 1663 correspond au point de départ d'une seconde fondation. Ceux-ci mettent en place une gestion efficace en planifiant le développement urbain et rural de l'île. Leur administration apparaît à l'opposé de celle de Chomedey de Maisonneuve. Autant celui-ci semblait fonctionner sans plan bien précis, autant les sulpiciens manifestent un sens aigu de l'organisation. Dès 1666, ils refont le terrier[131], registre où sont consignées toutes les terres de la seigneurie avec indication de leurs dimensions, de leur localisation et de leur propriétaire. Six ans plus tard, le supérieur François Dollier de Casson entreprend de doter la ville d'un plan d'aménagement; après la date de fondation, en 1642, c'est là le premier grand moment de l'histoire de l'urbanisme montréalais.

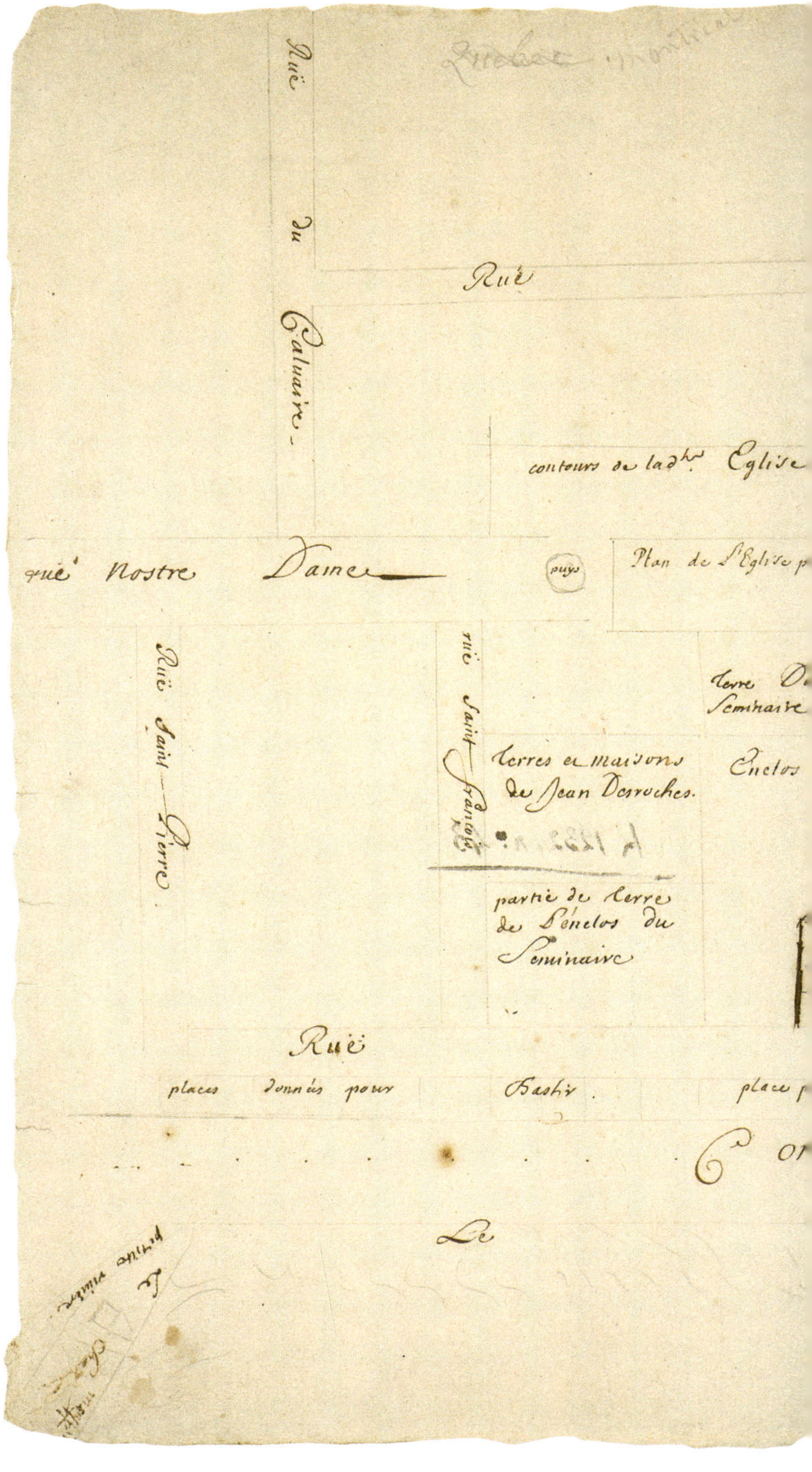

LE TRACÉ DES PREMIÈRES RUES

Ville-Marie n'avait encore aucune rue; une demi-douzaine de sentiers[132], tracés pour répondre aux besoins immédiats et à la progression des défrichements, s'étiraient dans toutes les directions, contournant les bâtiments existants ou les champs. Avec le développement, le besoin de voies de communication mieux établies, dont le tracé pourrait servir à l'alignement des maisons, commence à se faire sentir.

En 1668, Charles d'Ailleboust, en qualité de juge seigneurial, doit intervenir devant «l'Incommodité que souffrent Les habitans qui ont des Concessions au bout de celles qui commencent et joignent au lieu désigné pour La Ville dud. [dudit] lieu A cause qu'Ils n'ont encore Jusqu'à present Aucuns chemins Reglés pour communiquer a Icelle»[133]. D'autre part, il fait droit aux représentations et impose de respecter deux voies d'environ six mètres de large[134], dont l'une mène du «lieu désigné pour la ville» au coteau Saint-Louis, et il interdit aux habitants de labourer et d'ensemencer sur le tracé.

En juillet 1672, le seigneur de Montréal, représenté par François Dollier de Casson, supérieur du séminaire, intervient pour la première fois dans l'aménagement de la ville. Sous sa direction, Bénigne Basset (1639-1699) procède alors au bornage et à l'alignement des neuf premières rues de Montréal. Dans son procès-verbal, le notaire-arpenteur consigne la procédure suivie, précisant les tenants et les aboutissants de chacune des voies, la superficie de terrain devant être cédée par les censitaires en bordure de leurs emplacements, leur largeur, ainsi que le nombre et la position des bornes qu'il a installées.

Déjà, une hiérarchie des rues se dessine. L'énumération commence par «la grande rue Nommée Nre Dame», la plus large, avec 10 m. Les rues du Calvaire et Saint-Lambert (boulevard Saint-Laurent) sont larges de 8 m et les autres mesurent 6 m. L'année suivante, on procède à l'alignement de la rue Saint-Paul[135]. Le plan, sans titre, date, ni signature, est certainement contemporain, sans qu'il soit possible de déterminer s'il s'agit du véritable document fait au moment de l'opération[136]. L'intention du seigneur est manifeste : il s'agit d'accorder la prééminence à la nouvelle rue Notre-Dame. Par sa largeur d'abord, puis par l'installation de la future église paroissiale dont la construction commence en 1672, il cherche à souligner la présence des institutions religieuses dans l'espace. Cette rue balise ce qu'on appellera un peu plus tard la haute ville.

Le peu d'attention accordé à la rue Saint-Paul confirme cette volonté de déplacer le pôle central du bourg. Cette voie est pourtant le lieu par excellence du commerce; les marchands importants comme Jacques Le Ber y demeurent et le marché y sera provisoirement installé en 1676, en

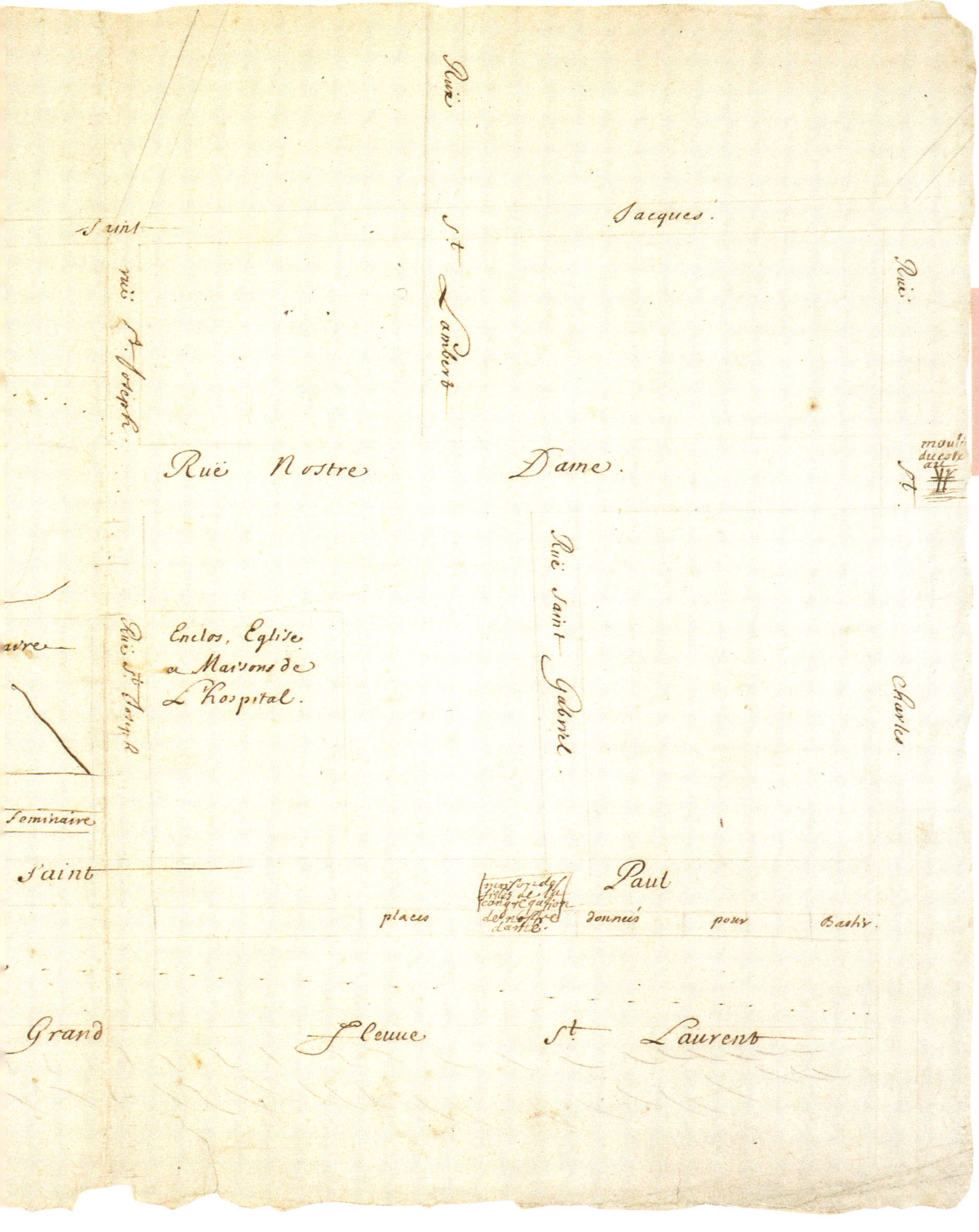

Plan de Ville-Marie et des premières rues projetées pour l'établissement de la «Haute Ville», [François Dollier de Casson ou Benigne Basset]. Archives nationales de France, K/1232 nº43.

attendant que la haute ville soit plus «habituée»[137]. Ce plan a été considéré par les historiens et par les urbanistes comme un document d'une influence profonde et durable. Il serait à l'origine de la grille orthogonale des rues de Montréal[138], et aurait servi de plan type, transposé ailleurs par les marchands et militaires français, notamment à Saint-Louis-des-Illinois et à la Nouvelle-Orléans[139]. Mais le plan correspondait d'abord au parcellaire primitif et à la topographie du site, et permettait de tirer tout le parti possible de sa forme allongée, vaguement rectangulaire, s'étirant le long du Saint-Laurent et du ruisseau Saint-Martin. La plupart des voies tracées en 1672 existent toujours, à l'exception de la rue du Calvaire, jamais ouverte. L'ancienne rue Saint-Charles borne le côté est de la place Jacques-Cartier. Par la suite, d'autres rues changeront de nom et d'autres seront redressées, les propriétaires ayant tendance à ne pas respecter les règlements. Comme l'écrit Louise Dechêne : «La belle ordonnance en damier qui apparaît sur les cartes est sans cesse compromise par les angles des maisons mal alignées et les boutiques qui empiètent sur la rue[140].»

ÉVOLUTION DE LA VILLE

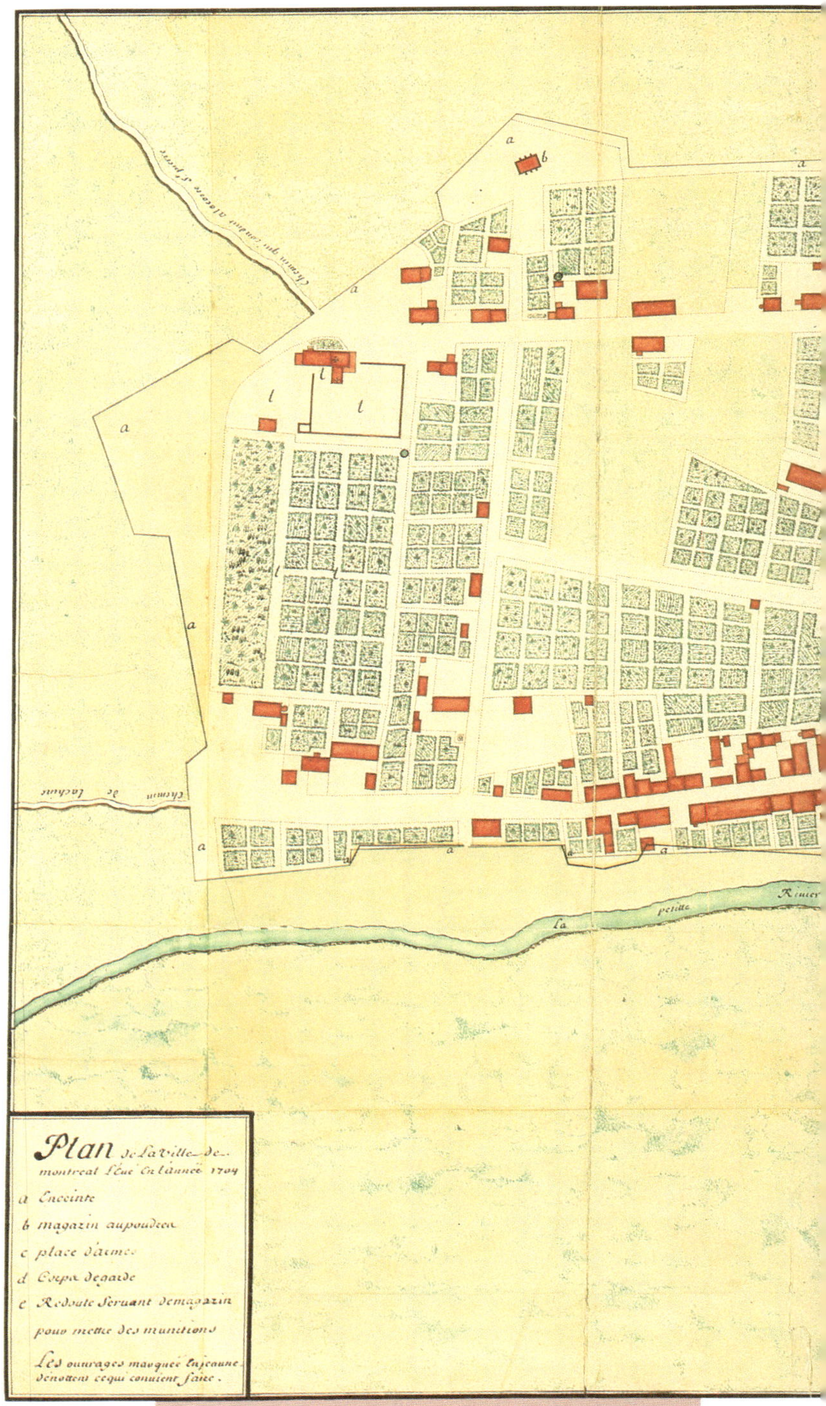

Plan de la ville de Montréal «LEvé en L'annéé 1704».
Jacques Levasseur de Neré. Archives nationales (France), Centre des Archives d'Outre-Mer, Aix-en-Provence.

Dans la période comprise entre le départ de Paul de Chomedey de Maisonneuve et la fin du siècle, le développement de la ville est marqué par l'essor des défrichements, du commerce des fourrures, par la présence des militaires et par les relations difficiles avec les Iroquois. L'influence religieuse n'a pas cessé, mais elle s'est profondément transformée : le projet missionnaire d'un groupe de laïcs pieux a fait place à celui d'un encadrement religieux plus classique, basé sur un personnel et des institutions qui conservent la nostalgie de l'époque pionnière. Deux événements encadrent cette période : l'arrivée du régiment de Carignan-Salières en 1665 et la Grande Paix de Montréal de 1701, qui met un point final aux guerres iroquoises.

VILLE-MARIE DANS L'ISLE DE MONTRÉAL

Le croquis intitulé «Villemarie dans l'isle de Montréal» figure parmi les deux plans les plus anciens de Montréal[141]. Il est attribué à l'ingénieur Robert de Villeneuve (1645?-1692?) et porte la date de 1685[142]. La réorganisation urbaine, entreprise sous l'égide du nouveau seigneur, se manifeste en particulier avec la création de la nouvelle église paroissiale et les constructions de la rue Notre-Dame. Le cadre juridique a changé : avec la prise en main de l'administration de la Nouvelle-France par le roi, la ville perd sa relative autonomie[143] et devient assujettie aux politiques communes. Le seigneur renoncera à ses pouvoirs de haute justice en 1693, au profit de la juridiction royale[144].

Ce changement de statut s'accompagne de la naissance de nouvelles fonctions : les activités diplomatiques et militaires sont la conséquence directe du nouveau rôle de Montréal comme ville frontière de la Nouvelle-France. Le développement de la traite des fourrures stimule les activités commerciales tout en marquant la structure économique. L'arrivée d'un clergé paroissial relativement nombreux, bien formé et empreint d'une forte spiritualité[145], impose un encadrement serré des catholiques, comme le déplore amèrement un jeune officier, le baron de Lahontan (1666-1716), en garnison à Montréal en 1685[146]. Avec l'établissement des récollets et des jésuites en 1692, cinq ordres religieux sont installés en permanence. Les ensembles conventuels, avec leur grand bâtiment, leur clocher et leur jardin, occupent rapidement un espace important. L'arrivée des militaires est pour les Montréalais un gage de sécurité, mais introduit un acteur nouveau dans l'aménagement urbain. Même si les Iroquois n'ont jamais vraiment cherché à détruire la ville[147], ils exercent une pression constante. La situation de Montréal en fait un endroit idéal non seulement pour cantonner les troupes, mais aussi pour organiser et concentrer toute la logistique des opérations militaires. L'activité diplomatique se développe en parallèle, ainsi que les explorations; le bourg devient le centre névralgique pour tout ce qui concerne l'intérieur.

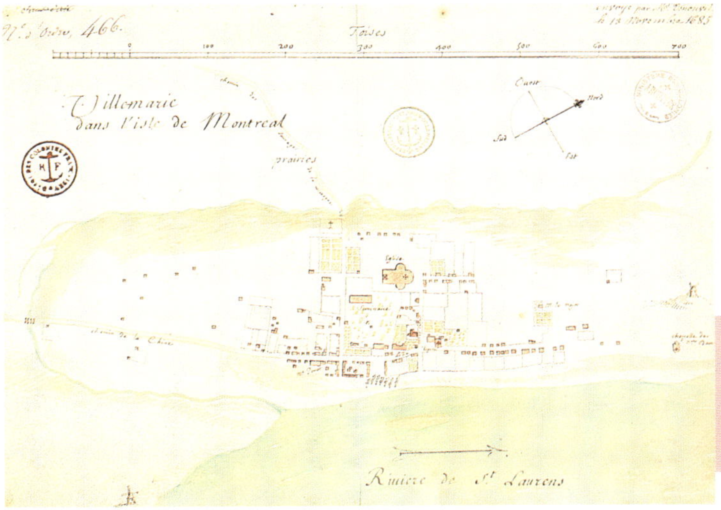

«Villemarie dans l'isle de Montréal».
Archives nationales (France), Centre des Archives d'Outre-Mer, Aix-en-Provence.

La traite des fourrures prend une plus grande importance après 1665. La foire aux fourrures constitue alors un événement annuel haut en couleur. Plusieurs centaines d'Amérindiens — ils sont 900 en 1672, 700 à 800 en 1693[148] – érigent leurs tentes en bordure de la grève où se déroulent les principales cérémonies précédant les échanges proprement dits : discours du gouverneur et des Amérindiens, tractations avec les marchands, conciliabules entre les vendeurs. Des boutiques, appartenant à des Montréalais de toutes classes, et dont certaines sont provisoires au début, sont déployées le long de la rue Saint-Paul[149]. À partir de la fin des années 1670, la foire perd de son importance car de moins en moins d'Amérindiens veulent dorénavant se déplacer, mais elle se poursuit néanmoins jusqu'à la fin du siècle. Sous la pression de la fuite en avant des traiteurs pénétrant de plus en plus profondément vers l'intérieur, à la recherche des sources d'approvisionnement, le commerce des fourrures commence à se structurer. La traite cesse d'être une activité occasionnelle ouverte à tous, et devient plus spécialisée, avec ses marchands et ses voyageurs[150].

L'évolution du plan du bourg rend compte, en partie, de tous ces changements. À la place d'honneur, attribuée à l'église paroissiale et au nouveau séminaire, correspond la place du marché en bordure de la grève, et la rue Saint-Paul où se concentrent les marchands. Quelques rues prévues au plan de 1672 se matérialisent, confirmant l'abandon ou la transformation des anciens sentiers. Le site même de la fondation est progressivement délaissé; vers 1672, Dollier de Casson écrit, à propos de la pointe à Callière, que «l'on soigne moins bien cet ancien berceau du Montréal[151]». La ville se développe dans l'autre direction et occupe peu à peu toute la crête, jusqu'au coteau Saint-Louis.

UNE BASE MILITAIRE

La recrudescence des guerres iroquoises, après une trêve entre 1667 et 1680[152], ravive la crainte des raids sur l'île de Montréal, alors que les rivalités entre la France et l'Angleterre commencent à avoir des répercussions directes sur les colonies nord-américaines[153].

Composante essentielle de la stratégie d'ensemble de la Nouvelle-France, la ville doit devenir une base militaire destinée à faciliter le regroupement et l'approvisionnement des troupes, et à servir de base de ravitaillement aux postes français de l'intérieur. Ces changements entraînent une nouvelle conception du système de défense. Les redoutes et les fortins avancés sont remplacés par des fortifications plus appropriées pouvant jouer un rôle dissuasif, mettre la ville à l'abri des «insultes» des Iroquois, ainsi que des coups de main de la milice des colonies anglaises voisines[154]. À partir de la fin du XVIIe siècle, la fonction militaire devient une des dominantes de l'évolution urbaine. La décision de militariser la ville et de construire des fortifications constitue le second temps fort de l'urbanisme montréalais : jusqu'au XIXe siècle, l'emprise militaire est déterminante sur l'espace et la vie urbaine.

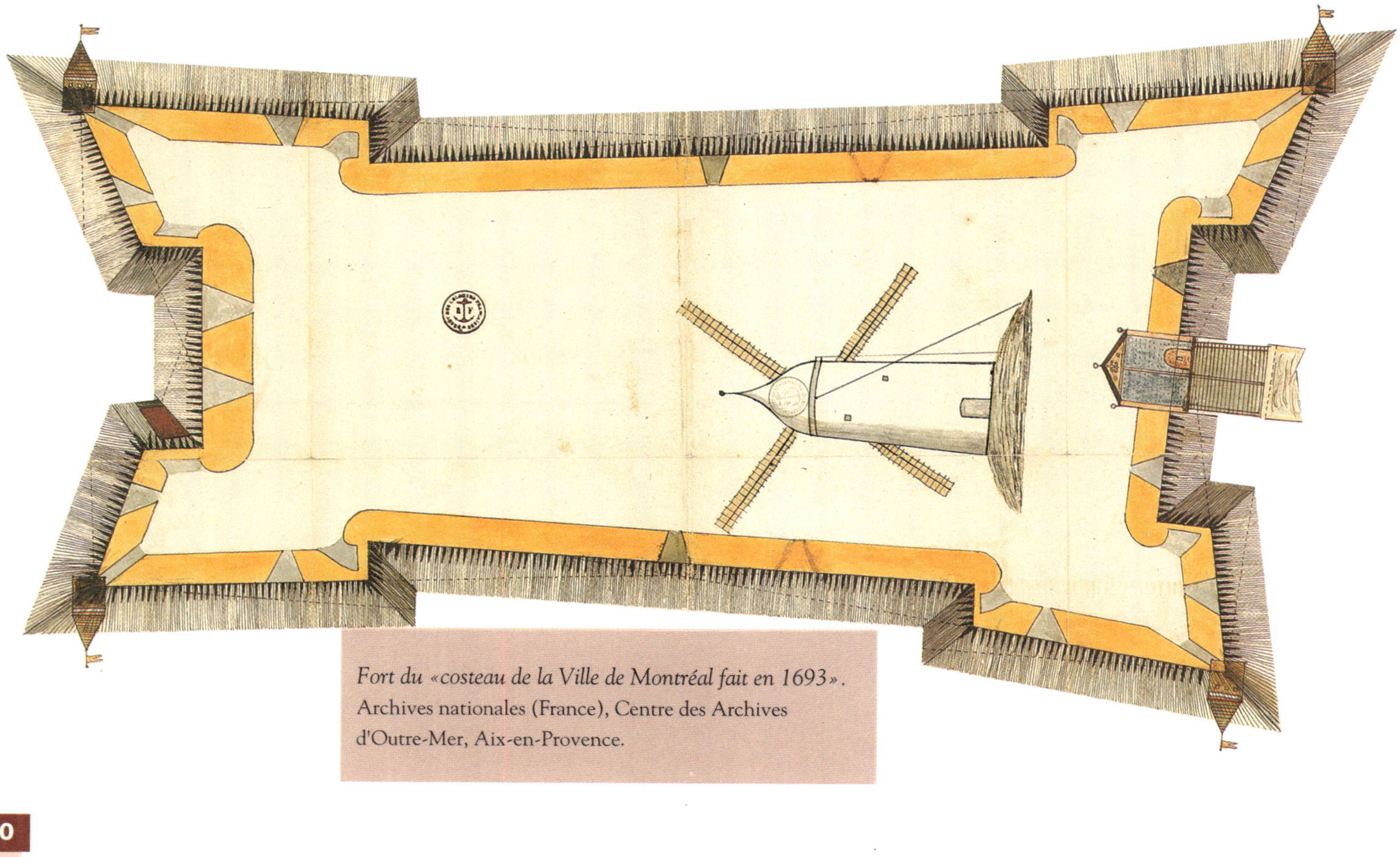

Fort du «costeau de la Ville de Montréal fait en 1693». Archives nationales (France), Centre des Archives d'Outre-Mer, Aix-en-Provence.

POPULATION, 1663-1697

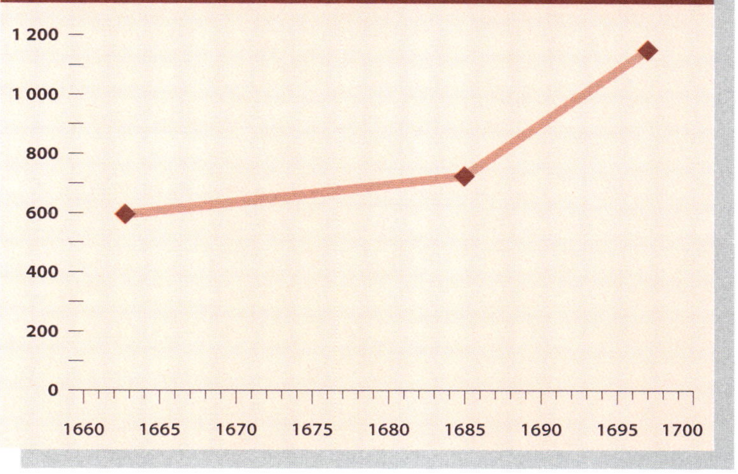

Le plan de l'ingénieur Levasseur de Neré (1662?-1723?), bien que daté de 1704, illustre le tracé de l'enceinte de 1687-1689 après son premier agrandissement en 1699[155]. La palissade est constituée de gros pieux de cèdre de 4,6 m de hauteur et d'environ 30 cm de diamètre, assemblés en pagées de 3 m de long[156]. Dotée de plates-formes pour les canons et de guérites pour les sentinelles, elle est percée de sept portes et sera entourée d'un fossé en 1691. Cet ouvrage est en évolution constante, car la croissance du bourg ou les besoins militaires imposent d'en réaménager régulièrement de petites sections çà et là. La palissade exige une surveillance et un entretien constants : aux aléas des intempéries et du climat s'ajoutent les assauts des Montréalais qui viennent tantôt y ouvrir une brèche pour leur commodité, tantôt s'y approvisionner en bois à bon compte[157].

Après un peu plus d'un demi-siècle d'existence, Montréal est déjà une ville bien organisée. Les deux places principales sont situées vis-à-vis de l'église et entre la rue Saint-Paul et la grève. Sur la seconde place, qui constitue l'accès principal à la ville, se tient un marché, deux fois par semaine, et c'est aussi la place d'armes. Les propriétés religieuses sont les plus imposantes, tant par leur construction que par l'espace qu'elles occupent. L'église paroissiale en pierre, ouverte au culte en 1678, est inaugurée en 1683; elle est flanquée, à partir de 1684, du nouveau séminaire de Saint-Sulpice. Le modeste Hôtel-Dieu de Jeanne Mance, inconfortable et en piètre état, a été remplacé par un bâtiment de pierre édifié entre 1689 et 1694. Incendié en 1695, il est rapidement reconstruit. La Congrégation de Notre-Dame a quitté ses installations de fortune et loge dans un édifice de pierre depuis 1684[158]. Les récollets et les jésuites achètent des terrains en 1692, et des constructions débutent la même année[159]. Les récollets remembrent une propriété dans la partie ouest de la ville, tout près de la palissade, et les jésuites s'installent dans la partie est, située alors hors de l'enceinte. L'agrandissement de celle-ci, en 1699, corrige la situation et permet une extension du parcellaire dans le voisinage.

Les maisons privées sont plutôt modestes : celles des nobles et des marchands comptent un rez-de-chaussée, un étage et un grenier. Celles des artisans, en bois, sont de moindres dimensions[160]. La ville s'agrandit, et un certain nombre de rues nouvelles voient le jour. Vers les années 1688-1690, la recrudescence des attaques iroquoises, qui culminent avec le «massacre de Lachine», amènent de nombreux colons à venir se réfugier à l'intérieur des murs. Quelques-uns occuperont provisoirement des terrains vacants[161]. Une ordonnance datée de 1688 réduit la taille maximale des lots urbains à 0,34 hectare (un arpent), et entraîne une densification des lotissements et des constructions, en particulier dans la partie nord-est de la ville[162]. De 1688 à 1690, les religieuses de l'Hôtel-Dieu cèdent près de 40 terrains autour de leurs jardins, et une partie de l'ancien fief Closse est vendu en lotissements, autour de la rue Saint-Vincent[163].

LES DÉBUTS DE LA CITADELLE

Une fois la palissade achevée, le système défensif présente néanmoins deux points faibles : d'une part, le coteau Saint-Louis, à l'extérieur de la palissade et dominant le bourg et, d'autre part, les approches ouest de la ville. Le gouverneur Louis-Hector de Callière décide, en 1693, de fortifier le moulin construit sur le sommet du coteau Saint-Louis en l'entourant d'un petit fortin bastionné équipé de canons. À l'ouest, il construit un barrage à la confluence des ruisseaux Prud'homme et Saint-Martin, de manière à pouvoir, au besoin, en inonder les approches, mais cette entreprise s'avère un échec[164].

L'envergure des travaux de défense de la ville confirme l'ascendant pris par les militaires dans l'aménagement urbain. Outre la réserve d'une bande d'une largeur de 500 pas autour des fortifications[165], d'autres espaces sont peu à peu monopolisés à des fins stratégiques tels que le corps de garde et les magasins du roi sur la place du marché, ainsi que la poudrière, au sud-ouest. La place du marché elle-même est convoitée pour servir exclusivement de place d'armes, et les commandants tolèrent difficilement les deux jours de marché. Le moulin du coteau finira également par disparaître, après 1708[166], et la citadelle n'aura plus alors qu'une fonction militaire.

LA CROISSANCE DE LA POPULATION

La population double entre 1663 et 1697, passant de 596 personnes à 1 150. La croissance est irrégulière mais, par rapport à la situation de la période de fondation, la croissance naturelle devient plus significative. D'après le démographe Réal Bates, c'est même l'élément principal de la croissance[167].

Le niveau élevé de la natalité entraîne un rajeunissement de la population, de plus en plus canadienne de naissance : vers 1700, la moitié a moins de 18 ans. Durant la dernière décennie du siècle, toutefois, la population urbaine est gonflée par un mouvement de repli des colons, recherchant l'abri des fortifications, devant le regain des incursions iroquoises[168].

LE DÉVELOPPEMENT DE L'ÎLE

La fondation de la ville précède la colonisation agricole à Montréal comme, d'ailleurs, dans le reste de la Nouvelle-France, si bien que les villes s'implantent avant l'aménagement des campagnes. Que ce soit à cause du projet initial de fondation missionnaire ou pour permettre les échanges commerciaux, les Français installent d'abord des têtes de pont sur le territoire. Peu à peu, les besoins d'approvisionnement alimentaire entraînent une mise en valeur agricole de la périphérie des bourgs. Les relations entre ville et campagne s'établissent dès le XVIIe siècle pour prendre, au siècle suivant, une ampleur et une diversité encore plus grandes : outre l'alimentation, les échanges portent sur l'approvisionnement en bois de chauffage, les services, et touchent même les relations démographiques.

LA SEIGNEURIE DE L'ÎLE DE MONTRÉAL

Le développement de la seigneurie prend une nouvelle tournure avec l'avènement du nouveau seigneur, le supérieur du séminaire de Saint-Sulpice, en 1663. Jusqu'alors, les premières concessions, telles que reconstituées par Marcel Trudel, occupaient une couronne d'à peine quelques kilomètres de rayon autour de la ville[169]. À partir du début des opérations en 1648, et jusqu'en 1663, 36 emplacements ont été concédés dans la ville et près d'une centaine à la campagne[170].

À la faveur de la période d'accalmie dans les guerres iroquoises, qui résulte de l'expédition du régiment de Carignan-Salières à l'automne 1666, la mise en valeur de l'île s'amorce. Sur certains points stratégiques, les sulpiciens créent des arrière-fiefs qu'ils confient à des militaires pour assurer la défense des extrémités de l'île et de certaines autres parties. C'est notamment le cas aux abords du sault Saint-Louis où s'installe brièvement, en 1669, Robert Cavelier de La Salle (1643-1687). Un certain nombre de forts apparaissent sur le pourtour de l'île; il s'agit d'enclos constitués de pieux, qui entourent des magasins et des cabanes.

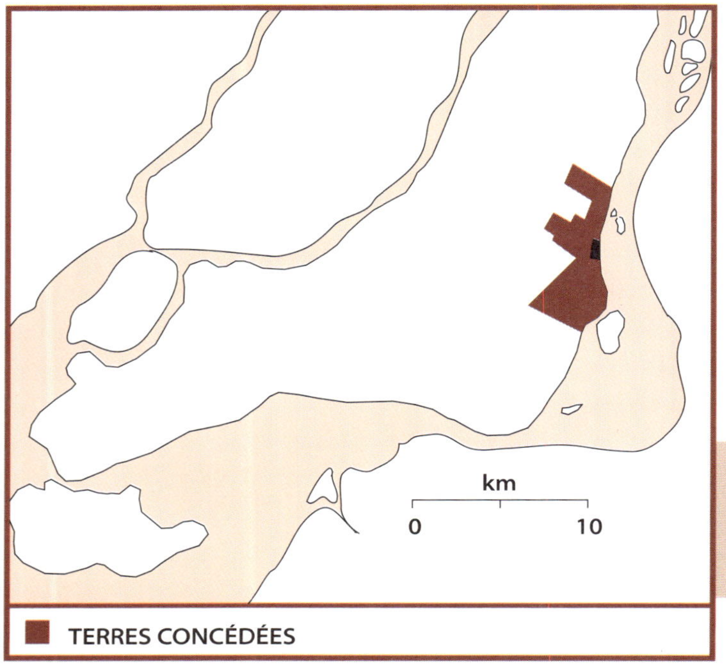

Superficie des concessions en 1663.
Marcel Trudel, *Montréal, la formation d'une société, 1642-43*, Montréal, Fides, 1976.

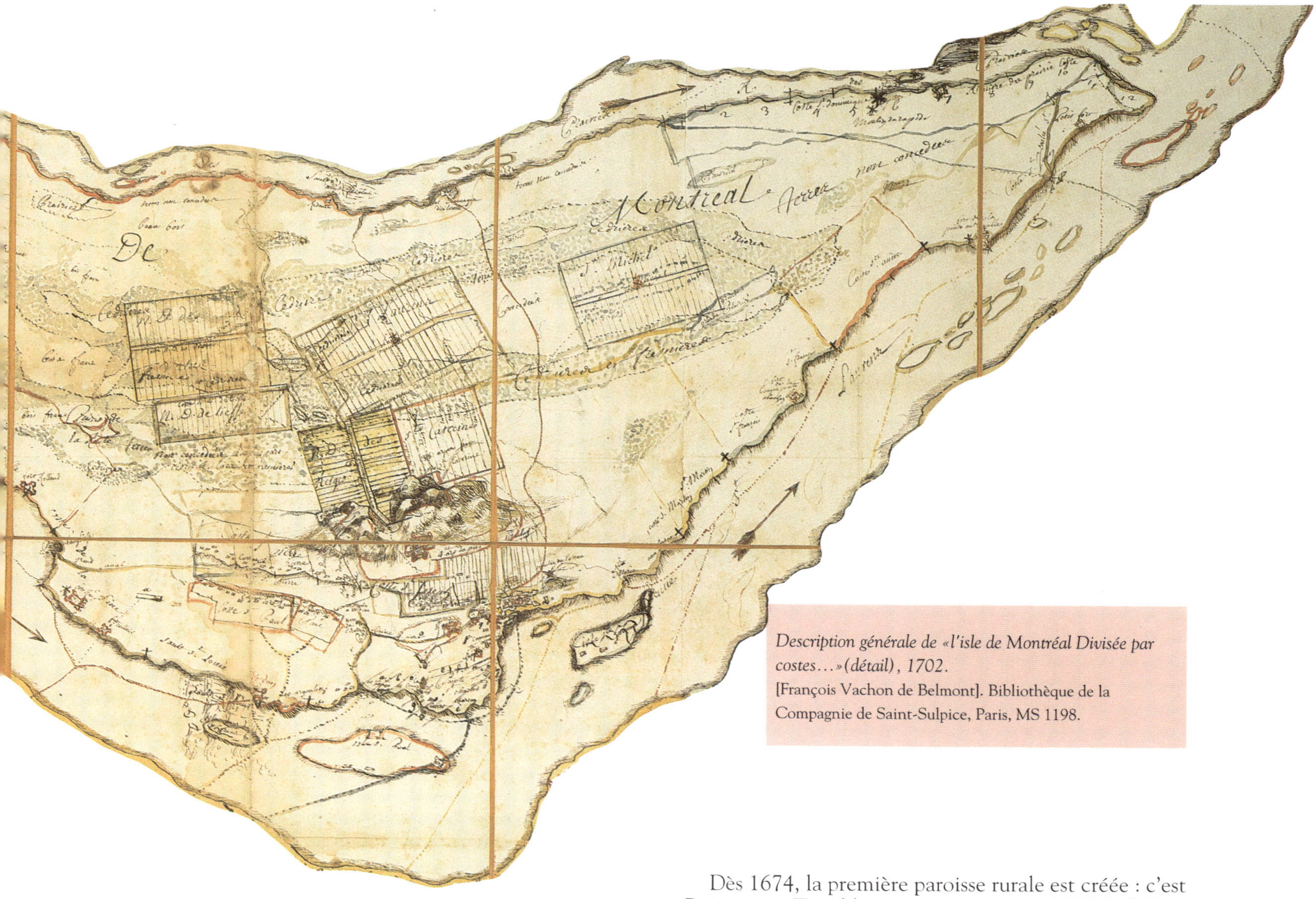

Description générale de «l'isle de Montréal Divisée par costes…»(détail), 1702.
[François Vachon de Belmont]. Bibliothèque de la Compagnie de Saint-Sulpice, Paris, MS 1198.

Afin de procéder à la concession des terres, les seigneurs divisent l'île en côtes, au fur et à mesure des besoins. Une côte désigne un ensemble de terres découpées en lanières parallèles, dont chaque ensemble possède une physionomie propre. L'historienne Louise Dechêne rappelle que chacune des côtes correspond à des traits physiques précis, et se trouve généralement limitée par des accidents géographiques. Leur taille varie : elles peuvent renfermer entre 10 et 50 concessions[171]. Ainsi, contrairement à la division classique du sol dans les seigneuries riveraines, marquée par le parallélisme et la superposition de différents rangs tous contigus, la seigneurie de Montréal, en raison de sa configuration et de la présence du mont Royal, présente une allure différente. La totalité du territoire n'est pas découpée en lots, et la trentaine de côtes existant en 1731 ne sont pas d'un seul tenant. Cette particularité du parcellaire influence la disposition du premier réseau routier, ainsi que la constitution des paroisses, ces dernières étant formées à partir de la réunion de plusieurs côtes.

Dès 1674, la première paroisse rurale est créée : c'est Pointe-aux-Trembles, qui sera suivie en 1687 de la Rivière-des-Prairies. Du côté ouest, on ne compte que Lachine, ouverte en 1676, et dévastée en 1689. Le territoire de l'île ne se développe pas uniformément : ainsi, la partie nord se peuple plus rapidement que la partie sud-ouest, et la périphérie se développe avant l'intérieur. Ce déséquilibre s'explique par la traite des fourrures et par l'exposition aux raids iroquois. Cependant, dans l'ensemble, les défrichements progressent régulièrement, au rythme de l'augmentation de la population[172]. Le peuplement rural s'accroît, atteignant 500 personnes vers 1680, et 1 800 en 1700[173].

À la fin du siècle, les sulpiciens préparent d'autres concessions, cette fois à l'intérieur des terres, parmi lesquelles Notre-Dame-des-Neiges et côte Sainte-Catherine, derrière le mont Royal; en 1702, les côtes de Notre-Dame-de-Liesse et des Vertus sont encore inoccupées, mais le déplacement de la mission amérindienne de la Montagne vers le sault au Récollet facilitera la mise en valeur de ces terroirs[174]. Après un demi-siècle de colonisation agricole, la transformation de l'île est déjà bien amorcée, bien qu'elle progresse de façon fort inégale. Les habitants apportent leur production à Montréal où, depuis 1676, se tient un marché, à raison de deux jours par semaine, le mardi et le vendredi[175].

À LA CONQUÊTE DU CONTINENT

Vers 1660, la Nouvelle-France tout entière change d'attitude vis-à-vis de l'espace continental. C'est alors que commence une période intense d'explorations, menées aussi bien par des missionnaires, tel le sulpicien François Dollier de Casson, que par des aventuriers comme Robert-René Cavelier de La Salle, des explorateurs comme Louis Jolliet (1645-1700) ou, encore, des commerçants comme Pierre-Esprit Radisson (1640?-1710). La période comprise entre 1667 et 1685 devient, pour employer l'expression de l'historien Jacques Mathieu, «la phase principale de l'exploration officielle du continent nord-américain[176]». Cette volonté, encouragée aussi bien par l'intendant Jean Talon (1625-1694) que par le gouverneur Louis de Buade de Frontenac, contraste avec l'attitude prudente du gouvernement royal qui souhaitait en premier lieu consolider la colonie de la vallée du Saint-Laurent en la rendant autosuffisante[177]. Jusqu'à la fin du XVIIe siècle, la France apporte cependant son soutien militaire aux entreprises coloniales[178]. Ce n'est qu'après 1701 que Louis XIV implique la Nouvelle-France dans une stratégie impériale globale, axée sur la lutte pour la prépondérance. Montréal devient véritablement la tête de pont vers l'intérieur, et noue des liens dans un espace de plus en plus vaste, avec la mise en place d'un réseau de postes fortifiés dans la région des Grands Lacs. Ces changements ne vont cependant pas sans conflits, car une telle expansion bouleverse le système de relations des nations autochtones et heurte en particulier l'ambition des Iroquois de contrôler les échanges avec les Amérindiens de la région des Grands Lacs. La menace iroquoise domine d'ailleurs toute la fin du siècle et ne prend fin qu'avec la paix de Montréal, en 1701[179].

Les Grands Lacs et la vallée du Saint-Laurent.
Guillaume de L'Isle, Carte du Canada ou de la Nouvelle France et des Decouvertes qui y ont été faites, 1703, Archives nationales du Canada, NMC 10648.

UN SYSTÈME DE DÉFENSE AVANCÉ

Dès son arrivée à Québec en 1665, le marquis de Prouville de Tracy (1596-1670), lieutenant général du roi chargé spécifiquement de soumettre les Iroquois, commence à préparer sa campagne. Il prévoit une offensive en règle du régiment de Carignan-Salières. Les troupes remonteront le Richelieu, traverseront le lac Champlain et rejoindront l'Hudson pour, enfin, envahir le cœur du territoire iroquois et fondre sur les villages agniers. L'axe du Richelieu s'avère d'une importance primordiale, mais il est dépourvu de tout aménagement logistique. En 1642, le gouverneur

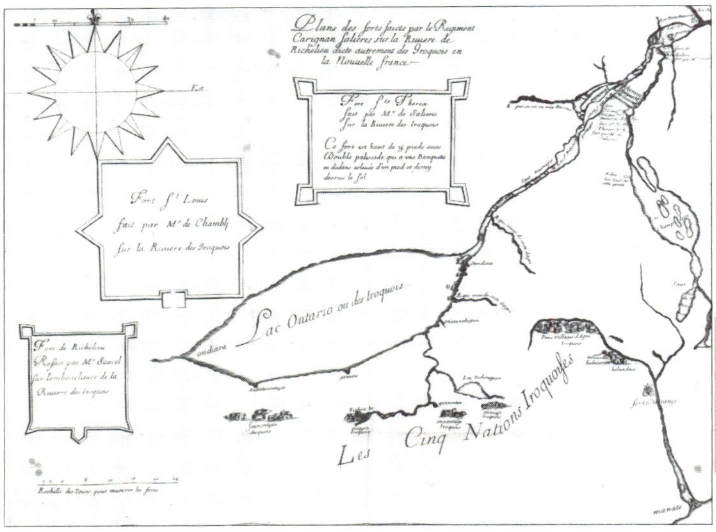

Plan des forts « faicts par le Régiment Carignan Salieres sur la Riviere de Richelieu… », daté de 1665.
Archives nationales du Canada, C127226.

de Montmagny y avait fait édifier le fort Richelieu, au confluent du Saint-Laurent, mais il avait été abandonné en 1646 et incendié l'année suivante par les Iroquois[180]. Entre juillet et septembre 1665, les troupes construisent trois forts en bois — Richelieu (appelé aussi Sorel), Saint-Louis (Chambly) et Sainte-Thérèse — ainsi qu'un embryon de réseau routier. L'année suivante, les soldats construisent deux autres forts, plus en hauteur sur le cours de la rivière, Saint-Jean et, sur l'île La Motte, dans le lac Champlain, le fort Sainte-Anne[181].

Ces ouvrages n'ont pas *a priori* de vocation défensive, mais ils font partie du support logistique nécessaire à une campagne d'invasion : ils servent de dépôts de vivres et de munitions et permettront d'abriter les malades et les blessés. Après l'expédition de 1666 et la destruction de quatre villages agniers, la plupart des forts tombent en désuétude. Vers la fin du siècle, deux de ces forts, Richelieu et Chambly, sont encore utilisés, bien qu'ils se trouvent dans un piètre état. Ils seront alors progressivement intégrés au système de défense avancée de Montréal.

L'HINTERLAND

Le mouvement d'exploration n'est pas soutenu par l'unique volonté de connaître le territoire ou d'étendre le réseau des alliances. La traite des fourrures demeure un enjeu primordial. À partir du dernier tiers du XVIIe siècle, les Français commencent à pénétrer de plus en plus loin dans la région des Grands Lacs. La foire de Montréal ne conservera pas longtemps le monopole de l'approvisionnement. Après 1680, le nombre d'Amérindiens qui s'y rendent n'est plus aussi impressionnant que lors des premières années, alors qu'ils arrivaient par centaines; en 1690, 500 d'entre eux seulement se déplacent, et ce nombre est considéré par les historiens comme exceptionnel[182].

La poussée des trafiquants de fourrures se fait dans l'anarchie. Plusieurs centaines de coureurs des bois partent avec l'espoir de faire fortune, mais la majorité d'entre eux n'effectuera qu'un seul voyage[183]. Les dirigeants n'hésitent pas à participer au trafic, et l'exemple vient de haut : ainsi, le gouverneur Louis de Buade de Frontenac établit son fort — en réalité un poste de traite — sur le lac Ontario, et le gouverneur de Montréal de 1669 à 1684, François-Marie Perrot, dans l'île Perrot, fait intercepter les canots qui descendent de l'Outaouais et utilise ses hommes d'armes pour s'assurer du meilleur choix des fourrures qui atteindront encore la foire de Montréal[184].

Les autorités interviennent en 1676 pour interdire la course des bois; cinq ans plus tard, elles tentent de réglementer ce commerce en instaurant un système de permis annuels (congés) au nombre limité. L'organisation de la traite se modifie avec l'apparition d'une division du travail dominée par le marchand et le voyageur : ce dernier devient un véritable professionnel qui embauche des «engagés» pour le transport des marchandises[185]. Les commandants militaires installés dans l'intérieur n'hésitent pas à s'associer fréquemment aux marchands et aux voyageurs. La route des Grands Lacs devient plus familière, elle est mieux balisée et l'intérêt peut à présent se porter au-delà.

En 1673, Louis Jolliet, accompagné du père Marquette (1637-1675), se rend à Michillimakinac sur le lac Supérieur et, à partir de là, rejoignant le Mississippi, le suit jusqu'à son confluent avec l'Arkansas. Ces explorations entraînent une amélioration très nette des connaissances géographiques, qui permet de dessiner des cartes de meilleure qualité. La région des Grands Lacs et la position des diverses nations amérindiennes sont indiquées de manière plus précise. La volonté des puissances européennes de partager l'Amérique du Nord devient plus manifeste et plus tangible, comme l'indique l'apparition du tracé de la frontière de la Nouvelle-Angleterre. L'Amérique demeure cependant très globalement une terre amérindienne. Montréal, dernier poste sur le Saint-Laurent, jouit d'un avantage de situation pour accéder au cœur du continent. Devenue la porte de l'Ouest, elle le demeurera jusqu'au XXe siècle, même si elle perd cette prédominance à partir de la fin du XVIIIe siècle.

LA PORTE DE L'OUEST – 1700-1799

La capitulation de 1760 marque un hiatus entre la ville du régime français et celle du régime britannique. Malgré l'impression d'un changement total qui aurait radicalement transformé la ville du jour au lendemain, cette période paraît plutôt dominée par deux tendances contradictoires : la continuité et la rupture. La forme de la ville et les fonctions urbaines ne sont guère différentes avant et après 1760; l'analyse de l'économie des fourrures montre que le secteur évolue toujours à son rythme, imposant sa propre logique commerciale de spécialisation du travail et de concentration du capital et ce, d'un bout à l'autre du siècle. En revanche, la conquête anglaise, sans changer fondamentalement les structures économiques, provoque une rupture dans l'exercice et le partage du pouvoir, amène des changements de personnel et introduit, au niveau de la société, de nouveaux clivages et de nouvelles règles du jeu.

GUERRE ET PAIX

Les premières années du XVIIIe siècle prolongent le siècle précédent avec ses guerres continuelles contre les Iroquois et les Anglais. Elles s'achèvent avec deux traités de paix, l'un avec les Iroquois et les autres nations amérindiennes, en 1701, l'autre avec la Grande-Bretagne (traité d'Utrecht) en 1713.

Une période de paix de trente ans commence alors (1713-1743) durant laquelle, pour la première fois de son histoire, la Nouvelle-France n'est pas en guerre. L'économie des fourrures traverse alors une importante crise, avec une chute des ventes et des prix se traduisant par un ralentissement considérable des activités. La colonie traverse également une sévère crise monétaire qui déclenche un mouvement d'inflation. Paradoxalement, c'est aussi une période d'essor urbain, des soldats démobilisés et certains habitants de Québec et de Trois-Rivières choisissant de s'installer à Montréal. La ville connaît une vive activité immobilière[186], principalement causée par le manque de confiance généralisé dans la monnaie : en effet, les Montréalais préfèrent maintenant transformer leur avoir en immeubles. Outre les nombreuses constructions neuves, de nouvelles fortifications en pierre s'élèvent. La crise des fourrures se résorbe peu à peu, et la traite reprend.

La période 1744-1763 correspond à la reprise de la guerre, qui culmine avec la guerre de Sept Ans (1756-1763) et la Conquête. La ville vit au rythme des hostilités et subit toujours une importante inflation durant les années 1750.

Durant les années 1763-1783, anciens et nouveaux sujets doivent s'adapter les uns aux autres et apprendre à coexister. Les activités de traite reprennent après le traité de Paris de 1763, alors que la Grande-Bretagne entreprend une réorganisation de ses colonies, vite interrompue par la montée de l'agitation des treize colonies américaines et la guerre de l'Indépendance (1775-1783). Les fluctuations sont très marquées, en particulier l'invasion et l'occupation de Montréal par les Américains en 1775-1776.

Les dernières années du siècle voient une réorientation fondamentale du commerce des fourrures. Privés d'une partie de leurs anciens territoires d'approvisionnement, les marchands montréalais redéfinissent une nouvelle aire, le Nord-Ouest, et entreprennent d'y établir leurs activités, au grand dam de la Compagnie de la baie d'Hudson. Cette période marque l'âge d'or de la traite des fourrures et des grandes fortunes.

Durant tout le siècle, le commerce des fourrures constitue d'ailleurs l'activité économique principale, de la même façon que les relations avec les Amérindiens représentent l'activité politique dominante. Montréal est une ville de marchands, et une base de départ pour les expéditions vers l'Ouest[187]. Elle attire Amérindiens et voyageurs, les uns venant en ambassade, et les autres partant ou revenant d'expédition. Les activités de la traite des fourrures atteignent un niveau élevé d'organisation avec l'augmentation de la taille des canots, la division des tâches entre marchands-équipeurs, voyageurs et engagés, une concentration accrue des capitaux, et la spécialisation du personnel de traite. Durant la seconde moitié du siècle, l'éloignement des sources d'approvisionnement, la perte de territoire relative à l'indépendance des États-Unis et la concurrence de plus en plus serrée avec la Compagnie de la baie d'Hudson provoquent une nouvelle étape dans la concentration et l'émergence de la Compagnie du Nord-Ouest, qui monopolise bientôt (1804) le commerce montréalais.

L'effet de la Conquête sur la ville ne peut cependant être sous-estimé. Dans le contexte colonial et mercantiliste de l'époque, les villes constituent des points essentiels de contrôle et d'exploitation des territoires. Les diverses fonctions urbaines se maintiennent, mais les groupes qui les commandent ont changé. Les militaires appliquent d'autres stratégies et ont un mode de fonctionnement différent; l'administration a été radicalement transformée dans ses contenus, son orientation et ses cadres, les lois sont changées et un nouveau personnel juridique se met en place. Le commerce, quant à lui, doit s'adapter à une situation nouvelle : un groupe de commerçants ayant accompagné les troupes victorieuses s'installe en ville, concurrençant les gens en place, et ce, sur tous les plans : fourrures, marché urbain et fournitures aux armées[188]. La fonction religieuse paraît avoir mieux résisté, mais son organisation a été ébranlée par l'interdiction des communautés d'hommes, qui touche les jésuites et les récollets, ainsi que par la rupture des contacts avec la France. L'Église catholique évolue dorénavant dans un climat qui ne lui est pas favorable. Sur le plan social, les rapports ne sont plus les mêmes, les sociétés mères étant, entre elles, très différentes.

LA SOCIÉTÉ

La structure sociale d'Ancien Régime installée au siècle précédent poursuit son développement, parallèlement à l'accroissement de la population. Comme dans n'importe quelle petite ville de France, le groupe dominant est composé des officiers militaires et civils — comme le gouverneur particulier de Montréal et le commissaire-ordonnateur qui représente l'intendant — des dignitaires ecclésiastiques, et de quelques grands négociants. Puis viennent les gens de commerce, avec les marchands-équipeurs, et des marchands de moindre envergure. Les artisans occupent une position intermédiaire : forts de la connaissance de leur métier et propriétaires de leurs outils, ils tiennent boutique ou travaillent sur différents chantiers. Enfin, on retrouve les gagne-petit, domestiques et soldats[189], auxquels il faut ajouter les esclaves, en grande majorité d'origine amérindienne.

Une analyse de la population active de 1715, faite par Louise Dechêne, donne une idée de la structure professionnelle. Regroupant environ 650 individus, elle peut être répartie en quatre catégories. D'abord, le secteur des services, le plus nombreux avec 40% des effectifs. Les religieux (24 ecclésiastiques et 75 religieuses environ), suivis des officiers militaires (35), les officiers de justice et d'administration (14), les employés (12), les chirurgiens (4) et les domestiques, évalués à une centaine. Le second secteur, celui du commerce, représente 20% du total. Les marchands-équipeurs (25) sont les plus importants, suivis des voyageurs et petits marchands (60), des aubergistes et cabaretiers (30), des boulangers et bouchers (5) et de quelques charretiers. Le secteur de la fabrication, qui représente le quart de la main-d'œuvre totale, se divise grossièrement en trois catégories : les artisans du bâtiment, du métal (forgerons, armuriers, serruriers et taillandiers) et du vêtement (cordonniers, tailleurs et couturières). À ces grandes catégories s'ajoutent quelques métiers divers tels que brasseur, tonnelier, perruquier, orfèvre et chapelier. Enfin, le dernier secteur est composé de manœuvres, journaliers sans qualification qui trouvent de l'emploi dans les chantiers de construction, dans les voyages vers les pays d'en haut ou dans les campagnes, au moment des récoltes[190].

Pour compléter la population active, il faut compter les soldats, Montréal étant toujours une ville de garnison; par exemple, vers 1731, au moins deux cents soldats[191] sont logés chez les citadins en hiver; l'été, moins nombreux, ils sont répartis entre différents postes. Les officiers leur permettent de travailler en ville en dehors de leur service, si bien qu'ils sont en concurrence avec les journaliers pour occuper les petits emplois.

La relative faiblesse de la mobilité sociale constitue l'une des caractéristiques de la société d'Ancien Régime : il est très difficile d'accéder à la noblesse, sinon par les strates supérieures de la bourgeoisie, par l'obtention de lettres d'anoblissement, ou par alliance. Montréal n'a pas connu de cas d'anoblissement au XVIIIe siècle, et une étude de la noblesse a montré l'existence de véritables stratégies familiales se développant sur plus d'une génération. Malheureusement pour ces familles, la Conquête est venue briser net ce début d'ascension sociale[192]. La bourgeoisie est un groupe assez dynamique, d'autant plus qu'elle est accessible aux individus provenant d'autres classes. Toutefois, la taille de la ville et sa dépendance liée au commerce des fourrures limitent les possibilités d'enrichissement et, si les occasions de profit sont bien réelles, les marchands dans leur ensemble ne bâtiront pas des fortunes colossales[193]. Ignace Gamelin (1698-1771) prend la relève de son père en 1720 et devient l'un des principaux marchands. Il participe au financement des entreprises de Pierre Gaultier de La Vérendrye (1685-1749) à partir de 1731, ainsi qu'à la mise sur pied des forges du Saint-Maurice (entre 1733 et 1741). En outre, il possède des navires, un commerce actif, et c'est l'un des fournisseurs du roi; il cesse ses activités commerciales vers la fin des années 1750[194]. Alexis Lemoine, dit Monière (1680-1754), représente un cas d'ascension sociale : ayant débuté comme engagé pour la traite, il devient marchand-équipeur et tient boutique à Montréal à partir de 1715[195]; durant certaines périodes, il aurait eu jusqu'à 300 engagés à son service[196].

La noblesse est composée des familles établies à demeure, auxquelles s'ajoutent des nobles de passage, en service dans la colonie[197]. Les jeunes nobles cherchent à faire une carrière militaire, occupant des postes de cadets et, éventuellement, d'officiers. Dans la majorité des cas, la carrière des armes représente un débouché intéressant pour les jeunes gens.

La société urbaine est faite de clivages profonds entre les différentes conditions sociales, qui se manifestent dans les fonctions honorifiques publiques, comme celle de marguillier chez les marchands, ainsi que dans l'ordre de préséance lors des manifestations publiques, qu'elles soient de nature religieuse, militaire ou encore civile.

Après 1760, la plupart de ces traits subsistent, mais une nouvelle organisation sociale s'implante et transforme l'existence de certains groupes. Il y aura donc, pendant un certain temps, superposition de deux sociétés d'Ancien Régime, la plus ancienne, de type français, plus hiérarchisée, et la nouvelle, plus fluide, de type anglo-américain, elle-même en pleine mutation et se rapprochant davantage de la société de classes. Durant la seconde moitié du XVIIIe siècle, la montée des idées des Lumières et des idéaux démocratiques colore la vie sociale et intellectuelle. Outre les administrateurs, la noblesse est très tôt affectée par la Conquête. Elle perd son exclusivité puisque, à la faveur du nouveau régime, le titre d'écuyer jadis réservé aux nobles peut désormais être porté par quiconque jouit d'un certain statut social[198]. Mais surtout, elle perd l'accès à la carrière militaire : en effet l'organisation militaire britannique est différente, car elle repose davantage sur des régiments réguliers, où le mode de promotion se fait par achat, et s'avère plus coûteux[199]; d'autre part, le corps d'officier est très homogène, offrant peu d'ouverture à des nobles français. Chez les administrateurs, le changement est aussi radical que complet, la Grande-Bretagne envoyant à Montréal un contingent de personnel nouveau.

Le monde du commerce se métamorphose : en l'espace de vingt-cinq ans, les marchands canadiens, pour employer le vocable de l'époque, sont déclassés et remplacés à la direction des affaires par des marchands originaires de Grande-Bretagne ou des anciennes colonies britanniques américaines, à la tête d'entreprises bien plus considérables et qui, indice de leur réussite, possèdent 45% de la superficie des propriétés non institutionnelles dans la vieille ville, en 1805[200]. Alexander Henry (1729-1821) représente le prototype du marchand fournisseur des armées. Arrivé en 1760, il s'installe à Michillimakinac dès 1761, et à Montréal en 1775. Marchand de fourrures, il participe à la fondation du Beaver Club en 1785, témoignage de sa notoriété, ce club étant en effet réservé aux marchands qui avaient hiverné dans les pays d'en-haut[201]. Richard Dobie (vers 1731-1808), est né en Écosse et arrive peu après la Conquête; il s'installe à Montréal en 1761 et, en quelques années, devient un important marchand de fourrures. Il s'occupe également de commerce du blé et se retire vers 1790, avec une fonction plus tranquille de bailleur de fonds[202]. Thomas Walker (décédé en 1788), est marchand à Boston au moment de la Conquête : attiré à Montréal par les perspectives économiques, il s'installe en 1763 et s'intéresse au commerce de l'Ouest. Sa carrière sera cependant de courte durée : hostile aux militaires et ouvertement favorable aux insurgés américains, il suivra les troupes du Congrès au moment de leur évacuation de Montréal en 1776[203].

Pierre Guy (1738-1812), marchand et propriétaire foncier, a vécu la transition entre les deux régimes. Entre 1761 et 1763, il prend graduellement la relève de sa mère, qui s'était occupée du commerce familial depuis la mort de son père en 1748. Il prend part au commerce des fourrures mais également à l'importation de produits européens, tentant de faire la transition entre les anciens fournisseurs français de La Rochelle et les nouveaux marchands londoniens. Il place une partie de ses revenus dans la propriété foncière urbaine et rurale. Les produits de sa terre de la Petite Bourgogne, hors du périmètre de la ville, lui servent partiellement à alimenter son commerce. Mais ses affaires semblent toujours demeurer de faible envergure et, vers la fin de sa vie, il paraît désabusé, déplorant que les jeunes gens n'aient pas de débouchés dans le milieu des affaires[204].

Ce véritable changement de garde de l'élite économique a fait l'objet de plusieurs tentatives d'explication, la plus ancienne reposant sur la différence présumée des mentalités, les nouveaux marchands étant considérés comme beaucoup plus dynamiques que les anciens[205]. Mais l'explication la plus plausible repose sur un faisceau d'éléments plus complexes. À court terme, la conjoncture est pour le moins défavorable : la dévaluation de la monnaie de papier du Régime français et le refus de la France de rembourser les lettres de change provoquent presque la faillite de nombreux marchands canadiens. Le niveau de fortune des marchands canadiens n'avait jamais été élevé, par rapport aux marchands de France ou des Treize colonies américaines[206]. Mais surtout, l'environnement global où ils sont amenés à évoluer est complètement bouleversé, qu'il s'agisse du cadre juridique, des sources de crédit, des relations avec les autres groupes sociaux, de l'accès aux importants contrats de fourniture de l'État[207] ou des différences de culture dans le milieu des affaires[208]. L'indépendance des Treize colonies a déclenché un déplacement des marchands et des investissements dans le secteur de la fourrure, qui est à l'origine du changement d'organisation observé à partir des années 1780[209]. L'attitude des premiers marchands britanniques a aussi joué un rôle. Entre la Proclamation royale de 1763 et l'Acte de Québec (1774), qui reconnaît en particulier l'ancien droit français et permet aux «nouveaux sujets» d'occuper des fonctions publiques, les marchands britanniques ont bien tenté d'exclure leurs concurrents par le biais de la religion ou du droit. Les mentalités ont sans doute leur place, mais les pratiques socioculturelles et le rôle des préférences de la métropole sont des facteurs autrement plus déterminants. À la fin du siècle, le transfert de pouvoir économique est achevé et les grands traits d'une division ethnique et linguistique du travail qui durera deux siècles sont déjà mis en place. Le commerce des fourrures en est l'exemple le plus caractéristique, avec son personnel en majorité canadien et ses dirigeants anglo-écossais.

La bourgeoisie de la fin du siècle est dominée par les marchands de fourrures, qui monopolisent le commerce des pays d'en-haut. Simon McTavish (1750-1804), né en Écosse et installé à Montréal vers 1776, est devenu l'âme dirigeante de la célèbre Compagnie du Nord-Ouest, fondée en 1783, mais précédée par des sociétés regroupant quelques marchands. Depuis sa maison de la rue Saint-Jean-Baptiste, il dirige les opérations. Personnage haut en couleur, McTavish, surnommé le marquis, œuvre principalement dans le domaine de la fourrure, ce qui ne l'empêche pas d'acquérir des terres, parmi lesquelles la seigneurie de Terrebonne en 1802[210]. Les frères Frobisher, en particulier Benjamin (1742-1787) et Joseph (1740-1810), jouent un rôle identique. Nés en Angleterre et arrivés au lendemain de la Conquête, ils sont immédiatement attirés par le commerce des fourrures et feront leur fortune dans l'Ouest. La carrière de John Richardson (vers 1754-1831) chevauche deux mondes commerciaux, celui des fourrures et celui des activités d'import-export. Né en Écosse et installé dans la colonie de New York en 1774, il part pour Montréal en 1787. Engagé au service de la maison Robert Ellice and Company, il s'occupe de traite des fourrures et aide à réorganiser l'administration, avant de devenir un associé, à la mort du propriétaire. Il s'emploie alors activement à diversifier ses opérations, projetant même de fonder une banque, en 1792, la Canada Banking Company. Au XIXe siècle, il prendra plusieurs initiatives, parmi lesquelles la fondation de la Banque de Montréal en 1817 et la construction du canal de Lachine[211]. John Molson (1763-1836) est sans doute l'homme d'affaires le plus connu de cette période, et représente bien la nouvelle orientation de l'économie montréalaise. Né en Angleterre, il arrive en 1782 et se lance dans le commerce des comestibles, avant d'acheter une brasserie en 1785. Au siècle suivant, il diversifiera ses activités[212].

Depuis la carrière d'Ignace Gamelin, au début du siècle, le monde des marchands montréalais s'est profondément transformé tout comme, d'ailleurs, a évolué l'influence des marchands sur la société et sur le développement global de la ville.

L'EXERCICE DU POUVOIR

Durant tout le siècle, les administrateurs nommés par la couronne, française ou britannique, sont responsables du pouvoir local : il n'y a pas de corps représentatif entre les officiers et la population. Avant 1763, le gouverneur et l'intendant, ainsi que leur délégué, gèrent les affaires militaires et les affaires civiles; les tribunaux veillent à l'application des règlements de police. La «police urbaine», comme on l'appelait à l'époque, s'intéressait aux différentes activités de la ville qui faisaient l'objet d'un arrêt des tribunaux ou d'une ordonnance de l'intendant (ouverture de rues, entretien, alignement des maisons, incendies, etc.). La justice étant considérée comme émanant du roi, la Conquête entraîne la disparition de tout l'ancien cadre juridique. Le gouverneur militaire britannique met sur pied, pour quelque temps, un tribunal composé d'officiers de milice. L'institution britannique des «juges de paix» est implantée en 1764, mais ceux-ci ne disposent que d'un pouvoir restreint et, de plus, un certain vide juridique subsiste, puisque beaucoup d'arrêts et d'ordonnances concernant la vie urbaine sont tombés en désuétude[213]. Le régime des juges de paix introduit cependant une forme de représentation locale, inconnue depuis la disparition de la communauté des habitants, en 1677. Dorénavant, certaines questions peuvent être réglées sur place sans qu'il faille en référer à un niveau supérieur de la hiérarchie. Les juges sont nommés par le gouverneur et choisis parmi les grands marchands de la ville. Deux ou trois d'entre eux se réunissent, généralement une fois par semaine, pour appliquer la réglementation et faire des recommandations pour le reste[214]. Ce mode de gestion, implanté en 1764, dure jusqu'en 1840, avec une interruption entre 1833 et 1836.

La notion de services municipaux publics n'existe pas à proprement parler au XVIIIe siècle. Les travaux publics ne sont d'ailleurs pas très développés, même si certains sont entrepris : ainsi, une partie des rues de la ville fortifiée est pavée, et des égouts sont installés sous quelques rues[215].

Les militaires exercent un pouvoir certain, encore renforcé par le développement des infrastructures défensives durant tout le siècle, qu'il s'agisse de la construction des fortifications en pierre entre 1717 et 1744 ou du réaménagement du quartier des casernes après 1763. Mais ils doivent toujours composer avec les autres juridictions et, notamment, avec celle de l'intendant, qui garde la haute main sur les questions civiles. Leur rôle dans les relations avec les Amérindiens se poursuit après la Conquête et est illustré par la carrière de sir William Johnson (vers 1715-1774) et de son fils sir John Johnson (1741-1830) qui devient, en 1782, «surintendant général et inspecteur général des Indiens des Six-Nations et de ceux de la province de Québec[216]». Ce dernier tente de réorganiser le système après l'Indépendance américaine, mais les relations sont maintenant très différentes : Montréal a cessé d'être le centre vital des alliances entre Européens et Amérindiens.

Malgré l'importance prise par le pouvoir royal, Montréal demeure une ville seigneuriale. Le territoire est toujours acensé, les seigneurs touchant régulièrement leurs rentes et prenant soigneusement note de tout changement de propriétaire, de façon à bénéficier des lods et ventes. Le droit de banalité est également suivi avec vigilance. Si la première moitié du siècle est marquée par l'affermissement du pouvoir seigneurial[217], la Conquête introduit deux facteurs d'incertitude : la reconnaissance de la propriété seigneuriale, finalement obtenue en 1774 par l'Acte de Québec, et le droit de propriété du Séminaire de Saint-Sulpice de Montréal. Ce dernier problème ne sera définitivement réglé qu'en 1840. Le supérieur du Séminaire de Saint-Sulpice de Paris est titulaire de la seigneurie de l'île de Montréal depuis 1663. Or, l'institution parisienne étant considérée comme étrangère après le traité de Paris, son supérieur ne peut plus en être légalement le propriétaire, sous peine de confiscation. En 1764, il cède ses droits au Séminaire de Saint-Sulpice de Montréal, qui n'a cependant aucune existence légale[218]. Jusqu'à la fin du siècle, les sulpiciens bénéficieront de la tolérance du gouvernement et ils seront même autorisés à déclarer foi et hommage en 1781, mais leur droit de propriété sera remis en question périodiquement, notamment en 1774, 1789 et en 1795[219].

L'Église demeure un acteur de premier plan, mais son influence n'est pas absolue. Composante essentielle de la société d'Ancien Régime, son pouvoir doit s'exercer en harmonie avec celui du roi et, surtout, lui être subordonné. Outre les activités du culte, elle s'occupe des affaires de santé et d'instruction, ainsi que de morale publique, ce qui n'est pas une tâche aisée dans cette petite ville aux mœurs plutôt relâchées en raison de la présence des soldats et des voyageurs. Les sulpiciens jouent un rôle central et jouissent de l'autorité que leur confèrent leur antériorité d'implantation, leur statut de seigneurs et, surtout, celui de titulaires de la paroisse. Après 1760, l'interdiction des ordres religieux masculins et les problèmes de la hiérarchie épiscopale à Québec favorisent la consolidation de l'autorité de Saint-Sulpice dans l'île et dans la ville.

UN SIÈCLE DÉTERMINANT

Le XVIIIe siècle est par excellence une période ambivalente : du côté des activités économiques, il y a continuité et consolidation, tandis que la Conquête amène une véritable cassure entraînant le remplacement du système politique et des élites urbaines. Les grands traits de la ville du XVIIIe siècle se sont fixés dès la première moitié du siècle, et certains d'entre eux, notamment la grille des rues, persistent encore de nos jours. Les fortifications, la distinction entre ville et faubourgs qui s'accentue, et la définition des grands axes urbains figurent parmi ces caractéristiques de la forme urbaine qui s'élabore alors.

Le changement de métropole ne modifie pas la structure économique mais entraîne des bouleversements parmi le personnel et les groupes sociaux. Les qualités de la situation de la ville en matière d'approvisionnement et de contrôle du commerce des fourrures expliquent l'attrait que suscite Montréal, devenue plus que jamais durant la seconde moitié du siècle la véritable capitale des fourrures. Même la perte de l'aire traditionnelle d'approvisionnement des fourrures ne provoque pas de catastrophe à court terme, car les marchands s'adaptent aux nouvelles contraintes économiques et prennent des mesures pour réduire leurs coûts de fonctionnement.

UNE NOUVELLE VOCATION

Le début du XVIIIe siècle correspond à une période de développement rapide de la ville, amorcée durant les deux décennies précédentes. La population augmente en dépit de la crise des fourrures et le nombre de maisons passe de 152 en 1697 à 400 en 1731[220]. Les grands travaux de réfection des fortifications, qui débutent en 1717, mobilisent les principaux maîtres maçons et fournissent de l'emploi à de nombreux journaliers. Derrière cette conjoncture se profile l'influence de la politique étrangère de la métropole.

À partir de 1701, Louis XIV assigne aux autorités du Canada et de la Louisiane la mission d'empêcher toute expansion des colonies anglaises vers l'intérieur[221]. Montréal occupe une position stratégique privilégiée pour assurer ce rôle : située à la périphérie de la colonie, elle est le point de départ des expéditions vers l'intérieur. Elle sert de base logistique aux postes établis entre la vallée du Saint-Laurent et la Louisiane. La nouvelle directive royale renforce la vocation que la ville avait déjà commencé à assumer au siècle précédent, et lui confère donc une nouvelle importance militaire et politique. Durant la même année, 1 300 Amérindiens représentant quelque 40 nations convergent vers la ville et, après une vingtaine de jours de palabres et de cérémonies, signent la «Grande Paix de Montréal». Événement fondamental car, pour la première fois, les cinq nations de la confédération iroquoise sont solidaires, et la menace de leurs incursions s'évanouit. Ayant échoué dans leur tentative de contrôler les nations de l'Ouest, les Iroquois font la paix et optent pour une politique de neutralité entre la France et l'Angleterre[222]. La France se retrouve alors à la tête d'un réseau d'alliances avec la quasi-totalité des nations amérindiennes, ce qui exige une politique de présence et d'échanges réguliers. C'est ainsi que la traite des fourrures devient peu à peu une activité officielle, déterminée par le marché autant que par la politique, avec des contraintes de coûts pour le Trésor français. En 1713, le traité d'Utrecht ouvre une période d'accalmie jamais connue jusqu'alors, qui profitera grandement à Montréal. Mais, d'autre part, il sanctionne un premier recul de la France en Amérique car, forcée d'abandonner l'Acadie, elle ne conserve que l'île Royale et des droits de pêche à Terre-Neuve. Pour poursuivre sa politique d'encerclement, elle doit alors renforcer les infrastructures militaires en deux points stratégiques de la Nouvelle-France : Louisbourg et Montréal.

La palissade de 1687-1689 (planche 8) délimite le territoire urbain, mais les besoins stratégiques exigent l'agrandissement de son périmètre, pour la deuxième fois, vers 1708[223]. Jacques Levasseur de Neré, ingénieur du roi entre 1693 et 1709, décide alors de compléter le dispositif en intégrant à l'enceinte la citadelle du coteau Saint-Louis, ainsi qu'une partie du faubourg Bonsecours[224]. Cet ouvrage défensif ne couvre cependant pas la totalité de l'espace construit, car une trentaine de lots concédés par les seigneurs en sont exclus. Par ailleurs, le matériau de construction choisi, le cèdre, a une durée de vie de trois ou quatre ans seulement, d'après l'ingénieur Josué Dubois Berthelot de Beaucours (1662-1750), qui le considérait d'ailleurs comme un expédient[225].

La ville est dominée par les propriétés des cinq communautés religieuses, qui occupent près de 20% de l'espace inclus dans le périmètre fortifié[226]. Chacune d'elles possède son grand jardin qui sert au recueillement, au délassement et à l'alimentation (potagers) mais aussi, dans le cas des hospitalières de Saint-Joseph, à la culture des plantes médicinales et, chez les récollets, à la nourriture des pauvres. Les jésuites et les récollets, arrivés récemment, complètent leurs édifices au début du XVIIIe siècle, accordant un soin particulier à leur église : devant de pierre taillée pour les récollets (1713), église en pierre pour les jésuites (1719). Les sulpiciens, de leur côté, agrandissent leur séminaire (1705 et 1712) et dotent leur église paroissiale d'une nouvelle façade en 1722. Au début du siècle, vers 1704, la nouvelle chapelle en pierre de l'Hôtel-Dieu vient compléter la reconstruction entreprise après un incendie désastreux survenu en 1695[227].

Sur ce plan, daté de 1717, Gaspard-Joseph Chaussegros de Léry superpose le tracé de la future enceinte en maçonnerie sur celle de la palissade en pieux.
Archives nationales (France), Centre des Archives d'Outre-Mer, Aix-en-Provence.

Le plan de Dollier de Casson de 1672 (planche 7) se concrétise peu à peu et, surtout, remplit une partie de ses objectifs. Les activités commerciales se concentrent toujours dans la basse ville, à partir de la rue Saint-Paul, avec ses maisons serrées les unes contre les autres, en bordure du port. Cependant, l'axe de la rue Notre-Dame, regroupant la plupart des communautés religieuses, attire maintenant les administrateurs, avec la construction de la maison de Claude de Ramezay (1659-1724), en 1705[228], et polarise la haute ville autour de ces fonctions. L'agglomération est environnée de champs et de prairies. Outre le faubourg Bonsecours, apparu dès le XVIIe siècle, le faubourg Saint-Joseph se dessine du côté sud-ouest, où quelques constructions s'élèvent non loin des murs. La prédominance et la qualité des édifices religieux est une tendance typique des canons de l'urbanisme propres à l'Ancien Régime et, en ce sens, Montréal prend de plus en plus l'allure d'une petite ville de province française.

UNE VILLE FORTIFIÉE

Après les étapes que constituent le plan de Dollier de Casson en 1672, la militarisation de la ville et l'édification de la palissade (1687-1689), la réfection des fortifications en maçonnerie, entre 1717 et 1744, constitue le troisième temps fort de l'histoire de l'urbanisme montréalais. Les remparts ont des répercussions sur l'organisation et sur l'utilisation de l'espace urbain. La vocation stratégique s'affirme davantage encore, et la distinction entre ville et faubourgs correspond à un redéploiement des activités à long terme, tout en conditionnant le développement. Le gouvernement fait également sentir son poids fiscal en décidant de financer une partie des travaux par une imposition.

D'un simple point de vue militaire, la reconstruction en dur des ouvrages défensifs marque un net progrès. En outre, le remplacement des pieux de cèdre s'avérait de plus en plus coûteux car, pour trouver les quelque mille pièces nécessaires chaque année pour maintenir la palissade en bon état, les entrepreneurs devaient se déplacer toujours plus loin, ce qui élevait d'autant les frais de transport[229]. Dans la France du XVIIIe siècle, enceinte et citadelle constituaient les attributs urbains par excellence pour assurer la paix et la tranquillité des citoyens, tout en constituant le gage tangible de la fidélité au monarque[230]. Néanmoins, ce ne sont pas les Montréalais qui décident de fortifier leur ville, mais les autorités. Vauban (1633-1707), dont les enseignements marquent l'art militaire de l'époque, avait d'ailleurs suggéré dès 1699 de renforcer ainsi les villes coloniales. L'ingénieur Gaspard-Joseph Chaussegros de Léry indique, dans son mémoire de 1717, que la ville doit être mise à l'abri des assauts amérindiens et de l'artillerie de petit calibre que les Anglais seraient susceptibles d'apporter. Les murailles jouent aussi un rôle psychologique en donnant aux habitants une impression de sécurité et aux Amérindiens, amis ou ennemis, une image de force.

La valeur et l'efficacité des ouvrages ont été mises en doute dès le XVIIIe siècle. Ainsi, lorsque le botaniste suédois Pehr Kalm (1716-1779), en visite en 1749, note l'importance des murs, il remarque également que la ville ne pourrait supporter un long siège en raison de la faiblesse de sa garnison[231]. L'ingénieur Louis Franquet (1697-1768) écrit, dans son mémoire de 1752 : «Quoique cette enceinte soit flanquée de toute part, elle est d'une construction faible, et [qu'] elle ne peut résister que contre une attaque par surprise ou par escalade, et nullement contre toute autre avec du canon.» Quant à la citadelle, il croit qu'elle a été «construite moins en vue d'augmenter la deffense de la place, que pour y faire les saluts et réjouissances publiques[232].» La rapidité des redditions de 1760 et de 1775 ne font rien pour dissiper la méfiance, d'autant plus que des militaires français et anglais avaient vivement mis en cause le système défensif[233]. Enfin, en 1791, l'inspection du

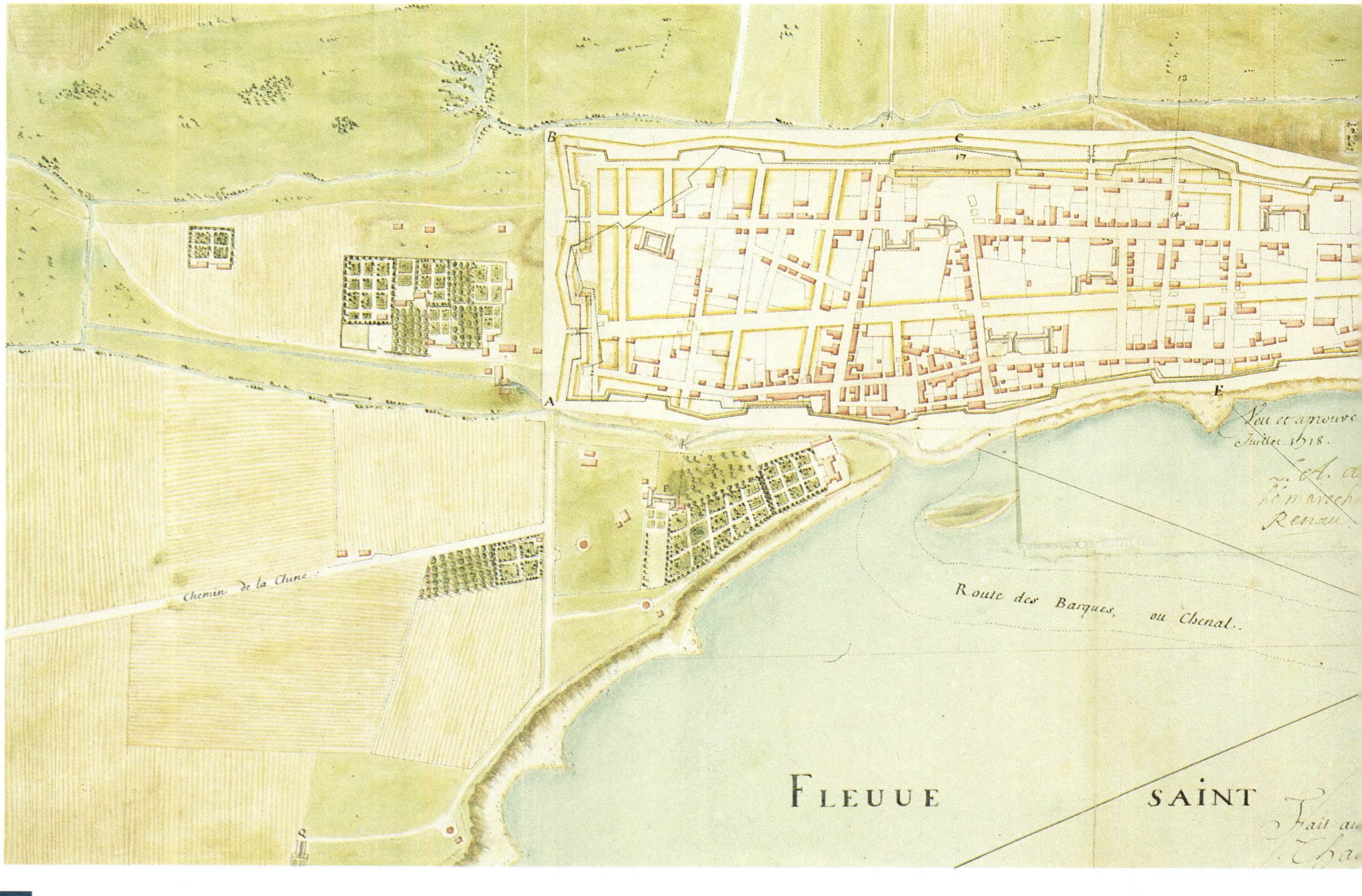

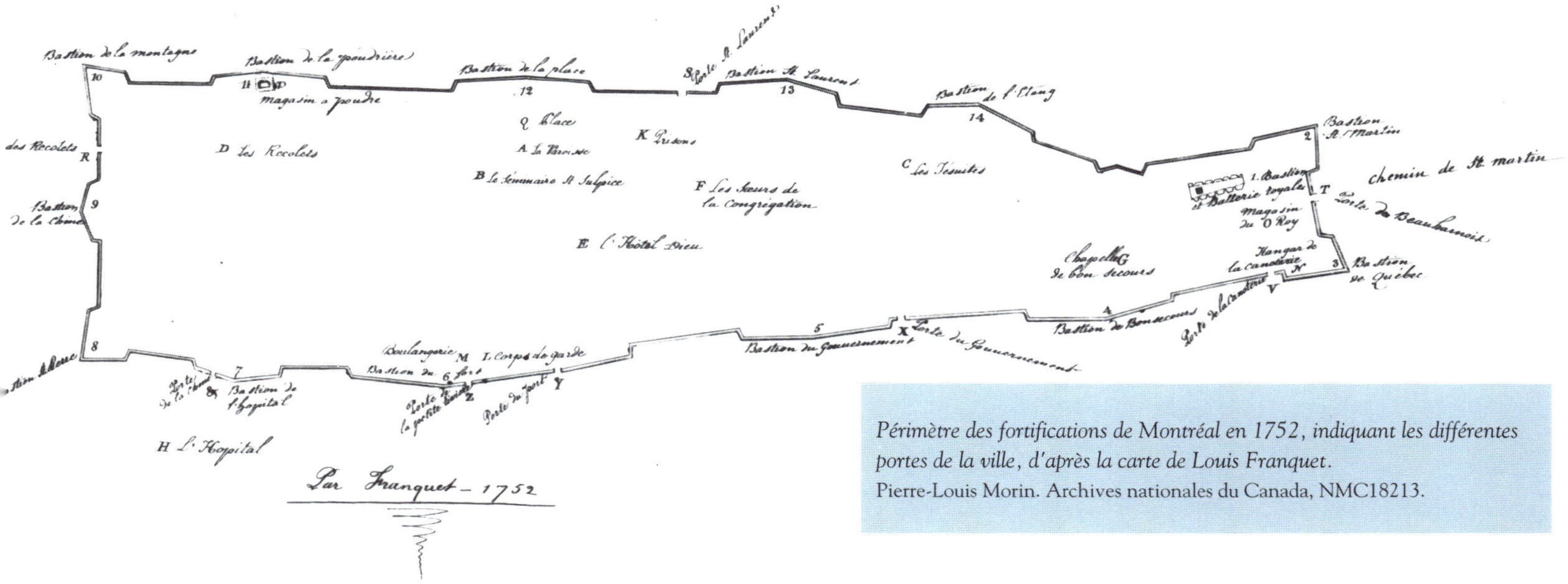

Périmètre des fortifications de Montréal en 1752, indiquant les différentes portes de la ville, d'après la carte de Louis Franquet.
Pierre-Louis Morin. Archives nationales du Canada, NMC18213.

Partie du plan, fait par Gaspard-Joseph Chaussegros de Léry en 1717, qui est en réalité le même que celui de la planche 11, à un détail près : le rabat a été fermé pour laisser voir un projet de réaménagement des voies à l'intérieur de l'enceinte.
Archives nationales (France), Centre des Archives d'Outre-Mer, Aix-en-Provence.

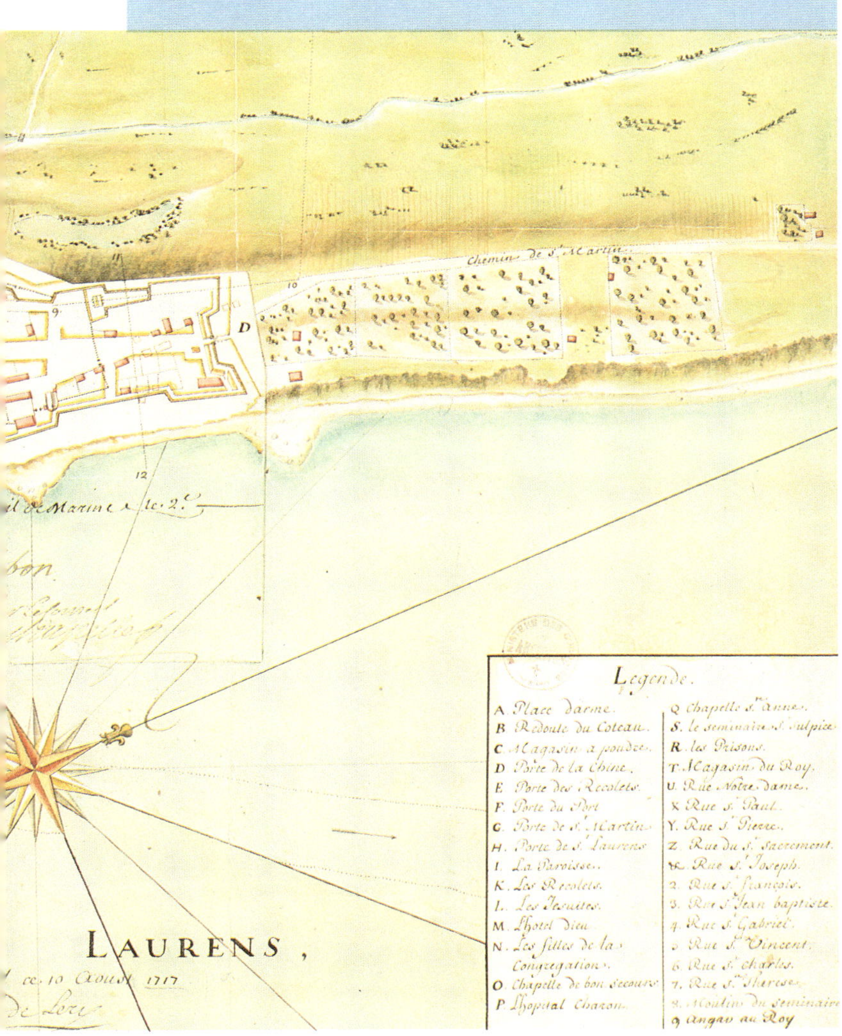

capitaine Gother Mann (1747-1830) porte le coup de grâce : il constate que tout tombe alors en ruine et qu'il vaudrait mieux démolir[234]. La plupart des historiens se sont basés sur ces témoignages, et la majorité d'entre eux estime que les murs étaient incapables de résister à un assaut, et avaient plutôt une vocation d'acte de naissance d'une urbanité nouvelle[235]. D'autres accusent les ingénieurs, et en particulier Chaussegros de Léry, d'incompétence[236]. La vérité tient peut-être à d'autres facteurs. En effet, la valeur d'un ouvrage défensif varie dans le temps et peut très vite devenir obsolète, en fonction du progrès de l'armement ou de la stratégie. Chaussegros de Léry s'était efforcé de tirer le meilleur parti du terrain, et son projet tenait compte du genre d'attaque qu'il prévoyait alors, ainsi que des capacités logistiques d'éventuels assaillants. D'autre part, les ouvrages réalisés s'inscrivaient dans un système de défense global reposant sur une chaîne de postes interdépendants, chaque élément jouant un rôle dissuasif envers quiconque eût été tenté par un coup de main[237]. Trente ans plus tard, les stratégies et les tactiques militaires s'étaient modifiées et les armements perfectionnés. Les défenses de Montréal sont dépassées lorsque paraissent les trois corps d'armée anglais avec leur train d'artillerie, en 1760[238]. La faiblesse relative de l'épaisseur des murs, la qualité de la construction et le défaut d'entretien[239] sont peut-être responsables du reste.

LE PÉRIMÈTRE FORTIFIÉ

Une ordonnance de l'intendant Bégon datée de 1713 annonce la décision de reprendre les fortifications en dur. L'ingénieur Josué Dubois Berthelot de Beaucours élabore alors un premier projet qui sera partiellement mis en chantier en 1713-1715. Le Conseil de la marine se déclare insatisfait et mande, en 1716, un nouvel ingénieur, Chaussegros de Léry, chargé de tout reprendre[240]. Celui-ci choisit d'utiliser le tracé de la palissade, afin de réduire le plus possible toute emprise nouvelle sur les terrains privés et, surtout, pour éviter de coûteuses démolitions. Il régularise le périmètre aux deux extrémités, ajoutant un angle en saillie au sud-ouest, et englobant au nord-est la canoterie royale et la totalité du faubourg Bonsecours.

Il augmente ainsi de 20% la superficie protégée, sans faire démolir plus de six maisons et une briqueterie[241]. L'enceinte, qui mesure 3 500 m de tour, comporte 14 fronts défensifs, soit 13 bastions reliés entre eux par des courtines, outre la citadelle. Les murs ont environ 6 m de hauteur et sont percés, tous les 2 m environ, de meurtrières; ils sont moins épais du côté du fleuve que du côté de la terre. En raison de la configuration des courants et des hauts-fonds dans le port, une attaque par l'eau est assez improbable et, de toute façon, la lenteur des manœuvres aurait facilité le travail des artilleurs de la ville. Du côté de la terre, l'ingénieur a prévu un fossé et un glacis s'étendant sur une largeur de plus de 60 m. Seize portes et poternes ponctuent le périmètre, dont 10 donnant sur le Saint-Laurent. Les portes, plus larges, permettent le passage des charrois, et les poternes servent aux piétons ou aux militaires.

Les premiers contrats concernant les fortifications sont donnés en 1717. Pendant le quart de siècle qui suit, leur construction progressera au rythme des contraintes des budgets royaux et des résistances des Montréalais qui voudraient éviter de payer les frais. En 1738, bastions et courtines sont terminés, la dernière porte est complétée en 1741, et les travaux de finition parachevés en 1744.

UN PROJET DE RÉAMÉNAGEMENT

Depuis l'érection de la palissade, les habitants avaient dû apprendre à composer avec la réalité d'une ville au temps rythmé par la fermeture des portes chaque soir. Ce rituel semble avoir été appliqué en tout temps, mais plus rigoureusement encore en période de guerre. À défaut d'ouvertures suffisantes, la circulation entre la ville et l'extérieur est concentrée sur quelques axes. À l'intérieur, les ingénieurs avaient prévu, outre le chemin de ronde, une voie de ceinture, maintenue libre de tout encombrement. Mais des constructions en gênent le passage, comme en témoigne le rapport de Franquet réclamant que l'on instaure un véritable service de garde qui ferait en sorte que «pour lors le passage nécessaire aux rondes empècherait toute entreprise le long des murs[242]».

Les impératifs stratégiques imposent également la rapidité de circulation à l'intérieur de l'enceinte. En effet, les défenseurs doivent être en mesure de se porter rapidement en tous points du parapet. Gédéon de Catalogne (1662-1729) propose d'ouvrir une grande rue rectiligne, parallèle au fleuve, entre les rues Notre-Dame et Saint-Paul, qui courrait depuis le bastion de Lachine jusqu'à la porte de Beauharnois. Ce projet aurait permis d'augmenter l'espace disponible pour les lotissements, tout en facilitant la communication entre les côtés est et ouest des fortifications[243]. Perpendiculairement à ce premier axe, de nouvelles rues auraient été percées, et d'anciennes élargies. Ce plan, qui aurait touché aux propriétés de quatre communautés religieuses, ainsi qu'à de nombreux lots, n'a jamais vu le jour, mais il illustre l'incidence et les pressions des objectifs militaires dans l'aménagement de la ville.

LES EMPRISES MILITAIRES

Les ouvrages fortifiés occupent un espace important, et le gouvernement s'est également constitué une réserve de terrains. Ainsi, au XVIIe siècle, une bande d'une largeur de 500 pas[244] hors les murs permet de dégager un espace libre de toute construction, et un corridor d'environ deux ou trois mètres à l'intérieur du périmètre[245]. La reconstruction de 1717-1744 entraîne la création de nouvelles réserves. Plus étendues, leur largeur s'étend sur 70 m, et elles constituent une contrainte appréciable pour le développement de la ville. À cela s'ajoutent des servitudes grevant des propriétés privées, et empêchant certaines utilisations et types de construction. Les réserves disparaissent avec la démolition des fortifications après 1801. Une commission évalue alors les droits des anciens propriétaires et remet en vente une partie des terrains.

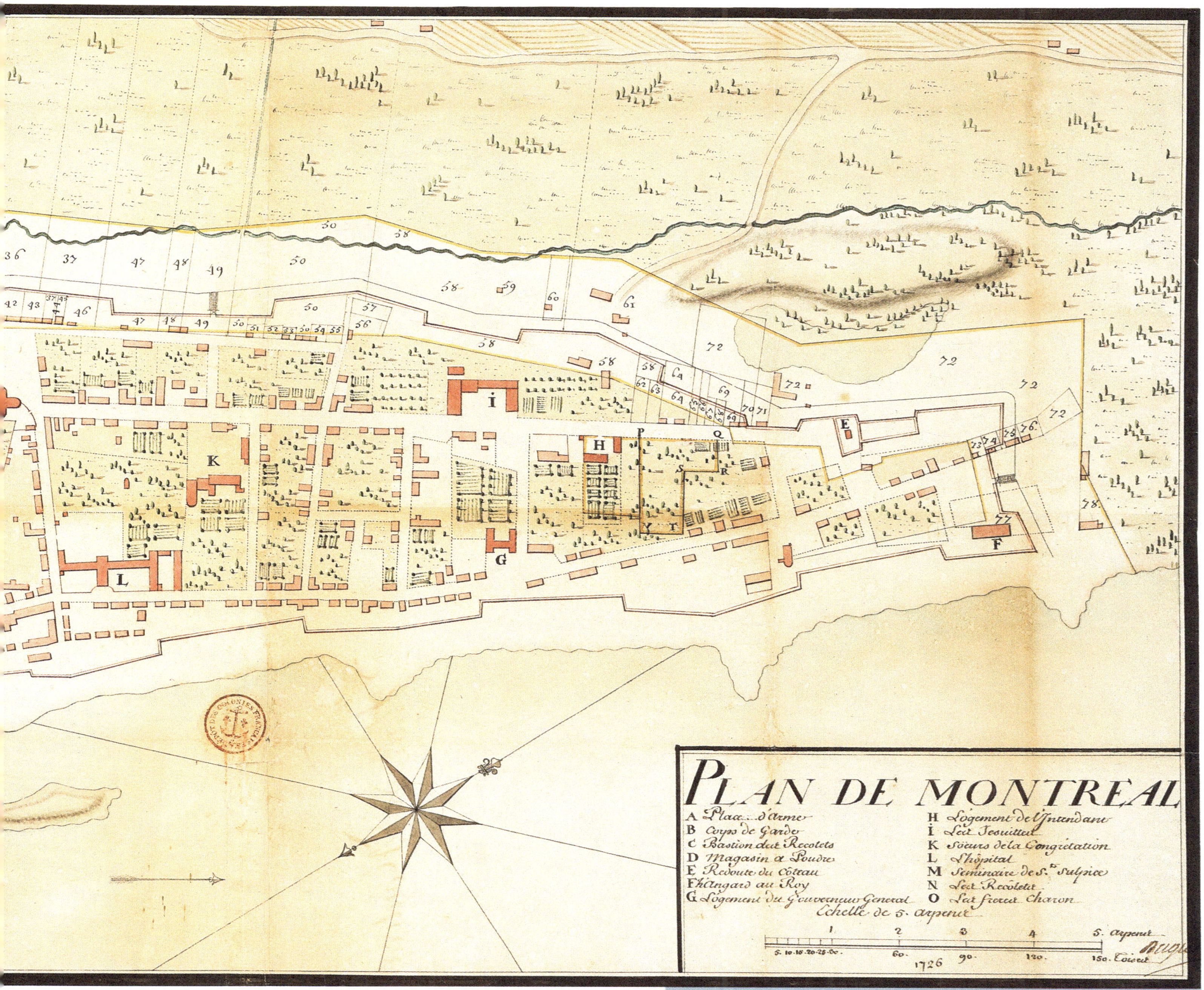

Ce plan, signé Dugué et daté de 1726, identifie les différents lots réservés à l'emprise militaire sur le pourtour des fortifications. En principe, aucun bâtiment ne devait être construit sur cet espace.

Archives nationales (France), Centre des Archives d'Outre-Mer, Aix-en-Provence.

Les militaires exercent leur influence d'une autre façon. À partir de 1689, la place du marché (1676) devient l'objet d'un différend opposant marchands et militaires. Forcés de partager cet espace, ces derniers tolèrent de plus en plus mal les deux journées de marché. Après l'incendie de 1721, le gouverneur de Montréal tente même, en vain, de le faire déplacer. Vers 1741, les militaires utiliseront la place de la paroisse devant l'église qui deviendra la nouvelle place d'armes et, un peu plus tard, le Champ-de-Mars, sis entre la propriété des jésuites et les remparts[246]. D'autres lieux, tels que la poudrière, la citadelle et la canoterie royale, seront également soustraits à l'usage civil. Au XVIIIe siècle, l'emprise militaire devient une composante de la matrice du développement urbain.

L'ÉMERGENCE DE DISTINCTIONS SOCIALES

La population s'accroît régulièrement tout au long du XVIIIe siècle. La Conquête, l'installation des Britanniques et, surtout, celle des Loyalistes après 1783, commencent à en changer la composition. Formée jusqu'alors massivement de Français, avec néanmoins des apports amérindiens et britanniques, elle comprend, à la fin du siècle un fort contingent de Britanniques. Le territoire urbain atteint un certain état de maturité. La société devient plus complexe et impose son empreinte à l'espace. La croissance démographique et spatiale rend les distinctions sociales plus visibles : la petite ville des débuts, qui pouvait paraître relativement homogène, et au sein de laquelle se côtoyaient classes et groupes sociaux, s'est transformée en un ensemble contrasté où marchands et administrateurs occupent le centre fortifié, tandis qu'artisans et journaliers sont de plus en plus repoussés vers les faubourgs. L'emprise militaire est responsable de la distinction entre la ville et les faubourgs, qui impose à moyen terme un enchérissement de la valeur des terrains situés au centre. Les conflagrations, comme celles de 1721 et de 1734, renforcent cette tendance en entraînant des réglementations qui imposent des constructions plus coûteuses.

ÉVOLUTION DE LA POPULATION

La croissance démographique est rythmée par trois phases. Jusque vers 1730, le mouvement est plus rapide qu'au siècle précédent; il ralentit quelque peu, pour s'accélérer vers la fin du siècle avec l'arrivée des Loyalistes. Les 1 200 Montréalais de la période de 1700 sont environ 4 000 aux alentours de 1750 , pour atteindre 9 000 en 1800[247]. Les migrations externes sont responsables de la hausse du début et de la fin du siècle; mais entre ces deux temps forts, il semble bien que la croissance naturelle ait été la principale source de peuplement, puisque le solde migratoire de la paroisse de Notre-Dame-de-Montréal est négatif pour la période 1700-1760[248]. Le rythme de croissance de la population est tributaire de l'économie. Or, le commerce des fourrures, principal moteur du développement, n'entraîne pas de retombées remarquables.

POPULATION, 1697-1800

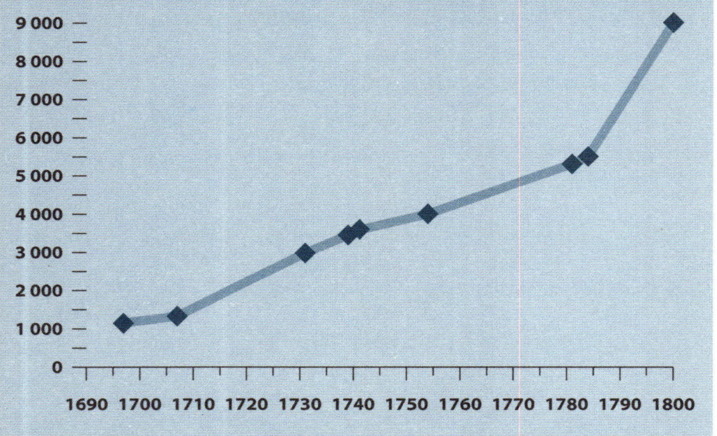

Depuis la Conquête, la population britannique avait augmenté plutôt modérément, l'immigration en provenance des îles britanniques étant quasiment inexistante et, contrairement aux espoirs nourris par la Grande-Bretagne, le trop-plein démographique des Treize colonies ne se dirigeant pas vers le nord. En 1765, outre les 500 hommes de la garnison, on ne comptait qu'une centaine de personnes installées[249].

L'agitation créée par l'indépendance américaine modifie sensiblement ces conditions et, bientôt, deux types d'immigrants surviennent. Les premiers sont des marchands de fourrures qui comprennent très rapidement les avantages du système de traite montréalais, articulé vers le nord-ouest par ses grandes routes de canots. Les seconds sont les Loyalistes : ceux-ci, hostiles à la révolte armée et fidèles à la couronne britannique, commencent à affluer par petits groupes dès le début des hostilités. Montréal joue d'ailleurs pour eux le rôle de point de ralliement et de redistribution. Mais une bonne partie d'entre eux finit par s'y installer, si bien qu'en 1789 on estime le nombre des Montréalais d'origine britannique à 1 800[250]. À la fin du siècle, ils représentaient entre 20% et 25% de la population urbaine. Il ne s'agissait pas cependant du premier flux de population d'origine britannique, car les raids franco-amérindiens sur les frontières avaient ramené quelques «Anglais» qui s'étaient établis dans les villes[251]. La pratique de l'esclavage contribue également à la diversification de la population; Montréal a abrité la moitié des quelque 2 000 esclaves que la Nouvelle-France a comptés[252]. Il s'agit en majorité d'Amérindiens appelés indistinctement «panis». Toutefois, leur nombre n'est pas très élevé car on n'en dénombre que 142 en 1784[253].

L'INCENDIE DE 1721

Les incendies jouent un rôle majeur dans l'évolution de la ville. Ils fournissent l'occasion de rebâtir à neuf, et permettent aux autorités d'intervenir dans la gestion et la planification urbaines. Ainsi, lors du premier grand incendie, en 1721, 160 maisons disparaissent, outre l'Hôtel-Dieu, où il s'était déclaré[254]. En réaction immédiate à l'événement, l'intendant impose de nouveaux règlements parmi lesquels l'interdiction de reconstruire en bois, sauf exception temporaire, et la réaffirmation de l'obligation de respecter le tracé des rues.

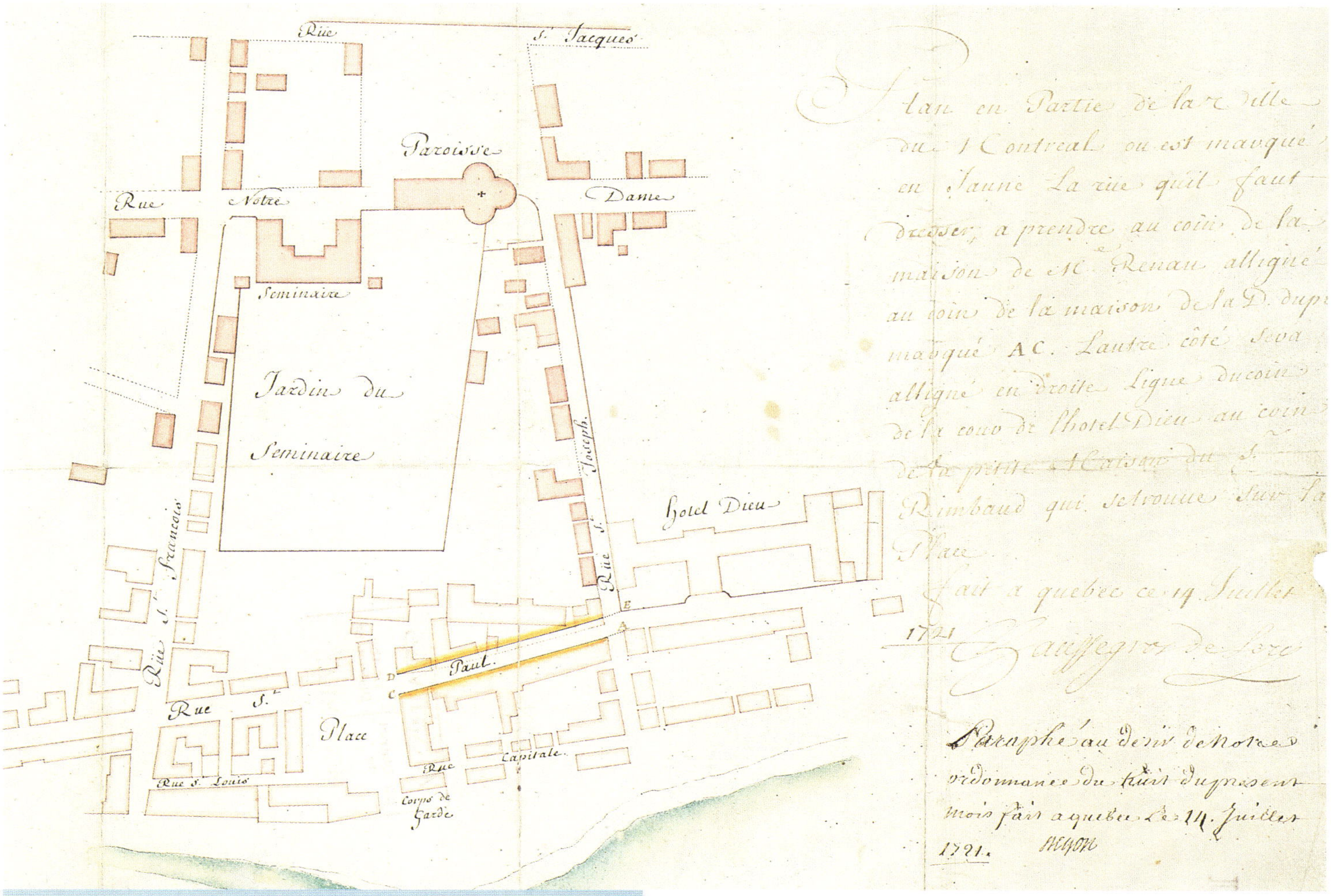

Plan en «Partie de la Ville de Montréal» du nouvel alignement d'un tronçon de la rue Saint-Paul, proposé après l'incendie de 1721.
Gaspard-Joseph Chaussegros de Léry, Archives nationales du Québec, direction de Montréal, de Laval, de Lanaudière et de la Montérégie.

L'ingénieur Chaussegros de Léry est chargé d'un plan de redressement pour une partie de la rue Saint-Paul et des maisons qui s'y trouvent. Mais les alignements restent difficiles à faire respecter, plusieurs propriétaires refusant de s'y conformer. À la fin du siècle, la situation s'améliore pourtant[255] : la pierre remplace graduellement le bois comme matériau de construction, même si, en 1731, on compte seulement 44% de maisons en pierre[256]. Enfin, la recherche de la protection contre les risques d'incendie influence progressivement l'architecture : ainsi, la pratique des murs-pignons massifs fait office de coupe-feu entre les maisons. Ces nouveautés coûtent cher et les moins fortunés sont peu à peu forcés de quitter la ville pour aller s'installer hors les murs, où la réglementation reste moins contraignante.

LA VILLE EN 1731

L'*aveu et dénombrement* [257] de 1731 permet de mesurer les progrès de la ville. En l'espace de 20 ans, le nombre de maisons a doublé, passant de 200 à 400. Le modèle de la maisonnette en bois d'inspiration rurale, pourvue d'un seul étage et de deux pièces, fait place à la maison en pierre, plus spacieuse et confortable[258]. Par exemple, entre 1700 et 1720, la moitié des maisons mises en chantier comptent deux étages, cette proportion passant aux deux tiers entre 1720 et 1770[259]. La distinction entre haute ville, dans l'axe de la rue Notre-Dame, et basse ville, dans celui de la rue Saint-Paul, subsiste toujours, les constructions étant plus resserrées aux abords du fleuve. La physionomie des faubourgs se précise : l'*aveu et dénombrement* identifie la vingtaine de maisons construites à l'extérieur de la porte des récollets, au sud-ouest de la ville, comme faisant partie du faubourg du même nom. Cela revient à dire que le périmètre défini en 1717 est déjà débordé.

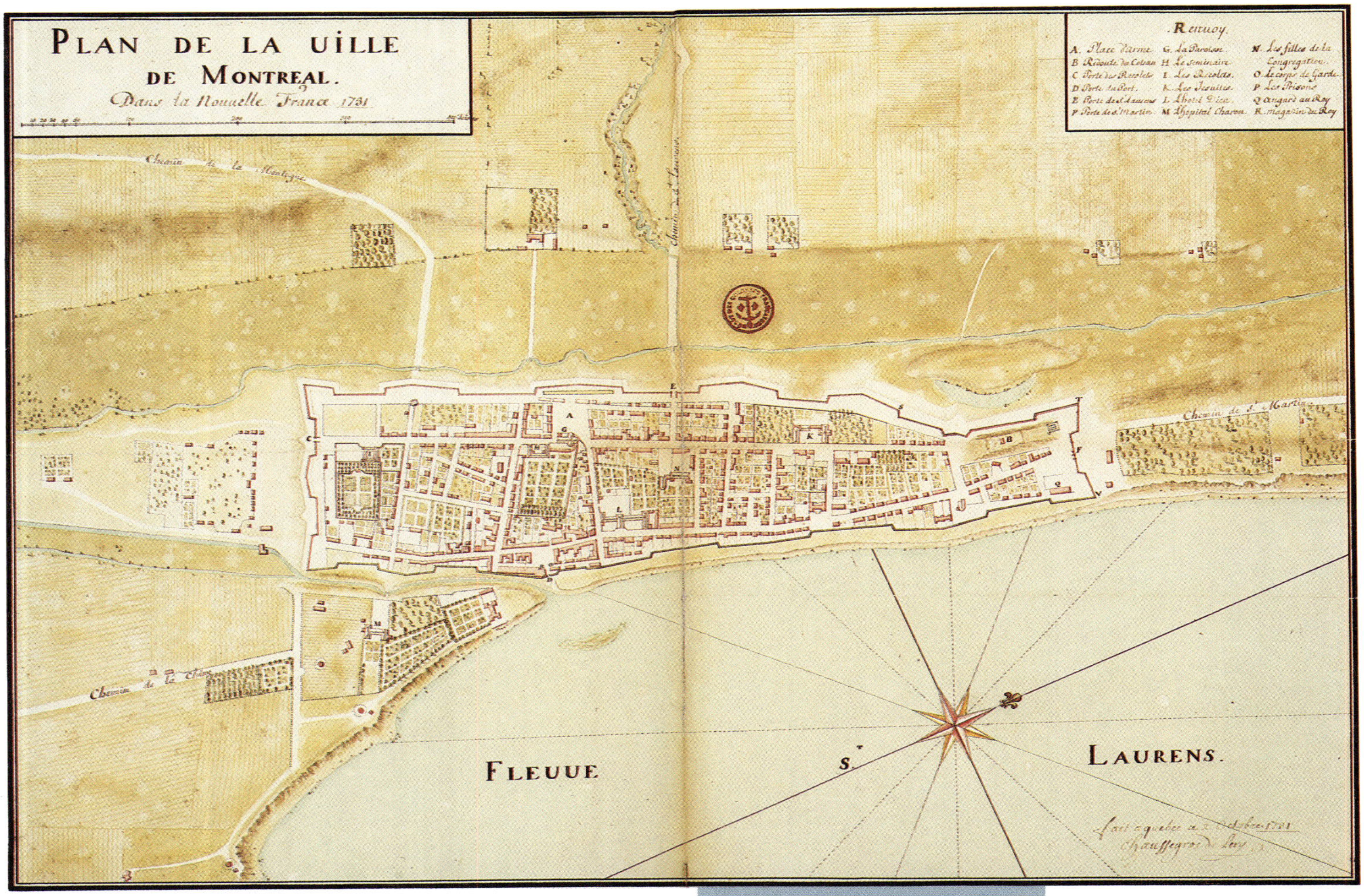

Plan de Gaspard-Joseph Chaussegros de Léry.
Archives nationales (France),
Centre des Archives d'Outre-Mer, Aix-en-Provence.

À partir des années 1720, les éléments marquants du paysage urbain sont en place et ne changeront guère, qu'il s'agisse des fortifications, des institutions religieuses ou des rues. Le découpage des terrains privés se modifie toutefois. À l'intérieur des murs, le parcellaire semble animé d'un double mouvement : création de lotissements jusque vers 1740, suivie d'une poussée de remembrements durant la seconde moitié du siècle. Administrateurs et marchands réunissent alors des parcelles pour créer des lots d'une superficie suffisante pour abriter des ensembles résidentiels ou commerciaux plus vastes[260].

LE FAUBOURG SAINT-JOSEPH

Le faubourg Saint-Joseph ou des Récollets est le premier à se constituer à l'extérieur des nouvelles fortifications. Déjà, en 1721, le père Charlevoix avait noté la présence «d'une espèce de Faux-bourg, qui avec le tems fera un très beau Quartier[261]». Situé au confluent du ruisseau Saint-Martin, de la rivière Prud'homme et de la petite rivière Saint-Pierre, il est donc entouré par ces cours d'eau. En outre, il est traversé par les chemins de Lachine et de la Montagne. C'est le modèle de la croissance urbaine par débordement propre au XVIIIe siècle. Les bâtiments s'élèvent le long des voies principales, à proximité de la ville, et les lotissements progressent vers l'intérieur du faubourg. Il n'y a pas d'institutions, et le réseau de voirie n'est pas encore très développé.

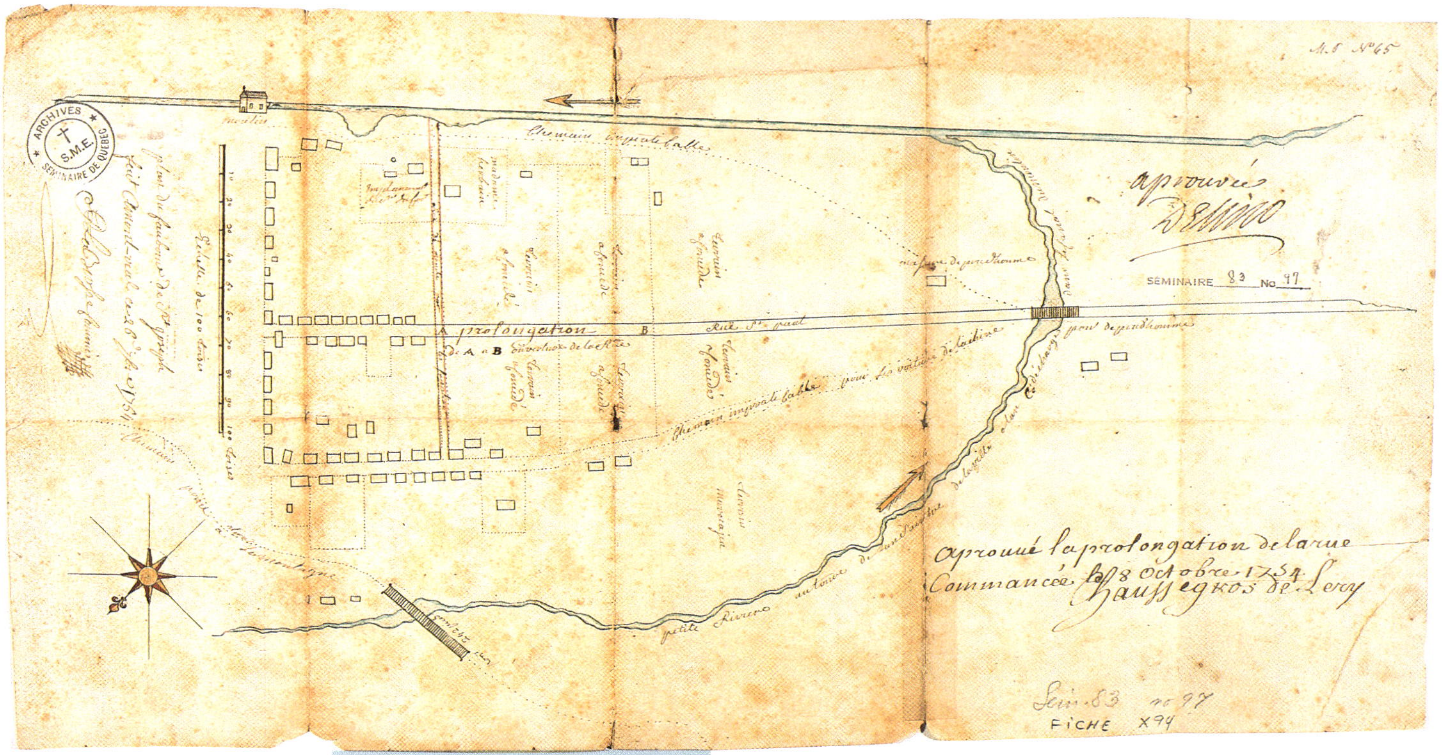

«Plan du faubourg de St-Joseph», 1754. P. La Brosse, commis,
Archives du séminaire de Québec, Séminaire 83, no 97.

LE FAUBOURG SAINT-LAURENT

Le faubourg Saint-Laurent illustre le mode de croissance radiale du tissu urbain, ainsi que l'importance du rôle des promoteurs. Il s'est développé le long du «grand chemin du Roy» menant vers la côte Saint-Laurent, que les seigneurs ont fait ouvrir en 1717[262]. Bien situé, il bénéficie de l'ouverture de la porte Saint-Laurent en 1732, ce qui facilite d'autant les communications avec la ville. Cette localisation attire rapidement les spéculateurs. C'est en 1733 qu'un marchand-tanneur de la côte Sainte-Catherine, Jean-Baptiste Barsalou (1706-1776), fait l'acquisition d'une ferme longeant d'un côté le chemin Saint-Laurent, la subdivise, et commence, trois ans plus tard, à en vendre des lots[263]. Il sera bientôt imité par d'autres, parmi lesquels le médecin-major Charles-Ferdinand Feltz (1710-1776). Les acheteurs de lots sont pour la plupart des artisans et des journaliers puisque, entre 1736 et 1760, cette catégorie représente entre 57% et 60% des acheteurs[264]. Le réseau des rues est encore à l'état embryonnaire, et la voie principale est longée par un cours d'eau non canalisé.

«Plan du faubourg St-Laurent», 1757.
Archives du séminaire de Québec, Séminaire 83, no 98.

L'HINTERLAND MONTRÉALAIS

L'économie de la ville repose sur la traite des fourrures et sur l'approvisionnement des postes de l'intérieur. Marchands, voyageurs, interprètes, couturières, armuriers et journaliers en dépendent tout comme, d'ailleurs, les notaires, officiers, soldats, procureurs et autres agents du pouvoir. Les activités s'étendent à des milliers de kilomètres, et sont strictement tributaires des routes de canots. L'intérieur du continent se couvre progressivement d'un réseau de postes, dont les principaux sont Michillimakinac et Détroit, qui constituent des lieux d'étape, véritables entrepôts et centres de redistribution. De nombreux forts, souvent éphémères, jalonnent le territoire.

La recherche des fourrures fait sans cesse reculer les frontières connues, ce dont témoignent les progrès de la cartographie au XVIIIe siècle. Pierre Gaultier de La Vérendrye (1685-1749) atteint le lac Winnipeg en 1733 et, quelques années plus tard, la rivière Saskatchewan. La stratégie royale élaborée depuis 1701 contribue à lier davantage encore le commerce des fourrures et le jeu des alliances politiques, la notion d'échange revêtant plus qu'une simple valeur commerciale pour les Amérindiens. Cette ambiguïté amène la France à subventionner en partie les infrastructures nécessaires aux activités de traite, et se répercute sur les acteurs du négoce, car marchands et militaires finissent par partager les mêmes objectifs, souvent aussi des risques identiques et, en tout cas, les mêmes espoirs de gain[265]. Les marchands apportent leurs capitaux et leurs relations d'affaires en métropole, pendant que les militaires contrôlent l'accès aux différentes nations. Montréal est le point de ralliement et de regroupement des troupes, c'est l'endroit de la colonie où se trouve la plus grande concentration de soldats[266]. Les conditions matérielles de la traite vont évoluer. La taille des canots s'agrandit : leur longueur passe de 8,5 m à 10 m, leur capacité de 1 000 à 3 000 kg et l'équipage, d'une moyenne de trois hommes au XVIIe siècle, est porté de quatre à huit membres entre les années 1720 et 1750[267]. Le personnel de traite, qui comptait environ 800 à 900 personnes vers la fin du Régime français[268], s'est spécialisé et hiérarchisé. Cette évolution a commencé à la fin du XVIIe siècle, lorsque le coureur de bois fait place au voyageur, véritable entrepreneur qui embauche des engagés pour assurer le transport. Salariés, ceux-ci sont payés en fonction de leurs compétences : les plus expérimentés et les plus habiles sont «bout» ou «gouvernail» et les débutants, ou «milieux», sont chargés de ramer sous les ordres de ces premiers. L'expédition est financée par l'un des 20 marchands-équipeurs de Montréal et, souvent, un officier figure parmi les associés. La traite est donc devenue très rapidement une activité complexe où l'association s'impose.

Chaque année en mai, les canots partent de Lachine, chargés de marchandises de traite ou d'approvisionnements et remontent l'Outaouais avant de se disperser vers les postes de l'intérieur pour revenir à la fin de l'été avec des fourrures. À la même époque, dignitaires et intermédiaires amérindiens gagnent la ville pour parlementer et négocier. Ainsi, le vaste hinterland montréalais est régulièrement parcouru par des flottilles de canots transportant hommes et marchandise. Ils empruntent les circuits anciens qui furent d'abord reconnus par les Amérindiens.

«Partie occidentale de la Nouvelle France ou Canada», 1755, d'après Jacques Nicolas Bellin.
Archives Nationales du Canada, NMC8471.

LES RAPPORTS VILLE-CAMPAGNE

Au moment de sa fondation, Montréal est établie loin des défrichements. Elle n'a pas d'arrière-pays cultivé susceptible de lui assurer sa nourriture et de former la base d'un marché d'échanges stimulant. La progression du peuplement et la mise en valeur agricole entraînent peu à peu de nouveaux rapports. En 1685, la population du «gouvernement de Montréal» (vaste région qui déborde l'île de Montréal), ne représente que 22% de celle de la colonie. Or, moins d'un demi-siècle plus tard, en 1730, cette proportion atteint 40% et, en 1784, 49%[269]. La ville dispose alors d'un marché intérieur plus étendu et mieux fourni, non seulement en produits alimentaires et en bois de chauffage, mais aussi en main-d'œuvre; celle-ci forme alors un bassin de consommateurs tournés vers certains produits et services spécifiques. La première campagne se développe d'abord sur l'île, et s'étend rapidement à la rive sud, puis à la rive nord du Saint-Laurent et enfin à l'île Jésus; en quelques décennies, la forêt recule pour faire place à des champs et à des prairies. Le Suédois Pehr Kalm observe en 1749 : «l'île *Monreal* est habitée de façon très dense en bordure du rivage, où se succèdent les fermes... À partir du rivage on a abattu la forêt sur une profondeur d'un petit mille anglais»[270].

La création des forts et des paroisses sur l'île témoigne du rythme pris par le développement. Les premiers datent tous du XVIIe siècle, et ont servi de points d'ancrage pour le commerce des fourrures et l'agriculture pionnière. Les paroisses constituent l'indice d'un enracinement. Au XVIIe siècle, outre Notre-Dame, trois paroisses ont été fondées : ce sont L'Enfant-Jésus-de-la-Pointe-aux-Trembles, dont les registres s'ouvrent en 1674, Saints-Anges-de-Lachine (1676) et Saint-Joseph-de-la-Rivière-des-Prairies (1687). Avant 1750, six autres apparaissent : Sainte-Anne-du-Bout-de-l'Île (1703), Saint-Joachim-de-la-Pointe-Claire (1713), Saint-Laurent (1720), Saint-François-d'Assise-de-la-Longue-Pointe (1724), La Visitation-du-Sault-au-Récollet (1736) — qui avait une vocation de mission auprès des Amérindiens entre 1696 et 1721 — et Sainte-Geneviève (1741). Cette dernière ne figure pas sur la carte de 1764, seul apparaît alors le fort du même nom.

L'armature des paroisses rurales demeurera la même jusqu'au XXe siècle. La population de la campagne connaît une croissance plus rapide que celle de la ville, puisqu'elle s'est multipliée par huit entre 1700 et 1760, alors que la seconde a seulement doublé[271]. Dès 1731, les trois quarts de l'île sont concédés[272] et, une vingtaine d'années plus tard, sur 1 376 censives existant alors en dehors de la ville, 1 314 sont attribuées[273]. Ainsi, bien avant la fin du siècle, la quasi-totalité de ce territoire sera occupée. Les seigneurs se sont réservé trois domaines, où ils exploitent fermes et vergers pour leur usage : ceux de Saint-Gabriel et de la Montagne, près de l'enceinte de la ville, et celui, plus vaste, du sault au Récollet[274]. L'agriculture des côtes dessert le marché de la ville et fournit aussi, à partir de 1720, des surplus destinés à l'exportation vers l'île Royale (Louisbourg). Le marché urbain comprend la fourniture de pois, de lard et de biscuits, produits destinés aux voyageurs et aux postes de l'intérieur. Durant les dernières années du Régime français, la consommation militaire absorbe la majeure partie de la production.

LES VOIES DE COMMUNICATION

Le réseau routier de l'île se structure à partir des chemins des côtes, et les grands axes sont en place dès la seconde moitié du XVIIIe siècle. Vers le sud-ouest, le chemin de Lachine est parcouru chaque année par les nombreux charretiers affectés au transport des marchandises de traite, et le chemin du Bout-de-l'Île rejoint la paroisse de Sainte-Anne. Vers l'est, le chemin de Québec, complété en 1737, part de l'une des portes de la ville, et constitue l'une des principales artères de la colonie. Le chemin de Saint-Laurent rejoint le sault au Récollet et l'île Jésus. Des voies transversales permettent également de passer d'un côté à l'autre de l'île. Le développement touche d'abord la rive sud, avec La Prairie, Boucherville, Contrecœur et Longueuil[275], puis atteint la rive nord et l'île Jésus. Un chemin longe la rive sud depuis Châteauguay et croise, à La Prairie, la route stratégique de Chambly, achevée en 1749[276]. La rive sud commence à se peupler dès la fin du XVIIe siècle. La seigneurie de La Prairie, après une première poussée vers 1670, connaît une croissance vigoureuse au siècle suivant, tout comme la seigneurie de Longueuil, qui ne comptait que 10 familles en 1681[277]. Au XVIIIe siècle, l'île Jésus se peuple rapidement; dès 1765, 75% des terres sont concédées et, seize ans plus tard, cette proportion atteint 90%[278].

Les seigneuries des environs entretiennent des liens si étroits avec Montréal qu'un historien a pu parler de «seigneurie-faubourg» à propos de l'une d'elles[279]. Le commerce joue un rôle central : les marchands des campagnes commencent à s'implanter et à servir de relais avec les négociants montréalais, comme en témoigne le cas de François-Augustin Bailly de Messein (1708-1771), installé à Varennes[280]. Le crédit et l'approvisionnement en marchandises constituent un lien supplémentaire avec la ville, tout comme, d'ailleurs, le commerce des fourrures, qui fournit un débouché important à la main-d'œuvre rurale[281].

Le développement des relations entre la ville et la campagne influence le réseau des transports. Les traverses, en particulier, se multiplient sur le pourtour de l'île, car la technique de l'époque rendait impossible ou trop coûteuse la construction de grands ponts en bois. À la fin du XVIIIe siècle, on en compte une vingtaine dans la région, dont six pour la seule liaison entre l'île Jésus et celle de Montréal[282].

Carte de l'île et de la ville de Montréal, d'après Jacques-Nicolas Bellin, 1764 (détail).
Collection Centre canadien d'Architecture/Canadian Center for Architecture, Montréal.

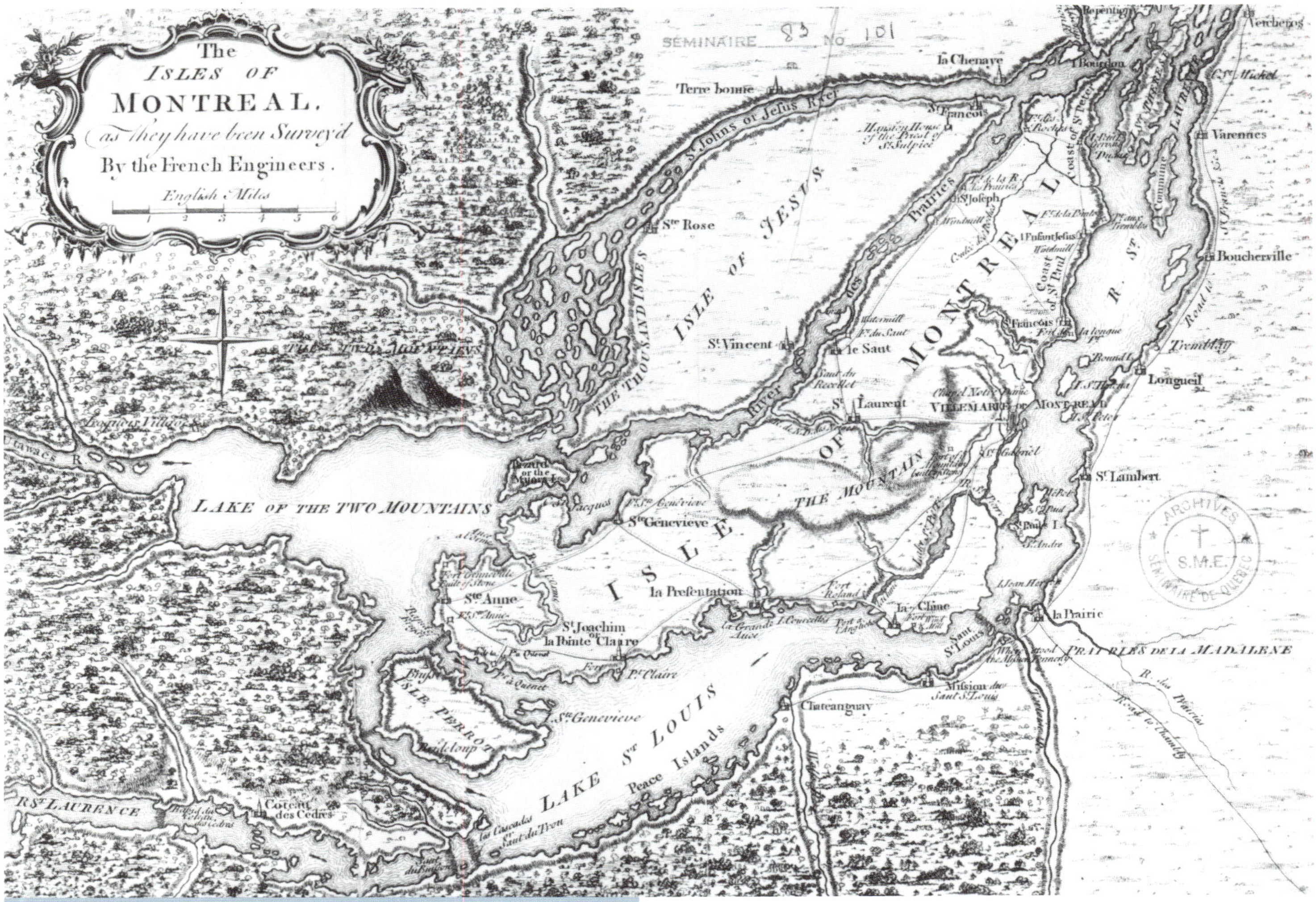

«The Isles of Montreal…».
Archives du séminaire de Québec, Séminaire 83, No 101

PREMIÈRES TENTATIVES DE CANALISATION

L'idée de contourner les rapides de Lachine au moyen d'un canal n'est pas nouvelle. Elle circulait depuis longtemps dans la colonie car, dès 1670, l'abbé François de Salignac de La Mothe-Fénelon (1641-1679) s'en est fait l'écho. Il aurait suffi de relier le lac Saint-Louis au petit lac Saint-Pierre, puis de creuser et d'aménager un petit cours d'eau pour atteindre la pointe à Callière. François Dollier de Casson entreprend l'ouvrage en 1689, en poursuivant le double objectif d'éviter les rapides et d'utiliser la dénivellation afin d'alimenter des moulins. La croissance de la production agricole incitait en effet les sulpiciens à construire des moulins à farine plus efficaces. Aux abords de la ville, en particulier, les moulins à vent ne suffisaient plus[283]. Les travaux avancent lentement, sans étude préalable, au gré des finances du séminaire et en dépit des réserves émises par le supérieur parisien, qui trouve l'entreprise au-dessus des moyens de l'institution.

Vers 1697, le canal Saint-Gabriel est creusé, entre la décharge du lac Saint-Pierre et la pointe à Callière, pour alimenter le moulin que les seigneurs se proposent d'élever au faubourg Saint-Joseph[284]. Les travaux sont confiés à l'ingénieur Gédéon de Catalogne en 1701, qui échoue d'ailleurs dans cette entreprise : en effet, il ne parvient pas à rendre le canal navigable depuis le lac Saint-Louis, et les travaux seront finalement interrompus. Le canal Saint-Gabriel ne sera pas non plus un succès, car le débit de la rivière Saint-Pierre, combiné à celui du ruisseau Saint-Martin, s'avèrent insuffisants pour faire tourner les meules à longueur d'année. En 1733, les seigneurs demandent à Chaussegros de Léry de prendre le relais. Celui-ci propose un nouveau profil et, surtout, un devis financier plus réaliste, devant lequel les sulpiciens reculeront. Il s'en explique la même année dans une lettre au ministre de la Marine : «Je leur ai donné une carte d'une partie de l'île de Montréal, où est marqué le canal que M. Chèze propose pour que Sa Majesté en fît la dépense. Vous verrez, Monseigneur, par les observations que j'ai faites en sa présence l'impossibilité de pouvoir faire cet ouvrage et les sommes considérables qu'il en coûterait, et je crois qu'il n'y faut plus penser[285]». Ce projet n'aboutira donc pas et le canal navigable ne sera réalisé qu'au siècle suivant. Quant au moulin du faubourg Saint-Joseph, il n'est utilisé que durant une partie de l'année : en 1781, les seigneurs précisent qu'il ne fonctionne que deux mois et demi par an[286]. Ils se voient donc contraints d'utiliser leurs autres moulins.

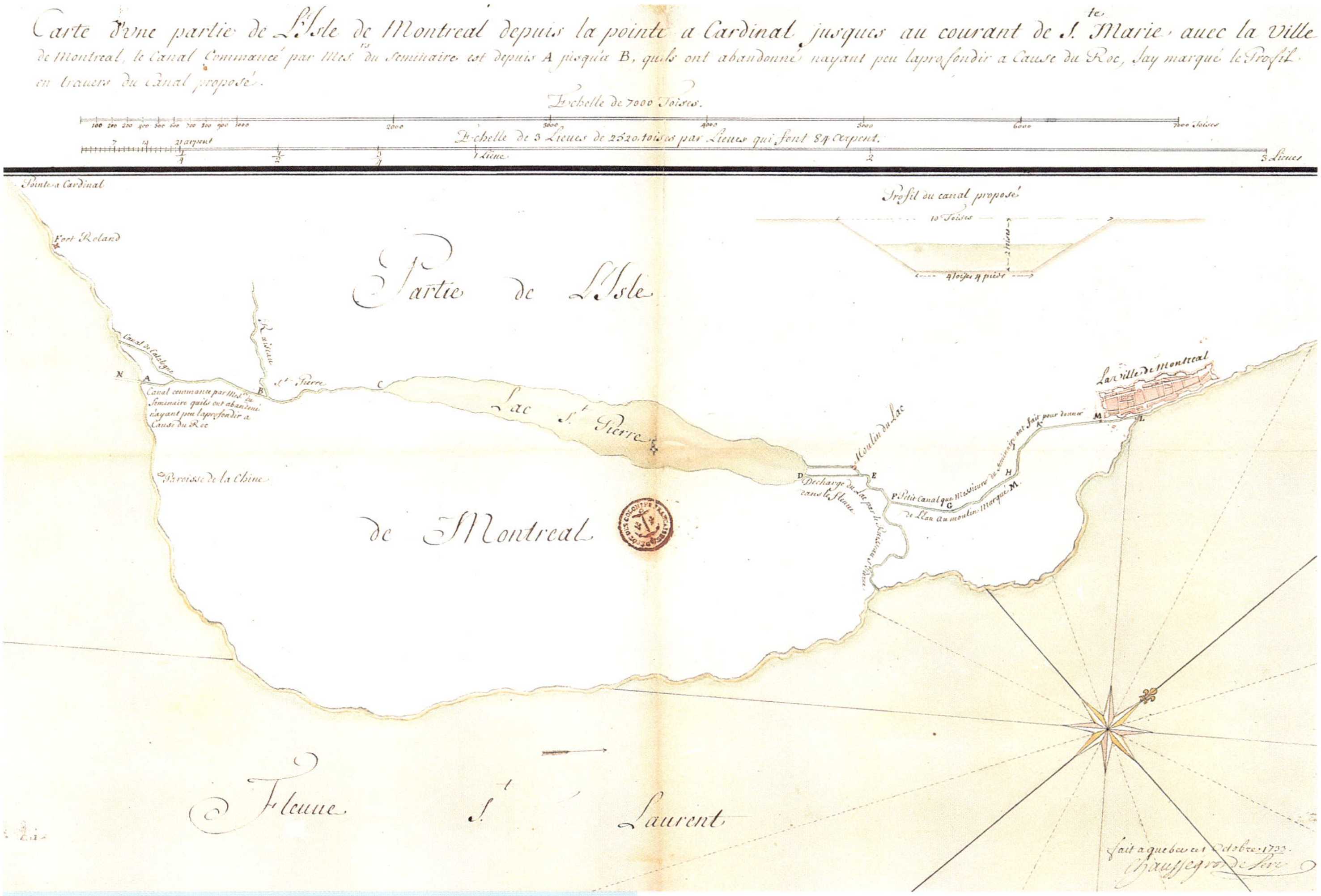

Projet du canal entrepris par les sulpiciens pour contourner les rapides de Lachine.
Gaspard-Joseph Chaussegros de Léry, Carte d'une partie de l'Isle de Montréal..., 1733. Archives nationales (France), Centre des Archives d'Outre-Mer, Aix-en-Provence.

LA VIE QUOTIDIENNE AU MILIEU DU SIÈCLE

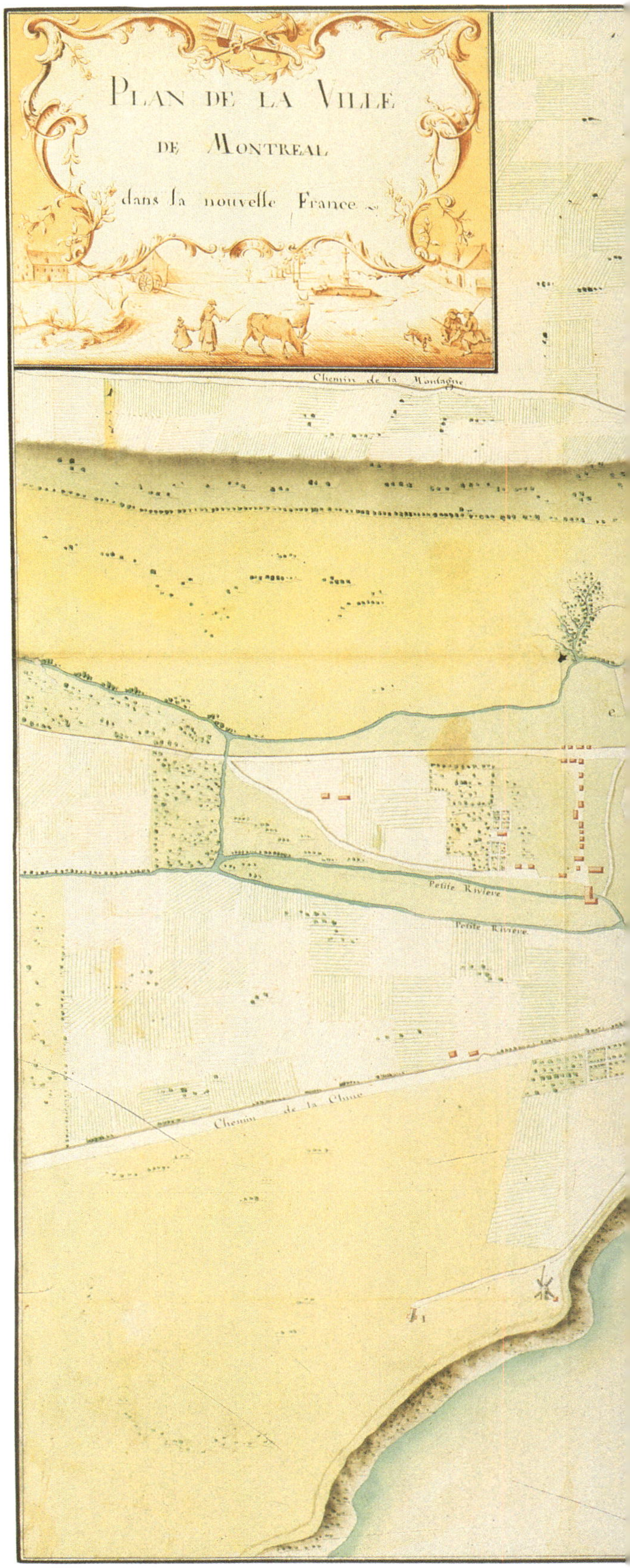

Les grands traits de la ville *intra muros* n'ont pas beaucoup changé en 1752, même si l'évolution du parcellaire témoigne d'une activité intense dans le domaine foncier. Les propriétés religieuses occupent toujours un espace très important, et la haute ville est bâtie de façon moins dense que la basse ville. La place du marché est véritablement le pôle central des activités. Deux jours par semaine, les étals se remplissent de comestibles, viandes, fruits et légumes, et les auberges et cabarets font de bonnes affaires. Les militaires y sont très présents, avec le corps de garde et le magasin du roi. Les marchands de fourrures sont également installés dans la rue Saint-Paul ou dans les alentours immédiats. Une foule bigarrée fréquente les lieux. Maîtres et domestiques, artisans et journaliers y croisent les Amérindiens, certains venus de loin pour rencontrer des dignitaires, d'autres pour vendre le produit de leur potager ou celui de leur artisanat[287].

La vie peut aussi devenir plus agitée quelquefois, par exemple lorsqu'éclate une rixe opposant soldats en goguette et civils ou, encore, lorsque des Amérindiens ivres créent de l'agitation[288]. La haute ville, en revanche, est beaucoup plus calme, avec ses édifices religieux et son aspect plus résidentiel. Les habitations ne sont pas très élevées : les deux tiers d'entre elles sont pourvues de deux étages sous le comble[289]. Cette limite de hauteur résulte en partie des contraintes imposées par les militaires, qui veulent éviter de créer des cibles visibles au-dessus des fortifications[290]. Outre les édifices religieux, quelques grandes résidences interrompent la trame des maisons, telle la maison Bégon, rue Saint-Paul, utilisée pour loger l'intendant à partir de 1749[291], ou encore le château de Vaudreuil, datant de 1723.

L'importance des faubourgs, qui se sont développés le long des grands axes de communication, devient plus manifeste. Déjà, en 1741, près de 20% des maisons y sont concentrées[292] et, en 1754, le quart des 4 000 Montréalais recensés y vivent[293]. La composition sociale de la population, dominée par les artisans et les journaliers, se reflète dans les résidences, qui restent en majorité des maisons en bois à étage unique.

Les faubourgs sont très visibles sur cette carte, dressée par les militaires britanniques au moment du siège de la ville.
«Montreal During the Siege of 1760» (détail), [Murray?], Archives nationales du Canada, NMC1715.

PLANCHE 16

Comme c'est le cas pour nombre de plans de la ville fortifiée, celui-ci, daté de 1752, ne montre pas toute l'étendue du développement des faubourgs.
Louis Franquet, «Plan de l'enceinte de la Ville de Montréal et du profil de ses fortifications», Service historique de l'Armée de Terre (France), Vincennes.

LA CONQUÊTE ANGLAISE

Cette partie de la carte dite de Murray indique les campements des troupes d'invasion, installées sur une des terrasses dominant la ville.
Archives nationales du Canada, NMC10842.

La prise de Montréal, est indispensables à la conquête de la Nouvelle-France. Si Québec commande les communications avec l'Atlantique, Montréal contrôle l'accès vers l'intérieur. Dès 1758, Louis-Antoine de Bougainville (1729-1811), aide de camp de Montcalm, avait d'ailleurs émis l'hypothèse d'un repli stratégique des Français et des Canadiens sur la Louisiane pour poursuivre le combat[294]. En avril 1760, la bataille de Sainte-Foy vient rappeler aux Anglais le danger de la présence militaire française sur le Saint-Laurent. Pour en finir, Jeffrey Amherst (1717-1797), major général des troupes britanniques, prévoit un mouvement d'encerclement et d'attaque de Montréal. Afin de couper court à toute tentative pour gagner la Louisiane, une armée ira d'abord attaquer les forts du Saint-Laurent supérieur, pendant que deux autres corps de troupe suivront pour l'un le Saint-Laurent depuis Québec, et pour l'autre le Richelieu depuis le lac Champlain, avec la mission de réduire les poches de résistance. En juillet, Amherst, à la tête de 10 000 hommes, remonte la rivière Mohawk jusqu'à Oswego, où il oblique vers Montréal. Un second corps d'armée, fort de 3 000 hommes, descend le Richelieu, tandis que Murray, avec 3 500 soldats, part de Québec sur des navires de guerre et une flottille de bateaux. Les troupes emportent une artillerie impressionnante comptant au moins 105 pièces.

Les unes après les autres, les défenses tombent, les soldats français et les miliciens canadiens se replient sur la ville, s'enfuient ou retournent chez eux. D'ailleurs, pour décourager les miliciens, Murray fait incendier toutes les fermes de la région de Sorel où il ne trouve pas d'hommes. À la fin du mois d'août, il arrive à Contrecœur. Le 6 septembre, les soldats venant par le Richelieu sont à Longueuil, tandis que le gros des forces, dirigé par Amherst, débarque à Lachine: il vient immédiatement prendre position au sud-ouest de Montréal, vis-à-vis de l'île des Sœurs, tandis que Murray masse ses troupes du côté est.

LE SIÈGE DE LA VILLE

Face aux 17 000 assaillants, 2 500 hommes sont enfermés dans Montréal avec un approvisionnement insuffisant. Le moral est au plus bas. Un officier français écrit que les fortifications n'ayant pas été conçues pour une attaque en règle, les murs ne pourraient résister à deux heures de canonnade[295]. La situation semble sans issue. Sans même qu'un coup de feu soit tiré, le 7 septembre, des émissaires rencontrent Amherst et, le 8, la capitulation est signée.

François de Lévis (1719-1787), commandant en chef, proteste en vain, le vainqueur refusant les honneurs de la guerre, et il fait brûler les drapeaux de ses régiments. Les troupes de l'infanterie légère britannique occupent la citadelle, le port et les principales portes de la ville[296]. Le lendemain, sur la place d'Armes, la garnison dépose les armes. De toute évidence, les défenses de la ville n'avaient pas été conçues pour faire face à ce genre d'attaque. Maîtres du terrain, les Britanniques pouvaient aisément canonner l'intérieur de la ville, à partir de la terrasse où ils avaient établi leur campement.

PLANCHE 17

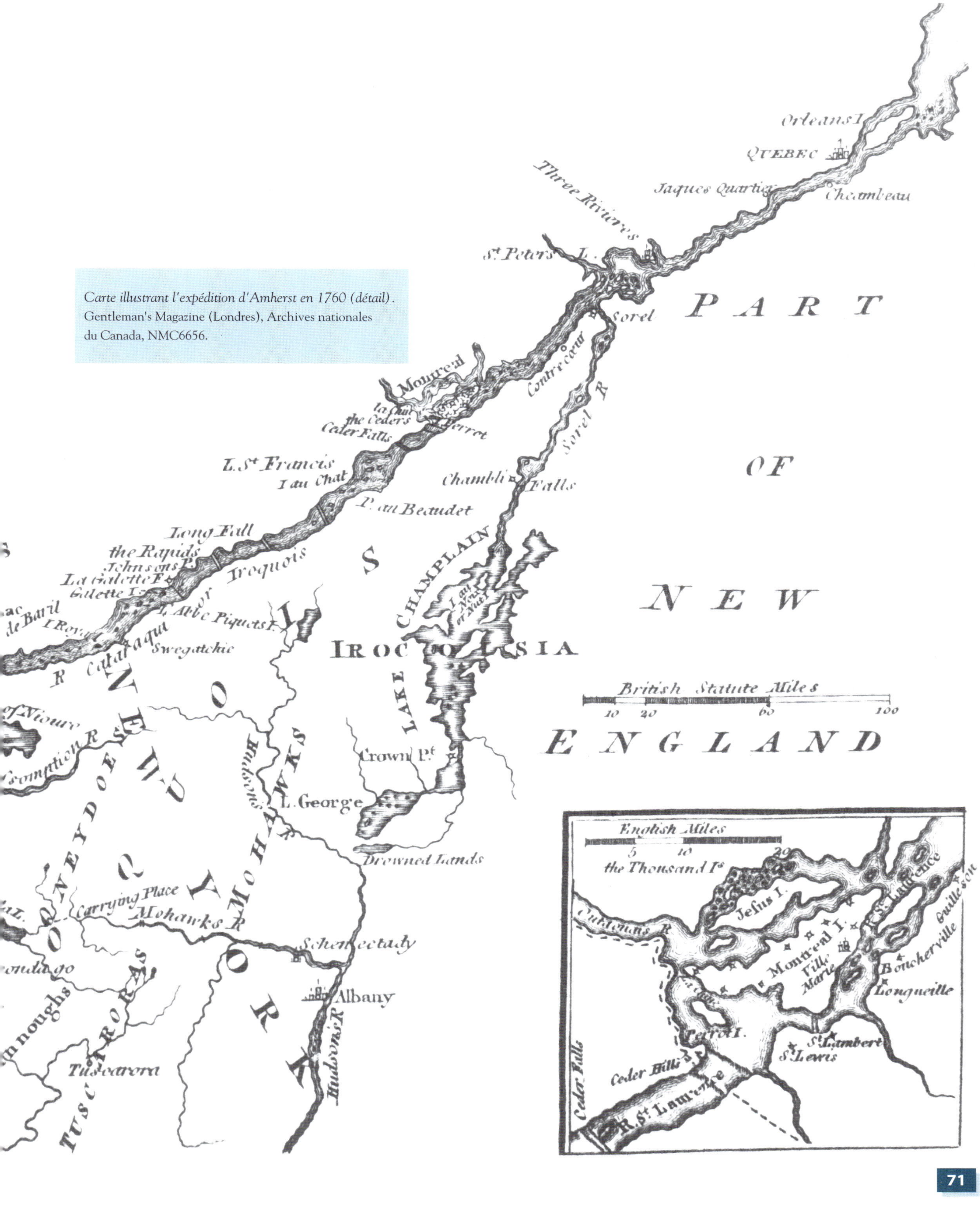

Carte illustrant l'expédition d'Amherst en 1760 (détail).
Gentleman's Magazine (Londres), Archives nationales du Canada, NMC6656.

L'ESSOR DES FAUBOURGS

La Conquête et le changement de métropole ne signifient pas pour autant un bouleversement complet dans la vie urbaine. Le commerce des fourrures va demeurer jusqu'à la fin du siècle l'élément moteur de l'économie, pendant que l'importance de la présence militaire et celle de l'Église catholique se maintiennent. De profondes transformations se produisent néanmoins. Les militaires britanniques remplacent les troupes de la marine et les officiers, tout en occupant une place prépondérante dans la société, ne jouent plus exactement le même rôle dans la traite des fourrures, même si plusieurs d'entre eux y ont participé. De nouveaux administrateurs succèdent aux précédents et la bourgeoisie urbaine se modifie rapidement. Les Britanniques d'origine tiennent dorénavant le haut du pavé. L'arrivée des Loyalistes marque le début d'une diversification ethnique et linguistique. En ce qui concerne l'économie, le commerce des denrées coloniales après 1780 (blé, bois et potasse) commence à occuper une place importante, parallèlement à la traite des fourrures qui demeure cependant l'activité dominante. Le développement de la ville est marqué par les incendies de 1765 et de 1768, ainsi que par l'expansion des faubourgs.

UNE VILLE DE 5 000 HABITANTS

La population passe de 4 000 habitants en 1754 à 9 000 en 1800 mais, dorénavant, la croissance profite davantage aux faubourgs, qui abritent les deux tiers des Montréalais à la fin du siècle. À l'intérieur de l'enceinte fortifiée, le remembrement des parcelles succède à la tendance antérieure qui privilégiait les lotissements. Les marchands de fourrures, en particulier, désirent jouir de plus d'espace. Les propriétés changent de main à la faveur du remplacement des élites : en 1805, les Britanniques d'origine possèdent 45% de la superficie de la vieille ville, si l'on exclut les propriétés religieuses et gouvernementales[297].

La rue Saint-Paul et la place du marché demeurent le cœur du commerce local et de la traite des fourrures. Mais, après 1770, cette dernière activité tend à se déplacer vers la partie est de la ville, à l'instar de Simon McTavish, qui s'installe, vers 1786, rue Saint-Jean-Baptiste, dans des locaux plus spacieux. Les alentours de la place du marché sont désormais occupés par les petits commerçants, les aubergistes et les taverniers. Les activités débordent, gagnant la rue Saint-Paul et occupant d'autres lieux : des marchands de bois de chauffage et de foin utilisent la place d'Armes[298]. La rue Notre-Dame conserve son caractère traditionnel, avec ses institutions religieuses et ses résidences.

La construction des maisons évolue : la progression de la pierre se maintient, tout comme celle de la taille. En ce qui concerne l'architecture résidentielle, l'influence traditionnelle prédomine toujours, avec le mur de refend et le pignon coupe-feu massif, mais la grande vogue des poêles de fonte, utilisés comme appareils de chauffage[299], laisse présager un ajustement de l'agencement des pièces. Les

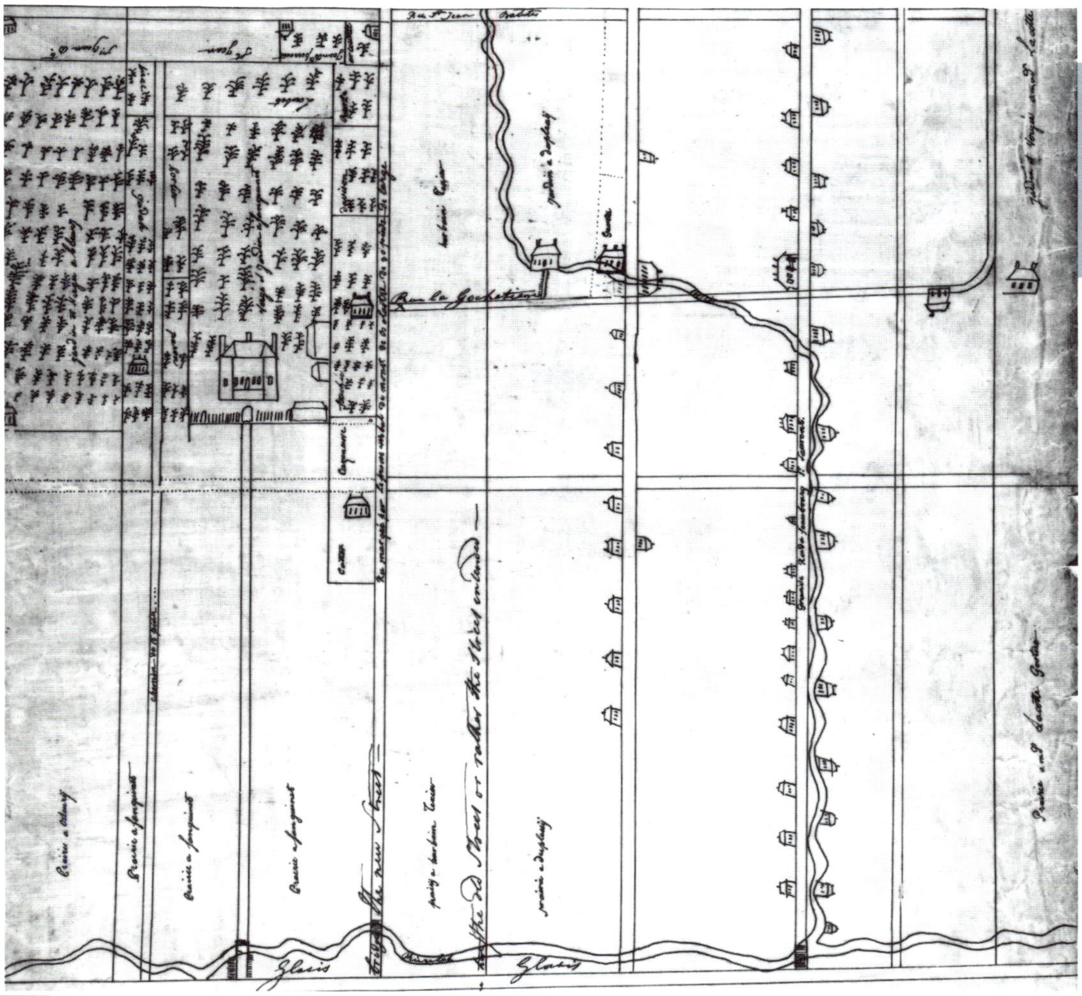

Partie du plan d'un projet d'homologation de la rue De La Gauchetière, 1786.
Archives nationales du Canada, NMC19347.

PLANCHE 18

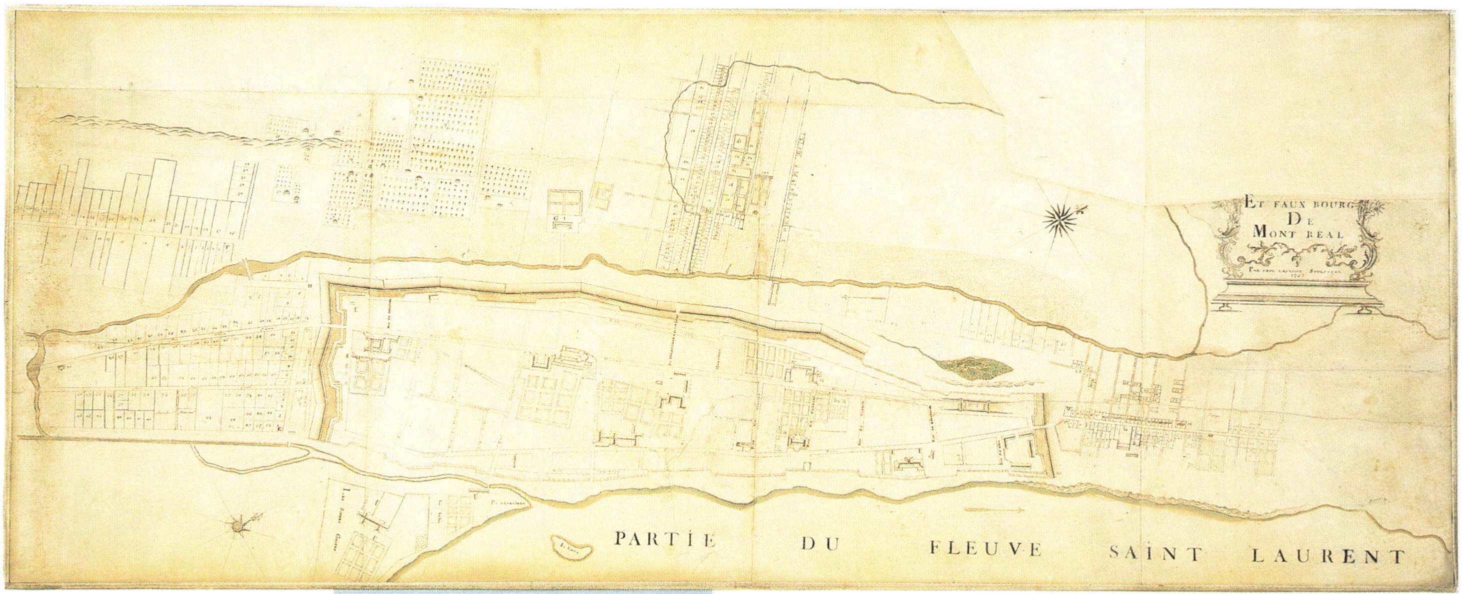

Plan de la ville et des faubourgs de Montréal, 1767.
Paul Jourdain dit Labrosse. Cette carte est la propriété de la famille Molson.

militaires, qui, sous le Régime français, étaient logés chez l'habitant doivent, en vertu d'une loi du Parlement britannique, être logés dans des casernes. L'intendance entreprend de transformer les anciens magasins du roi et la canoterie royale pour y installer la garnison composée d'environ 500 soldats[300]. La majorité des fonctions urbaines importantes demeurent concentrées dans la ville fortifiée : administration, armée, commerce, transport, services sociaux et de santé, institutions religieuses. Les faubourgs se transforment également, et leur caractère artisanal se confirme. Les artisans de la construction, particulièrement nombreux, s'y sont installés dès 1750. Ce secteur représente une activité importante pour la ville, tant à cause de son expansion constante, qu'à la faveur des reconstructions qui ont suivi les incendies de 1765 et de 1768. Des cordonniers et des selliers installent leurs boutiques dans les faubourgs, desservant leur clientèle du centre lors des jours de marché.

L'évolution de l'espace des faubourgs témoigne de ces mouvements. Les plus anciens sont pourvus d'un parcellaire aux divisions plus réduites, dont les lots se trouvent agglutinés autour des axes de circulation. De nouvelles zones, ouvertes par la spéculation foncière, offrent des terrains plus vastes et, dans certains cas, un environnement plus agréable, comme en ce qui concerne la terrasse qui longe le bas des faubourgs Saint-Antoine et Saint-Laurent. Joseph Frobisher, par exemple, s'est fait construire une résidence spacieuse au centre de sa grande propriété du Beaver Hall, à quelque distance des fortifications[301].

L'AMÉNAGEMENT DES FAUBOURGS

Contrairement à la ville, dotée dès 1672 d'une grille de rues qui avait orienté son développement, les faubourgs s'accroissent sans plan d'ensemble, au gré des projets de chaque propriétaire, libre de découper son terrain à sa guise sans trop se préoccuper de ses voisins. Avec le temps, l'ouverture des rues devient l'occasion de vives controverses. Vers les années 1780, la demande de prolongement de la rue De La Gauchetière entre la rue De Bleury et le boulevard Saint-Laurent[302] oppose deux spéculateurs très actifs dans le faubourg Saint-Laurent[303]. Pierre Foretier (1738-1815) et Christophe Sanguinet (1736-1809), tous deux marchands et promoteurs immobiliers, ont acquis de vastes terrains, situés quelque part entre l'actuelle côte du Beaver Hall et la rue Saint-Urbain. Sanguinet décide de subdiviser une partie de la terre appelée «Près-de-Ville», dont la création remontait à la fin du XVIIe siècle[304]. Il désire conserver l'imposante demeure qui s'y trouve, ainsi qu'une partie de ses vergers. Pour desservir les lots nouveaux, il trace des rues parallèles au boulevard Saint-Laurent, qui condamnent donc la communication entre l'est et l'ouest.

De son côté, Pierre Foretier réclame un prolongement de la rue De La Gauchetière, qui assurerait à ses terrains un accès plus direct à la ville, par le boulevard Saint-Laurent, mais le tracé de la rue De La Gauchetière longerait l'arrière de la maison, morcelant du même coup d'autres lots. Les partisans de l'ouverture de la rue produisent pour preuve un plan montrant que sa création était prévue depuis longtemps, et qu'une seconde rue devait traverser le terrain, cette fois devant la maison, gâchant la vue et le jardin. Les adversaires contestent vivement l'exactitude de ce plan parcellaire, car il laisse entendre qu'une homologation concernant les rues aurait été faite sur la propriété achetée par Sanguinet. En définitive, la rue De La Gauchetière ne sera pas ouverte avant le XIXe siècle, et les habitants de cette partie du faubourg se verront obligés d'y accéder par la rue De Bleury, du Beaver Hall ou la rue Saint-Urbain pour se rendre en ville.

UNE NOUVELLE FRONTIÈRE

Après la Conquête, les territoires situés à l'ouest des Appalaches deviennent une source de friction entre la Grande-Bretagne et ses colonies. Celles-ci pensaient hériter purement et simplement des dépouilles de la Nouvelle-France et poursuivre leur progression vers l'Ouest, au-delà des montagnes. Mais la Grande-Bretagne nourrissait d'autres projets. Elle désirait réserver la totalité de cet immense territoire amérindien comme un genre de protectorat et souhaitait orienter le trop-plein démographique de ses Treize colonies vers la *Province of Quebec*, terme désignant ce qui reste de la Nouvelle-France dans la proclamation royale de 1763. Les territoires au sud et au nord-ouest des Grands Lacs n'avaient jamais formellement appartenu à la couronne française, mais bien à ses alliées, les diverses nations amérindiennes[305]. Les pressions des marchands de fourrures, comme celles des anciennes colonies, viennent détruire tous ces projets en moins de vingt ans. Les pays d'en haut, en particulier, étaient indispensables en tant qu'aires d'approvisionnement des fourrures, tandis que les besoins de l'expansion agricole poussaient les anciennes colonies britanniques vers l'ouest plutôt que vers le nord.

L'indépendance américaine de 1783 rend inévitable la partition de cette immense région, et les États-Unis obtiennent tous les territoires situés au sud des Grands Lacs que la Grande-Bretagne n'évacuera qu'après la signature du traité de Jay, en 1794. Cette décision atteint durement les marchands de fourrures montréalais, puisqu'elle leur condamne l'accès à une partie importante de leur hinterland traditionnel : ils devront donc travailler à le redéfinir. Le sud étant dorénavant interdit, l'expansion ne peut se porter que vers le nord-ouest, au-delà des Rocheuses, et vers les cours d'eau qui se jettent dans l'océan Arctique ou dans la baie d'Hudson. Ce réaménagement implique l'adoption de nouvelles stratégies. Les lignes de communication sont prolongées, tandis que les postes-relais comme Détroit, Michillimakinac et, bientôt, le Grand Portage, tous situés maintenant en territoire américain, doivent être remplacés. Il faut aussi compter avec la réaction de la Compagnie de la baie d'Hudson, qui a senti très rapidement cette invasion de sa zone d'influence.

LE REGROUPEMENT DES MARCHANDS

Les marchands réorganisent le transport en généralisant deux types de canots, et en utilisant des bateaux sur les Grands Lacs. Au départ de Montréal, les embarcations deviennent plus grosses, atteignant leur taille maximale avec le «canot du maître», appelé aussi «canot de Montréal», mesurant 12 m, emportant 10 à 12 hommes, et d'une capacité de trois tonnes de marchandises. Au-delà des Grands Lacs, pour atteindre le «petit nord» ou le «grand nord», règnent les canots du nord, de moindres dimensions, avec des équipages composés de quatre ou cinq hommes. La tendance au regroupement des marchands, déjà perceptible au début du siècle, s'accentue encore avec la hausse des coûts du transport et de l'entretien des postes.

La création des premières compagnies s'amorce dès 1776 et aboutit, en 1783, à la mise sur pied de la Compagnie du Nord-Ouest, qui dominera le commerce jusqu'à sa fusion avec la Compagnie de la baie d'Hudson en 1821. Les «bourgeois» de la compagnie risquent gros et mènent grand train lorsqu'ils sont de retour à Montréal, comme en témoigne le caractère fastueux de leurs résidences et la création du Beaver Club en 1785. Vers la même période, plus de 3 000 hommes sont engagés dans cette activité, et une estimation de 1795 fait état de 40 guides, 1 100 hivernants et 1 400 engagés[306]. Ces derniers, qui effectuaient l'aller-retour entre Montréal et le Grand Portage, à l'extrémité du lac Supérieur, étaient appelés «mangeurs de lard» parce qu'ils se nourrissaient de lard salé, contrairement aux hivernants qui, eux, mangeaient à l'amérindienne.

La concurrence entraîne des dépenses très élevées. Entre 1790 et 1804, les Montréalais ouvrent 194 nouveaux postes dans le nord-ouest et leur rivale, la Compagnie de la baie d'Hudson, en crée 129[307]. L'indépendance américaine amène des marchands de fourrures à s'installer à Montréal avec leurs capitaux, ce qui renforce la position des Britanniques d'origine par rapport aux marchands canadiens. Privés d'accès à de nouveaux capitaux, alors que le commerce des fourrures connaît un processus de concentration depuis 1730, œuvrant dans un nouvel environnement[308], ces derniers perdent pied. Alors qu'en 1770, 78% des marchands étaient canadiens, en 1790, cette proportion tombe à 30%[309]. Mais la concurrence avec la Compagnie de la baie d'Hudson, et l'allongement constant des lignes de communications pèsent de plus en plus sur les profits. Pour Montréal, la grande époque de la traite des fourrures touche véritablement à sa fin, en connaissant un genre d'apothéose qui ne manque pas de panache.

L'Amérique du nord à la fin du XVIIIe siècle.
«A Map of America or the New World», Londres, William Faden, 1797. Bibliothèque nationale du Québec.

UN NOUVEAU TERRITOIRE URBAIN

Avec la croissance rapide des faubourgs après 1750 et la détérioration continuelle des murs, les anciennes divisions perdent de leur signification. L'enceinte fortifiée ne suffit plus pour définir la démarcation entre la ville et les faubourgs qui y sont accolés. Avec le temps, les limites avec ces derniers deviennent floues. À l'origine, elles dépendent de leur rapport avec l'ancien découpage rural, si bien que lorsqu'une terre est lotie, des rues tracées et des maisons construites, cette référence disparaît. Elle est alors remplacée par la constitution d'unités de voisinage habitées, axées sur la rue ou sur des segments de rues. La loi constitutionnelle de 1791, qui introduit les institutions représentatives, fournit l'occasion de définir officiellement la superficie de la ville. Tout l'espace occupé du Bas-Canada fait l'objet d'un découpage en circonscriptions, et ce, à des fins électorales.

L'opération est menée en 1792 et, pour la première fois, un texte juridique délimite Montréal de façon précise. Sur trois côtés, on mesure une distance de 100 chaînes (environ 2 012 m), perpendiculairement à la ligne des fortifications[310]. On crée ainsi un espace quasiment rectangulaire, borné par le Saint-Laurent au sud, touchant une partie de la rue Frontenac à l'est, l'axe de la rue Duluth au nord, et coupant le tracé de la rue Atwater à l'ouest. Ces limites ne serviront pas uniquement aux élections, elles seront par la suite utilisées à toutes sortes de fins, et maintenues durant un siècle. En 1799, la loi des chemins exige des villes de Québec et de Montréal qu'elles se dotent d'un plan indiquant les terrains déjà lotis, ainsi que les rues homologuées, c'est-à-dire dont la dimension et le tracé sont reconnus par un règlement. L'objectif de la loi est de donner un cadre à la croissance urbaine en facilitant l'ouverture des rues à venir. En 1801, l'inspecteur des chemins Louis Charland dresse ce plan qui donne une image fidèle de l'état du développement de l'agglomération à la fin du XVIIIe siècle. La vieille ville n'a cependant pas encore subi les transformations que la démolition des fortifications entraînera, et elle présente encore tous les traits de l'urbanisme du XVIIIe siècle, comme en témoigne le plan dessiné par le notaire Louis Guy (1768-1850) en 1795. L'agglomération n'occupe alors qu'une faible partie de l'espace : la ville et sa couronne de faubourgs sont entourées de terres encore en culture dans la majorité des cas.

Au siècle suivant, ce dernier espace deviendra le lieu de la croissance urbaine. La superficie des faubourgs dépasse de beaucoup celle de la ville fortifiée, mais cette dernière renferme toujours un peu plus de la moitié des maisons de l'agglomération en 1781[311]. Par ailleurs, il ne faut pas confondre lotissement et occupation. Beaucoup des terrains apparaissant sur le plan ne comportent encore aucun bâtiment, et certains segments de rues n'existent que sur le papier. Dans d'autres cas, un hiatus sépare les zones urbanisées : ainsi le «Faubourg St Pierre», dans l'axe du boulevard Saint-Laurent, résulte d'une spéculation des années 1760 qui anticipait beaucoup la croissance de la ville. Ses habitants sont relativement éloignés des autres maisons du faubourg Saint-Laurent.

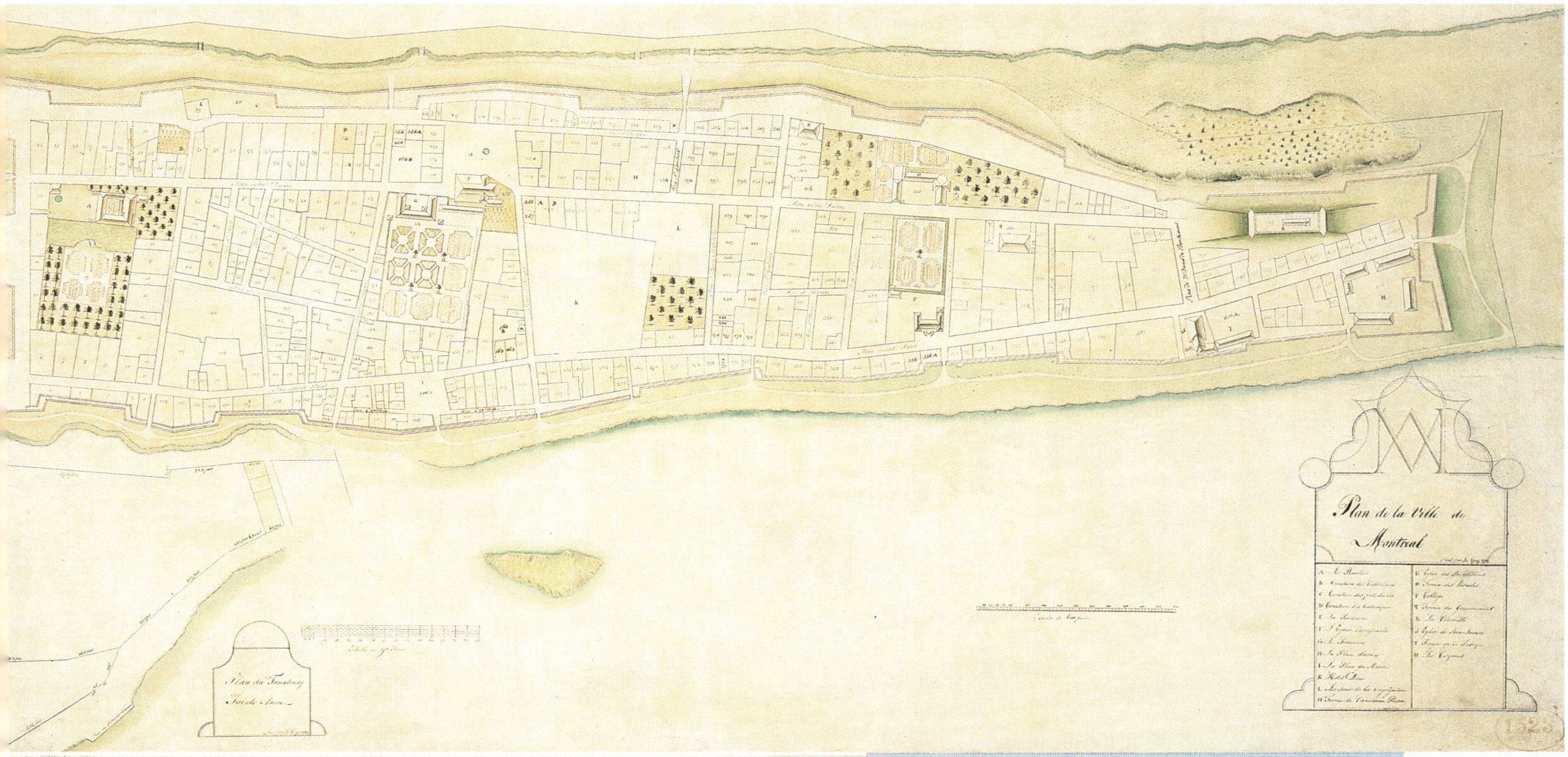

L'une des dernières images de la ville fortifiée avant les transformations du XIXe siècle.
Louis Guy, Plan parcellaire pour le deuxième terrier de la ville de Montréal, 1795. Archives du Séminaire de Saint-Sulpice de Montréal.

Le nouveau périmètre de la ville de Montréal après 1792; cependant, ce détail du plan de 1801 anticipe de quelques années la démolition des fortifications.
«Plan de la ville et cité de Montréal...», Louis Charland. Plans de Montréal, n° 55, Ville de Montréal, Division de la gestion de documents et des archives.

DE LA VILLE À LA MÉTROPOLE – 1800-1899

Au cours du XIXe siècle, Montréal connaît une mutation décisive, qui transforme la petite ville commerciale d'environ 9 000 habitants (en 1800) en une métropole industrielle de près de 300 000 habitants (en 1901), banlieue comprise. Au-delà d'une simple augmentation de la population, la transformation est synonyme de réaménagement en profondeur des fonctions urbaines et de l'émergence de valeurs et de rapports sociaux nouveaux, caractéristiques du capitalisme industriel.

À partir de sa fondation et jusqu'au XVIIIe siècle, Montréal avait toujours été la ville frontière de l'intérieur continental et occupait les marges habitées de la colonie. Or, avec la mise en valeur agricole de sa région immédiate et le développement de la haute vallée du Saint-Laurent et de la région des Grands Lacs après 1791, elle dispose dorénavant d'un vaste arrière-pays pour lequel elle joue le rôle de centre de services et de relais pour la croissance économique. La société urbaine devient plus complexe avec l'arrivée de l'immigration britannique. La vieille bourgeoisie du castor du XVIIIe siècle s'est retirée des affaires pour vivre de ses rentes, ou a choisi de réorienter ses activités et ses capitaux dans l'exportation de produits agricoles et de bois et dans l'importation de produits manufacturés. Une nouvelle génération de marchands, formée majoritairement d'immigrants écossais et anglais, apparaît et présidera à la diversification de l'économie canadienne, autant qu'elle influencera les transformations politiques. Mais elle devra auparavant établir son pouvoir social et politique et lutter, entre 1815 et 1838, contre une autre élite sociopolitique, celle qui contrôle le Parti patriote[312] à la Chambre d'assemblée. C'est d'ailleurs à partir du XIXe siècle que commence véritablement le phénomène de la dualité sociale de Montréal, qui consiste en cette superposition sur un même territoire des sociétés anglophone et francophone. Après une période de contacts plutôt orageux et souvent violents, une coexistence s'organise peu à peu, basée sur le cloisonnement institutionnel des groupes, les élites de chacun mettant en place deux réseaux parallèles d'institutions socioculturelles pour desservir catholiques et protestants, ces deux termes désignant en réalité francophones et anglophones. Les Irlandais catholiques occupent une position malaisée dans le réseau catholique, qui a dû s'adapter pour les encadrer.

PARTIE 5

DES ANNÉES MOUVEMENTÉES

Les années 1800-1815 sont marquées par la transition entre l'ancien monde économique de la fourrure et de nouvelles activités commerciales plus diversifiées. Le blé, la potasse et le bois commencent à prendre de l'importance, remplaçant peu à peu la fourrure comme principal produit d'exportation. Au même moment, l'élargissement de l'arrière-pays de la ville, son hinterland, fait croître son marché de consommateurs. Les importateurs montréalais voient leur chiffre d'affaires augmenter régulièrement et les entreprises de transport fluvial et routier se développent pour répondre à la hausse des échanges. La guerre de 1812 stimule l'économie urbaine en entraînant une hausse des dépenses gouvernementales.

Entre 1815 et 1840, l'afflux de population en provenance de la Grande-Bretagne transforme toute la colonie, mais plus particulièrement les villes. À Montréal, le bouleversement de l'équilibre linguistique — en 1832, la majorité de la population de la ville est anglophone — est l'indice de la profondeur du changement. Ces années sont marquées par l'affrontement entre deux fractions de l'élite urbaine. La bourgeoisie canadienne-française, bien implantée dans la politique et la propriété foncière, s'oppose à la bourgeoisie anglo-écossaise qui poursuit énergiquement son projet de développement économique. La tension entre les deux groupes s'exacerbe particulièrement entre les années 1820 et 1830, et culmine avec l'explosion de 1837-1838, qui laissera des séquelles durables. La bourgeoisie d'affaires anglo-écossaise est occupée, depuis la fin de la guerre de 1812, à mettre en place un réseau d'institutions économiques pour encadrer le développement du Haut et du Bas-Canada, et entreprend au même moment la construction d'infrastructures de transport parmi lesquelles le canal Lachine. Elle vise à obtenir une aide financière accrue de l'État pour atteindre ses objectifs mais se heurte au refus de la bourgeoisie canadienne-française, dominante à la Chambre d'assemblée qui, pour sa part, nourrit d'autres projets.

Plusieurs événements caractérisent les années 1841-1867 : la modernisation des institutions politiques avec, notamment, l'émergence d'une véritable fonction publique et la mise en place d'administrations municipales autonomes, l'augmentation significative de l'aide gouvernementale aux grands projets de développement économique (canaux, chemins de fer), l'adaptation du cadre juridique aux nouvelles réalités économiques[313] et, enfin, la modification du rapport de forces au sein de la société canadienne-française. La bourgeoisie francophone, qui jouissait d'un certain prestige social avant la rébellion, doit maintenant composer avec l'Église, voire lui céder le pas comme porte-parole et responsable des projets de développement de la collectivité. Cette montée du pouvoir religieux coïncide avec l'arrivée de l'évêque Ignace Bourget, dont l'action marquera toute cette période. L'Union, puis la Confédération, consacrent la minorisation des Canadiens français, en diluant leur poids politique dans un ensemble colonial plus vaste et plus peuplé. La bourgeoisie d'affaires a dorénavant le champ libre et peut travailler à la réalisation de ses projets en bénéficiant de l'appui financier de l'État dans divers domaines, depuis les chemins de fer et les aménagements fluviaux, jusqu'aux grands travaux d'exploration de la Commission géologique du Canada, mise sur pied en 1842. Cette période est donc marquée par des réalisations économiques sans précédent, telles que l'industrialisation (le long du canal Lachine) et la grande poussée de construction dans les chemins de fer des années 1850.

Les années 1867-1896 sont complexes. Dans un premier temps, la satisfaction de voir se dénouer sans grands problèmes l'impasse politique apparue à la fin de l'Union stimule le développement économique. Mais la fin des années 1860 s'accompagne d'un certain ralentissement qui laisse bientôt la place à la première grande crise économique, celle de 1873. L'économie urbaine continue cependant sa croissance, stimulée par l'adoption de la Politique nationale de 1879, qui crée un marché protégé pour les manufactures canadiennes dont Montréal tire profit. En réalité, c'est une période de consolidation durant laquelle le premier transcontinental est réalisé, de nouvelles industries sont implantées, les banques réformées et les institutions économiques modernisées. À la fin du siècle, à partir de 1896, commence dans tous les pays occidentaux une période de prospérité qui durera jusqu'en 1912 : c'est la Belle Époque en France, l'*Edwardian Era* en Grande-Bretagne.

Mais deux autres phénomènes majeurs distinguent ce siècle : la tension dans les relations interethniques et, en raison de l'augmentation de la population, l'aggravation des grands fléaux urbains traditionnels : épidémies, incendies, inondations et émeutes.

LA SOCIÉTÉ URBAINE

Parmi les principaux acteurs sociaux, la grande bourgeoisie d'affaires émerge au XIXe siècle, armée d'un pouvoir et d'une considération sociales accrus, à la mesure des nouvelles fonctions économiques de la ville et de leurs répercussions dans l'ensemble des colonies. La montée des marchands est remarquable : contrairement à la situation qui prévalait au siècle précédent, où ils devaient partager, bon gré mal gré, pouvoir et prestige avec d'autres groupes qui leur étaient supérieurs, durant tout le XIXe siècle, ils dominent la société urbaine. Le passage d'une structure sociale d'Ancien Régime à une société de classes de type capitaliste se traduit par le triomphe de la bourgeoisie qui affirme sa suprématie. Le groupe frappe par la diversité de ses intérêts et par son caractère entreprenant et cherche à investir dans tous les domaines.

D'origine largement anglo-écossaise, cette bourgeoisie compte néanmoins une représentation américaine, ainsi que quelques Canadiens français[314]. Elle comprend un certain nombre de marchands de fourrures qui ont diversifié leurs investissements, tels James McGill (1744-1813) et John Richardson (1754-1831), ou des nouveaux venus comme Stanley Bagg (1786-1853), originaire du comté de Durham en Angleterre, entrepreneur et grand propriétaire foncier, ou William Workman (1807-1878), un des grands marchands manufacturiers de quincaillerie, né en Irlande du Nord et venu s'installer en 1829. Des Américains se fixent à Montréal, tel Harrison Stephens (1801-1881), né au Vermont et arrivé au début des années 1830, également grand marchand et propriétaire foncier. Chez les Canadiens-français, Jules-Maurice Quesnel (1786-1842) a passé des années dans le Nord-Ouest et, de retour à Montréal, s'est intéressé au commerce du Haut-Canada. Mais le prototype du nouvel entrepreneur est sans conteste John Molson, arrivé en 1782, qui, après avoir investi dans la fabrication de produits de consommation locaux, s'intéresse à l'hôtellerie, au transport fluvial et aux chemins de fer.

Les tensions ne concernent pas seulement les rapports entre francophones et anglophones; ainsi un visiteur britannique note, en 1843, que les Montréalais critiquent injustement les Américains[315] et, durant les années 1830, le marchand Harrison Stephens subit, du fait de son origine américaine, un certain ostracisme de la part de la Banque de Montréal[316]. Avec les années 1830, les clivages ethniques et linguistiques deviennent plus évidents, comme en témoigne la série de fondations d'associations nationales à Montréal. Mais l'antagonisme entre Canadiens et Britanniques s'exacerbe et colore les crises, à l'occasion d'élections ou de l'épidémie de choléra de 1832. Les événements de 1837-1838, phénomène ethnique et social autant que politique, sont probablement aussi l'expression d'autres facteurs, comme par exemple l'échec d'une tentative de modernisation de la société, faite sous la direction et au profit de la bourgeoisie francophone montréalaise[317]. La dimension urbaine de l'insurrection se manifeste à travers le leadership du Parti patriote et l'activité militante des Fils de la liberté, tous deux largement montréalais. La résistance au projet patriote est également bien ancrée à Montréal. Les grands marchands participent aux activités de la Montreal Constitutional Association, principal groupe de pression des «loyaux». L'importance stratégique de la ville est manifeste si l'on considère le soin apporté par les autorités britanniques à protéger leur base : augmentation de la garnison de la ville et installation de canons dans l'axe des rues principales[318], de façon à pouvoir contrer toute tentative d'insurrection dans la ville même. Quoi qu'il en soit, l'issue de la bataille est bien connue : la bourgeoisie urbaine anglo-écossaise en sortira gagnante. Elle a pris soin de forcer Londres à prendre position et à réaffirmer son choix de la colonisation britannique; c'est dans ce sens qu'il faut interpréter le rapport Durham et sa volonté d'enlever toute légitimité à la revendication canadienne-française à une quelconque demande d'autonomie comme entité sociopolitique[319].

Pendant les années 1840 et 1850, la tension entre les deux factions de la bourgeoisie s'apaise et ses membres élaborent un processus de coexistence. Cependant, des émeutes continuent d'éclater périodiquement, comme celle déclenchée par la prédication du moine défroqué Alessandro Gavazzi, invité à faire ses conférences anticatholiques par des protestants de la ville (1853), ou celle opposant Irlandais catholiques et protestants à l'occasion du défilé orangiste du 12 juillet 1878, qui fera un mort.

UNE NOUVELLE ÉLITE

Durant la seconde moitié du siècle, une nouvelle génération prend son essor au sein de la bourgeoisie : c'est l'époque des grands magnats de la finance, de l'industrie et du chemin de fer comme Richard B. Angus (1831-1922), George Stephen (1829-1921), George Drummond (1829-1910), tous trois Écossais, ou William Cornelius Van Horne (1843-1915), un Américain. Le premier immigre en 1857 et fait carrière à la Banque de Montréal avant de devenir l'un des fondateurs du Canadien Pacifique[320]; le deuxième arrive en 1850, fait fortune dans la mercerie-bonneterie et se distingue à la Banque de Montréal et au Canadien Pacifique avant d'être fait baronnet sous le titre de lord Mount Stephen en 1889; le troisième, ingénieur de formation, est embauché par John Redpath (1796-1869) pour diriger sa raffinerie de sucre du canal de Lachine ouverte en 1854; quant au dernier, il a d'abord travaillé dans les chemins de fer aux États-Unis avant d'être recruté par le Canadien Pacifique en 1880, où il mènera une carrière remarquable.

La bourgeoisie canadienne-française est loin d'être monolithique. Elle est surtout composée de marchands d'envergure moyenne et de membres des professions libérales. Quelques-uns se distinguent par la taille de leur entreprise, comme Joseph Masson (1791-1847), et leurs affaires comme leurs relations les rapprochent de leurs compatriotes anglophones. Le personnage de l'avocat brasseur d'affaires se précise durant ce siècle et le prototype le plus achevé en est Georges-Étienne Cartier (1814-1872) : après son apprentissage juridique, il devient avocat de la compagnie du Grand Tronc et mènera plusieurs opérations pour son compte. Son passage à la politique illustre le rapport étroit entre le milieu des affaires et l'État, non seulement sur les questions de financement des infrastructures, mais également en raison de la dimension de plus en plus juridique des affaires et des besoins de la bourgeoisie[321]. Louis Boyer (1790-1870) représente un autre type d'homme d'affaires canadien-français : maçon de formation, il se retrouve dans le commerce des produits comestibles et des fourrures après 1829.

La bourgeoisie est dans son ensemble une classe assez fluide, au recrutement très diversifié, l'émergence de la ville industrielle étant propice à la mobilité sociale. La faible proportion des Montréalais de naissance, tant anglophones que francophones, est frappante, car la majorité des membres de cette classe vient d'Écosse, d'Angleterre, des États-Unis ou des campagnes canadiennes. L'origine rurale de nombreux hommes d'affaires est notable et, enfin, elle se caractérise par sa très grande mobilité. Étudiant l'état du groupe vers le milieu du siècle, à travers les bottins de la ville, Gerald J. J. Tulchinsky note que seule une fraction (50% à 70%) des marchands entrepreneurs œuvrant dans un secteur donné en 1845 s'y trouvait encore en 1852[322].

LE NOUVEAU RÔLE DE L'ÉGLISE

L'autre acteur social majeur est l'Église catholique, après 1837-1838. Sa présence remonte à la naissance même de la Nouvelle-France mais la Conquête devait en modifier le rôle. Le premier tiers du XIXe siècle est marqué par une profonde désaffection religieuse, sans doute déjà amorcée au siècle précédent[323], et qui contraste vivement avec le renouveau religieux des années 1840. L'Église émerge de la période trouble des rébellions dotée d'une nouvelle stature. Deux éléments expliquent ce revirement. Le premier est la position résolument loyale de l'Église : fortement ancrée dans l'Ancien Régime, elle ne peut accepter l'idée d'une rébellion contre l'autorité constituée. Par ailleurs, elle devient davantage nationaliste à cette époque, évolution flagrante en particulier chez les deux premiers évêques de Montréal, Jean-Jacques Lartigue (1777-1840) et Ignace Bourget (1799-1885). À travers tout le siècle, l'Église maintiendra ces deux positions, qui peuvent paraître contradictoires.

Cette évolution ne se fait cependant pas sans heurts. L'encadrement des Montréalais catholiques constitue l'enjeu d'une lutte qui oppose les sulpiciens à l'évêque de Montréal[324] pendant près de cinquante ans. Pour les sulpiciens, très majoritairement Français d'origine, pasteurs de Notre-Dame et seigneurs de l'île depuis le XVIIe siècle, les objectifs sont davantage spirituels et ils restent méfiants à l'endroit des «Canadiens» et de leurs valeurs nationales. Leur conception d'une paroisse très étendue et très populeuse les amène graduellement à en méconnaître une bonne partie, en particulier les anciens faubourgs, dont la population augmente très rapidement. À l'inverse, les évêques, et surtout Mgr Ignace Bourget, cherchent à instaurer un style d'encadrement de type socioculturel pour éviter les pièges du protestantisme et de la modernité[325]. Le résultat de ces efforts a été le développement de la paroisse urbaine et de ses multiples institutions et associations. Les organismes comme la Congrégation du Sacré-Cœur, les Dames de Sainte-Anne, la Congrégation de Marie, la garde paroissiale, la bibliothèque ou le cercle, proposent à tous les habitants de la paroisse des activités diverses, visant l'approfondissement de la piété ou, plus simplement, le développement de la sociabilité, des loisirs et de la culture.

Après 1865, les autorités religieuses entreprennent de couvrir toute la ville d'un réseau dense de paroisses, la population étant calculée en fonction de la capacité du curé et de ses vicaires à connaître le plus grand nombre possible de leurs ouailles. Ce véritable maillage de la ville par le réseau serré des paroisses qui, dans bien des cas, deviendront le premier lieu d'appartenance des Montréalais francophones et catholiques, constitue l'héritage urbain le plus fort de l'Église[326]. Pour bon nombre de francophones catholiques, la ville a d'abord été une myriade de «petites patries». Cette empreinte a duré jusqu'aux années 1960 quand le mouvement de suburbanisation, allié à la désaffection religieuse, a finalement vidé ces cadres spatiaux de leur signification première.

UNE NOUVELLE CLASSE

L'émergence d'une classe ouvrière constitue l'autre aspect fondamental de la mise en place des acteurs sociaux. À la vieille distinction entre artisan et journalier succède peu à peu celle qui oppose ouvrier qualifié et manœuvre. Dans ce domaine aussi les mouvements sont fluides. Le monde artisanal est modifié par l'immigration britannique dès la première moitié du siècle. Par exemple, en 1831, un relevé sommaire des professions indique une nette prédominance des artisans britanniques dans certains secteurs[327]. Une étude plus approfondie sur les artisans du cuir montre une image plus nuancée[328], car la forte immigration de ces mêmes années modifie momentanément le rapport numérique. Compte tenu du fort taux de réémigration vers les États-Unis ou vers le Haut-Canada, ces rapports sont très instables; au XIXe siècle, un immigrant sur deux en moyenne quitte le Canada l'année même de son arrivée. Par ailleurs, les artisans utilisent différentes stratégies familiales qui assurent la transmission du métier d'une génération à l'autre et conduisent à la création de véritables dynasties qui dominent un ou deux secteurs. C'est le cas des Lenoir-Rolland du village de Saint-Henri, dont les fils et les filles nouent des alliances avec diverses autres grandes familles du secteur de la cordonnerie, de la tannerie ou de la sellerie[329]. Le monde artisanal disparaît peu à peu, à mesure que les nouvelles techniques de production, basées sur la machine et l'usine, remplacent l'ancienne organisation du travail centrée sur l'atelier où œuvre le maître, entouré de ses compagnons et apprentis.

UNE MAIN D'ŒUVRE PEU ADAPTÉE

Le monde ouvrier montréalais est constitué de trois grandes composantes : la population urbaine locale, qui trouve de plus en plus un emploi dans ces nouveaux secteurs, l'immigration britannique, et les migrations internes. Ces deux dernières sont les plus importantes quantitativement et qualitativement. À ces distinctions d'origine se superpose la qualité de la formation de la main-d'œuvre. Si la Grande-Bretagne fournit à la fois des manœuvres et des ouvriers qualifiés, les jeunes ruraux canadiens, qui arrivent en grande partie des paroisses du district de Montréal[330], n'ont aucune formation particulière et ne trouvent de l'emploi que comme manœuvres dans les usines. L'organisation du travail dans les premiers grands chantiers modernes à Montréal, comme le pont Victoria et, par la suite, les ateliers du Grand Tronc, illustre bien ce phénomène. L'entrepreneur du pont Victoria fait assembler sur place les sections qui ont été préfabriquées près de Liverpool, et il amène des ouvriers métallurgistes britanniques en leur assurant par contrat un emploi et une rémunération intéressante.

Cette pratique de recrutement des ouvriers qualifiés est très répandue, la formation professionnelle étant encore peu développée à Montréal, mais elle contribue à consolider une division ethnique du travail industriel[331] : les Canadiens d'origine britannique se concentrent dans les emplois d'ouvriers qualifiés et dans la maîtrise, tandis que les Canadiens français sont majoritaires dans les emplois d'ouvriers «semi-qualifiés» et de manœuvres.

La classe ouvrière n'est donc ni ethniquement ni socialement homogène. Les ouvriers qualifiés parviennent à se doter assez rapidement d'institutions telles que les syndicats pour améliorer leur situation. Souvent indispensables à la bonne marche de l'usine, ces ouvriers sont en mesure d'obtenir de meilleures conditions de travail. Parce qu'ils jouissent d'une forte demande, leur mobilité géographique est plus grande et constitue un atout supplémentaire, les associations facilitant leurs déplacements d'une ville à l'autre, au Canada ou aux États-Unis[332]. Le clivage ethnique s'étend également à l'organisation syndicale. D'un côté, les premières «unions» sont organisées par des Britanniques ou par des Américains, et le recrutement se fait essentiellement sur une base ethnique. La pénétration en milieu canadien-français se fait un peu plus lentement et entraîne des modifications de structure dues à la barrière de la langue. L'exemple des Chevaliers du Travail, organisation ouvrière qui se répand très rapidement à partir de 1881, illustre le mécanisme qui sera utilisé : après l'établissement d'une première section locale à Montréal en 1885, les Canadiens français obtiennent la formation d'une filiale francophone en 1889.

Les conditions de vie sont très différentes entre ouvriers qualifiés et manœuvres. Si les premiers sont relativement bien logés et jouissent d'une rémunération et d'un cadre de travail acceptables, les seconds sont dans une tout autre situation. Leur nombre dépassant presque toujours les offres d'emploi, ils subissent la concurrence ethnique, qu'ils soient francophones ou anglophones; leurs revenus sont précaires, la saison de navigation (de mai à octobre) et les aléas de la conjoncture économique agissant rapidement sur l'offre de travail. C'est donc parmi leurs rangs que l'on trouve les plus pauvres des Montréalais.

Il existe d'autres acteurs sociaux dans la ville. La place des militaires, moins importante qu'au siècle précédent, est cependant plus grande avant la guerre de Crimée, alors que la Grande-Bretagne réduit fortement les effectifs. Leur rôle se limite à des activités de police, à l'aide aux sinistrés, comme lors du grand incendie de 1852, et à la vie de garnison. Les officiers — souvent cadets de familles de l'aristocratie — se mêlent davantage à la bourgeoisie et leur présence est recherchée lors des événements mondains[333]. Enfin, avec le retrait des troupes britanniques en 1871, Montréal cesse d'être une ville de garnison.

LA DIVISION ETHNIQUE ET SOCIALE

La société urbaine est donc dominée par deux clivages fondamentaux, dont les effets s'entrecroisent. Montréal est une ville où tout se dédouble : selon qu'ils sont riches ou pauvres, francophones ou anglophones, les Montréalais ne vivent pas dans les mêmes quartiers, n'envoient pas leurs enfants dans les mêmes écoles, ne fréquentent pas les mêmes églises, ne lisent pas les mêmes livres. En outre, le clivage linguistique est encore renforcé par la différence de religion.

Deux autres grandes questions sociales du siècle demeurent la pauvreté et la santé. Les villes préindustrielles drainaient depuis lontemps leur très grande part de misère, mais la pauvreté est encore aggravée par l'accroissement de population consécutif à l'immigration et à l'exode rural. L'idéologie de l'époque considère la pauvreté comme une responsabilité individuelle, mais la charité chrétienne érige en devoir l'aide et le soulagement aux démunis. La réaction de la société vis-à-vis de la pauvreté prend diverses formes. Des associations de bienfaisance s'organisent et mettent sur pied des établissements comme les «refuges» ou des sociétés d'entraide. Dans le milieu catholique, l'Église prend la responsabilité de l'aide aux pauvres, en particulier grâce à l'établissement des nombreuses communautés de femmes, comme les Sœurs de la Providence, fondées en 1843 par la veuve Émilie Gamelin (1800-1851), ou les Sœurs de la Miséricorde, établies en 1845. Les laïcs forment des associations d'aide, empruntant à la France dès 1848 les conférences de Saint-Vincent-de-Paul. Chez les protestants comme chez les catholiques, des philanthropes font des dons pour soutenir l'action de ces organismes. De fait, durant tout le siècle, les institutions destinées au soulagement de la pauvreté se multiplient à Montréal, tout comme les modalités d'aide aux démunis[334].

La question de l'amélioration ou de la dégradation des conditions de vie au XIXe siècle est loin de faire l'unanimité parmi les chercheurs. Les premiers à s'intéresser de près à ce phénomène ont souvent puisé dans les écrits des réformistes du siècle dernier, qui avaient tendance à grossir les difficultés; il en est résulté une image quelquefois misérabiliste des milieux ouvriers ou populaires, qui apparaissent comme des victimes passives et prostrées. Plus récemment, d'autres chercheurs ont mis en évidence les réactions de ces milieux aux diverses situations en montrant que, loin de subir leur sort avec résignation, ils mettaient en œuvre divers moyens pour résoudre leurs problèmes[335]. Quoi qu'il en soit, Montréal demeure durant tout le siècle une ville où le contraste entre riches et pauvres est criant et où la pauvreté est très répandue. Le principal indice de cette situation étant une plus grande proportion de locataires que celle observée dans les villes nord-américaines de taille comparable.

Durant la première moitié du siècle, les conditions de santé ne s'améliorent guère. Les villes préindustrielles sont malsaines, en raison de leur équipement sanitaire rudimentaire, et en constant déficit démographique à cause de leur surmortalité. Durant la deuxième moitié du XIXe siècle, les Montréalais prennent conscience de l'ampleur des problèmes de mortalité infantile et des risques d'épidémies, et commencent à envisager diverses solutions pour les régler. L'enregistrement systématique des sépultures et la publication de statistiques, à partir des années 1840, permettent de mieux cerner l'ampleur de la mortalité infantile : un nouveau-né sur quatre n'atteignait pas l'âge de un an[336]. Par ailleurs, les épidémies frappent la ville avec une sévérité rarement vue auparavant : en 1832, le choléra tue le quatorzième de la population, tandis que la dernière épidémie du siècle, la variole de 1885, fait plus de 3 000 victimes. Entre-temps, d'autres fléaux s'abattent régulièrement sur la ville, avec des conséquences cependant moins brutales. La société urbaine s'adapte lentement aux problèmes de santé. Ce sont les médecins anglophones qui réagissent les premiers en publiant des analyses sur la nature et l'étendue de la mortalité infantile. Graduellement, l'ensemble du corps médical se mobilise et des mouvements de réforme apparaissent. La progression des connaissances aide à contrôler la mortalité. L'épidémie de variole de 1885 met en lumière la vivacité des débats entre médecins à propos de la vaccination et la controverse qu'elle suscite dans les journaux souligne, une fois encore, l'incidence des clivages ethniques dans la vie sociale.

La fin du siècle est marquée par l'essor des mouvements réformistes qui visent non seulement à améliorer les conditions sanitaires et les services publics urbains, mais également d'autres éléments de la vie sociale. La montée de la presse populaire à grand tirage donne à ces mouvements une diffusion plus large, notamment par le biais de chroniques, comme celle que Jules Helbonner (1844-1921) consacre aux problèmes du travail dans *La Presse*, entre 1884 et 1894, et qu'il signe du pseudonyme «Jean-Baptiste Gagnepetit»[337].

DES INSTITUTIONS REPRÉSENTATIVES

La croissance démographique, le développement économique et la complexification de la société créent le besoin d'un nouveau lieu de pouvoir, qui serait un véritable gouvernement local. Jusqu'en 1833, la ville avait été gérée exclusivement par des représentants des autorités supérieures, qu'il s'agisse du seigneur, du roi, de l'intendant ou du gouverneur. À partir des années 1830 et 1840, le gouvernement instaure une véritable administration municipale autonome, c'est-à-dire habilitée à édicter sa réglementation et à gérer ses finances publiques (dépenses, taxes et emprunts). Le caractère urgent des besoins de services publics, qu'ils soient gérés directement par la municipalité ou confiés à l'entreprise privée, sous-tend en grande partie cet essor. Mais la création d'un nouveau lieu de pouvoir entraîne inévitablement des luttes et des rivalités.

Le régime municipal des «juges de paix», implanté après la Conquête, dure jusqu'en 1833. Dès les années 1820, une partie de l'opinion réclame un nouveau régime. Les insuffisances du cadre juridique sont soulignées par les principaux fonctionnaires, tel Jacques Viger (1787-1858), inspecteur des chemins depuis 1813, qui, dans un rapport soumis à la Chambre d'assemblée, examine dans le détail les problèmes liés à la gestion de la voirie municipale à Montréal, ainsi qu'au développement urbain[338]. Une partie des citoyens se plaint du manque d'intérêt des juges de paix pour les besoins de la ville. Ces juges, choisis pour la plupart parmi les grands marchands anglophones de Montréal, sont perçus par les Montréalais proches du Parti patriote — c'est-à-dire par une bonne partie des francophones — comme les créatures du gouverneur. Les juges de paix eux-mêmes sont convaincus de la nécessité de changer de système. Durant les années 1820, une alliance tactique se noue entre marchands et membres du Parti patriote. Les premiers, qui dominent au Conseil législatif, donnent leur appui à une loi d'incorporation municipale votée par la Chambre d'assemblée, contrôlée par le second groupe. En échange, le parti accepte d'appuyer des projets de loi destinés à améliorer le port de Montréal et, surtout, à le rendre plus autonome vis-à-vis de l'administration portuaire générale logée à Québec[339]. La loi d'incorporation est finalement adoptée en 1831 et sanctionnée l'année suivante par le roi[340]. Toutefois, fruit d'un compromis, la nouvelle institution n'a pas de pouvoirs très étendus et ne peut guère faire plus qu'administrer la voirie, et encore, à l'intérieur du cadre de la loi générale des chemins de 1799. En fait, les marchands anglophones montréalais ne tenaient pas à donner au Parti patriote, qui contrôlerait dans tous les cas la municipalité, un instrument trop puissant, et le parti, trop désireux d'obtenir un nouveau lieu de pouvoir, n'avait été sensible qu'aux dimensions politiques[341]. Cette loi d'incorporation, prévue pour une durée de quatre ans, devait être réétudiée par la Chambre d'assemblée. Les premières élections ont lieu en 1833, et Jacques Viger est élu maire, mais, en 1836, à l'expiration de la loi, la Chambre ne siégeant pas, l'administration municipale retourne à l'ancien système des juges de paix, et ce, jusqu'en 1840.

L'une des carences administratives dénoncées dans le rapport Durham avait été, précisément, l'administration locale et municipale. La Chambre d'assemblée, jalouse de ses prérogatives, ne voulait quasiment rien déléguer, si bien que toute question relative à l'administration locale ne tombant pas sous le coup d'une loi générale, devait être discutée par l'assemblée. Ainsi, pour établir un pont sur une rivière ou un service de bac, fallait-il introduire un projet de loi. L'administration municipale, et particulièrement celle de Montréal, avait fait l'objet d'un examen spécifique au moment de l'enquête de lord Durham, et les conclusions suggéraient la création d'institutions autonomes dotées d'un véritable pouvoir relevant de la Chambre d'assemblée. En outre, on prévoyait confier l'administration aux marchands, jouant si nécessaire sur le cens électoral municipal[342].

À partir des années 1840, un nouveau mode d'administration municipale, établissant le principe de l'incorporation, est instauré. Comme l'avaient demandé les auteurs du rapport Durham, le cens électoral avantage les marchands et, dorénavant, la ville est administrée comme une entreprise et, pour de longues années, le conseil municipal fait figure de club privé composé essentiellement d'hommes d'affaires[343]. À la fin du siècle, cependant, ce régime tire à sa fin avec la montée démographique des Canadiens français et celle des maires populistes qui peuvent tabler sur la frustration des nouveaux Montréalais, moins bien servis par la municipalité.

Les services publics se développent lentement durant tout le siècle, mais avec une nette accélération après 1850. Depuis 1799, la loi des chemins prévoit la nomination d'un inspecteur pour les villes de Québec et de Montréal, responsable de l'homologation des rues, du respect de l'alignement des maisons et de l'entretien minimal des voies. Au début du siècle, un aqueduc privé est mis en place et le service du guet est instauré dès 1818, mais il faudra attendre les années 1840 pour qu'un véritable corps de police soit organisé[344]. En 1837, des hommes d'affaires créent une entreprise de fabrication et de distribution de gaz, permettant d'améliorer grandement l'éclairage des rues. La municipalisation de l'aqueduc en 1845, sa modernisation, et l'extension rapide de la distribution à toutes les résidences durant les quinze années suivantes règlent un problème sanitaire crucial, en permettant de fournir une eau de meilleure qualité. Les années 1860 voient arriver le service de tramway privé en 1862 et le service des incendies l'année suivante. Le grand incendie de 1852 avait en effet démontré l'insuffisance du système des compagnies de pompiers volontaires.

LA CULTURE URBAINE

Parallèlement au développement social et politique, la ville devient un foyer de vie culturelle, en dépit de la réputation de philistins faite aux bourgeois montréalais par l'auteur britannique Samuel Butler (1835-1902) durant les années 1870[345], et d'une certaine faiblesse de la création locale. Diverses institutions culturelles voient le jour et un marché, réduit mais dynamique, se forme. La ville devient un centre de consommation culturelle. Une culture populaire urbaine apparaît, transformant l'existence des citadins. Le développement des sports et des parcs touche d'abord l'élite, puis s'étend assez rapidement à une plus large partie de la population.

Alors qu'en 1800 Montréal ne comptait guère que le collège Saint-Raphaël — futur collège de Montréal —, à la fin du siècle, la ville peut se vanter d'abriter trois collèges, deux High Schools et deux universités, dont la déjà célèbre Université McGill, reconnue dans le monde britannique pour la qualité de sa formation en médecine et en génie, où, dès 1898, le physicien Ernest Rutherford (1871-1937), l'un des pionniers de la radioactivité, se livre à des expériences. Fondée en 1821 et financée grâce à un legs testamentaire du marchand James McGill (mort en 1813), l'institution s'établit rue Sherbrooke, sur la propriété même de McGill et, après des débuts difficiles, connaît un essor remarquable sous le long règne (1855-1893) du recteur John William Dawson (1820-1899). Du côté des francophones, la situation est différente, le clergé catholique désirant conserver le contrôle étroit du secteur. Au milieu du siècle, l'évêque Ignace Bourget avait fait divers projets pour créer une université catholique et francophone afin de contrer la concurrence de McGill. Finalement, l'Université Laval est créée, et l'évêque Bourget devra accepter la fondation d'une succursale de Laval à Montréal (1876), qui ne deviendra l'Université de Montréal qu'en 1920[346]. Parallèlement aux institutions d'enseignement secondaire, de nombreuses écoles publiques et privées s'occupent d'enseignement. La Commission des écoles catholiques de Montréal et le Protestant School Board of Montreal, formés tous deux en 1846, gèrent les écoles publiques. À côté de cela, diverses institutions spécialisées sont créées, telles l'Institution des sourds-muets, formée en 1853, et son équivalent protestant, le McKay Institution, créé en 1869.

Les bibliothèques comptent parmi les premières institutions culturelles. Le milieu du siècle coïncide avec la création des plus importantes d'entre elles, comme la Mercantile Library (1840), l'Institut canadien (1844) et l'Œuvre des bons livres (1844). Mais, très tôt, le clivage entre anglophones et francophones reparaît, lorsque la hiérarchie catholique décide de censurer le fonds de l'Institut canadien, qui disparaît en 1871.

La production littéraire et artistique demeure encore faible au XIXe siècle. Depuis 1830, Montréal est cependant devenue l'un des principaux centres d'édition du Canada. À côté d'ouvrages utilitaires, comme la série des annuaires imprimés à partir des années 1840 par John Lovell (1810-1891) ou des publications gouvernementales, les éditeurs-imprimeurs font paraître des romans, des compilations littéraires ou des revues[347]. La presse à grand tirage devient importante après 1880. À la fin du siècle, l'essor de l'École littéraire de Montréal marque un renouveau de la création. Du côté des Beaux-Arts, la formation de l'Art Association of Montreal en 1860 et, surtout, l'ouverture de son musée, ancêtre du musée des Beaux-Arts de Montréal, en 1879, comblent un vide important.

VERS UNE SOCIÉTÉ INDUSTRIELLE

La transformation fondamentale du XIXe siècle, l'industrialisation, altère la nature même de la ville, modifiant ses fonctions économiques, la composition de sa population, ainsi que les rapports sociaux. Cette évolution touche l'ensemble de la société québécoise et canadienne, mais la ville est généralement la première concernée, car elle est le moteur des changements en raison de ses fonctions économiques.

Cette mutation se traduit de façon tangible à travers le plan de la ville, son expansion, et l'émergence de la division sociale de l'espace urbain. La vieille ville devient le centre des affaires – les quartiers bourgeois, ouvriers et industriels naissent et prennent forme. Le port devient un lieu très différencié, modelé par l'utilisation qui en est faite. Le paysage porte donc l'empreinte des nouvelles fonctions. Les Montréalais développent alors une nouvelle façon de vivre dans la ville et de s'adapter à ses contraintes, en construisant des maisons, et en les modifiant pour mieux y vivre. Une véritable culture urbaine façonne les différents groupes sociaux, chacun imposant ses habitudes de sociabilité à travers les clubs, les organismes paroissiaux, ou la vie de quartier. Une nouvelle urbanité s'exprime et prend forme.

LA MUTATION URBAINE — 1800-1850

Entre 1800 et 1850, Montréal devient la principale agglomération de l'Amérique du Nord britannique, supplantant la ville de Québec. Cette transformation résulte d'une réorientation et d'une diversification de son économie, ainsi que d'une forte immigration britannique. La population passe d'environ 9 000 habitants en 1800, à près de 58 000 en 1852. La petite ville fortifiée, séparée de ses faubourgs par une muraille, subit alors une mutation décisive qui modifie son espace, son agencement et son architecture. Les bâtiments se multiplient, occupant une plus large part du territoire[348]. La ville se transforme également sous l'effet de la grande opération d'aménagement amorcée entre 1802 et 1817, qui constitue le quatrième temps fort de l'histoire de l'urbanisme montréalais après le plan de Dollier de Casson en 1672, les premiers travaux de fortification des années 1687-1689 et ceux de 1717-1744. De nouveaux modèles architecturaux s'imposent progressivement, à la fois pour les édifices publics, comme dans le cas de l'église Notre-Dame, ou pour les résidences, comme en témoignent ces maisons en rangées d'inspiration écossaise et londonienne qui se multiplient, particulièrement dans le quartier Saint-Antoine[349]. Les formes et les styles empruntés à la Grande-Bretagne commencent à se surperposer aux modèles anciens d'origine française. Tous ces changements se déroulent en une très brève période, à peine plus que le temps d'une génération. Trois représentations, datant respectivement de 1815, 1825 et 1846, constituent autant d'instantanés qui permettent de suivre la métamorphose du centre du commerce des fourrures en métropole commerciale.

LE MONTRÉAL DE JOSEPH BOUCHETTE

Le plan de Joseph Bouchette, publié en 1815[350], illustre l'avancée des travaux de démolition des fortifications. Dès la fin du XVIIIe siècle, militaires et citadins avaient réclamé la disparition des murailles. Montréal, tout en demeurant une ville de garnison, n'était plus considérée comme une place forte. Les ouvrages défensifs, qu'on avait cessé d'entretenir, étaient devenus des sujets d'embarras sur les plans à la fois matériel et esthétique; ils compliquaient sérieusement la circulation, certaines parties avaient été démantelées alors que d'autres servaient de dépotoir. En 1801, la Chambre d'assemblée du Bas-Canada adopte une loi pour «abattre les anciens Murs et Fortifications qui entourent la Cité de Montréal, et pour pourvoir autrement à la Salubrité, Commodité et Embellissement de la dite Cité[351]». Cette loi confie un mandat à trois commissaires qui siégeront de 1802 à 1817 : il s'agit de démolir les fortifications, de chercher les noms des propriétaires originaux et de retrouver leurs héritiers et, surtout, de prévoir certaines améliorations à la circulation et à l'assainissement de la ville. Les communications entre les différentes parties devaient être facilitées par la création de rues et de squares, alors que la canalisation du ruisseau Saint-Martin (dans l'axe de la rue Craig, l'actuelle rue Saint-Antoine) et de la petite rivière Saint-Pierre, du côté de la pointe à Callière, permettrait de régler des problèmes sanitaires[352].

Les aménagements comprennent la création de grandes rues comme la rue McGill ou celle des Commissaires (l'actuelle rue de la Commune) le long du port[353], de places telles que le square Dalhousie, sur le site de la porte de Québec, du marché au foin (future place Victoria), sur les glacis ouest, ou l'agrandissement du Champ-de-Mars; enfin, il s'agit de prolonger certaines rues, comme les rues Notre-Dame et Saint-Jacques. L'obstacle qui marquait la rupture entre la vieille ville et les faubourgs disparaît, remplacé par des squares et des rues plus larges.

Ces transformations seront complétées à la suite d'un incendie qui éclate en 1803, occasionnant la destruction de nombreux édifices, dont les bâtiments des jésuites — la résidence était alors occupée par les tribunaux ainsi que la prison et la chapelle par les anglicans — et l'ancien château de Vaudreuil, dans le voisinage de l'actuelle place Jacques-Cartier. La question du remplacement de la vieille place du marché (place Royale) se posant avec de plus en plus d'urgence, les juges de paix chargés d'administrer la ville cherchent activement un nouvel emplacement. Des spéculateurs bien informés achètent les ruines, lotissent terrains et jardins et proposent à la ville d'en céder gratuite-

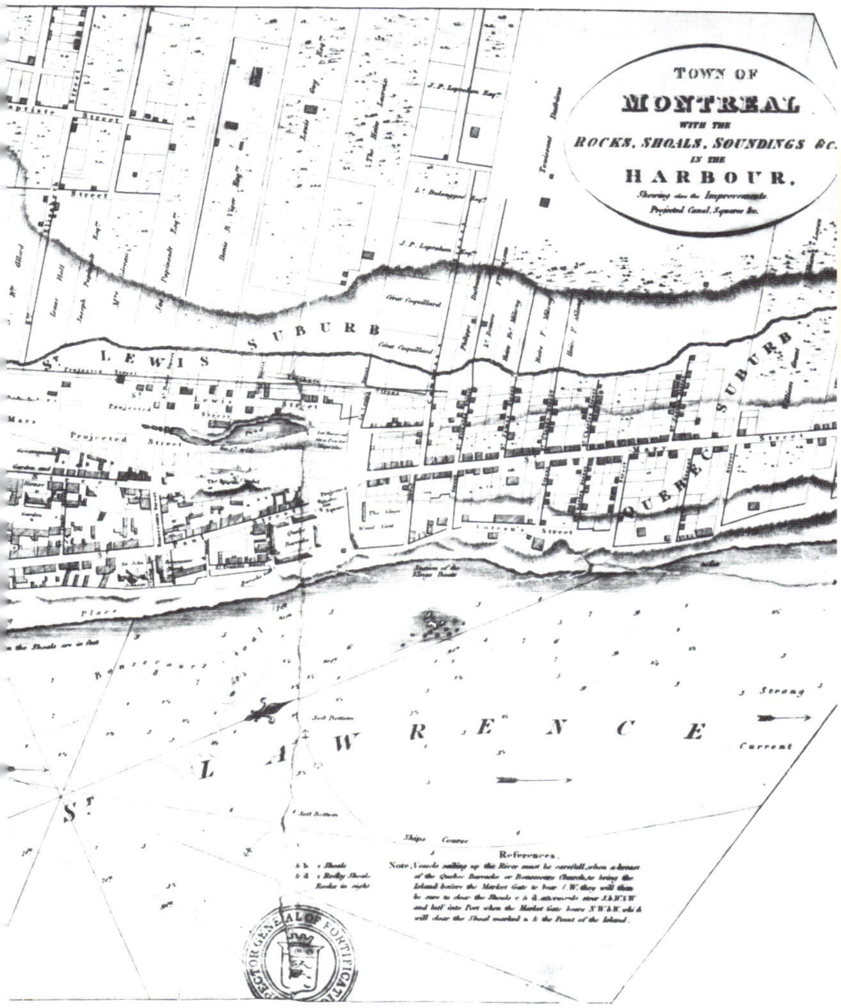

Plan daté de 1815, illustrant la vieille ville et une partie des faubourgs, figurant sur une carte du Bas-Canada.
Joseph Bouchette, Town of Montreal..., Topographical Map of the Province of Lower Canada..., Londres, W. Faden, 1815, Archives nationales du Canada, C26452.

ment la partie est, à la condition qu'on en fasse un marché. En 1807, la municipalité érige une halle en bois pour abriter les étals. Sur son pourtour s'élèvent rapidement de nouvelles constructions d'un style très différent. La colonne Nelson, premier monument montréalais, qui ferme le marché au nord, est érigée en 1809 comme le symbole de l'essor pris par l'influence britannique dans l'aménagement et l'architecture de la ville.

Néanmoins, l'agglomération conserve une partie de ses traits anciens. La prééminence de la vieille ville se maintient, car c'est le lieu où se concentre la quasi-totalité des fonctions, qu'elles soient de nature culturelle, sociale, administrative ou économique. Les grandes propriétés religieuses ponctuent toujours l'espace central, en dépit de la disparition de l'établissement des jésuites et du changement de vocation du couvent des récollets. Mais, là comme ailleurs, la pression économique entraîne une densification des constructions. Alors qu'au XVIIIe siècle l'ingénieur Chaussegros de Léry déplorait l'espace occupé par les jardins, au siècle suivant, ils ont plutôt tendance à disparaître, remplacés par des maisons, des boutiques ou des entrepôts dont les façades présentent un alignement continu sur les rues.

Les faubourgs continuent à se développer et, s'ils n'ont pas l'importance du centre, ils abritent la majorité de la population, au moins depuis les années 1780; en 1806, les deux tiers des Montréalais y vivent. Toujours polarisé autour d'un axe de communication important, comme le boulevard Saint-Laurent ou la route de Québec, leur territoire s'étoffe de plus en plus et les constructions débordent sur les nouvelles rues. Entre 1781 et 1817, le nombre de voies ou de tronçons de voies passe ainsi de 61 à 100, ce qui représente une augmentation de 64%[354].

UN SYSTEME RUDIMENTAIRE D'ÉGOUT

En dépit de tous les travaux qui y sont menés, Montréal demeure assez insalubre. À l'extérieur de la vieille ville, les rues ne sont pas systématiquement pavées, ce qui les transforme en bourbiers au printemps et à l'automne, et provoque des nuages de poussière par temps sec, en été. Il existe bien, dans certaines voies du centre, un système rudimentaire d'égout, mis en place à la fin du XVIIIe siècle, mais le drainage reste nettement insuffisant. Les cours d'eau à ciel ouvert, maintenant canalisés — en particulier le ruisseau Saint-Martin — ne demeurent pas moins de véritables cloaques, et il subsiste toujours çà et là des mares d'eau stagnante. On en trouve du côté du faubourg des Récollets, en particulier derrière le collège de Montréal, au pied de la citadelle et de la terrasse de la rue Sherbrooke. En outre, l'approvisionnement en eau potable laisse à désirer car il n'existe pas de système central d'aqueduc. L'eau peut provenir de puits de surface (facilement contaminés par les infiltrations des latrines), du commerce de vendeurs ambulants ou encore de citernes recueillant de l'eau de pluie. À partir de 1801, un groupe d'entrepreneurs construit un premier aqueduc et fournit à ses clients une eau de meilleure qualité, captée d'abord à une source du côté de la côte des Neiges puis, après 1810, pompée dans le fleuve. Mais jusqu'aux années 1860, seule une infime partie de la population profite de ce service.

LE MONTRÉAL DE JOHN ADAMS

En 1825, le pharmacien Romuald Trudeau (1802-1888) confie dans son journal : «Depuis la dernière guerre avec les États-Unis en 1812, l'enceinte de la ville de Montréal, sa population et les ressources de son commerce, sont parvenues à un tel degré d'agrandissement, que je ne crois pas qu'une personne qui se seroit trouvée absente depuis cette époque et qui y reviendroit aujourd'hui, seroit capable de s'y reconnoitre, et voulut en croire ses regards[355].» De fait, les retombées de la guerre ont profité à l'économie urbaine et, une fois la paix restaurée, un mouvement d'immigration considérable, en provenance des îles britanniques, a commencé à changer la physionomie de la colonie. Le canal de Lachine est terminé et Montréal s'affirme toujours comme une des portes de l'Ouest, une voie privilégiée vers l'intérieur continental. C'est donc une ville en pleine expansion que cartographie l'arpenteur militaire John Adams. Il avait déjà proposé ses services à la municipalité, en soulignant la nécessité d'un plan indiquant précisément l'emplacement de chaque propriété, et son travail de 1825 est remarquable de justesse[356].

Les opérations de démantèlement des fortifications et d'amélioration ont porté leurs fruits. Certaines parties du programme d'aménagement ont été abandonnées, comme le square prévu derrière la place d'Armes, d'autres ont été retardées, comme le projet de recouvrir les cours d'eau. La circulation entre les différentes parties du territoire s'est améliorée et, après 1819, la rue Notre-Dame apparaît comme l'artère centrale, traversant toute la ville depuis le faubourg des Récollets jusqu'au faubourg de Québec. La densification des constructions va en s'accentuant; ainsi, entre 1818 et 1825, le nombre de maisons augmente de 20% et les entrepôts se multiplient le long de la rue des Commissaires et à la pointe à Callière. La construction du siège social de la nouvelle Banque de Montréal (1818-1819) et celle de la nouvelle église paroissiale, terminée en 1829, achèvent de modifier complètement la place d'Armes. En un symbolisme puissant, deux des forces à l'origine de la création de la ville et de son développement polarisent ce square qui restera longtemps le cœur de l'agglomération. L'ancienne propriété des récollets disparaît en grande partie avec le lotissement de l'ancien jardin et l'ouverture des rues Sainte-Hélène et des Récollets en 1818[357]. On ne conserve alors que l'église et une partie du couvent, et les fonctions commerciales et financières caractérisent le nouveau lotissement.

Les faubourgs continuent leur croissance, avec une augmentation du nombre de maisons de 56% entre 1818 et 1825, tandis que le nombre de rues ou de tronçons de rues passe de 100 à 173 entre 1817 et 1837 : les trois quarts des Montréalais y résident alors. Phénomène nouveau, des services comme les marchés publics et certaines institutions commencent même à s'y installer. Le collège de Montréal, sis dans l'ancien château de Vaudreuil, rouvre ses portes dans le faubourg des Récollets. En 1822, le Montreal General Hospital accueille ses patients dans ses nouveaux locaux du boulevard Dorchester (René-Lévesque), dans le faubourg Saint-Laurent, tandis que le nouvel évêque Jean-Jacques Lartigue (1777-1840) choisit de bâtir sa cathédrale

dans le faubourg Saint-Louis, rue Saint-Denis (1823-1825). «Un peu retirée du reste du monde» au goût du pharmacien Trudeau, installé rue Saint-Paul, qui la trouve néanmoins «recommandable par l'artiste décoration de son portail»[358]. En ce qui concerne l'activité économique, une décentralisation s'amorce, puisque 42% des ateliers, magasins et comptoirs se trouvent désormais dans les faubourgs, qui sont véritablement en mutation. Mais la vieille ville concentre toujours la majorité des activités, y compris celles de la fabrication[359].

La société urbaine est marquée par divers clivages. Grâce au recensement de 1825 et aux travaux de Jacques Viger, inspecteur des chemins de la ville et érudit, ils deviennent d'ailleurs plus perceptibles. Sur le plan socioculturel, la proportion des Canadiens français subit une diminution brutale; formant environ les trois quarts de la population

Premier plan précis et complet de Montréal au XIXe siècle. Les édifices publics, les résidences et les autres bâtiments — entrepôts et dépendances — sont identifiés par un coloris différent; une ligne pointillée indique le tracé du réseau d'aqueduc (privé).

John Adams, Map of the City and Suburbs of Montreal, Département des livres rares et collections spéciales, Université McGill, Montréal (détail).

en 1800, ils ne représentent plus que 54% des Montréalais un quart de siècle plus tard. Les Anglais et les Écossais dominent la bourgeoisie d'affaires et l'arrivée des Irlandais — qui forment environ 60% de l'immigration britannique — transforme la composition du groupe qui devient beaucoup plus varié ethniquement et socialement. Dans l'espace, les clivages sociaux correspondent globalement à la distinction entre la vieille ville et les faubourgs. Les maisons des faubourgs sont beaucoup plus modestes, comme en témoigne l'écart de l'évaluation municipale moyenne : 82 livres courantes dans la vieille ville, mais 18 livres courantes ailleurs. De plus, les constructions des faubourgs sont majoritairement en bois — à 81%, tandis que la pierre domine dans l'ancien périmètre fortifié, dans une proportion de 87%[360].

LE MONTRÉAL DE JAMES CANE

Le dernier instantané, dû à James Cane[361], a été réalisé 21 ans après le précédent et, cette fois, la ville présente une forme relativement nouvelle : la distinction entre le vieux centre et les faubourgs a presque disparu. La canalisation en souterrain des cours d'eau a fait disparaître la dernière barrière physique, tandis que l'expansion des activités dans la vieille ville a entraîné quelques fonctions urbaines de fabrication ou de services vers la périphérie, transformant la partie limitrophe des anciens faubourgs. La loi d'incorporation municipale de 1845 impose un nouveau découpage en neuf quartiers, qui demeure valide jusqu'en 1899. La vieille ville est divisée en trois quartiers (Est, Centre et Ouest) et la périphérie en six (d'est en ouest : Sainte-Marie, Saint-Jacques, Saint-Louis, Saint-Laurent, Saint-Antoine et Sainte-Anne). La plupart des dénominations restent celles des anciens faubourgs, mais elles recouvrent maintenant un périmètre différent. Cette évolution de la toponymie correspond à un début d'homogénéisation de l'espace urbain. De la même façon que les faubourgs pouvaient prétendre à une certaine personnalité de par leur histoire, même récente, certains quartiers, en tout ou en partie, développeront des traits distinctifs et leurs habitants partageront un fort sentiment d'appartenance, comme ceux de Sainte-Anne et de Sainte-Marie[362].

Un phénomène nouveau apparaît durant les années 1840, celui de l'exode de la bourgeoisie, à la recherche de meilleurs lieux de résidence sous la double pression de la transformation de la vieille ville en centre des affaires et du développement du port. Les grandes familles s'installent alors dans la partie nord-ouest du quartier Saint-Antoine, qui sera connue sous le nom de «Square Mile». D'autres quartiers sont aussi en effervescence, en particulier Sainte-Marie et Sainte-Anne. Vers 1850, l'essor industriel et ferroviaire se cristallise le long du canal de Lachine et transforme complètement Sainte-Anne, qui illustrera plus tard, avec ses grandes usines, ses rangées de maisons ouvrières, et sa pollution, les grandeurs et les misères de l'industrialisation.

En 1843, Montréal devient la capitale du Canada. Cette décision stimule la construction résidentielle, car il faut loger députés, conseillers législatifs et fonctionnaires, sans compter les dignitaires comme le gouverneur général. Les spéculateurs font des affaires en or. À la fin de l'été de 1844, le supérieur des sulpiciens écrit à un collègue parisien : «Il y a fureur de construction en ce moment : un seul particulier demandait dernièrement des ouvriers pour bâtir sur un même terrain, 62 maisons de deux étages et en briques. On me dit que plus de 700 maisons ont été depuis le printemps, ou sont maintenant en construction[363].» La municipalité loue le marché Sainte-Anne (l'actuelle place Youville) pour le convertir en parlement, et fait déplacer les étals dans un bâtiment en bois construit à proximité. En novembre 1844, une salve de 21 coups de canon annonce l'ouverture de la session[364]. L'euphorie sera cependant de courte durée : en effet, en 1849, l'approbation par le gouverneur Elgin de la loi d'indemnisation des pertes dues aux rébellions déclenche une émeute, et le parlement est incendié. Le gouvernement se met alors à la recherche d'une autre capitale et s'installe à Toronto en novembre de la même année.

Partie centrale du plan de Montréal.
James Cane, Topographical and Pictorial Map of the City of Montreal, 1846, Collection Musée McCord d'histoire canadienne, Montréal, M12019.

UNE VILLE CONFRONTÉE AUX TENSIONS SOCIALES

La croissance de la population s'accélère notablement par rapport au siècle précédent. Elle est modulée par la conjoncture des crises économiques ou politiques qui en influencent le mouvement, souvent à très court terme. Un événement central est à la base de ce changement de rythme : la formidable vague d'émigration qui se produit en Grande-Bretagne au lendemain de l'abdication de Napoléon Ier, et qui pousse des milliers de sujets britanniques à quitter leurs îles chaque année, à la recherche de meilleures conditions d'existence. Les conséquences de cette poussée démographique sur la société urbaine sont multiples et modifient complètement l'équilibre ethnique, religieux et politique. L'effet le plus visible de ce phénomène est le renversement de majorité linguistique dans la ville, qui résulte d'une diversification de la population avec, notamment, l'installation d'un groupe important d'Irlandais. De tels déplacements entraînent des répercussions dans le domaine de la santé publique : située sur l'itinéraire des migrations, Montréal sera sérieusement frappée à trois reprises par des épidémies amenées par les immigrants. Ce contexte de véritable reconstitution de la société urbaine est porteur de tensions qui se traduisent par des explosions de violence, plus ou moins canalisées par les luttes politiques. Durant ce demi-siècle, les Montréalais cherchent une solution qu'exprime, tel un souhait, la première devise de la ville, adoptée en 1833, *Concordia Salus*, le salut par la concorde[365]. Durant les années 1840, un équilibre s'établit : la collaboration entre les élites et le cloisonnement institutionnel, en vertu duquel tous les groupes possèdent leurs propres institutions, réduisent les occasions de frictions et, partant, de conflits, assurant une coexistence relativement pacifique.

UNE PREMIÈRE POUSSÉE

Pendant toute la seconde moitié du XVIIIe siècle, le rythme de croissance de la population de la ville avait été inférieur à celui de la colonie, oscillant autour d'un taux annuel moyen de 1%. Au siècle suivant, la situation est inversée, la ville croît plus rapidement que la colonie, indice révélateur de la vigueur de l'urbanisation, le taux annuel moyen dépassant alors 3%. Entre 1800 et 1852, la population a sextuplé, passant de 9 000 à 57 715 personnes. Deux événements conjoncturels expliquent la variation de la courbe pour la dernière décennie. La crise de 1848-1849, qui conjugue malaise économique et politique, déclenche un mouvement d'émigration très rapide : le chiffre de 10 000 départs est avancé, encore qu'une source plus fiable évoque plutôt 6 200 personnes, en majorité des ouvriers, partis vers le Haut-Canada ou les États-Unis[366]. Mais la situation s'améliore très rapidement et, dès 1850 s'ouvre une décennie durant laquelle la ville connaît sa première grande poussée de croissance, atteignant un taux annuel moyen de plus de 5% entre 1850 et 1861[367].

POPULATION, 1800-1852

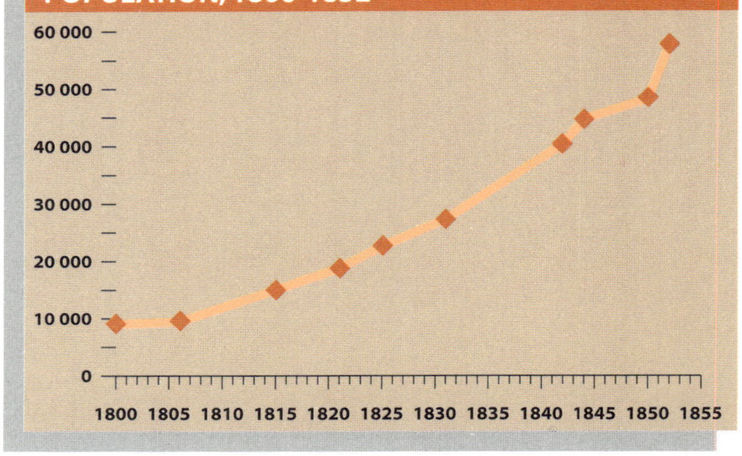

LA DIVERSIFICATION DE LA POPULATION

Le flot d'immigration qui déferle à partir de 1815, amenant au Canada près d'un million de personnes jusqu'à 1850, est un phénomène bien différent de celui des petites vagues d'arrivées du XVIIIe siècle (planche 13). Conséquence immédiate de l'évolution de l'économie britannique, elle est nourrie par une forte croissance démographique. La fin des guerres napoléoniennes déclenche une récession en Grande-Bretagne, au moment où l'armée et la marine libèrent une main-d'œuvre abondante. À cela s'ajoutent les problèmes propres à l'Irlande, dont l'économie rurale est alors en pleine crise. Le malaise s'aggrave et culmine durant les années 1840, lorsqu'une famine, causée par une maladie de la pomme de terre, force un million et demi d'Irlandais à s'expatrier. Même si ces immigrants sont, pour la plupart, de passage à Montréal en attendant de s'acheminer vers le Haut-Canada ou les États-Unis, bon nombre d'entre eux choisissent d'y tenter leur chance.

La première conséquence de ces arrivées massives est, rappelons-le, le renversement de l'équilibre linguistique dans la ville. Le nombre des Canadiens français continue d'augmenter durant cette période, mais ce groupe ne se développe guère, sinon par sa croissance naturelle. Si bien qu'entre 1831 et 1867, la majorité de la population est anglophone, atteignant son seuil maximal en 1844, avec 55%. Les Britanniques d'origine sont cependant loin de former une population homogène; en 1852, ils se divisent d'abord entre les natifs du Canada (40%) et les immigrants (60%)[368]. Ces derniers sont Irlandais pour les deux tiers, l'autre tiers se partageant à peu près également entre Anglais et Écossais, auxquels s'ajoute un petit groupe natif des États-Unis. Le nombre d'immigrants d'autres origines reste infime[369]. Cette diversité est un facteur de tensions et, durant la seule année 1834, chacun des grands groupes fonde sa propre organisation : ce sont respectivement la Société Saint-Jean-Baptiste, la St. George's National Society, la St. Andrew's Society et la St. Patrick's Society.

LIEU DE NAISSANCE ET ORIGINE ETHNIQUE, 1825-1852

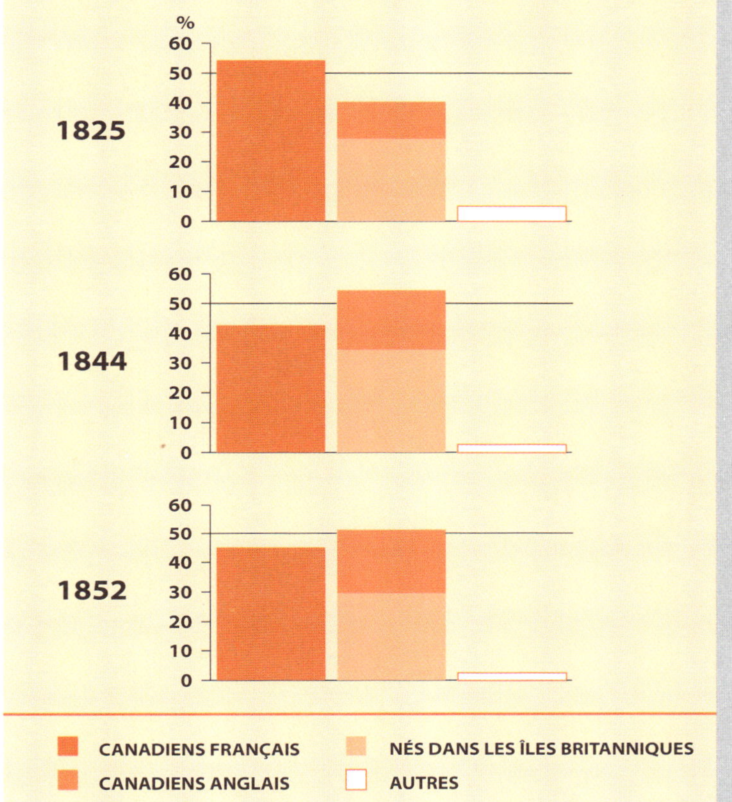

LA RÉPARTITION SPATIALE

Les faubourgs commencent à tirer profit de la croissance de la population. Déjà évidente en 1780, cette tendance s'accentue au XIXe siècle, si bien que la vieille ville, correspondant au périmètre de l'enceinte fortifiée, voit son importance diminuer en conséquence : elle abrite encore le tiers des Montréalais en 1806, mais cette proportion passe à 12% au milieu du siècle. Cette réduction du poids démographique de la vieille ville s'accompagne d'une concentration des fonctions économiques, administratives, politiques et religieuses. Durant la première moitié du siècle, le caractère social de la vieille ville est plus homogène : en plus d'abriter la quasi-totalité des institutions religieuses, la grande bourgeoisie d'affaires y réside, comme un bon nombre de notables, qu'ils soient politiciens, grands propriétaires fonciers ou membres de professions libérales. Cette situation va peu évoluer jusqu'au milieu du siècle, lorsque la bourgeoisie commencera à investir de nouveaux quartiers.

PROPORTION DE LA POPULATION DANS LA VIEILLE VILLE ET DANS LES FAUBOURGS

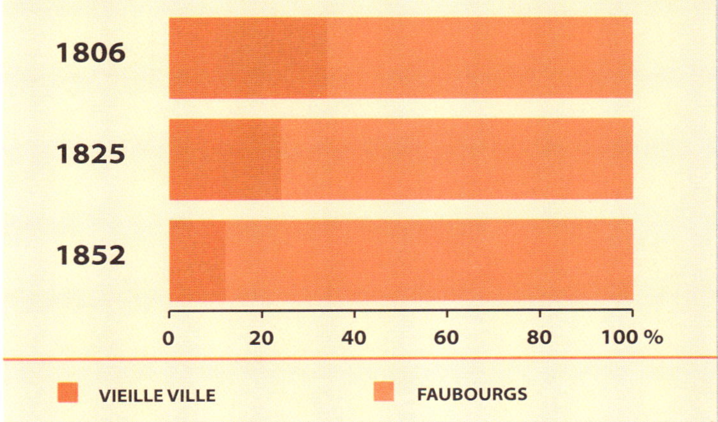

LA RÉPARTITION ETHNIQUE

La diversification ethnique et linguistique affecte sensiblement la répartition des groupes dans l'espace. Les membres d'un groupe ethnique ou linguistique ont tendance à se regrouper afin d'assurer la vie de leurs institutions et pour rechercher un certain confort culturel[370]. La polarisation spatiale entre l'est francophone et l'ouest anglophone commence dès le XIXe siècle et ira en s'accentuant[371]. Toutefois, le clivage n'est jamais absolu car les principaux groupes sont représentés dans tous les quartiers, comme le montre la répartition de 1852. Dans le quartier Saint-Jacques, les Canadiens français forment près de 70% de la population et les Britanniques 30%; dans Sainte-Anne, la situation est inversée, les Britanniques formant près de 75% de la population et les Canadiens français, 23%.

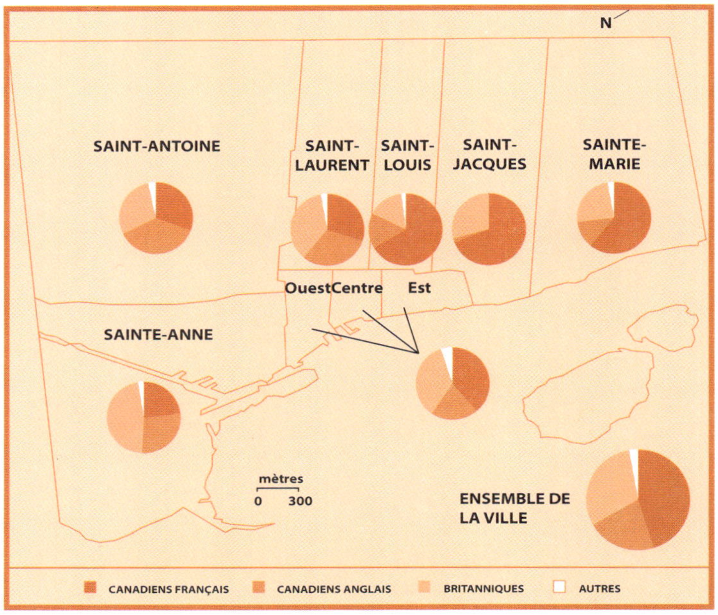

LES GRANDES ÉPIDÉMIES

Le XIXe siècle est marqué par de grandes épidémies qui ont laissé leur trace sur la courbe des décès enregistrés à la paroisse de Notre-Dame; jamais, par le passé, la ville n'avait connu de telles hécatombes, bien que les Montréalais soient habitués à un taux de mortalité élevé. Avant 1850, il se situe, pour le Bas-Canada, aux alentours de 25 o/oo (et a tendance à diminuer), alors que celui de la paroisse catholique de Montréal est supérieur à 45 o/oo. La mortalité infantile en est la première explication. En effet, bon an, mal an, entre 1821 et 1871, un nouveau-né sur quatre meurt avant son premier anniversaire[372]. Mais l'épidémie de choléra de 1832 frappe bien autrement les esprits car la maladie s'attaque cette fois aux jeunes adultes. Arrivée avec les premiers bateaux d'immigrants, elle s'abat brutalement au début du mois de juin et, en l'espace d'un mois, fauche 2 000 personnes. Facteur aggravant, la maladie semble mystérieusement frapper davantage les Canadiens français. Il n'en faut pas plus pour qu'on accuse la Grande-Bretagne de «vomir» ses immigrants malades, voire de tenter d'empoisonner les Canadiens[373]. Des membres du Parti patriote (1826-1837), dans le climat d'effervescence de cette période, accusent les marchands montréalais d'avoir retardé les mesures de quarantaine pour ne pas nuire à leurs affaires. Les journaux anglophones, de leur côté, accordent une large place aux explications des médecins qui prétendent que le choléra est un mal endémique au Bas-Canada dû aux habitudes de la population canadienne. Mais la municipalité et les citoyens sont pris de court et se retrouvent livrés à eux-mêmes, à la merci des remèdes plus ou moins fantaisistes et dangereux proposés par des charlatans. Un bureau de santé improvisé à la hâte en 1832 édicte des règlements inapplicables et introduit une série de mesures, par exemple, faire tirer du canon dans les rues «pour tâcher d'opérer quelque changement dans l'atmosphère» ou, encore, y brûler des matières bitumineuses[374]. Le curé doit même intervenir pour que les morts soient enterrés. Lorsque le choléra revient en 1834, il est beaucoup moins meurtrier et, cette fois, la ville y est mieux préparée grâce à la diligence de son premier maire, Jacques Viger, en fonction de 1833 à 1836.

L'épidémie de typhus de 1847, qui atteint beaucoup de Montréalais, décime surtout les immigrants irlandais, affaiblis par la famine et par les conditions souvent effroyables de la traversée. Cette même année, 10 000 des 90 000 immigrants partis de la Grande-Bretagne meurent au cours de la traversée ou à leur arrivée. La ville fait ériger à la hâte des halles en bois à la pointe Saint-Charles pour les abriter et les soigner. De nombreuses victimes de l'épidémie sont enterrées dans une fosse commune creusée à proximité, et les ouvriers irlandais travaillant à la construction du pont Victoria poseront une pierre commémorative en 1859[375].

MOUVEMENT DES DÉCÈS CATHOLIQUES DANS LA PAROISSE DE MONTRÉAL, 1820-1852

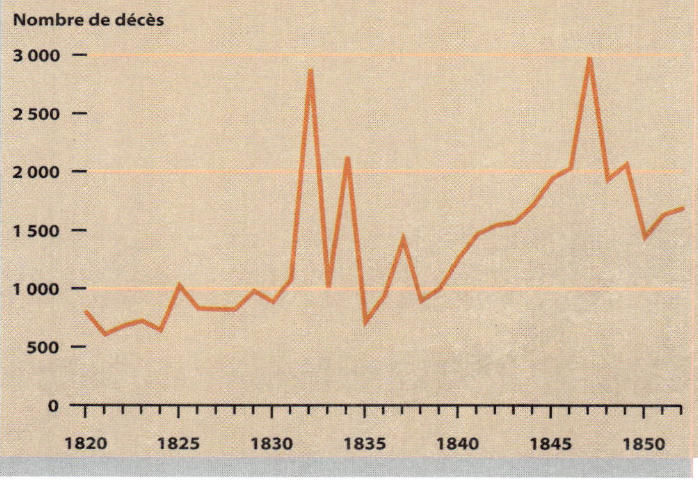

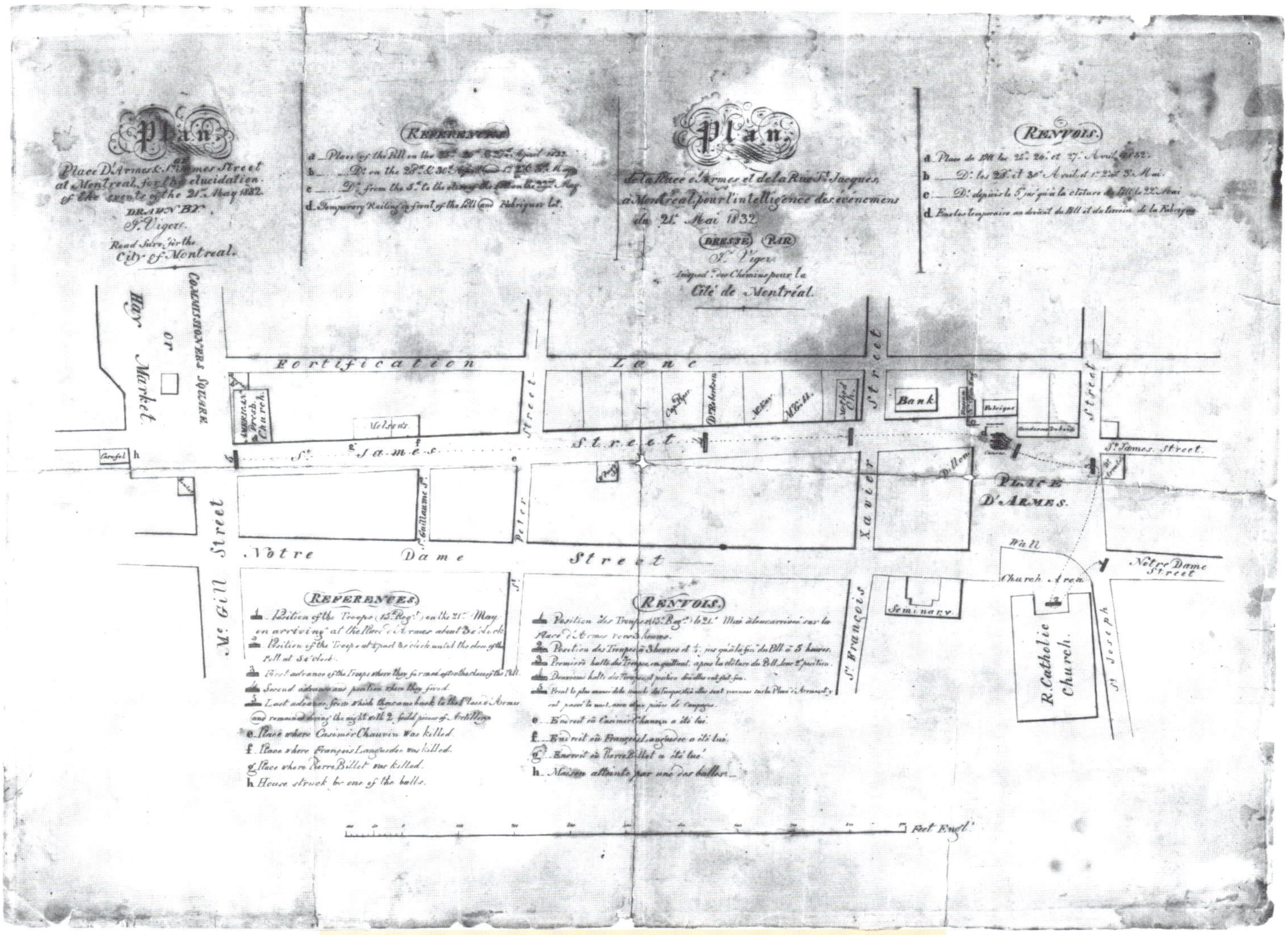

Jacques Viger indique sur ce plan l'emplacement du bureau de scrutin, les positions successives des troupes britanniques et celle des victimes de la fusillade du 21 mai 1832.
Jacques Viger, «Plan de la Place d'Armes et de la Rue St Jacques à Montréal...», Archives nationales du Canada, NMC1910.

L'ÉLECTION PARTIELLE DE 1832

Durant les années 1830, les tensions ethniques et linguistiques enveniment les luttes politiques et Montréal devient une véritable poudrière. En 1832, une explosion de violence annonce les rébellions. Au mois de mai de cette même année, l'élection d'un député dans l'une des deux circonscriptions de Montréal traîne en longueur en raison du mode de scrutin en vigueur à l'époque : la durée du vote n'est pas limitée à une journée, si bien que le bureau de scrutin reste ouvert aux heures prévues à cette fin, le vote se terminant après qu'une période d'une heure se soit écoulée sans qu'un électeur ait été enregistré. Le scrutin n'étant pas secret à cette époque, chacun est tenu de communiquer son choix à l'officier rapporteur, qui inscrit le nom de l'électeur sous celui du candidat. L'intimidation était une méthode couramment répandue, on employait des fiers-à-bras, appelés à l'époque des «boulés» ou «bullies», pour interdire l'accès du bureau aux partisans de l'adversaire pendant l'heure fatidique. L'enjeu était alors la surveillance et le contrôle des abords du bureau de vote.

L'élection, commencée depuis le 25 avril, est marquée par toutes sortes de violences et d'irrégularités. Les choses se gâtent le 21 mai, le candidat du Parti patriote, le médecin d'origine irlandaise Daniel Tracey (1794-1832), étant en avance sur le candidat des «bureaucrates», l'entrepreneur Stanley Bagg (1786-1853). Sur la place d'Armes, les esprits s'échauffent et partisans comme électeurs en viennent aux coups. Devant la tournure prise par les événements, les magistrats réclament la présence des militaires — ce qui ne suffit cependant pas à rétablir le calme — et proclament la loi de l'émeute. La troupe intervient et ouvre le feu, occasionnant la mort de trois partisans du parti de Louis-Joseph Papineau (1786-1871). À la demande de ce dernier et des chefs du parti, on inculpe les officiers responsables et on prépare un procès qui se terminera par un acquittement. Jacques Viger se livrera à une reconstitution des faits, afin de faciliter la compréhension des événements[376].

LA RÉVOLUTION DES TRANSPORTS

Durant la première moitié du XIXe siècle, Montréal vit une véritable révolution des transports, et devient une plaque tournante des échanges entre l'intérieur nord-américain, la Grande-Bretagne et l'Europe. Ce secteur sera pendant plus d'un siècle l'un des piliers de l'économie urbaine. Le développement de la navigation, du port et des chemins de fer, entraînera la création d'entreprises, donc d'emplois, et stimulera des secteurs économiques tels que le commerce, la fabrication et la finance, tout en faisant de la ville le centre névralgique du transport au Canada.

La rapidité de développement du Haut-Canada, ainsi que l'émergence d'un marché intérieur, expliquent partiellement cet essor; mais Montréal profite aussi grandement de sa position de point de rupture de charge, en tant que lieu de passage obligé de la navigation maritime à la navigation fluviale. Les marchands montréalais sauront tirer parti des avantages de sa localisation. Après avoir contourné l'obstacle des rapides de Lachine, ils mettent sur pied un système intégré de transports exploitant diverses technologies : les canaux, le moteur à vapeur et le chemin de fer. Ils organisent également des services financiers qui leur permettent de contrôler la circulation et l'utilisation des capitaux.

DES INSTALLATIONS PORTUAIRES RUDIMENTAIRES

En 1815, le port de Montréal se réduit à bien peu de chose. Situé au sud-ouest de la ville, dans l'axe de la pointe à Callière, on y trouve quelques quais en bois construits par des marchands, ainsi que des rampes d'accès vers la grève. En fait, son emplacement n'a pas changé depuis l'époque où Champlain avait reconnu les lieux, en 1611 : il est toujours situé entre l'embouchure de la petite rivière et l'îlot Normand. Joseph Bouchette signale, en 1815, qu'en dépit de ses dimensions, le mouillage autour de l'îlot met les bateaux à l'abri des courants, en particulier de celui de Sainte-Marie qui rend l'approche du port très laborieuse. Avant l'introduction du navire à vapeur, il fallait attendre les vents favorables à la hauteur du hameau d'Hochelaga[377] ou encore, faire touer le bateau par des bœufs. Cependant, seuls les navires de faible tirant d'eau peuvent accoster, les autres doivent utiliser des embarcations plus petites pour effectuer leur déchargement. Les barques, les canots, ainsi que les bateaux à fond plat, appelés *Durham boats*, qui font leur apparition vers 1800, utilisent la grève face à la ville, à l'endroit où abordent les cultivateurs de la rive sud les jours de marché. Les voyageurs ne manquent pas de noter dans leurs récits l'inconvénient de la levée de terre boueuse qu'ils sont forcés de monter pour atteindre la ville[378].

Plan indiquant l'emplacement du port, entre l'îlot Normand (Market Gate Island) et la berge; à l'est se trouve une zone de débarquement pour les embarcations.
Joseph Bouchette, Town of Montreal... (détail), Topographical Map of the Province of Lower Canada...(détail), Londres, W. Faden, 1815, Archives nationales du Canada, C26452.

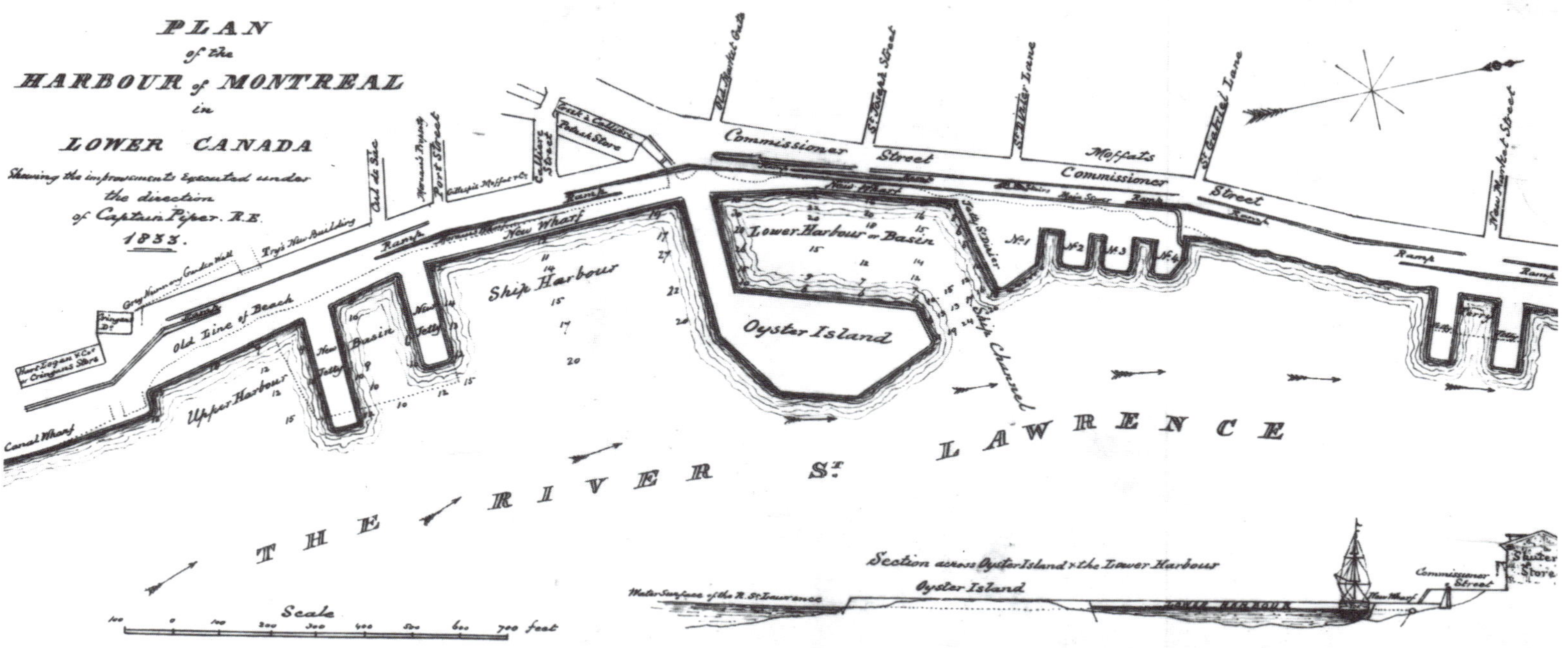

En 1833, les travaux effectués au port ont déjà transformé sa configuration initiale. Ainsi, une jetée recouvre maintenant l'îlot Normand (appelé Oyster Island sur cette carte).
R. S. Piper, Plan of the Harbour of Montreal in Lower Canada..., Archives nationales du Canada, NMC1911.

Les marchands prennent des initiatives. Dès 1809, John Molson lance son *Accommodation*, premier navire à vapeur en service entre Montréal et Québec[379], ouvrant la voie à de nombreuses sociétés de navigation et de commerce[380]. Durant la décennie de 1830, la concurrence des divers navires à vapeur fera même baisser le prix du passage entre Québec et Montréal. Les rapides de Lachine obligent à un transbordement qui, s'il fait vivre de nombreux charretiers, n'est ni très rapide ni bon marché, il devient donc nécessaire de les contourner par un canal. En 1796, John Richardson tente en vain d'intéresser le gouvernement à ce projet. En 1819, les marchands choisissent d'aller de l'avant, mais abandonnent toute initiative deux ans plus tard. Le gouvernement décide alors de prendre la relève et de construire l'ouvrage. En 1822, les principaux hommes d'affaires organisent un groupe de pression, le Committee of Trade (1822-1842), dont trois des principaux objectifs seront d'obtenir la levée de la tutelle de Québec sur le port, de l'aménager et d'approfondir le chenal dans le lac Saint-Pierre. Pour faire de Montréal un véritable port de mer, il faut, une fois la navigation vers l'amont réglée par le canal, construire des équipements portuaires et faciliter le passage des hauts-fonds du lac Saint-Pierre aux navires.

LES PREMIERS GRANDS TRAVAUX D'AMÉNAGEMENT

Les marchands obtiennent en 1830 la création d'une commission du Havre et, en 1832, la désignation de Montréal comme port de dédouanement. La commission se met rapidement à l'œuvre, cherchant à réaliser des plans préparés dès 1829. Quatre ans plus tard, les travaux ont nettement progressé et le port commence à prendre forme. Les quais, maintenant construits en maçonnerie, forment une ligne continue de 1,5 km; de place en place, des jetées, construites en bois avec remplissage de pierre, s'avancent en eau plus profonde. L'îlot Normand est relié à la terre ferme et délimite un bassin abrité. L'installation du quai des traversiers au pied de la nouvelle place du marché (l'actuelle place Jacques-Cartier) facilite la circulation des produits agricoles en provenance de la rive sud. Tous ces travaux ont entraîné une avancée du port vers le fleuve, faisant disparaître l'ancien rivage et l'embouchure de la Petite Rivière à la pointe à Callière. La rue des Commissaires (l'actuelle rue de la Commune) commence à prendre la physionomie qu'on lui connaît actuellement. D'après la vue en coupe du port, les quais sont construits plus bas que la rue des Commissaires, ce qui ne sera pas sans causer quelques problèmes : en effet, on ne pourra y édifier de hangars permanents, en raison de la pression des glaces lors du dégel.

Plan de 1848 indiquant la trajectoire du canal de Lachine au port.
C. Walkem, Plan showing the Ordnance and other Government Property..., Archives nationales du Canada, NMC11078.

UN MOTEUR DE DÉVELOPPEMENT

Le canal de Lachine est ouvert à la navigation dès 1824 sur une partie de son parcours et les travaux sont achevés l'année suivante. Grâce à cette nouvelle voie d'eau, l'accès au Haut-Canada devient plus facile et plus rapide. En 1825 s'ouvre le canal de l'Érié, qui permet de joindre New York et Buffalo, sur le lac Érié. La prépondérance de New York, qui obtient généralement la plus grande part des échanges commerciaux de la région des Grands Lacs, demeure une constante jusqu'au XXe siècle, pendant que les marchands montréalais échafaudent projet sur projet pour consolider leur position. Le premier canal de Lachine est peu profond et plutôt étroit; dès 1843, il devient nécessaire de l'élargir et de l'approfondir pour permettre l'accès à de plus gros navires. Durant les travaux, l'ingénieur responsable suggère au gouvernement d'utiliser le plus grand débit et les dénivellations pour créer des «pouvoirs d'eau» ou «lots hydrauliques», et de louer cette force motrice à des entrepreneurs. Le succès est immédiat et, très rapidement, l'entrée du canal — particulièrement le long de la rue Mill — et les écluses de Saint-Gabriel, attireront de nouvelles entreprises. Le canal mérite bien son appellation de berceau de l'industrie canadienne[381]. Les travaux sont enfin terminés en 1848 : la profondeur du canal a été portée de 1,5 m à 3 m et sa largeur a doublé. L'entrée dans le port a été élargie et dotée de bassins plus profonds, de près de 5 m, pour permettre aux navires de haute mer d'y amarrer et d'y effectuer les transbordements. Les installations du port s'étendent jusqu'au marché Bonsecours alors en construction. Depuis 1847, des marchands ont entrepris de doubler le canal par une voie ferrée (Montréal-Lachine) dont le terminus donne sur le square Chaboillez. Passagers et marchandises y gagnent en mobilité, et ce, en toute saison. L'étendue des propriétés publiques témoigne de l'aide apportée par l'État. Durant la décennie de 1840 commencent les premiers travaux d'approfondissement du chenal navigable dans le lac Saint-Pierre, mais ils seront interrompus pour des raisons techniques.

UN RÉSEAU DE TRANSPORT DIVERSIFIÉ

Au milieu du siècle, le réseau des transports qui dessert Montréal est bien articulé et assez diversifié : routes, lignes de navigation et chemins de fer convergent vers la ville en provenance de toutes les directions. Du côté ouest, les communications reposent sur le triple lien de l'axe de Lachine, avec le canal, le chemin Upper Lachine et le chemin de fer. En 1848, l'achèvement de l'ensemble des canaux du Saint-Laurent jusqu'aux Grands Lacs facilite grandement la circulation. Du côté de l'aval, la navigation sur le Saint-Laurent se termine dans le port, et du côté des États-Unis, pas moins de cinq embranchements ferroviaires aboutissent à autant de quais qui s'échelonnent de Kahnawake à Longueuil, en passant par La Prairie et Saint-Lambert[382]. Les routes de l'île de Montréal sont également améliorées durant cette décennie et l'introduction du péage permet d'assurer un meilleur entretien.

Le plan de Smith, daté de 1851, met en relief la concentration du réseau ferroviaire dans cette partie de l'île et sur la rive sud, démontrant ainsi l'importance des liaisons avec les États-Unis.
George Horatio Smith, Environs of Montreal..., Archives nationales du Canada, NMC20798.

La ville est donc au centre d'un réseau intégré reposant sur la route, le navire et le rail; dans la majorité des cas, les trois moyens de transport sont combinés à un endroit ou à un autre du parcours. Le chemin de fer est en passe de subir une profonde mutation. À l'origine, les premiers trajets sont conçus comme des lignes de portage reliant deux voies navigables. C'est le cas du tout premier, le Champlain and St. Lawrence Railway, unissant La Prairie et Saint-Jean-sur-le-Richelieu (1836) et du Montréal-Lachine. Durant la décennie de 1840, les promoteurs s'intéressent de très près à la notion de grande ligne, qui permet de faire un long trajet par le seul chemin de fer. C'est ainsi qu'en 1852 est créé le Grand Tronc, dont la ligne rejoindra éventuellement Sarnia et Rivière-du-Loup en passant par Montréal.

Les nouvelles infrastructures de transport sont beaucoup plus puissantes et performantes que les anciennes, elles entraînent des retombées plus diversifiées pour l'économie de la ville, et marquent plus profondément et durablement le paysage urbain. Par exemple, c'est dans leur voisinage que se développeront les premiers quartiers ouvriers de la ville, fournissant la main-d'œuvre nécessaire aux diverses entreprises.

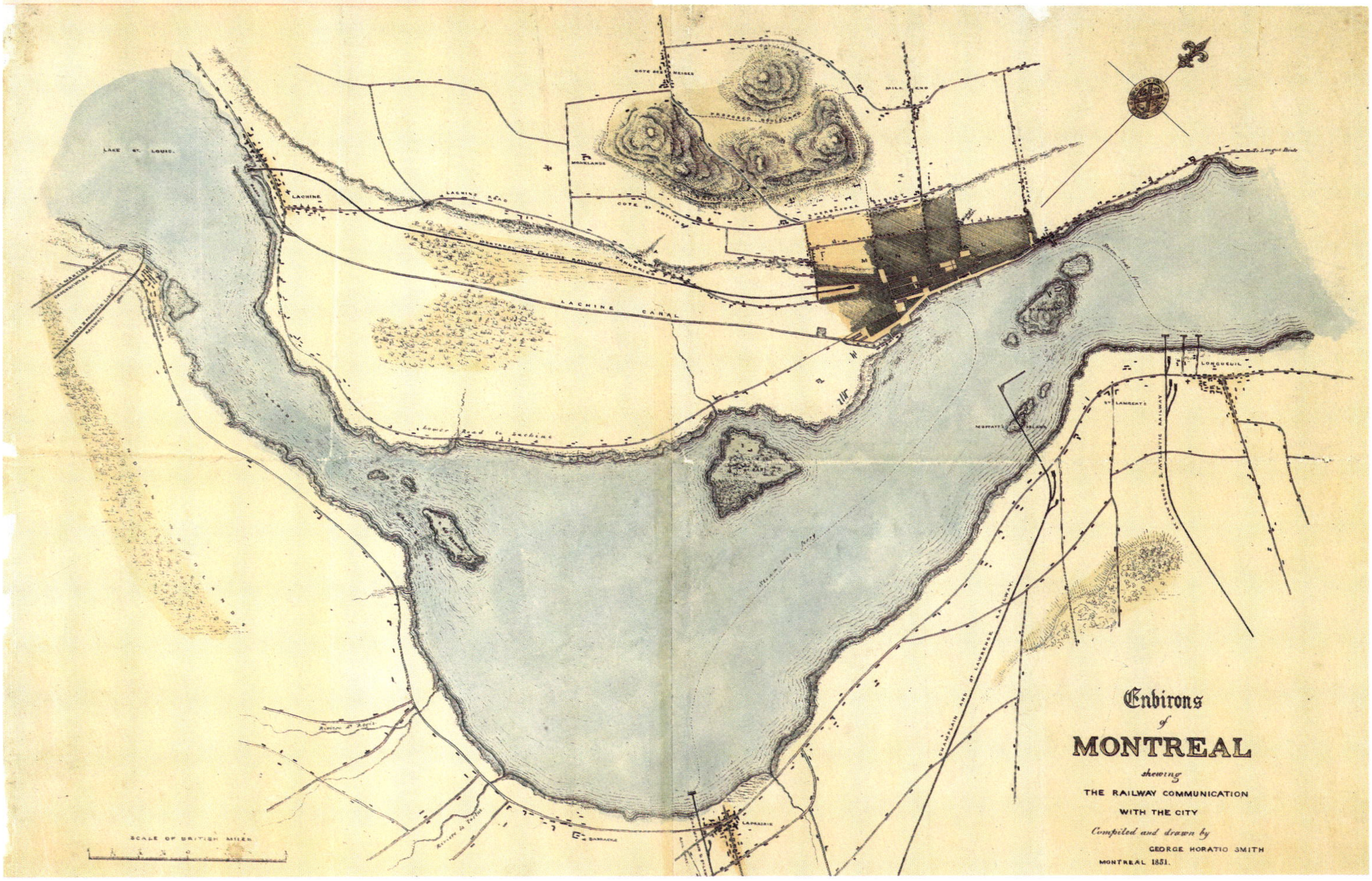

LE DÉVELOPPEMENT DE L'ÎLE

La mise en valeur de l'Ouest ne suffit pas à elle seule à expliquer la prospérité de Montréal. La vigueur de son développement repose également sur les rapports de toute nature qu'elle entretient avec sa région immédiate : il s'agit d'échanges commerciaux aussi bien que culturels ou démographiques. Pendant le premier siècle et demi de son histoire, Montréal est une ville frontière installée sur les marges du territoire occupé. À partir du XVIIIe siècle, et jusqu'en 1825, commence la période d'ouverture de la plaine de Montréal au peuplement et à l'agriculture. La ville se retrouve alors au centre d'une région assez prospère, et responsable, vers le milieu du siècle, de la majeure partie de la production agricole du Bas-Canada. Les campagnes donnent naissance à un réseau de villages dont la base économique, d'une grande diversité, suscite des relations de plus en plus dynamiques avec la ville[383].

L'île de Montréal est la première concernée par cette évolution. Ses neuf paroisses rurales se sont peuplées graduellement au siècle précédent, et leur agriculture est polarisée par les besoins urbains. En 1831, les fermes qui entourent la ville sont spécialisées dans la production de pommes de terre et dans l'élevage. Tous les voyageurs de l'époque s'accordent à noter la prospérité des fermes de l'île. Des pionniers de l'agronomie s'y installent, tel William Evans (1786-1857) qui possède depuis les années 1820 une exploitation modèle sur la côte Saint-Paul[384]. Dans ce contexte, le réseau de communication s'avère stratégique et les diverses côtes sont assez bien desservies par des chemins. Cependant, l'importance de l'achalandage entraîne une détérioration accélérée de la chaussée[385].

L'emprise grandissante de la ville sur la campagne se traduit également par l'apparition, à la périphérie, de villages dont les fonctions économiques n'ont rien de rural[386]. Au nord de la ville, au croisement du chemin de Saint-Laurent et de la côte de la Visitation, la petite agglomération des Tanneries-des-Bélair regroupe de nombreux journaliers travaillant dans les carrières avoisinantes. Le long de la côte des Neiges se succèdent les maisons d'un bourg abritant de nombreux artisans du cuir. Enfin, au sud-ouest, sur le chemin de Lachine, se trouve Saint-Henri-des-Tanneries, célèbre pour ses dynasties de tanneurs, de cordonniers et de selliers, la plus connue étant celle de la famille des Lenoir-Rolland[387]. L'installation d'une piste de courses dans la côte de la rivière Saint-Pierre constitue un autre indice de la pénétration urbaine. L'économie agricole de l'île Jésus, comme celle des paroisses riveraines de la rive sud, se trouve de plus en plus liée au marché montréalais. En conséquence, de nombreux bacs assurent les communications avec les deux rives.

Carte, datée de 1834, montrant le découpage des paroisses de l'île de Montréal et les côtes, dont les chemins formeront les principales voies du réseau routier.
André Jobin, Carte de l'île de Montréal, Archives nationales du Canada, NMC11045.

LES MÉCANISMES DU DÉVELOPPEMENT URBAIN

Le territoire urbain est en évolution constante. Chaque génération doit composer avec les espaces existants en fonction de ses besoins et de ses valeurs. Dans ce contexte se pose une remise en question continuelle du rôle des lieux et des bâtiments; seront-ils conservés, adaptés à de nouvelles fonctions, ou totalement réaménagés? À une époque où la notion de responsabilité publique de la planification n'existe pas — sauf dans certains cas ponctuels et exceptionnels comme l'opération de démantèlement des fortifications (planche 21) — une telle décision relève des institutions et des individus. C'est par des mécanismes très simples que le travail peut s'effectuer : par l'entente à l'amiable, l'expropriation, des grands projets d'embellissement ou d'équipement, et le lotissement, qui constitue l'un des moyens les plus répandus.

LE CHEMIN DE LA CÔTE SAINTE-CATHERINE

La voirie rurale, principalement dans le voisinage de la ville, n'est pas figée; les besoins évoluent, de même que les conditions de transport. Un inspecteur des chemins est responsable de l'homologation du tracé et des travaux. Vers 1800, les propriétaires riverains de la côte Sainte-Catherine, sur le flanc nord du mont Royal, s'entendent pour rectifier le parcours du chemin. Plutôt que de conserver la descente en zigzag à travers les terres et d'atteindre ainsi le boulevard Saint-Laurent à la limite de la ville, le trajet est redressé et prolonge l'axe de la rue des Tanneries (l'actuelle rue Mont-Royal), qu'il rejoint à la hauteur du boulevard Saint-Laurent. Cette opération met en jeu la coopération des propriétaires car la loi leur permet de s'opposer au passage d'un chemin sur leur terre dans certaines circonstances. Par exemple, l'inspecteur Jacques Viger rappelle qu'il n'a pu, en 1817, faire déplacer une grange qui était dans l'axe d'un chemin projeté, et il ajoute que «ce sont les voyageurs qui en souffrent»[388].

L'AXE DE LA RUE BONSECOURS

À l'intérieur de la ville, les modifications sont encore plus malaisées à effectuer, les terrains étant de moindres dimensions et la présence de bâtiments augmentant les coûts. Dans certains cas, ce sont les propriétaires terriens d'importance qui prennent l'initiative; par exemple, lors du projet de 1817, Louis-Joseph Papineau et la veuve de Denis Viger offrent une partie de leur lot à la condition expresse que la ville y établisse un marché et construise un pont sur le ruisseau Saint-Martin. De cette façon, ce secteur serait susceptible d'acquérir une certaine valeur, ce qui bénéficierait au plus grand nombre y compris, évidemment, aux donateurs[389]. Le faubourg Saint-Louis est en quelque sorte le fief du puissant groupe familial des Papineau-Viger-Cherrier[390] qui occupe une place prépondérante dans la société montréalaise et possède de nombreux terrains. Le plan des commissaires (planche 21) se contentait de prévoir le prolongement de quelques rues, mais une grande voie perpendiculaire, dans l'axe de la rue Bonsecours, s'ouvrirait vers le nord après avoir traversé la future place du marché.

Plan illustrant le projet de redressement du chemin de la côte Sainte-Catherine, copié par Jacques Viger.
Louis Charland, Plan de la division de Ste-Catherine : chemin de Front et de descente à la ville, avril 1800, Fonds Grands Voyers, Archives nationales du Québec, Direction de Montréal, de Laval, de Lanaudière, des Laurentides et de la Montérégie.

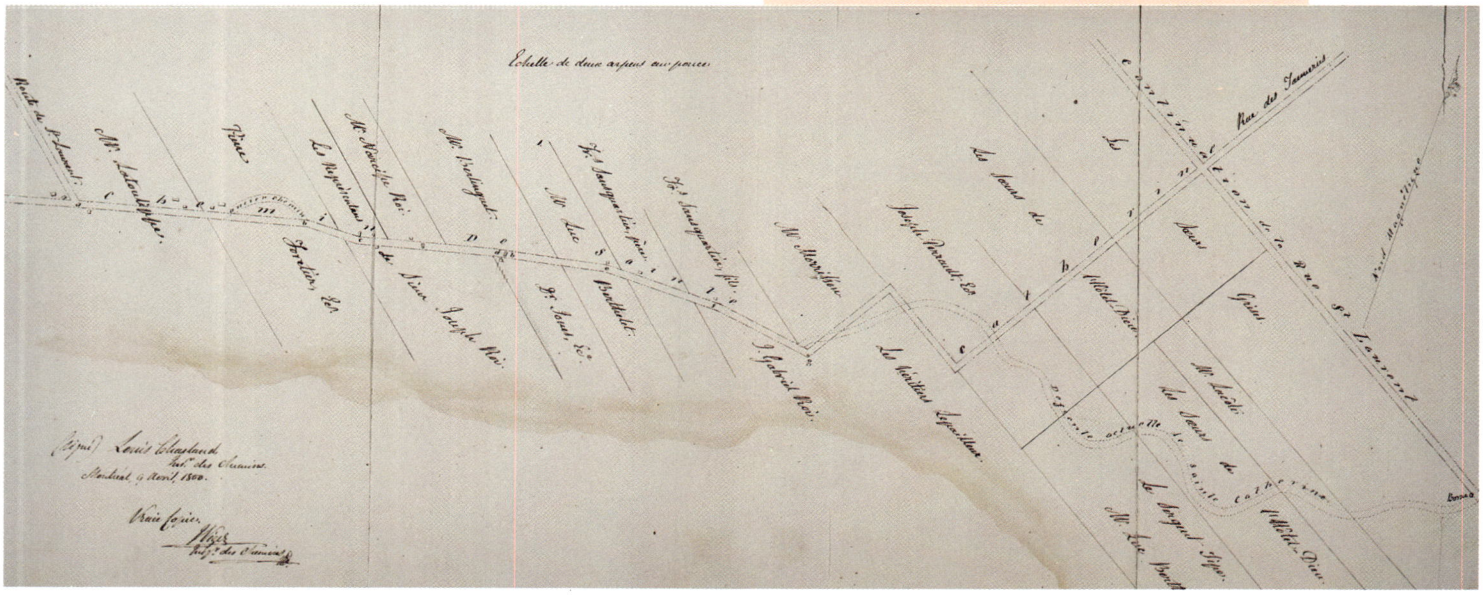

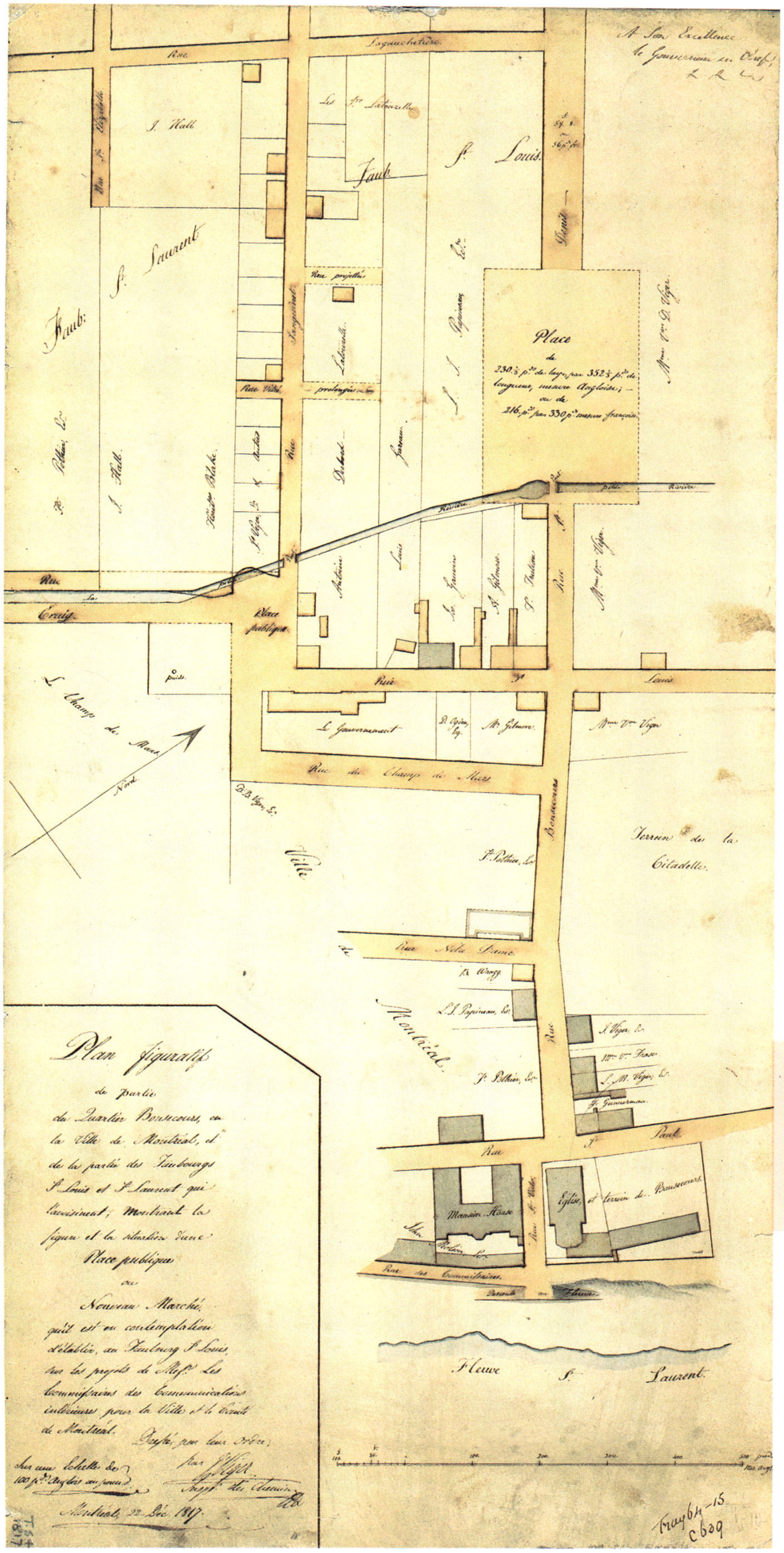

En 1817, Jacques Viger trace ce plan pour illustrer le projet de création d'un marché et de prolongement de la rue Bonsecours.
Jacques Viger, Plan figuratif d'une partie du Quartier Bonsecours..., Archives nationales du Canada, NMC1505.

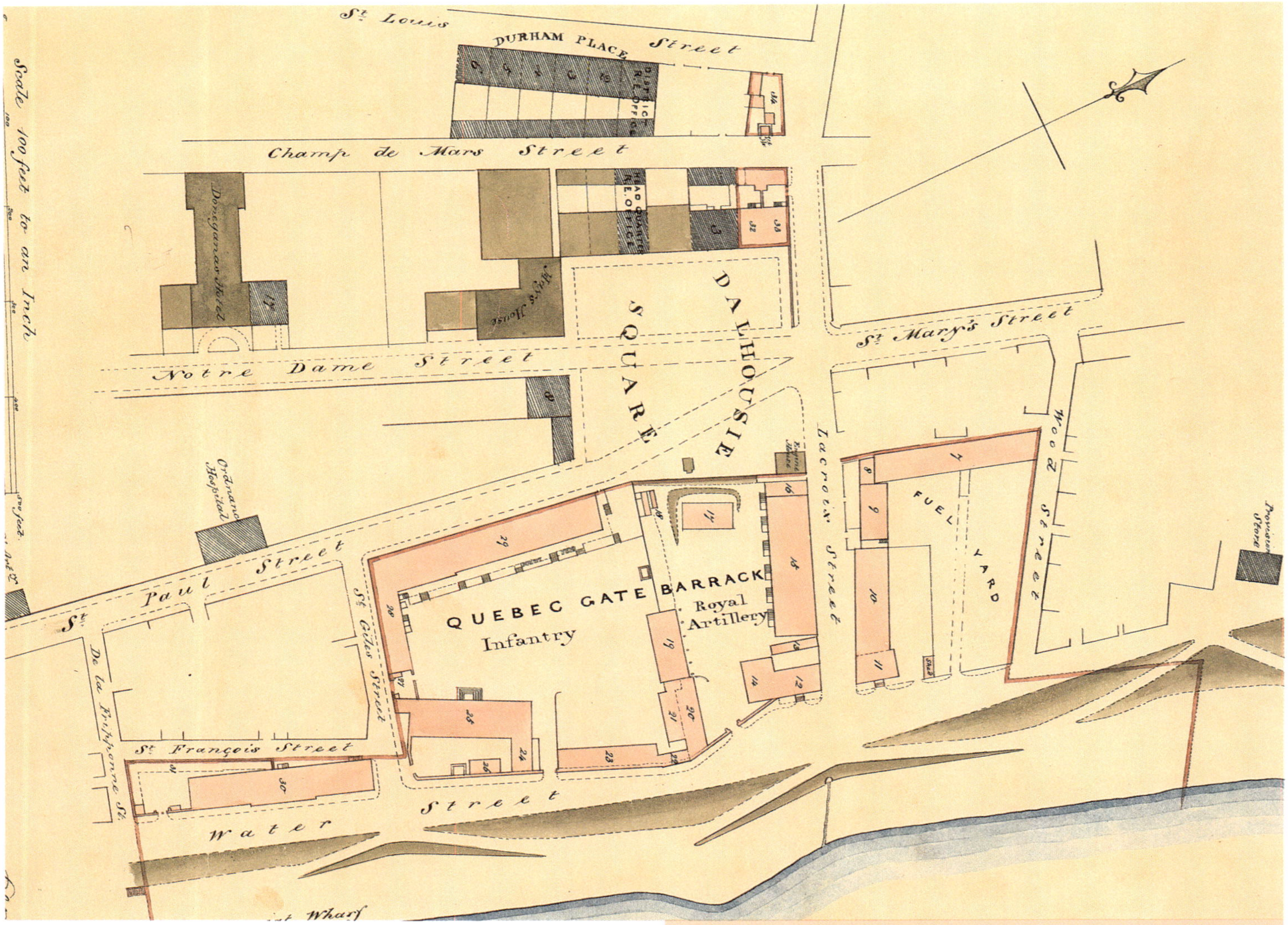

Après la démolition des fortifications, les militaires occupent toujours la partie est de la vieille ville. En 1852, d'anciens bâtiments du Régime français ont été transformés en casernes et on a construit, en bordure du square Dalhousie, des maisons dont certaines sont habitées par des officiers et d'autres utilisées comme bureaux.

R. J. Pilkington, Montreal Plan showing the position of all Government Buildings, 1852, Archives nationales du Canada, NMC17518 (détail).

L'EMPRISE MILITAIRE

La démolition des fortifications entre 1801 et 1817 et la disparition de la butte de la citadelle en 1819 ne signifient pas pour autant que les militaires quittent la ville. S'ils choisissent de fortifier l'île Sainte-Hélène à partir des années 1820, ils préfèrent conserver leurs quartiers d'habitation principaux dans la partie est de la vieille ville, où ils avaient installé leurs casernes depuis la Conquête. La garnison, qui compte rarement moins de 1 500 hommes, y est logée mais les baraquements font l'objet de critiques incessantes; les hommes s'y ennuient et les officiers imputent le taux de désertion élevé au manque de confort[391]. L'intendance les entretient tant bien que mal et les autorités songent même à les reloger dans la ferme Logan (l'actuel parc Lafontaine) vers la fin des années 1840. Mais le projet est abandonné au moment de la guerre de Crimée (1854-1855), lorsque les troupes sont partiellement rapatriées. Montréal demeure une ville de garnison britannique jusqu'en 1871, après quoi les quartiers militaires tombent en désuétude. La disparition de la citadelle a permis de prolonger la rue Notre-Dame jusqu'à l'ancienne porte de Québec. Sur son emplacement, on crée le square Dalhousie, appelé ainsi en l'honneur du gouverneur qui a fait don du terrain à la ville, et où convergent les rues Notre-Dame et Saint-Paul. Des casernes et d'autres édifices occupent une partie importante du pourtour de la place. Cet endroit sera complètement réaménagé durant la décennie de 1880, lorsque le Canadien Pacifique y installera sa gare.

UN PROJET POUR LE PORT

En 1819, les promoteurs du projet du canal de Lachine désirent non seulement éviter les rapides, mais aussi le courant Sainte-Marie, au pied de l'actuelle avenue de Lorimier. Les navires rejoindraient Lachine en empruntant, à partir du hameau de Hochelaga, un canal creusé dans l'axe de la vallée de la rivière Saint-Martin, entre les rues Craig (Saint-Antoine) et De La Gauchetière. Cependant, devant la brusque flambée des coûts, le tracé se trouve réduit au minimum en 1823 et la voie d'eau commencera plutôt à l'extrémité ouest du port[392]. Mais le débat avait fait rage dans les journaux et l'idée n'ayant pas été complètement abandonnée, le projet refera surface durant les années 1840. Celui-ci fournirait en effet l'occasion de construire à Montréal des docks conçus sur le modèle londonien, soit une succession de bassins abrités du courant et entourés d'entrepôts à étages, donnant d'un côté sur la terre, ce qui faciliterait la desserte routière. Ce plan, qui ne sera jamais réalisé, fait entrevoir un projet d'aménagement de docks le long du canal entre les rues Saint-Denis et Saint-Dominique. L'évolution de la puissance des navires à vapeur, en facilitant la remontée du courant Sainte-Marie, rendra bientôt caduc ce type de proposition.

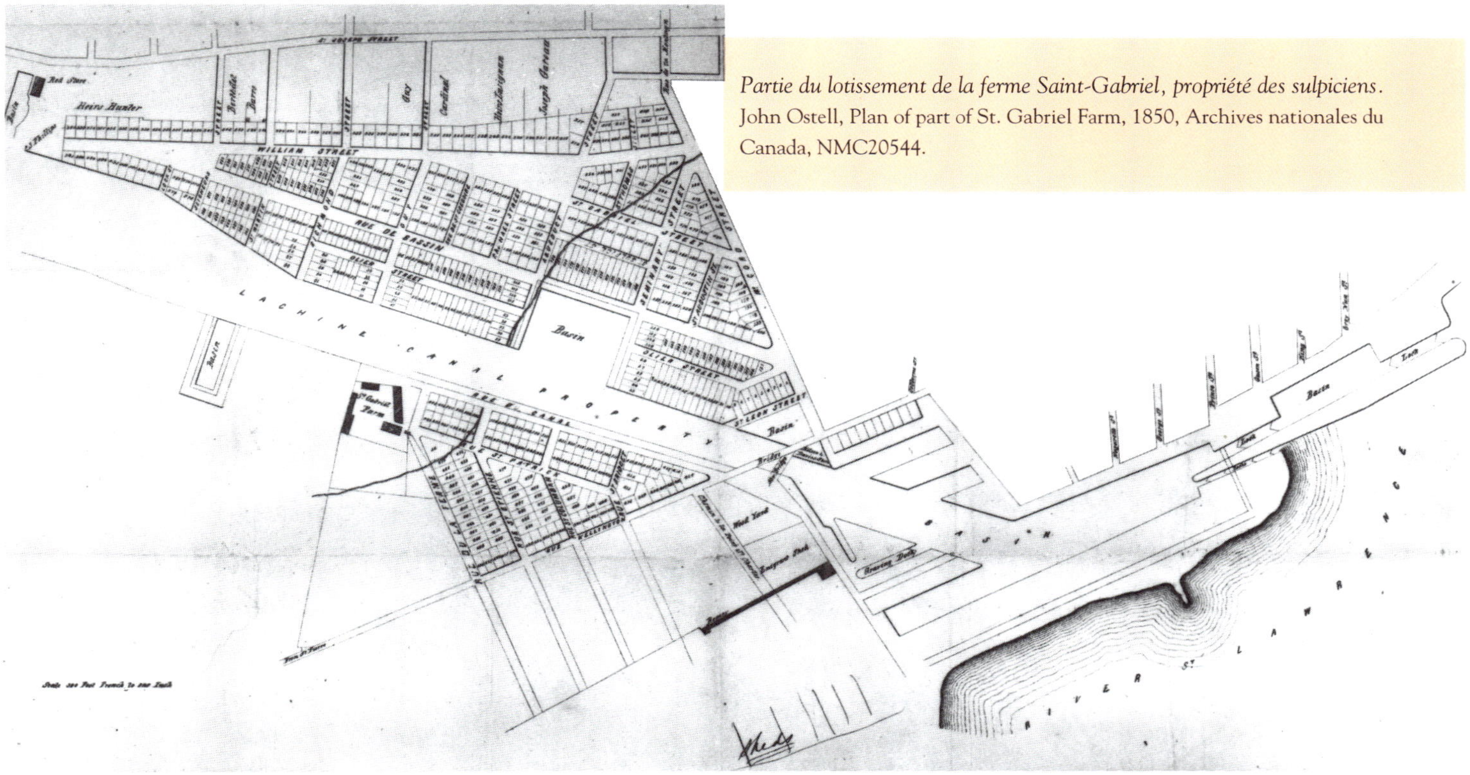

Partie du lotissement de la ferme Saint-Gabriel, propriété des sulpiciens.
John Ostell, Plan of part of St. Gabriel Farm, 1850, Archives nationales du Canada, NMC20544.

LE LOTISSEMENT DE LA FERME SAINT-GABRIEL

Le mécanisme le plus courant pour assurer le développement urbain est sans contredit le lotissement de vastes terrains en un grand nombre de lots à bâtir. Au XIXe siècle, les fermes et les vergers sont encore très nombreux sur le territoire. Des particuliers et des institutions en possèdent un bon nombre et les exploitent, jusqu'à ce qu'il devienne plus avantageux d'en modifier la vocation. La ferme Saint-Gabriel, propriété des sulpiciens[393], avait été l'une des deux fermes fortifiées dès le XVIIe siècle, et les seigneurs l'avaient conservée pour leur usage. Au moment où les droits des sulpiciens sont définitivement reconnus par la couronne britannique (1840), le gouvernement exige qu'ils se départissent de cette propriété au cours des 20 années suivantes. La demande accrue de terrains le long du canal de Lachine semble d'ailleurs l'occasion de réaliser une bonne opération. En 1842, le séminaire charge l'arpenteur et architecte John Ostell (1813-1892) d'un projet de lotissement et, trois ans plus tard, la ferme est découpée en 501 lots qui sont mis à l'encan. Cependant, les terrains trouveront difficilement preneur une fois passée la fièvre spéculative des années 1843-1847[394].

Projet de bassins dans l'axe de la rue Craig (Saint-Antoine).
John Ostell, Montreal Docks, 1841, Archives nationales du Canada, NMC17258.

UNE VILLE INDUSTRIELLE

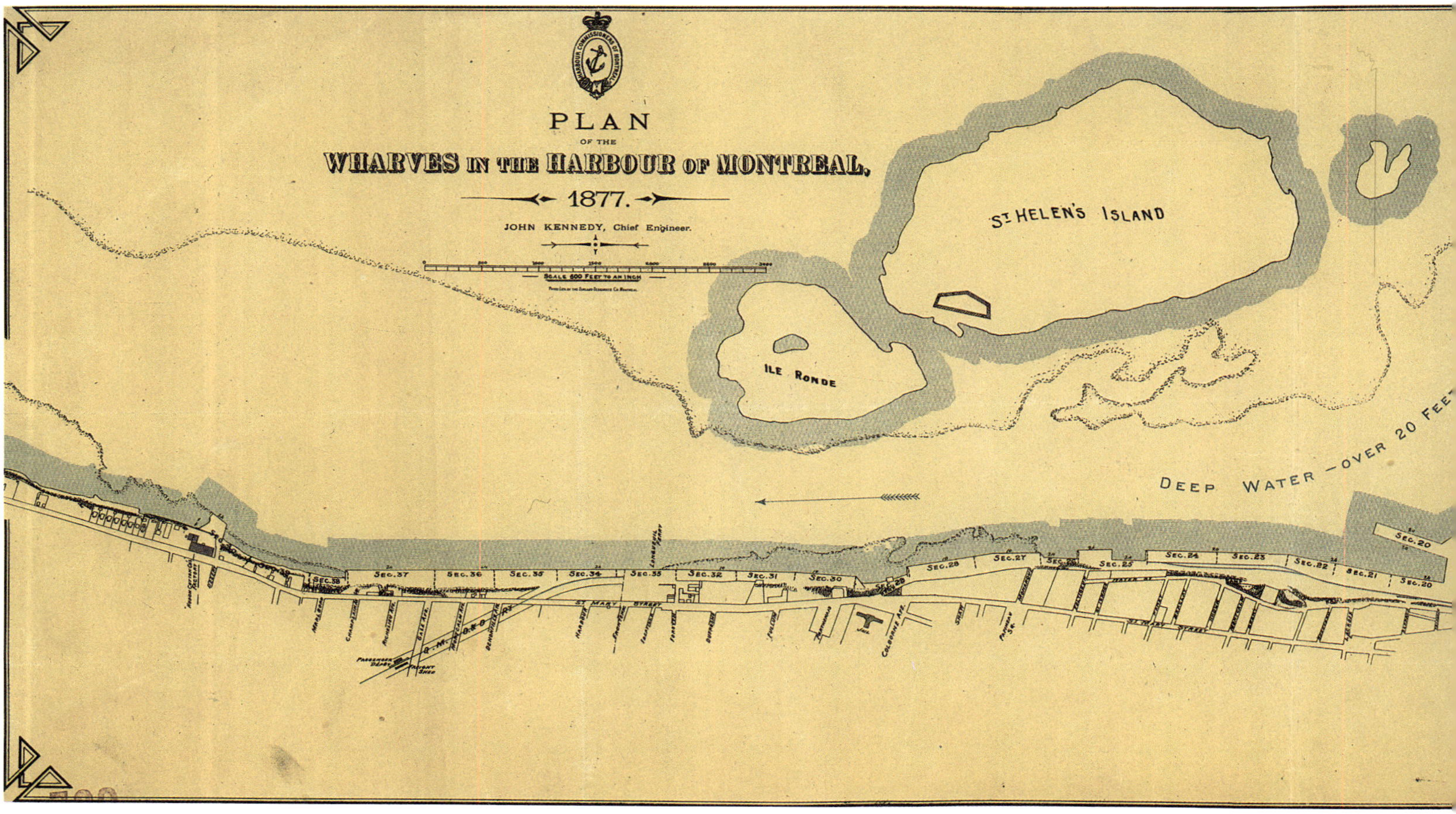

L'Union et la Confédération avaient contribué à la formation puis à la consolidation d'un marché intérieur suffisamment important pour permettre l'émergence d'activités manufacturières où Montréal jouissait d'une place de choix. Centre névralgique des transports pour le Canada, la ville connaît un essor industriel remarquable durant la seconde moitié du siècle. Ses industries reflètent son rôle global. Fournissant des produits alimentaires et des produits de consommation tels que la chaussure, la confection ou le textile, elle a également développé un secteur d'industrie lourde axé sur la métallurgie et, plus particulièrement, sur la fabrication du matériel de transport. Cette industrialisation s'effectue en deux temps : d'abord durant les décennies de 1840 et 1850 et ensuite après 1880. Transport et industrie ne constituent cependant pas les seules activités : le secteur commercial est en pleine expansion, ainsi que les services financiers indispensables au rassemblement et au mouvement des capitaux. Les banques montréalaises occupent une position dominante. À la tête de ces diverses entreprises, on retrouve souvent les mêmes individus et, à la fin du siècle, la rumeur veut que dans les quelques rues qui forment le square Mile se trouvent concentrés les deux tiers de la richesse globale du Canada.

La bourgeoisie d'affaires attache une importance toute particulière au port, et met tout en œuvre pour en faire le terminus de la navigation océanique. Déjà, certaines étapes avaient été franchies dans ce sens, comme en témoignent les aménagements réalisés depuis 1833, mais la bataille est loin d'être gagnée. John Young (1811-1878), homme d'affaires opiniâtre, en fait presque une croisade personnelle. Nommé à la commission du Havre en 1850, il en est membre jusqu'en 1866, puis de nouveau entre 1870-1872 et 1873-1878; il en sera même le président entre 1853 et 1866. Il consacrera son énergie principalement à deux dossiers : le creusement du chenal en aval de Montréal et la modernisation des aménagements[395]. Ces travaux sont rendus nécessaires par l'augmentation constante de la taille des océaniques et des bateaux à vapeur. Le triomphe du navire à coque de fer libère les constructeurs des contraintes du bois et de la voile. En 1872, les voiliers sont déjà déclassés dans le port car, pour la première fois, le tonnage global des navires à vapeur dépasse celui des océaniques à voile : 217 714 t pour 215 vapeurs, contre 181 087 t pour 512 voiliers. Dorénavant, le nombre de voiliers ne cesse de diminuer; en 1892, seulement 77 voiliers océaniques amarrent au port, contre 658 vapeurs. Cette évolution touche également la navigation fluviale et côtière : en l'espace de 20 ans, à partir de 1872, le nombre de caboteurs passe de 7 150 à 5 200[396].

En 1895, au port de Québec, les caboteurs à vapeur, qui ne représentent pas le quart des navires, transportent près de 80% de l'ensemble des cargaisons[397]. Dans ces conditions, le chenal et les bassins du port doivent être suffisamment profonds pour permettre des mouvements rapides, en toute sécurité. En 1856, l'ouverture d'une ligne régulière entre Montréal et Liverpool, assurée par la compagnie que dirige l'armateur Hugh Allan (1810-1882), consolide la prééminence du port. C'est donc un havre très achalandé qui reçoit chaque année plusieurs milliers de navires durant la courte saison de navigation, de mai à octobre, et qui procure de l'emploi à des milliers de débardeurs, charretiers, journaliers, sans compter le personnel navigant lui-même.

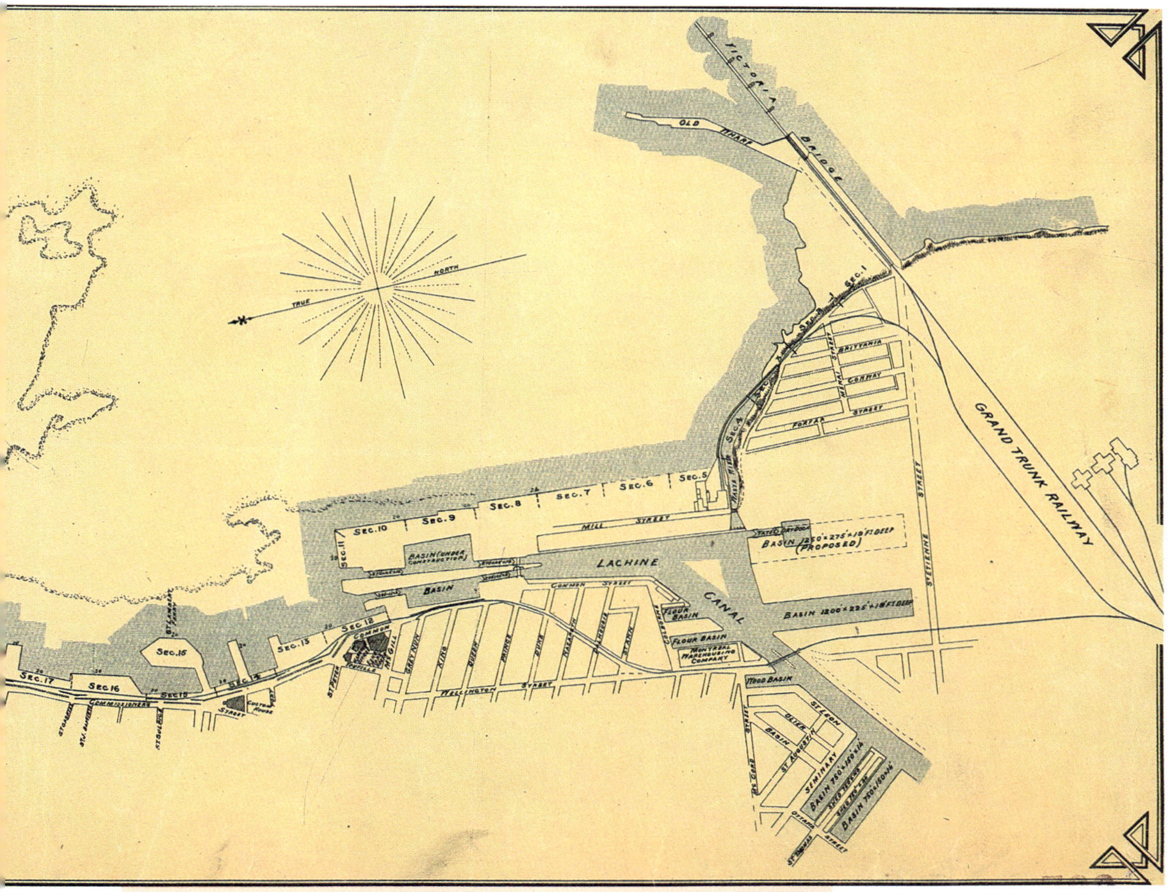

Alors que le port s'étend de plus en plus vers l'est, en 1877, les commissaires planifient des projets d'expansion.
John Kennedy, Plan of the Wharves in the Harbour of Montreal, 1877, Archives nationales du Canada, NMC20555.

De nombreux aménagements voient le jour. Le nombre de quais augmente, et certains sont agrandis pour permettre l'accostage de plus grands bateaux. Entre 1867 et 1896, la longueur totale des quais passe de 5 km à plus de 9 km[398]. La profondeur de tous les bassins est progressivement portée à 6 m. Le chemin de fer dessert les quais à partir de 1871, et finalement, en 1885, les premiers élévateurs à grains sont érigés. Il s'agit alors d'édifices en bois, construits par le Canadien Pacifique. Malgré tout, deux problèmes subsistent : la longueur insuffisante des quais et l'absence de hangars permanents. En effet, la fréquence des inondations à l'hiver et au printemps risque d'emporter tout bâtiment. En 1877, les commissaires déposent un plan global, qui prévoit des travaux d'envergure, parmi lesquels la réfection de la quasi-totalité des quais à agrandir et à rehausser, ainsi que la construction en dur de hangars, d'élévateurs à grains et d'autres éléments d'infrastructure. Le plan ne sera pas accepté avant 1891, et sa réalisation ne commence qu'en 1896.

Les liens entre les activités portuaires et l'industrie sont nombreux : par exemple, l'approvisionnement en matières premières et l'expédition des produits sont facilités. Les zones industrielles se développent aux deux extrémités du port. À l'est, à partir des installations de la famille Molson jusqu'à Hochelaga, s'étire un premier ensemble; dans l'autre direction, un peu avant l'entrée du canal et suivant son axe, les usines sont regroupées autour des écluses, dont la dénivellation est une source de pouvoir hydraulique. Les installations ferroviaires de la pointe Saint-Charles sont remarquables. Premier réseau de chemins de fer, le Grand Tronc a entrepris la construction du pont Victoria (1853-1859) pour faciliter les communications avec l'est, et a puissamment contribué à faire de Montréal le point central des réseaux de transport. Il devient également une entreprise industrielle très importante qui fabrique des locomotives et des wagons dans ses propres ateliers, installés près de l'entrée du pont Victoria. Le pont et les ateliers de la pointe Saint-Charles font la fierté des Montréalais. Le premier représente un exploit d'ingénierie compte tenu de sa longueur, de la vivacité du courant et de la présence des glaces l'hiver; les seconds fascinent par la diversité des travaux effectués et par l'intégration des opérations. Cheminots, ouvriers et manœuvres du Grand Tronc s'installent à la périphérie des installations, donnant ainsi naissance à un quartier ouvrier très animé.

LA RUE MILL

La mise en valeur de l'énergie hydraulique produite par le canal de Lachine stimule le développement de la grande industrie (planche 23). Après 1850, les lieux propices à l'installation d'industries sont identifiés et subdivisés en «lots hydrauliques» qui sont adjugés aux enchères. Le bail stipule la quantité d'eau pouvant être tirée. Le mécanisme est fort simple : la différence de niveau entre le bassin intérieur, qui est plus haut, et le Saint-Laurent, permet à l'eau de mouvoir de la machinerie avant d'être évacuée plus bas, dans le fleuve. C'est ainsi que les entreprises ayant besoin d'une importante force motrice s'implanteront le long du canal : scieries, minoteries et métallurgie. À la faveur de l'élargissement du canal, durant les années 1870, on en profite pour régulariser le débit d'eau.

Le bassin numéro 2 du canal de Lachine et les lots hydrauliques de la rue Mill.
Sketch of Hydrolic Property at Basin 2..., (1856), Archives nationales du Canada, NMC19065.

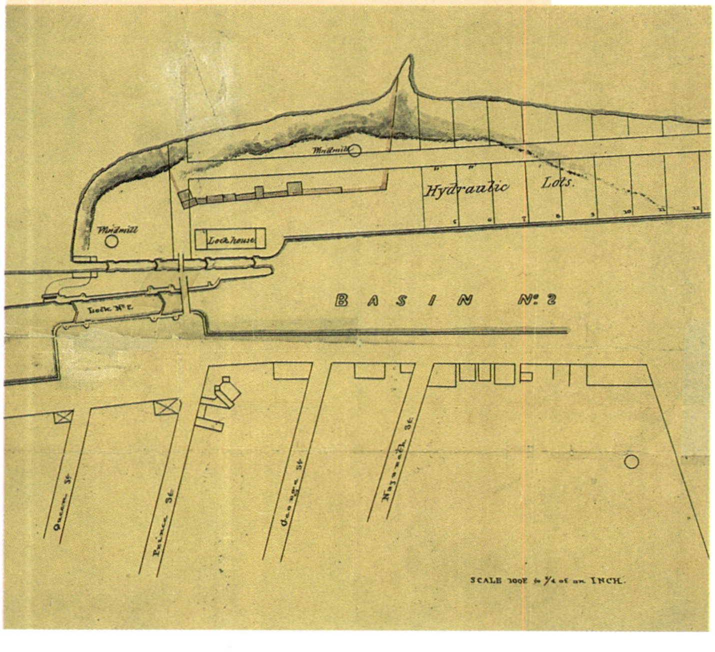

LES ÉCLUSES DE SAINT-GABRIEL

Les écluses de Saint-Gabriel forment le berceau de l'industrialisation montréalaise. Elles marquent une importante dénivellation. De part et d'autre du canal, des prises d'eau — véritables canaux en miniature — sont aménagées de manière à permettre l'installation d'un nombre croissant d'industries. Une société, la St. Gabriel Hydraulic Company, où se retrouvent l'infatigable John Young et l'entrepreneur Ira Gould, réussit à obtenir par des voies détournées la quasi-totalité des emplacements hydrauliques. Elle les concède à nouveau, soutirant plus d'eau qu'il n'était prévu, et accroissant ainsi la concentration industrielle[399]. On y trouve un échantillon de la structure manufacturière montréalaise divisée en deux secteurs : l'industrie légère (fabrication alimentaire et de biens de consommation) et l'industrie lourde, axée sur la métallurgie et la construction de matériel de transport.

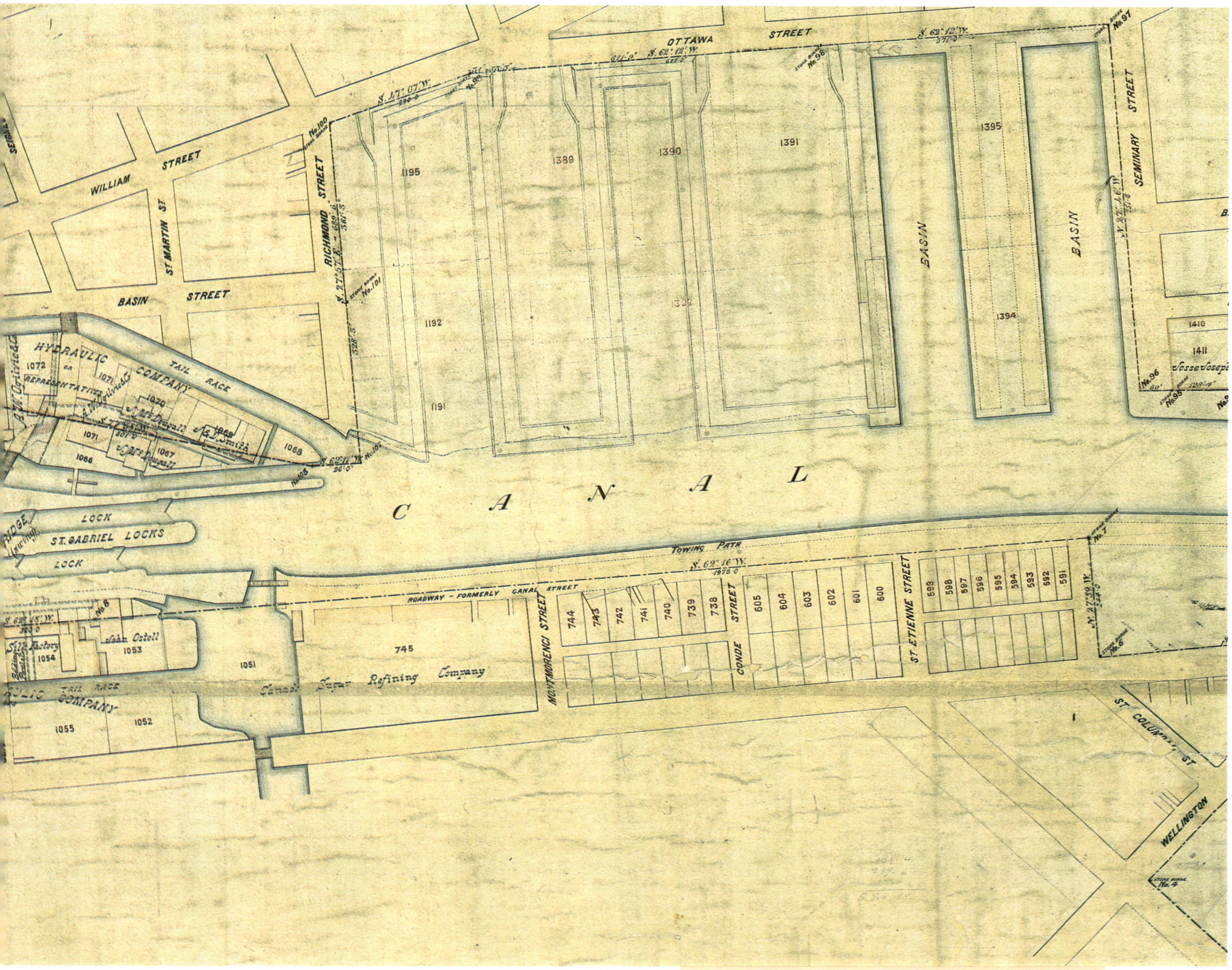

Les écluses de Saint-Gabriel. Les premières entreprises industrielles de Montréal se sont installées en bordure des écluses pour bénéficier de l'énergie hydraulique. La raffinerie de sucre Redpath en est un exemple, avec ses installations impressionnantes pour l'époque.
Joseph Rielle, Plan of the Lachine Canal..., 1885, Archives nationales du Canada, NMC88072.

Le célèbre chantier naval d'Augustin Cantin (1809-1893) représente ce dernier secteur. Les ateliers du Montreal Marine Works sont réputés autant pour la qualité de leur travail que pour leur très haut niveau d'intégration. Tout est fabriqué sur place, de la fonderie pour les moteurs à vapeur à l'atelier de mécanique pour leur ajustement, en passant par l'ébénisterie, la menuiserie et l'atelier de cordage. Deux bassins facilitent le travail simultané sur plusieurs bâtiments; en 1855, les chantiers emploient entre 200 et 250 personnes et ont construit sept vapeurs, ainsi qu'un certain nombre de bateaux de moindre taille[400]. La Canada Sugar Company, fondée par John Redpath (1796-1869) en 1854, illustre le secteur industriel léger. Première raffinerie de sucre au Canada, elle occupe une grande usine de sept étages dotée d'imposantes cheminées. Elle emploie une centaine d'ouvriers qui produisent mensuellement 3 000 barils de sucre, à partir d'une matière première provenant des Caraïbes et transportée par ses propres navires[401].

UNE VILLE DE CONTRASTES

Alors que la première partie du XIXe siècle avait été marquée par la diversification de la population, avec l'installation d'un fort contingent d'Irlandais et la consolidation des groupes écossais et anglais, la seconde moitié du siècle voit le début de l'exode rural, qui entraîne un accroissement de l'élément canadien-français, si bien qu'après 1867 la majorité linguistique change à nouveau, redevenant francophone. L'immigration en provenance de la Grande-Bretagne diminue graduellement. Le Canada dans sa totalité est marqué par l'essor de l'émigration vers les États-Unis; durant ce demi-siècle, pendant quatre décennies sur cinq, le solde migratoire reste négatif, ce qui constitue l'indice d'une déperdition constante de la population.

Les Montréalais subissent eux aussi cet attrait pour les États-Unis : les correspondances soulignent régulièrement les départs d'ouvriers ou de journaliers en quête de travail. L'Union et la Confédération apportent des solutions aux problèmes politiques et leurs retombées économiques pour Montréal sont loin d'être négligeables. Dans la ville, le système de cloisonnement institutionnel mis en place fonctionne, mais il rend très difficile l'émergence de consensus sociaux. La société urbaine demeure un assemblage hétéroclite d'ensembles ethniques où les intérêts sont polarisés d'abord par les affaires communautaires internes. Ce défaut d'intégration refera surface au moment des crises politiques, lors des épidémies, ainsi qu'à l'occasion de l'examen des grands projets urbains. L'épidémie de variole de 1885, qui fait plus de 3 000 morts, constitue le dernier des grands fléaux du XIXe siècle. Mais la mortalité infantile demeure élevée et les conditions sanitaires de la ville, en dépit d'améliorations sensibles, laissent encore à désirer. La société industrielle qui émerge demeure caractérisée par la netteté des contrastes sociaux. L'essor économique permet à certains Montréalais d'ériger des fortunes considérables et d'étaler leur luxe par leurs somptueuses résidences. Quelques-uns d'entre eux s'intéressent aussi aux arts, comme en témoignent les remarquables collections de peintures rassemblées à l'époque[402], ainsi qu'aux œuvres philanthropiques.

De l'autre côté, la masse des ouvriers et journaliers, mal protégée, se débat dans une situation bien différente : salaires insuffisants, chômage régulier, conditions de travail dangereuses et malsaines. Une partie des Montréalais vit dans une pauvreté extrême; la ville ne connaît pas les taudis tels que ceux qui commencent à couvrir certains quartiers de New York à la même époque, mais elle a ses rues malpropres, en terre battue, bordées de maisons insalubres. Le contraste des conditions de vie entre les beaux quartiers et ceux des plus défavorisés a suggéré cette formule saisissante au réformateur Phillip P. Carpenter; à Montréal, la richesse côtoie la mort : «*...the City of Wealth and Death*»[403].

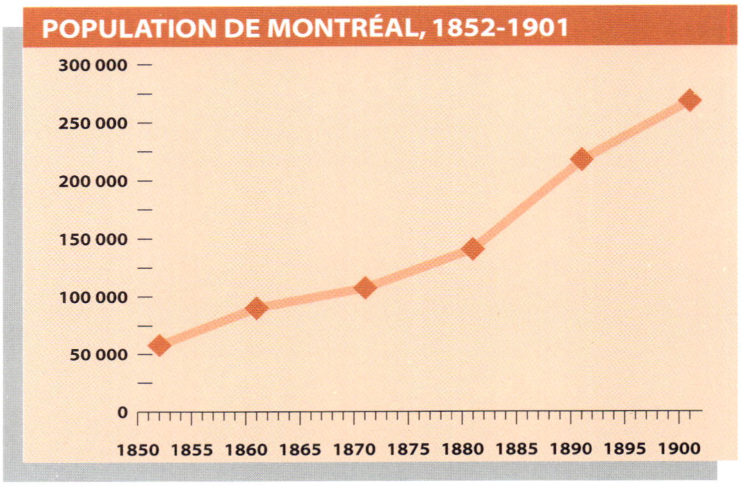

NOUVELLE POUSSÉE DÉMOGRAPHIQUE

Après la forte poussée initiale des années 1852-1861, le rythme de croissance démographique ralentit un moment avant de redémarrer après 1870. Il se maintient alors à un niveau élevé, et ce, jusqu'au début des années 1890. La population urbaine croît plus rapidement que celle du Québec, ce qui constitue l'indice de la continuité et de la vigueur de l'urbanisation. Durant la seconde moitié du siècle, la croissance se fait aussi à l'extérieur du périmètre de Montréal : une multitude de villes de banlieue se créent, dont la population augmente rapidement. À partir de 1883, certaines d'entre elles sont annexées à Montréal, ce qui contribue à l'augmentation de la population. En 1901, la ville compte 267 730 habitants, or, en ne tenant compte que du territoire antérieur, elle n'en aurait que 203 078[404]. Phénomène important, durant le dernier tiers du siècle, Montréal finit par occuper tout le territoire qui avait été délimité en 1792 (planche 20).

LES CLIVAGES ETHNIQUES

Le second renversement de majorité linguistique et la progression du groupe canadien-français marquent le dernier tiers du siècle. Si la part du groupe britannique baisse régulièrement, ses effectifs continuent d'augmenter. Le recul de la composante irlandaise constitue le troisième changement; il semble que de nombreux Irlandais choisissent de migrer vers les États-Unis ou l'Ontario. Durant les dernières décennies s'amorce un phénomène nouveau, appelé à revêtir une importance considérable : le début d'une nouvelle phase de diversification ethnique avec l'arrivée des Juifs d'Europe de l'Est et des Italiens.

LA RÉPARTITION SPATIALE DE LA POPULATION

La vieille ville achève de se vider de ses résidants et, en 1901, elle ne représente même pas 2% de la population. Amorcé par un exode de la bourgeoisie, ce mouvement s'étend ensuite aux Églises, ainsi qu'aux communautés religieuses qui décident de se rapprocher de la population. La cathédrale anglicane Christ Church, détruite par un incendie en 1856, est rebâtie dans le quartier Saint-Antoine (rue Sainte-Catherine et avenue Union). L'Hôtel-Dieu déménage dans le quartier Saint-Laurent en 1860 et les sœurs grises suivent le mouvement, une dizaine d'années plus tard, en édifiant leur couvent et l'Hôpital général dans le quartier Saint-Antoine, rue Guy et boulevard Dorchester (René-Lévesque). Le caractère de centre des affaires de la vieille ville s'accentue alors. Signe des temps, les hospitalières de Saint-Joseph font ériger des bâtiments commerciaux sur le site du premier Hôtel-Dieu et les exploitent, tandis que les sœurs grises louent ce qui reste de leur couvent comme entrepôt.

Les activités du centre-ville continuent à déborder de son périmètre. Dans le bas des quartiers Saint-Laurent, Saint-Louis et Saint-Jacques, comme dans la partie est du quartier Sainte-Anne, manufactures et bureaux remplacent les maisons. À partir de 1890, la rue Sainte-Catherine, jusqu'alors exclusivement résidentielle, entame sa conversion en artère commerciale centrale. Le ton est donné lorsque cette année-là, Henry Morgan (1810-1882) fait construire son imposante Colonial House, face au square Phillips. En quelques années, les grands magasins quittent les rues Saint-Jacques et Notre-Dame, envahies par les activités financières[405]. La masse des Montréalais habite dans les quartiers anciens mais, à partir des premières annexions, une proportion grandissante de la population s'installe dans les anciennes municipalités de banlieue. Ce phénomène, un peu comme la pointe d'un iceberg, laisse deviner l'importance du processus de fragmentation du territoire en un grand nombre de municipalités indépendantes. À partir de 1883 se profile un mouvement de remembrement au profit de Montréal, qui ira en s'accélérant au début du XXᵉ siècle.

RÉPARTITION DES GROUPES ETHNIQUES

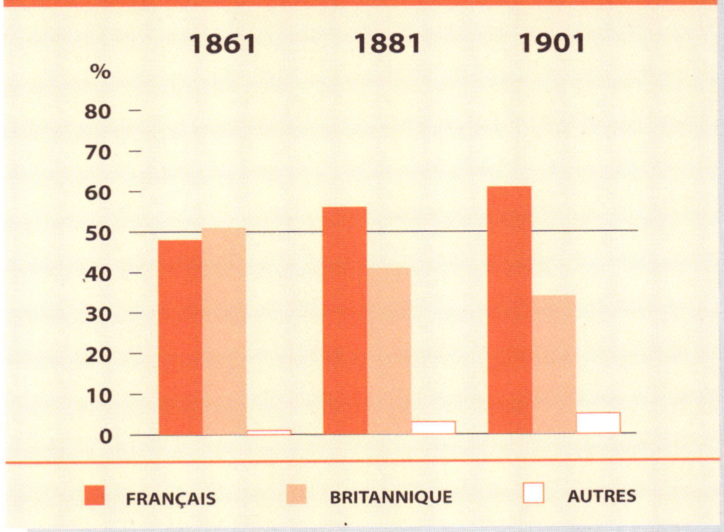

RÉPARTITION DE LA POPULATION DANS LA VIEILLE VILLE, LES QUARTIERS ANCIENS ET LES NOUVEAUX QUARTIERS ANNEXÉS

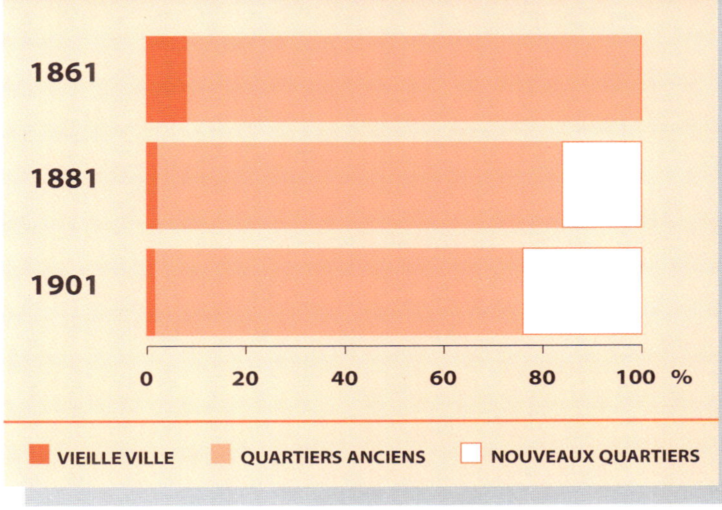

LA RÉPARTITION ETHNIQUE

En 1897, un grand bourgeois montréalais, aussi réformiste, Herbert Brown Ames (1863-1954), publie une étude consacrée à un quartier ouvrier. Intitulée *The City Below the Hill* [406], l'enquête porte sur le territoire délimité par la frontière de la ville à l'ouest, la voie ferrée du Canadien Pacifique et la rue De La Gauchetière au nord, les rues Centre et Wellington au sud, et la rue McGill à l'est. La gare Bonaventure et le canal de Lachine constituent les deux éléments marquants du paysage. Les plans qui accompagnent son ouvrage sont très intéressants dans la mesure où ils résument les données recueillies, rue par rue et maison par maison. Le plan-synthèse que nous avons élaboré souligne l'interpénétration des groupes ethniques dans cette partie de la ville. En dépit d'une tendance accrue à la polarisation ethnique, phénomène que l'on peut observer pour l'ensemble de la ville (planche 22), il demeure des zones où les différents groupes sont en contact à l'échelle des quartiers. À côté de pâtés de maisons habités par un groupe unique, certaines rues abritent des populations de différentes origines ethniques. À cette époque, l'échelle de la rue reste une dimension importante : elle délimite des enclaves majoritairement occupées par un groupe ethnique[407].

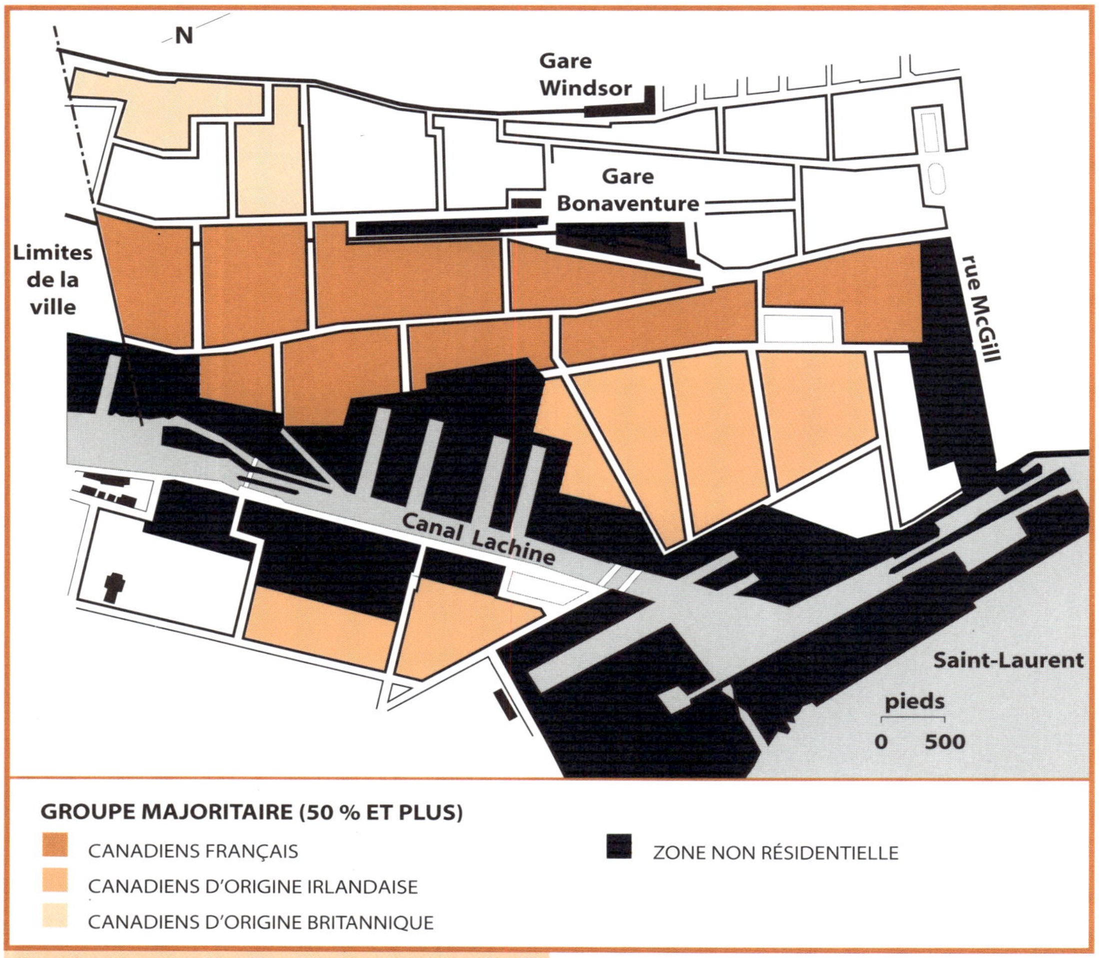

Les groupes ethniques dans un quartier ouvrier d'après Herbert Brown Ames.

La pauvreté dans un quartier ouvrier d'après Herbert Brown Ames.

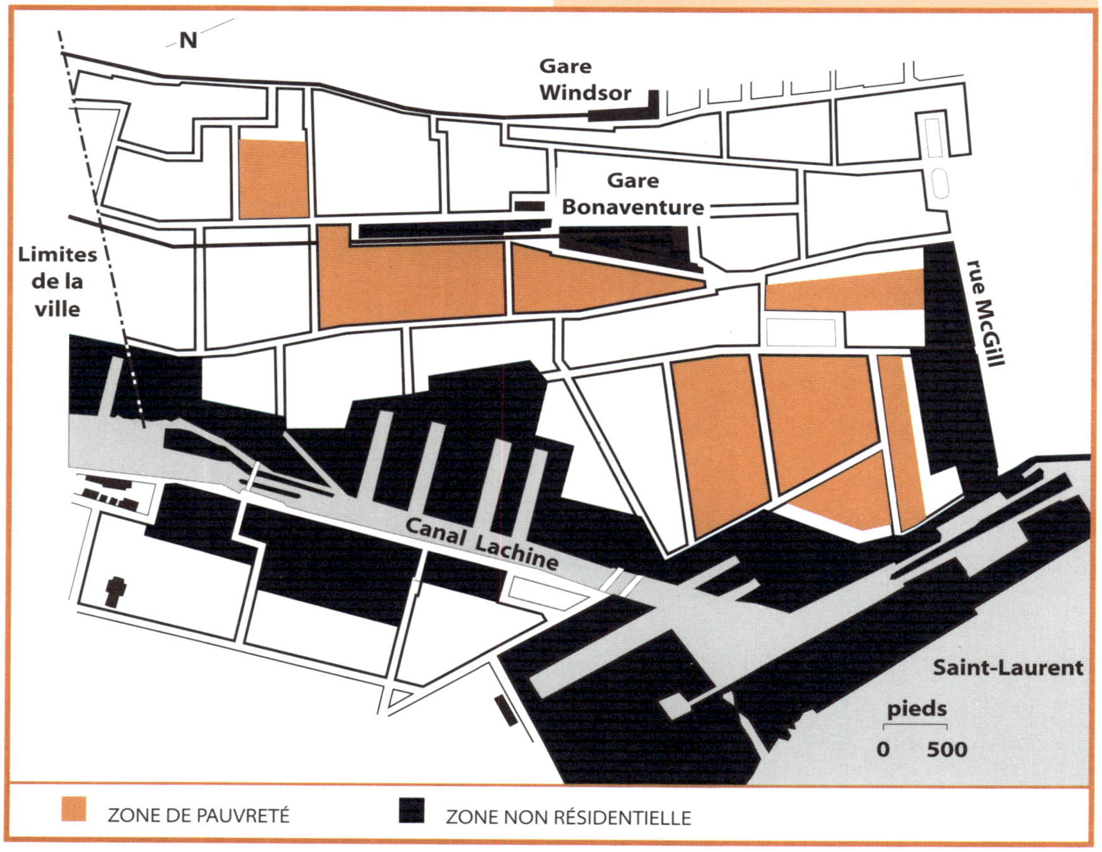

LE PHÉNOMÈNE DE LA PAUVRETÉ

Selon Herbert Brown Ames, un quartier ouvrier n'est pas monolithique, il est donc normal d'y trouver des représentants des différentes classes sociales. La notabilité locale comprend quelques professionnels, auxquels s'ajoutent les commerçants, les boutiquiers et les hôteliers. Mais la majorité est formée de ce qu'il appelle «la véritable classe industrielle», c'est-à-dire les artisans, les ouvriers qualifiés et les commis. Les journaliers sont dans une situation très différente. Sans qualifications, ils sont tributaires d'emplois précaires et mal payés. C'est donc à l'intérieur de ce groupe que se trouvent les plus pauvres, ceux qui, d'après l'auteur, vivent d'un revenu annuel inférieur à 260 $, et qui forment une proportion de 11% des ménages étudiés dans son enquête. À l'aide de cet indicateur et de la proportion des ménages ayant un revenu précaire, il étudie la répartition des pauvres dans l'espace, et ne décèle aucune concentration significative, mais plutôt des zones où les pauvres sont davantage présents.

L'INCENDIE DE 1852

Depuis longtemps, les incendies constituent un fléau à Montréal. Depuis le XVIIIe siècle, les flammes ont régulièrement dévasté différentes parties de la ville. Avec la formidable expansion des quartiers au XIXe siècle, les risques d'incendies ont beaucoup augmenté, d'autant plus que la réglementation municipale permettait toujours, et ce depuis 1721, les constructions en bois hors du périmètre de la vieille ville. Le 9 juillet 1852, un incendie se déclare dans une maison du quartier Saint-Laurent, sur le boulevard du même nom. En quelques heures, sautant de rue en rue, l'incendie réduit en cendres une grande partie des maisons sur un large périmètre. Le soir même, un nouvel incendie éclate du côté du faubourg Sainte-Marie et détruit encore des centaines de constructions.

Le lendemain, près de 1 200 maisons ont disparu et environ 10 000 personnes se retrouvent sans logis[408]. On installe les sinistrés dans des tentes à la ferme Logan (l'actuel parc Lafontaine), alors utilisée comme champ de manœuvre par l'armée. À la suite de cet événement, la municipalité interdit toute construction en bois sur son territoire. Mais, à l'instar de la vieille ville au XVIIIe siècle, alors que la proclamation de cette interdiction avait entraîné un exode vers les faubourgs, les maisons en bois envahissent les municipalités de banlieue après 1852. Au moment de la conflagration, le territoire de la ville est loin d'être entièrement occupé, les bâtiments dépassant à peine la rue Sainte-Catherine. Mais la grande poussée de construction qui débute vers cette époque remplira rapidement l'espace disponible.

Partie de la carte illustrant l'état de la ville après l'incendie de 1852 : les zones blanches indiquent les destructions; les zones noires, les secteurs restés intacts; les zones hachurées, les parties de la ville qui demeurent peu habitées et peu construites.
Rollo Campbell, Pilot Extra, Montreal, Monday, July 26, 1852, Archives du Séminaire de Québec, Tiroir 212, nº 13.

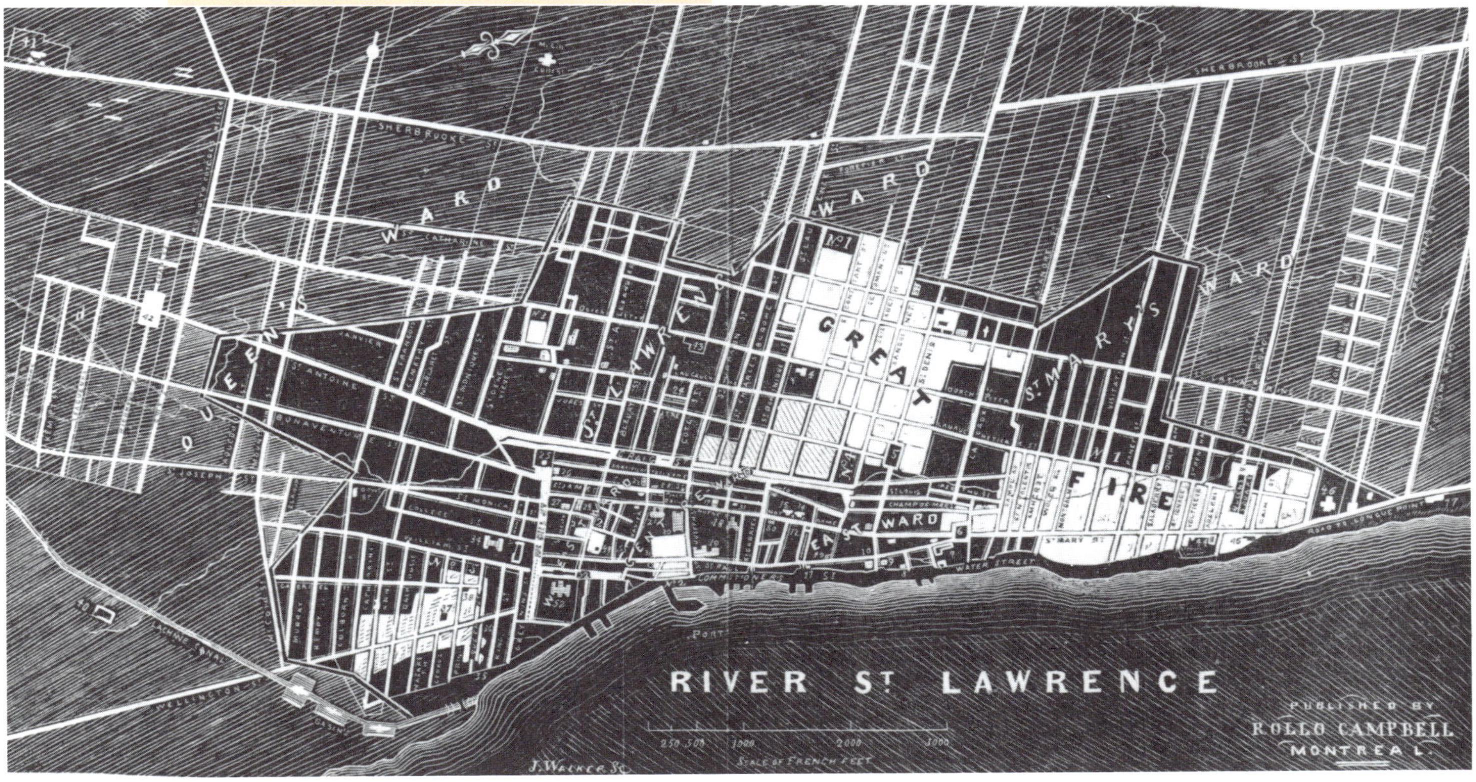

LE RÉSEAU DE COMMUNICATION

Le réseau de communication est au cœur du dynamisme de l'économie urbaine. La bourgeoisie d'affaires y investit des capitaux depuis le début du siècle et réussit peu à peu à persuader les gouvernements d'intervenir par des lois, des garanties accordées aux chemins de fer et à prendre en charge certains travaux. La route, le rail et la navigation constituent des réseaux imbriqués qui forment un véritable système intégré de transport que les progrès techniques viennent régulièrement améliorer. En 1840, le gouvernement décide de macadamiser les chemins de l'île et instaure un système de routes à péage. Une barrière est

Cette carte est une traduction de celle intitulée «Montréal et ses environs», parue dans le tome XV de la Nouvelle Géographie universelle *d'Élisée Reclus, Paris, Hachette, 1890.*
Bibliothèque nationale du Québec.

érigée à chacune des extrémités, et les revenus ainsi perçus servent à maintenir la surface de roulement en bon état, et ce, en toute saison[409]. Ainsi, les routes de l'île sont d'une qualité supérieure à celles qu'on peut trouver ailleurs sur le territoire. Cependant, le chemin de fer s'impose rapidement comme moyen de transport pour les communications à moyenne et à longue distance. Montréal devient, à la fin du siècle, le principal nœud ferroviaire du Canada. Les deux grands réseaux, le Grand Tronc, formé en 1852, et le Canadien Pacifique, créé en 1881, y établissent leur siège social et leurs principaux ateliers. Leurs deux voies ferrées parallèles arrivent de l'Ouest et se poursuivent au-delà de Montréal, passant sur la rive sud du Saint-Laurent. Le Grand Tronc a fait construire le pont Victoria, inauguré en 1860, entre Pointe-Saint-Charles et Saint-Lambert, d'où il rejoint Saint-Hyacinthe et Richmond pour se dédoubler, d'un côté vers Portland, et de l'autre vers Lévis et les provinces de l'Atlantique. En 1887, le Canadien Pacifique choisit d'édifier un pont vis-à-vis de Caughnawaga (Kahnawake), en amont des rapides, ce qui lui permet d'atteindre les États-Unis et, éventuellement, Saint-Jean au Nouveau-Brunswick en passant par le Maine (1890)[410]. Le sud de la plaine de Montréal est bien mieux desservi que le nord. Dans les années 1870, le projet du Québec, Montréal, Ottawa et Occidental vise en partie à redresser cette situation. En 1877, la liaison Montréal-Hull est terminée, suivie, en 1879, de celle de Montréal-Québec. Poursuivant leur objectif visant à faire de Montréal un port océanique, les milieux d'affaires désirent depuis longtemps améliorer la navigation sur le Saint-Laurent, mais la traversée du lac Saint-Pierre constitue le principal obstacle à ce projet. La faible profondeur de l'eau — à peine 3 m durant l'été — oblige les plus gros navires à se délester d'une partie de leur cargaison sur une barge à l'entrée du lac et à la reprendre une fois la traversée effectuée[411]. Le gouvernement fait une première tentative, vers 1844, creusant un chenal rectiligne large de 45 m et profond de 4,20 m aux basses eaux[412], qui s'avère trop coûteuse : en conséquence, les travaux seront suspendus peu après. Les commissaires du port reprennent le projet en 1850, en optant cette fois pour l'aménagement du chenal naturel. La profondeur atteint 5,5 m à la fin de la décennie et 8,5 m en 1887[413]. L'installation de phares, de bouées et de signaux facilite la circulation vers l'intérieur, et Montréal supplante dès lors Québec comme terminus de la navigation océanique et fluviale.

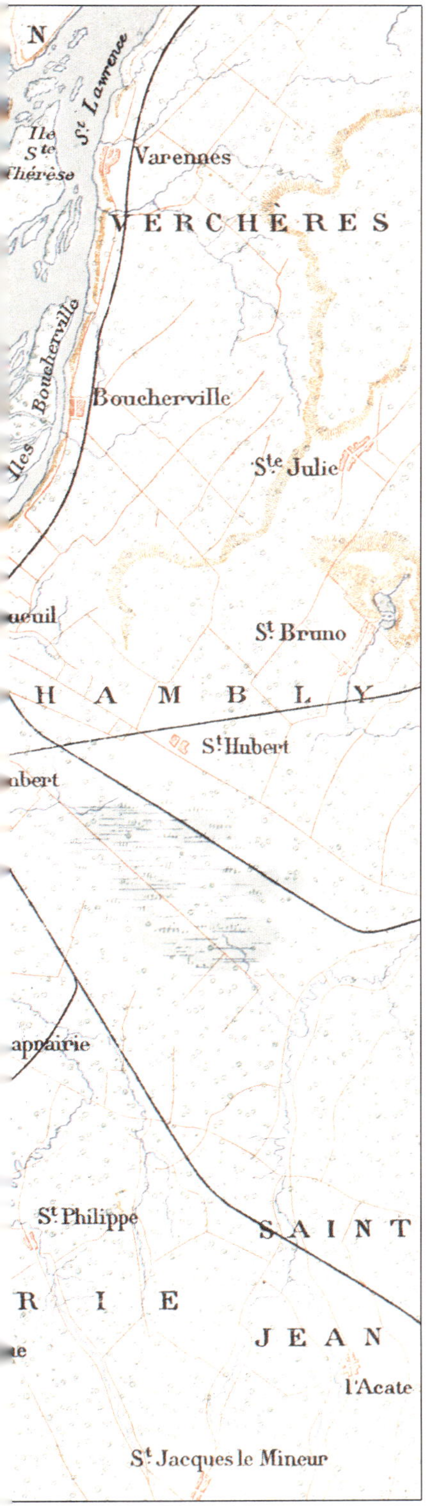

L'officier de marine Henry W. Bayfield (1795-1885) avait été chargé par l'amirauté britannique de faire le relevé hydrographique du Saint-Laurent. Il a consacré plusieurs années à ce travail et ses cartes ont été longtemps utilisées pour la navigation fluviale. Les tracés des deux chenaux sont bien visibles à la sortie du lac Saint-Pierre.
Archives nationales du Canada, NMC113317.

MOUNT ROYAL PARK
ST ANTOINE
WARD
LACHINE CANAL
OF THE
made by order of

En 1871, avec ses 107 000 habitants, Montréal dépasse, et de loin, les autres villes canadiennes et se classe parmi les agglomérations importantes de l'Amérique du Nord. La démolition des fortifications du début du siècle a marqué le début d'une formidable expansion qui a complètement bouleversé le paysage urbain. L'empreinte de l'ancienne ville fortifiée s'est estompée peu à peu, ne subsistant que dans le tracé de certaines rues et dans la toponymie. La continuité et la densité des constructions du centre a gommé les frontières. L'aménagement du port a entièrement transformé le rivage qui, en 1815, ressemblait encore à celui des XVIIe et XVIIIe siècles. La ville a atteint la stature de métropole du Canada et de centre industriel. Les équipements urbains rendus nécessaires par sa taille sont graduellement mis en place. À la fin du siècle, des réseaux d'égouts et d'aqueducs desservent la quasi-totalité des maisons, les rues sont mieux pavées et l'éclairage public au gaz les rend plus sécuritaires. Les tramways à chevaux ont fait leur apparition en 1862, mais ce service demeure encore trop onéreux pour les ouvriers qui devront attendre 1892, avec l'avènement de la traction électrique[414]. Le télégraphe a commencé à encombrer les rues de ses enchevêtrements de poteaux et de fils.

Les infrastructures de transport sont bien apparentes avec l'étendue des installations portuaires, le canal de Lachine et les voies ferrées du Grand Tronc. En 1871, la vieille ville exerce toujours une prééminence sur le plan économique. Les activités financières, administratives, commerciales et portuaires y sont concentrées et, dans le domaine de la fabrication, en dépit du mouvement de déconcentration observé, 43% des ouvriers y travaillent. Les secteurs anciens sont bien représentés avec le cuir, le vêtement, la fabrication diverse, le travail des métaux non ferreux, l'imprimerie, le papier et les produits chimiques. Le quartier Sainte-Anne, à l'ouest, traversé par le canal de Lachine et par celui de Sainte-Marie, à l'est, forment les deux autres pôles du secteur manufacturier. Le premier est dominé par la métallurgie et la fabrication de matériel de transport, le second par le textile, l'alimentation, le cuir, le tabac et la fabrication diverse[415]. La ville s'est étendue vers le nord, rejoignant en plusieurs axes la rue Sherbrooke, mais elle se tient encore largement à l'intérieur de ses frontières de 1792. La densité du vieux centre contraste avec celle des quartiers périphériques et ces derniers disposent encore d'une importante quantité de terrains vacants.

Cette carte, réalisée à partir de nouveaux relevés topographiques effectués en 1872 par les ingénieurs Plunkett et Brady, constitue un document très précis pour l'époque, où l'on retrouve non seulement le tracé des rues mais aussi celui des édifices.

P. Macquisten, Plan of the City of Montreal, Bibliothèque nationale du Québec.

LE DÉVELOPPEMENT DE LA BANLIEUE

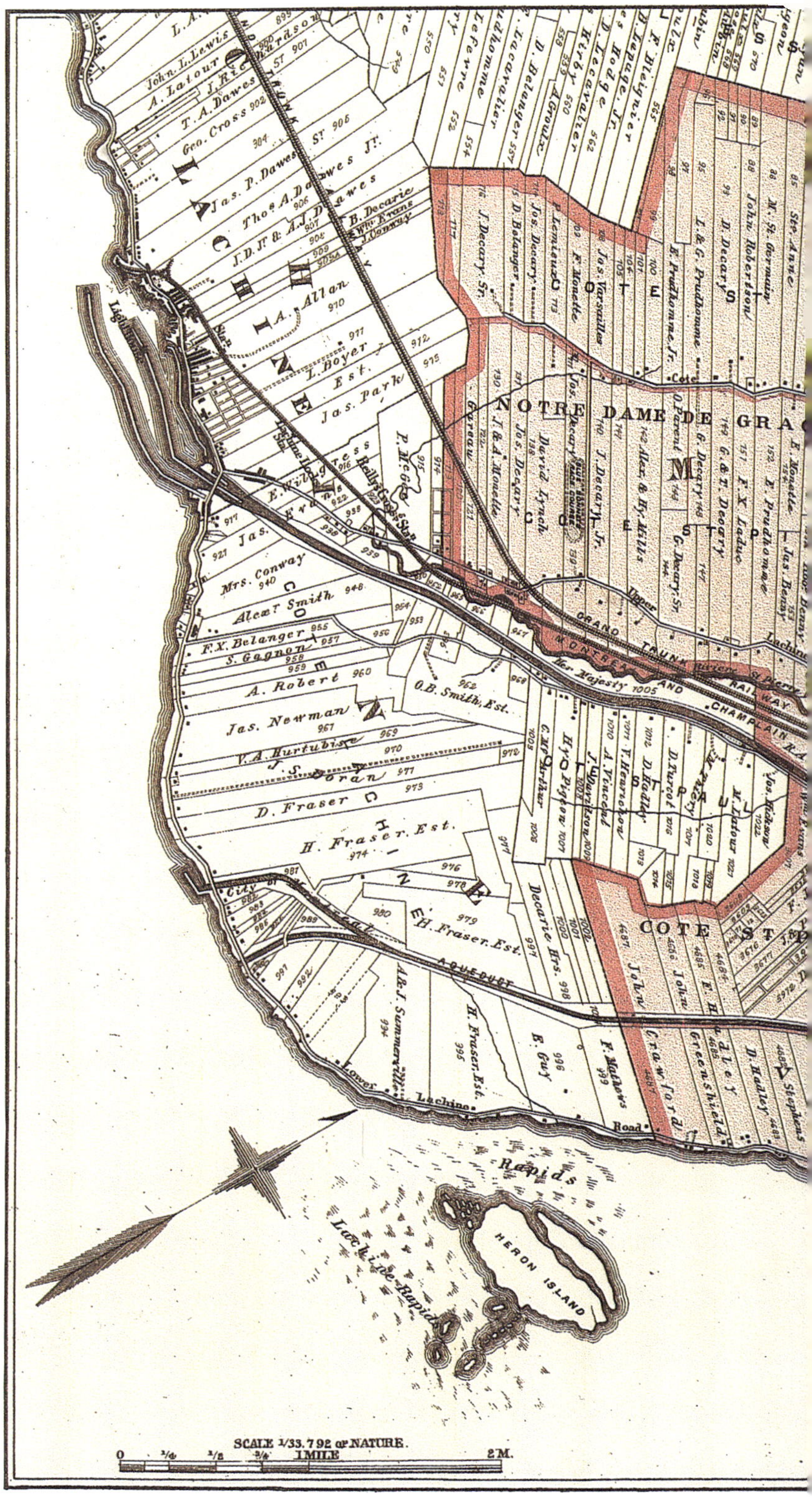

Durant la première moitié du siècle, l'influence de la ville sur les campagnes avoisinantes oriente la production agricole et stimule la croissance des villages (planche 24). Après 1850, les relations changent de nature, l'urbanisation opérant sur une plus vaste échelle. À titre d'exemple, l'axe industriel du canal de Lachine ne s'arrête pas aux limites de Montréal, et l'influence de la voie d'eau sur l'essor manufacturier se fait sentir sur la totalité de son parcours. Les besoins d'expansion et la spéculation, celle-ci cherchant sans cesse à anticiper sur ceux-là, refoulent toujours davantage les activités agricoles, transformant les anciens terroirs en zones de transition avec leurs lotissements, leurs terrains en friche et quelques fermes résiduelles. Trois éléments majeurs régissent ce mouvement : le prix des terrains, la réglementation moins contraignante, et le nouveau cadre juridique dû au réaménagement des lois municipales entre 1845 et 1855[416]. La pression des prix est en effet moins forte en banlieue et l'absence de réglementation municipale libère les promoteurs de toute contrainte. Avant l'Union de 1841, en dehors des villes de Montréal et de Québec, il n'existait aucune forme d'administration locale, et tout devait être référé au gouvernement. Le nouveau cadre juridique oblige les collectivités à s'organiser et à s'administrer sous forme de municipalités, de paroisses, de comtés, de villages ou de villes. La loi prévoit le seuil de population suffisant pour passer d'une catégorie à l'autre[417].

Le jeu des forces du marché et la mise en vigueur de ces lois aboutissent à une fragmentation du territoire de l'ancienne paroisse de Montréal. Celui-ci avait été défini dès 1721[418] et le seul changement notable avait été la proclamation de 1792 établissant les limites de la ville (planche 20). Or, à partir de 1846, cette partie rurale de la paroisse se divise en plusieurs entités, mouvement qui ne s'inversera qu'à partir de 1883 avec les premières annexions à Montréal. L'histoire de la paroisse de Notre-Dame-de-Grâce, érigée en 1874, illustre ce phénomène. Dès 1876, la future municipalité de Westmount s'en détache, les cultivateurs, majoritaires au conseil, refusant de participer financièrement à la construction des infrastructures de cette partie de la ville qui se trouve alors sous le coup d'une poussée spéculative[419].

Ce processus se répète à plusieurs reprises et donne naissance successivement aux villes Saint-Pierre (1893), Montréal-Ouest (1897) et Côte-Saint-Luc (1903)[420]. Du côté nord, le village de Saint-Jean-Baptiste est créé en 1861 à la suite d'une requête de propriétaires désirant avoir une municipalité distincte, et fait l'objet d'un développement intensif[421]. À l'est, la création de la ville de Maisonneuve se fait selon le même schéma : lorsque le village d'Hochelaga, face à l'urbanisation croissante de sa partie ouest contiguë à Montréal, décide de changer de statut, les propriétaires de la partie est refusent et optent pour un statut distinct[422].

Le mécanisme est donc toujours le même : des spéculateurs achètent des terres, les lotissent, tracent des rues et attendent les acheteurs, ce qui repousse les cultivateurs. La comparaison du territoire de la ville (planche 29) et de celui de l'agglomération montre que l'expansion s'est effectuée par sauts de puce, laissant dans la ville des lots disponibles et amorçant sa pénétration dans les espaces avoisinants, selon d'anciens axes de développement tels que le fleuve et le boulevard Saint-Laurent.

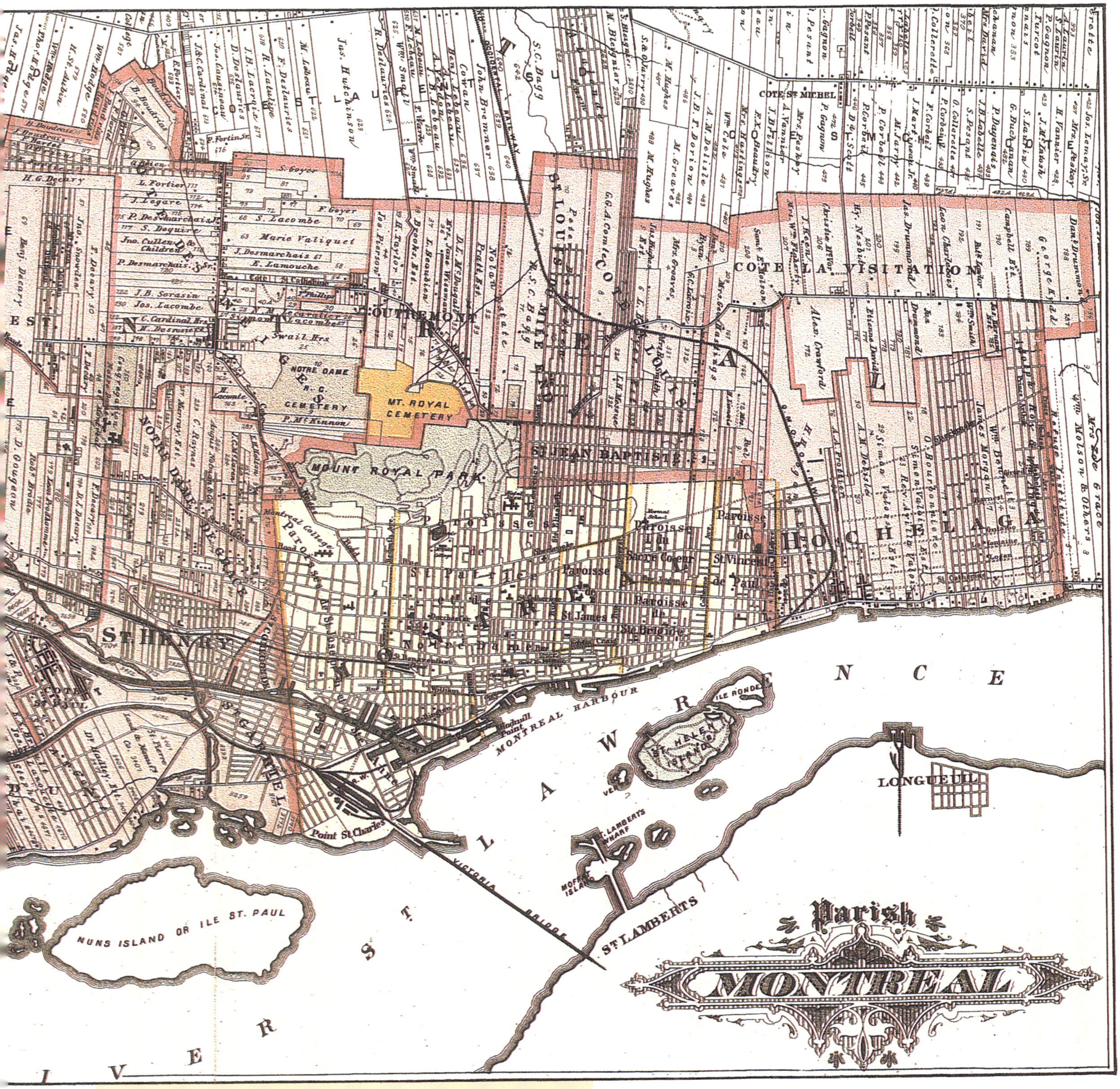

En 1879 paraît l'un des premiers atlas urbains de plans d'assurance, à grande échelle, permettant de connaître rapidement les matériaux de toutes les constructions de l'île de Montréal. Cette carte de repérage de la paroisse de Montréal montre la couronne de municipalités de banlieue qui entoure la ville.

H. W. Hopkins, Atlas of the City and Island of Montreal, 1879, Université du Québec à Montréal.

LA MÉTROPOLE : DE CANADIENNE À QUÉBÉCOISE

Au XXe siècle, Montréal est plus que jamais une ville faite de contrastes. À un centre-ville en hauteur répondent des quartiers résidentiels aux bâtiments bas, de deux ou trois étages pour les plus anciens. Les écarts entre les riches et les pauvres sont très marqués, quelquefois même inscrits dans la topographie; c'est le cas de Westmount, qui domine le quartier ouvrier de Saint-Henri, la différence d'altitude renforçant la différence sociale. Le contraste est également flagrant entre catholiques et protestants. Mais de tels clivages sont monnaie courante pour de nombreuses villes; dans le cas de Montréal, la dualité de la société urbaine, entre «Anglais» et «Français», constitue une donnée fondamentale.

Sur un même territoire, deux entités coexistent et possèdent leurs institutions propres. Cependant quelques rares lieux d'échanges et de médiation existent, pour l'élite, de manière à faciliter la gestion commune ou les relations entre groupes. Chacune des deux communautés possède également sa structure de classe et sa division sociale de l'espace. Du côté anglophone, la bourgeoisie habite le «mille carré» ou Westmount, les cols blancs Notre-Dame-de-Grâce et les ouvriers, Griffintown ou la pointe Saint-Charles. Du côté francophone, la bourgeoisie loge à Outremont ou, au début du siècle, autour du square Saint-Louis, tandis que les cols blancs s'installent dans une partie du plateau Mont-Royal et que les ouvriers occupent le «faubourg à la mélasse» (démoli lors de la construction de la place Radio-Canada), Saint-Henri ou encore Hochelaga. La répartition géographique n'a cependant pas abouti à la formation d'aires homogènes et exclusives, car on trouve des enclaves francophones ou anglophones dans la plupart des quartiers. Il n'en reste pas moins que l'axe du boulevard Saint-Laurent joue le rôle d'une frontière entre les deux parties de Montréal. La littérature le confirme abondamment[423]. Cette voie a longtemps marqué la limite d'une *terra incognita*, aussi bien pour les anglophones que pour les francophones[424].

Cette dualité a créé la division ethnique du travail, surtout perceptible avant les années 1960, lorsque les francophones occupaient massivement les petits emplois de services et les emplois manufacturiers, tandis que les anglophones étaient proportionnellement plus nombreux aux postes de cadres, tant dans l'industrie que dans les services. L'arrivée des nouveaux Montréalais du début du siècle ne modifie pas fondamentalement cette dualité, mais rend son équilibre et son fonctionnement plus complexes. Juifs et Italiens s'insèrent dans la ville, formant dans le même mouvement une «troisième solitude», entre Canadiens français et Canadiens anglais. La différence s'exprime alors sur le plan religieux : elle est inscrite dans la pierre même des opulentes églises paroissiales catholiques, dans celle des temples protestants, plus discrets, et dans la brique des modestes synagogues du début du siècle.

Au XXe siècle, les migrations internes s'ajoutant à l'immigration européenne, la population va connaître une croissance rapide. Avec l'essor phénoménal de la construction résidentielle dans les années 1920 et après 1950, Montréal apparaît comme une ville récente occupée par des «nouveaux urbains». Qu'il s'agisse de familles de cultivateurs ayant quitté leur terre dans les vieilles paroisses rurales du Québec, de familles de fermiers des provinces de l'Atlantique ou de l'est de l'Ontario, de paysans italiens laissant leur *mezzogiorno* natal, ou encore de Juifs d'Europe de l'Est habitués à la vie traditionnelle du Shtetl, tous, arrivant par vagues successives, doivent apprendre les réalités nouvelles de la vie d'une grande cité. Ainsi, pour une grande partie de la population migrante de la première génération, cette acculturation domine les deux premiers tiers du siècle, transformant lentement les attitudes anciennes.

L'évolution de la ville suit quatre grandes phases rythmées par la crise de 1929, la fin de la Deuxième Guerre mondiale, la longue période de prospérité qui débute dès la fin des années quarante et, enfin, l'Exposition universelle de 1967.

La première phase (1900-1929) correspond à une période de consolidation du statut de métropole du Canada. Grande agglomération industrielle, centre financier et nœud des transports ferroviaires et maritimes du pays, la ville joue un rôle central dans les échanges. En revanche, la concurrence avec Toronto est devenue plus vive au début du siècle malgré le fait que la gestion de l'économie canadienne soit encore l'apanage de Montréal.

Durant la seconde phase (1929-1945), la ville est frappée de plein fouet par la crise : dépendante des échanges et, en particulier, tributaire des exportations céréalières, l'effondrement des prix du blé et le ralentissement des échanges sur les marchés internationaux frappent durement les activités des transports maritimes et ferroviaires. Par un effet d'entraînement, le marasme s'étend aux entreprises industrielles liées à ces secteurs; par exemple, les usines Angus ferment pendant deux mois en 1931, licenciant leurs 10 000 travailleurs; plus tard, la municipalité devra consentir une réduction des taxes foncières au Canadien Pacifique moyennant la promesse de maintenir les ateliers ouverts avec un minimum de 2 500 ouvriers[425]. En tant que grand centre manufacturier, la ville souffre également de l'effondrement de la consommation et du commerce international. Jusqu'au déclenchement de la guerre, la situation demeure précaire; une faible reprise s'amorce en 1937, mais il faudra attendre 1939-1940 pour que redémarre l'ensemble des secteurs. L'économie de guerre résorbe le chômage tout en créant des pénuries importantes dans les domaines de la consommation, du logement et des transports urbains. Cependant, l'explosion de la demande, liée à la multiplicité des besoins militaires, entraîne peu de modifications de la structure industrielle. Même si les entreprises connaissent une période de prospérité très importante, l'implantation d'industries novatrices se fait ailleurs, excepté une partie de l'industrie aéronautique et de l'électronique. À la fin de la guerre, l'industrie montréalaise a vieilli, notamment en ce qui concerne les bâtiments et l'outillage.

La troisième phase d'évolution (1945-1967) est marquée par une prospérité qui masque le début du déclin économique de la ville. En effet, derrière une bonne santé apparente se profilent des transformations majeures. Toute la structure économique est secouée par le profond réaménagement des transports (maritimes, ferroviaires et routiers) au cours duquel les flux d'échanges sont complètement réorientés, et le rôle central de Montréal remis en question. Historiquement tournée vers la Grande-Bretagne et vers l'Atlantique, la ville est touchée par le retrait du capital britannique depuis la Première Guerre mondiale, par la montée du capital américain ainsi que par l'intégration de l'économie canadienne à celle des États-Unis. Ces deux derniers facteurs profitent grandement à Toronto, mieux située géographiquement. Montréal devient un entrepôt et un port parmi d'autres.

Sur le plan financier, les fonctions de direction nationale qu'elle exerçait sont de plus en plus partagées avec Toronto. Si, en 1931, Montréal abritait 49% des sièges sociaux des grandes entreprises et Toronto 25%[426], la proportion est inversée en quelques décennies, si bien qu'en 1970, deux fois plus de sièges sociaux d'entreprises se trouvent à Toronto[427]. Quant à la structure industrielle, elle subit une déconcentration qui se traduit géographiquement par la relocalisation des entreprises, certaines se réinstallant en banlieue et d'autres quittant l'agglomération pour se rapprocher de leurs marchés.

Depuis les années 1970, Montréal connaît un ralentissement considérable de sa croissance. La ville n'est plus considérée comme la métropole du Canada. Tout en conservant certaines fonctions nationales, elle agit de plus en plus comme la métropole du Québec. La ville apparaît comme le principal lieu de contact entre les deux solitudes canadiennes, et comme point de jonction entre le Québec et l'Amérique du Nord.

Jusqu'aux années 1960, les Montréalais ne semblaient guère avoir de stratégie de développement, que ce soit dans les milieux d'affaires ou chez les autorités municipales. Confiants en la continuité et en la puissance des facteurs de localisation qui garantissaient depuis deux siècles le maintien de la prospérité, les uns et les autres comptaient surtout sur la promotion et le renforcement des avantages géographiques montréalais. Avant 1950, la controverse au sujet de la canalisation du Saint-Laurent est révélatrice de cet état d'esprit; en effet, tout le monde s'oppose à une quelconque tentative de modification de son statut de point de rupture de charge sur le Saint-Laurent[428]. Par la suite, les ajustements se feront progressivement, les Montréalais tentant tant bien que mal de s'adapter aux nouvelles conditions. Avant l'arrivée au pouvoir de Jean Drapeau, en 1954, les autorités municipales n'accordent qu'une importance relative à la question du développement. Un service d'urbanisme existe bel et bien depuis 1944, mais il s'occupe exclusivement de l'aménagement de la ville. Avant sa mise sur pied, certains projets avaient été élaborés, comme celui de l'ancien ministre Guillaume-Alphonse Nantel (1852-1909) qui proposait une planification de type haussmannien[429], ou, encore, celui de l'ingénieur Séraphin Ouimet qui voulait réaménager et intégrer les grands axes de transport dans la ville[430].

La statégie mise en avant par le maire Drapeau comporte deux volets : la réalisation de grands projets collectifs et un appui sans réserve au redéveloppement du centre-ville. Dès son premier mandat (1954-1957), son opposition au projet d'habitations à loyer modique (devenues depuis les Habitations Jeanne-Mance) confirme sa conviction selon laquelle la dimension résidentielle était appelée à disparaître du centre-ville au profit des fonctions administratives, commerciales et culturelles[431]. Avec des projets telles la place Ville-Marie et, surtout, l'Exposition universelle de 1967, l'ère des grandes réalisations est amorcée et se termine avec les Jeux olympiques de 1976. Mais le lourd déficit consécutif aux Jeux, et la faiblesse des retombées économiques à long terme démontrent les limites d'une telle politique. Depuis le début des années 1980, la stratégie de l'Hôtel de Ville s'articule autour de la revitalisation des artères commerciales, du maintien en ville des jeunes ménages, et de la restauration de certains axes industriels anciens tels que le canal de Lachine.

Entre-temps, de nouveaux organismes de concertation apparaissent et stimulent la discussion sur les problèmes économiques de Montréal. Mais le nombre des intervenants a augmenté et le rôle des gouvernements (fédéral et provincial) s'est accru. En comparaison de la situation qui prévalait durant la première moitié du siècle, lorsque le Montreal Board of Trade était le principal porte-parole et savait se faire entendre à Ottawa et à Québec, le leadership semble désormais beaucoup plus diffus.

L'avenir de Montréal laisse les observateurs perplexes. La question du déclin de Montréal est au centre de nombreuses réflexions et interprétations. Tous les chercheurs s'entendent sur ce constat, ainsi que sur la complexité des causes du phénomène. Une série de facteurs très différents entre en jeu, et ce, à divers moments : changement qualitatif dans la structure économique avec la tertiarisation, maturation du réseau urbain canadien, mondialisation des échanges et nouvelle division internationale du travail, remise en question, par les francophones du Québec, de la division ethnique traditionnelle du travail, et du déplacement du centre de gravité de l'économie canadienne vers l'ouest.

Une interprétation passablement répandue fait de la montée du sentiment indépendantiste, et plus particulièrement de l'arrivée du Parti québécois au pouvoir (1976-1985), l'une des principales causes du déclin de la ville. Or il n'en est rien puisque les éléments de la transformation étaient à l'œuvre depuis la Première Guerre mondiale. Le remplacement de la Grande-Bretagne par les États-Unis comme principal partenaire financier et commercial du Canada favorise Toronto, dont les milieux d'affaires sont axés sur New York depuis le XIXe siècle afin d'échapper à la tutelle financière de Montréal[432]. L'initiative torontoise dans l'exploitation des richesses minières durant les années 1920, activité boudée par la bourgeoisie montréalaise, lui donne déjà une longueur d'avance. Sa proximité avec l'Ouest et sa plus grande affinité culturelle avec les États-Unis ont fait depuis longtemps de la ville et de sa région un lieu privilégié pour l'installation de filiales américaines.

La bourgeoisie canadienne s'est transformée durant la première moitié du siècle : sa composante montréalaise, au faîte de sa puissance, perd peu à peu son dynamisme et est de moins en moins intéressée à la poursuite active des affaires[433]. Un véritable «changement de garde» est survenu, au profit de la bourgeoisie torontoise. La montée des francophones d'après 1950 constitue un autre facteur non négligeable. Pour l'économiste Mario Polèse, «la transformation sociolinguistique du Québec est à l'origine du déclin relatif de Montréal...[434]» car «la francisation de la vie montréalaise a nécessairement eu pour conséquence d'y augmenter les coûts, comparée à Toronto, pour le recrutement de personnes de langue anglaise.[435]» La langue de communication utilisée par les cadres joue en effet un rôle déterminant, et l'anglais reste indiscutablement la langue dominante des marchés canadiens et américains[436]. Cette question du confort culturel est déterminante, en particulier dans un contexte de forte mobilité géographique, et plusieurs analyses l'ont du reste évoquée[437]. Mais ce n'est pas la seule : la proximité du pouvoir politique joue aussi un rôle déterminant et Peter C. Newman a souligné le caractère fondamental de ce besoin : «Le pouvoir financier finit toujours par suivre — pour sa propre protection — le pouvoir politique; c'est là, sans doute, la cause fondamentale qui explique que le cœur du milieu des affaires du Canada ait quitté Montréal pour Toronto.[438]» Certains économistes envisagent le problème sous un angle quelque peu différent; pour Jane Jacobs, l'inadéquation entre les infrastructures d'une métropole ancienne et les besoins d'une simple ville régionale est trop grande, et risquerait d'entraîner de graves problèmes pour le pays tout entier si le déclin de Montréal se poursuivait[439]. Ce dernier scénario semble cependant peu probable car les fonctions actuelles de Montréal dépassent incontestablement celles d'une simple ville régionale.

UNE BOURGEOISIE AU FAÎTE DE SA PUISSANCE

Les villes sont plus sensibles aux changements sociaux et les enregistrent plus rapidement. Ainsi, le XXe siècle voit l'émergence d'un important mouvement ouvrier, qui aura comme conséquence l'aménagement des rapports de travail nés de l'industrialisation. De la même façon, le mouvement de revendication des femmes québécoises débute à Montréal, les anglophones précédant de peu les francophones dans l'organisation des associations. Ces remises en question touchent presque tous les aspects de la vie sociale. Les groupes dominants, inquiets et jaloux de leur pouvoir social, réagiront en cherchant à canaliser et à limiter les changements revendiqués, à défaut de pouvoir s'y opposer.

C'est au cours de la première moitié du XXe siècle que la bourgeoisie montréalaise est à son apogée. Contrôlant la plupart des secteurs clés, elle participe activement au développement de la production de l'économie canadienne dans son ensemble, dont elle dirige en grande partie les orientations. Cette classe est dominée par un groupe d'origine anglo-écossaise avec des hommes tels que Hugh Montagu Allan (1860-1951), fils du magnat des transports Hugh Allan, actif dans la finance, ou David Morrice (1829-1914), marchand et industriel, spécialisé dans le domaine du coton, père du peintre James Wilson Morrice. Elle compte aussi des membres issus d'autres origines, comme

Herbert Samuel Holt (1856-1941), ingénieur irlandais devenu financier et entrepreneur, ou Mortimer B. Davis (1864-1928) d'origine juive et fondateur de la compagnie Imperial Tobacco. Elle attire aussi des Canadiens originaires d'autres provinces parmi lesquels Max Aitken (1879-1964), devenu lord Beaverbrook en 1917, né en Ontario et qui a été initié à la finance au Nouveau-Brunswick. Même s'il ne demeure que quelques années à Montréal avant de se fixer définitivement en Angleterre en 1910, il crée des conglomérats tels que Canada Cement, Canadian Car and Foundry ou Stelco. Enfin, Izaak Walton Killam (1885-1955), qui est un financier originaire des Maritimes (Halifax).

Cette bourgeoisie allie la puissance financière au pouvoir politique, sachant toujours diffuser son point de vue et faire connaître ses préférences à Ottawa ou à Québec, directement ou indirectement, par le biais d'institutions financières qu'elle contrôle et avec lesquelles les gouvernements doivent compter.

On trouve également une bourgeoisie francophone, plus nombreuse dans les strates moyenne et inférieure. Toutefois, des gens comme Frédéric-Liguori Béique (1845-1933), avocat et financier, ou Joseph Versailles (1881-1931), ont fait leur marque et appartiennent véritablement à la grande bourgeoisie. Comme au siècle précédent, s'il existe une certaine tension entre les deux bourgeoisies, elles ont en commun les valeurs du capitalisme, et croient en la nécessité du progrès économique.

Durant le XXe siècle, une bourgeoisie «ethnique» émerge lentement, formée des fils d'immigrants qui ont réussi dans les affaires, souvent en desservant leur communauté d'origine puis en élargissant leur marché. Elle s'illustre dans certains domaines d'activités, par exemple dans la confection, où quelques grandes familles d'origine juive se sont fait un nom, ou encore dans la fabrication d'alcools, secteur dans lequel Samuel Bronfman (1889-1971) a bâti son empire financier.

L'ENCADREMENT SOCIAL ET RELIGIEUX

Bien que n'appartenant pas à la bourgeoisie, il faut noter le rôle de l'Église catholique en tant qu'acteur social majeur dont l'influence durera jusqu'aux années 1960. Sa puissance est telle que les autres groupes dominants ne peuvent se permettre de l'ignorer. Durant la seconde moitié du XIXe siècle, l'Église étend d'abord son pouvoir social grâce à la multiplication des paroisses urbaines, instruments de base de l'encadrement social et religieux des Canadiens français. Au siècle suivant, cet encadrement est consolidé par l'apparition d'organismes diocésains qui œuvrent à travers toute la ville, comme les mouvements d'action catholique spécialisée ou l'école sociale populaire, cette dernière étant confiée aux jésuites et ayant pour mission de contrer la propagation des idées de gauche. La hiérarchie de l'Église maintient des contacts réguliers avec les autres groupes dominants et avec les dirigeants politiques.

Le pouvoir exercé par les diverses bourgeoisies et par l'Église n'est cependant pas absolu puisqu'elles doivent d'abord composer avec leurs propres divergences et avec d'autres groupes qui remettent en question certains aspects de l'organisation sociale. La dualité de base de la société montréalaise rend la tâche des réformistes difficile : les clivages linguistiques et religieux forment souvent des obstacles difficiles à contourner.

Durant la première moitié du XXe siècle, les divers mouvements de réforme, le mouvement syndical et le mouvement féministe constituent les principaux centres de revendication. La presse populaire, en anglais comme en français, apparue à la fin du XIXe siècle, assure une plus large diffusion de leurs idées, par le traitement de la nouvelle et par la publication de chroniques spécialisées. Les réformistes de toute nature cherchent à corriger les abus du monde politique; dans le domaine de la santé, les hygiénistes prônent l'amélioration des conditions de vie et organisent la lutte contre la mortalité infantile ou la tuberculose. Les syndicats continuent à faire pression pour améliorer les conditions de travail des ouvriers, les salaires et les lois. À Montréal, les «unions internationales» regroupent la majorité des travailleurs mais parallèlement à celles-ci subsistent les syndicats nationaux ainsi que, après les années 1920, le syndicalisme catholique qui fait quelques percées. Au lendemain de la Deuxième Guerre mondiale, les internationaux regroupent 80% des effectifs syndiqués de Montréal[440]. L'action politique se situe dans la même mouvance, avec le Parti ouvrier (1899-1933) et les partis de gauche durant les années 1930, particulièrement le Parti communiste canadien et le Cooperative Commonwealth Federation (CCF). Le député Alphonse Verville (1864-1930), plombier et chef ouvrier, siège à la Chambre des communes entre 1906 et 1921 et, en 1943, les électeurs du comté de Montréal-Cartier éliront Fred Rose (1907-1983), lié au Parti communiste canadien, pour les représenter aux Communes. L'effervescence des mouvements de gauche durant les années 1930 joue un rôle important dans l'élaboration des réformes et touche de nombreux domaines, depuis les groupes populaires jusqu'aux mouvements artistiques[441]. Les milieux juifs et anglophones y sont cependant plus sensibles.

Après la guerre, le mouvement syndical continue d'occuper une place importante et devient, dans les années 1960, un partenaire d'envergure influençant tous les aspects de la vie sociale et politique. Entre-temps, le syndicalisme catholique était devenu plus combatif; la grève de Dupuis frères (1952) marque un tournant décisif, car ce conflit avait révélé les oppositions de classe à l'intérieur de la société canadienne-française.

La revendication féministe prend un certain essor durant la première moitié du siècle, les femmes refusant désormais de se contenter des activités philanthropiques qui leur étaient traditionnellement dévolues. Les grandes batailles sont entamées, notamment celle du droit des femmes à l'instruction collégiale et universitaire, et celle du droit de vote aux élections provinciales. En 1908, après de longues tractations, les sœurs de la Congrégation de Notre-Dame ouvrent, à Montréal, le premier collège classique destiné aux femmes (qui deviendra plus tard le collège Marguerite-Bourgeoys); de leur côté, les Montréalaises anglophones avaient obtenu un accès limité à l'Université McGill dès 1884. En 1940, les femmes obtiennent finalement le droit de vote au Québec[442].

Certaines contestations émanent aussi d'autres groupes et d'individus. L'ouverture à l'Université McGill d'un département de travail social et, surtout, le démarrage d'un vaste projet financé par la fondation Rockefeller de New York (1931-1940), amènent des intellectuels à se regrouper et à entamer des recherches sur la société industrielle urbaine et ses problèmes[443]. Très rapidement, certains des animateurs du projet passent de l'analyse intellectuelle à l'activité politique, en particulier après la formation de la League for Social Reconstruction en 1931, animée par des professeurs et des étudiants des universités de Toronto et de McGill, dont les Montréalais Francis [Frank] R. Scott (1899-1985), Eugene Forsey (1904-1991) et Leonard C. Marsh (1906-1982). Les écrivains et les artistes sont également sensibles aux inégalités sociales et aux problèmes liés au changement. La parution, en 1945, du chef-d'œuvre de Gabrielle Roy, *Bonheur d'occasion*, qui décrit sans complaisance un quartier ouvrier, en témoigne. Plus tard, à la fin des années 1940, la parution de *Refus global*, manifeste le rejet de toute forme de censure et remet en question les autorités sociales traditionnelles.

LES RELATIONS INTERETHNIQUES

Au XXe siècle, les relations interethniques semblent plus calmes en apparence. La stratégie de cloisonnement institutionnel, ainsi que la création des espaces ethniques, contribuent en effet à réduire les conflits. Cependant, les tensions et la méfiance réciproque sont toujours présentes et se manifestent à l'occasion, dans les journaux, ou à travers la sourde rivalité entre les deux universités (McGill et Montréal) pour obtenir les subventions gouvernementales, qui sont alors discrétionnaires. Face à l'immigration, l'attitude des Montréalais varie. Les Canadiens anglais semblent plus favorables à l'arrivée des immigrants, et leurs institutions scolaires sont en général en mesure de les accueillir et de favoriser leur intégration. En revanche, les Canadiens français du début du siècle demeurent méfiants vis-à-vis de toute forme d'immigration, qu'ils perçoivent comme une menace pour leur influence politique; en outre, leurs institutions scolaires refusent systématiquement les immigrants non catholiques. Cette attitude persistera jusqu'aux années 1970, et sera nourrie en partie par l'anglicisation systématique des immigrants.

Durant la première moitié du siècle, les rapports avec la communauté juive sont plus tendus. Les réactions sont parfois virulentes comme dans l'affaire de l'étudiant en médecine Samuel Rabinovitch, premier de sa promotion à la faculté de médecine de l'Université de Montréal, et dont les confrères internes se mettent en grève en 1934 pour l'empêcher de faire son stage à l'hôpital Notre-Dame. Elles sont parfois plus feutrées et se manifestent par le biais d'une politique de *numerus clausus* qui limite le nombre d'étudiants juifs admis à l'Université McGill ou qui impose à ces derniers des conditions d'entrée différentes avec, par exemple, une exigence de notes plus élevées[444]. On retrouve les mêmes attitudes parmi la population. Chez les francophones, la politique d'«achat chez nous» est perçue comme une menace par les commerçants juifs; dans certains journaux, les allusions et remarques antisémites ne manquent pas et des incidents isolés opposent quelquefois Juifs et Canadiens français.

Après la Deuxième Guerre mondiale, ce type de tension s'apaise, mais les relations interethniques sont dominées par un nouveau phénomène, le rejet par les Canadiens français de la division ethnique du travail traditionnelle qui les confinait aux emplois subalternes. Durant les années 1960, la revendication du droit à travailler en français prend de l'ampleur, et certaines pratiques d'emploi considérées comme discriminatoires sont dénoncées. En 1963, un événement illustre cette situation : des étudiants manifestent devant le siège social du Canadien National pour protester contre la déclaration de son président Donald Gordon (1901-1969) selon laquelle il n'aurait pas réussi à trouver de Canadien français compétent et susceptible d'occuper un poste de cadre supérieur. Les deux paliers de gouvernement prennent alors une série de mesures destinées à promouvoir l'usage du français. Le gouvernement fédéral adopte la loi du bilinguisme en 1969 et cherche à augmenter le nombre de Canadiens français dans la fonction publique. Le gouvernement du Québec met en place un nouveau cadre pour faire du français la langue de travail. Peu à peu, le visage de la ville change. Si un auteur pouvait écrire qu'avant 1930 le fait français était largement ignoré[445], après 1960, le caractère français de Montréal émerge et fait l'objet d'une attention soutenue dans tous les domaines.

Les Canadiens français changent progressivement d'attitude à l'égard des immigrants et manifestent une plus grande ouverture envers les nouveaux venus. Ce changement se produit dans le réseau scolaire où, durant les années 1970, les écoles francophones supplantent les écoles anglophones dans leur rôle d'institutions d'accueil et opèrent une transformation radicale en l'espace d'une décennie. En dépit de réels progrès et de poussées de prospérité, Montréal demeure une ville où les extrêmes de pauvreté et de richesse se côtoient de façon très voyante dans le paysage. Le développement de l'État-providence, surtout après la Deuxième Guerre mondiale, a beaucoup contribué à faciliter les conditions d'existence des plus démunis, mais les inégalités persistent et semblent même s'aggraver à certaines époques.

LA DÉMOCRATISATION DE LA POLITIQUE

La vie politique municipale est marquée par un mouvement de modernisation et de démocratisation. La transformation de l'appareil administratif de la ville est la conséquence directe de l'ampleur des problèmes qui se présentent : la gestion d'une ville de près de 300 000 habitants impose de nouvelles exigences et, dès le début du siècle, les cadres de la fonction publique municipale comme les politiciens cherchent à doter la ville d'un corps de fonctionnaires compétents et efficaces. Les différentes réformes des services, comme le progrès de la syndicalisation des employés, témoignent de cette tendance qui s'affirme dès l'entre-deux-guerres et s'accentue après 1950. Le mouvement de démocratisation est cependant plus diffus. Le début du siècle coïncide avec l'époque des maires populistes, qui ne prendra fin qu'avec la retraite de Camillien Houde (1889-1958) en 1954. Entre-temps, les divers mouvements de réforme avaient bien tenté d'endiguer la corruption endémique qui sévissait. Leurs propositions tendaient cependant à favoriser un pouvoir de type élitiste. Les réformistes demeuraient méfiants sur la capacité de la population à choisir des administrateurs compétents.

La tutelle du gouvernement du Québec était en général perçue favorablement par ces milieux, puisqu'elle se situait au-dessus des partis. Il y avait ainsi une contradiction entre la volonté d'assainissement des mœurs politiques et la démocratisation. La ville est mise en tutelle à plusieurs reprises, et elle le sera pour la dernière fois entre 1940 et 1944. C'est à ce moment-là que Québec impose un régime politique très peu démocratique, avec trois catégories de conseillers : la première élue par les propriétaires, la deuxième par les propriétaires et les locataires, et la troisième nommée par une douzaine d'associations et d'organismes comme le Montreal Board of Trade ou les universités. En 1960, on adopte un nouveau régime, qui fait disparaître les trois classes de conseillers, pour n'en garder qu'une seule, élue par les propriétaires et les locataires. La structure devient alors plus démocratique.

L'EXPANSION CULTURELLE

Au XXe siècle, Montréal émerge comme un haut lieu de culture. Dotée d'institutions d'enseignement supérieur, de bons musées et de bibliothèques, comptant nombre d'orchestres et une grande diversité d'artistes, c'est un foyer de diffusion et de création. Le développement des médias s'est fait sentir très tôt : presse avant la Première Guerre mondiale, radio et cinéma durant les années 1930 et 1940, télévision et édition après 1950. Mais le grand mouvement de fond a été celui d'une démocratisation des institutions culturelles rendues accessibles à l'ensemble des Montréalais. À l'origine, les institutions culturelles sont inséparables des groupes linguistiques et ethniques qui les suscitent et les financent par leurs dons ou par d'autres moyens. La Bibliothèque nationale du Québec, par exemple, a émergé en 1915, sous l'enseigne de la Bibliothèque Saint-Sulpice, à une époque où l'Église catholique se croyait encore investie de la mission de régenter la lecture de ses fidèles. Le musée McCord de l'Université McGill, longtemps peu connu hors de la communauté anglophone, s'affiche désormais comme une institution ouverte à tous les Montréalais.

À la fin du XXe siècle, Montréal est devenue une ville cosmopolite, à l'image de beaucoup d'autres; elle se distingue cependant par la dualité fondamentale entre francophones et anglophones qui s'est développée surtout au siècle précédent et qui colore ses institutions comme sa culture. Il y a, en effet, une façon d'être montréalais qui transcende les distinctions de langue ou de couleur de peau. Si le chansonnier Robert Charlebois pouvait parler du Québec comme une «presque Amérique», Montréal, c'est l'Amérique, mais avec un accent français et un important héritage britannique.

UNE SOCIÉTÉ COSMOPOLITE

À partir de 1901, la ville, au faîte de sa puissance économique, attire des gens de toute provenance, car elle offre aussi bien de l'emploi dans ses manufactures et ses chantiers de construction que d'intéressantes possibilités d'ascension sociale. Cet afflux s'accompagne d'une diversification de la population et Montréal devient alors de plus en plus cosmopolite. L'évolution démographique est modulée par trois grands événements, les deux guerres mondiales et la crise de 1929, qui entraînent des ralentissements, voire l'arrêt momentané des migrations. La société est par ailleurs marquée par des inégalités inhérentes à toute ville industrielle en pleine expansion qui s'inscrivent dans son espace, et dont les effets s'imposent à la réflexion des habitants.

L'ARRÊT DANS LA CROISSANCE

Si la croissance de la population connaît un fort ralentissement pendant la Première Guerre mondiale, la crise de 1929 provoque un effet encore plus brutal. Elle stoppe net l'immigration, pendant que les gouvernements encouragent les étrangers à rentrer dans leur pays et les citoyens canadiens à retourner à la campagne. Cette inversion du flux de population touche donc certains Canadiens au chômage qui se laissent séduire par les promesses des divers programmes de soutien gouvernementaux visant à favoriser le retour à la terre[446]. Mais la guerre éclate, entraînant un revirement aussi complet qu'immédiat : l'armée exerce une ponction sur la main-d'œuvre disponible et, surtout, l'ampleur et la diversité des besoins en équipement militaire font redémarrer l'économie. En raison des hostilités, l'immigration d'outre-mer déjà très restreinte par la crise des années 1930 est presque tarie et les migrations internes, jointes à l'arrivée des femmes sur le marché du travail, permettent de combler les besoins en main-d'œuvre. La paix une fois revenue, l'immigration revient rapidement à son niveau antérieur, tandis que les campagnes du Québec continuent à se vider au profit des villes. L'écart croissant entre la courbe de la population de la ville et celle de l'île indique la persistance du mouvement de suburbanisation; les villes de banlieue attirent alors une proportion importante de Montréalais.

POPULATION DE MONTRÉAL, 1901-1951

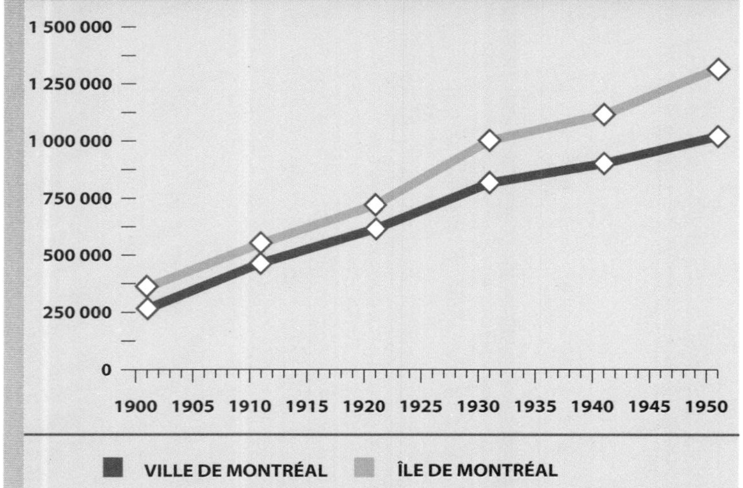

LA DUALITÉ MONTRÉALAISE

Au cours du XIXe siècle, la population avait connu une première phase de diversification (planche 22) avec l'arrivée d'une importante immigration en provenance des îles britanniques. Au siècle suivant, le phénomène revêt un autre aspect, la proportion de Montréalais d'origine autre que française et britannique augmentant sensiblement : de 5,4% en 1901, elle passe à près de 15% en 1951. Ce phénomène, déjà perceptible à la fin du XIXe siècle (planche 27), s'accentue entre 1900 et 1914. Parmi les nombreux groupes ethniques concernés, deux se singularisent particulièrement par leur nombre et leur concentration dans l'espace : ce sont les Juifs originaires d'Europe de l'Est et les Italiens. Leur installation dans l'axe du boulevard Saint-Laurent, qui marque alors une frontière entre le Montréal francophone et anglophone, fait de cette artère un véritable couloir d'immigration qui servira de point de chute à des générations successives d'immigrants[447]. Après la Seconde Guerre mondiale, l'immigration amène à Montréal de nouvelles ethnies. L'importance du groupe britannique diminue, sa proportion chutant presque de moitié. Cela est dû au fait qu'une partie d'entre eux quitte la ville pour s'installer en banlieue, comme l'indique l'évolution dans la composition de la population de l'île. La proportion des francophones dans la ville est en hausse, passant de près de 61% à plus de 67%.

LES NIVEAUX DE FORTUNE

L'avènement de la société industrielle entraîne des modifications dans les clivages sociaux. D'une part, ils deviennent plus visibles, avec un accroissement de concentration de population urbaine et, d'autre part, les variations des niveaux de richesse marquent davantage encore l'espace urbain. La différenciation sociale de l'espace change également d'échelle. Alors qu'aux XVIIIe et XIXe siècles, elle se distingue surtout au niveau de la rue, au XXe siècle, ce sont des aires plus vastes, couvrant souvent l'ensemble d'un quartier urbain, qui deviennent homogènes socialement. Les plus fortunés ont tendance à se regrouper et à partager leur espace avec d'autres familles de la classe moyenne aisée, tandis que les ouvriers, les journaliers et les cols blancs occupent d'autres lieux. Les réformateurs de la fin du siècle, inquiets de la montée des problèmes sociaux, avaient commencé à analyser ce phénomène, comme en témoigne l'étude menée par Herbert Brown Ames en 1897 (planche 27).

Cette carte, datée de 1940, illustre le développement de la ville et de la banlieue.
Canada, Department of National Defence, Bibliothèque nationale du Québec.

LES GROUPES ETHNIQUES DANS LA VILLE ET DANS L'ÎLE DE MONTRÉAL

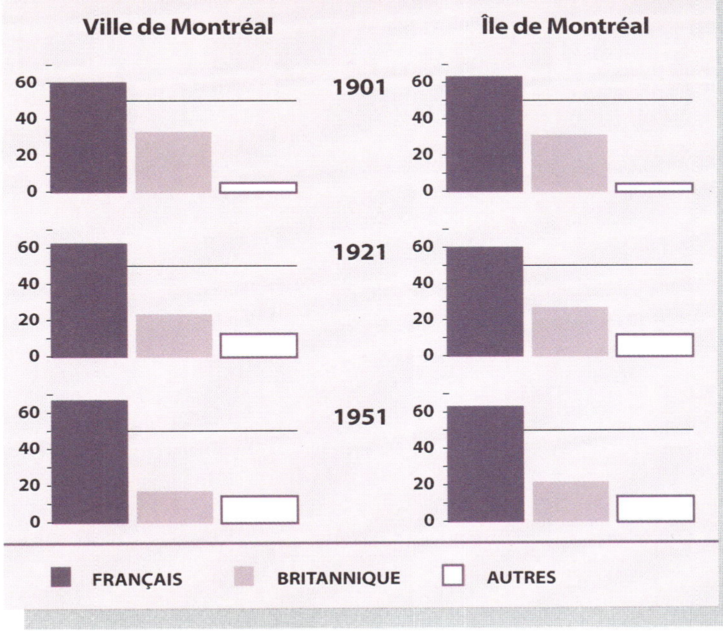

L'essor des sciences sociales, et plus particulièrement les travaux des pionniers de la sociologie urbaine de l'«École de Chicago» durant les années 1920, sont caractéristiques d'une volonté toute nouvelle de comprendre le phénomène urbain[448]. L'Université McGill, qui a engagé un professeur de sociologie pionnier des étudiants formés par Robert Park à l'Université de Chicago décide, au lendemain de la guerre de 1914-1918, de lancer un ambitieux projet de recherche portant sur la ville et ses problèmes. L'enquête, axée sur Montréal, aboutit à la production d'un nombre impressionnant d'études demeurées inédites, souvent sous forme de mémoires de maîtrise, mais dont certaines ont atteint une grande renommée, comme celle d'Everett C. Hughes sur l'urbanisation du Québec, devenue un grand classique de la sociologie américaine[449]. Le projet s'achève en 1940, avec le renvoi plus ou moins déguisé de Leonard C. Marsh, principal chercheur, trop impliqué, aux yeux des dirigeants de l'université, dans le jeune mouvement socialiste canadien[450]. Marsh collaborait volontiers à toutes les entreprises de réforme urbaine. C'est de cette façon qu'il fut amené à participer à une étude commanditée par le Montreal Board of Trade et The City Improvement League qui fut publiée en 1935[451]. Il élabora, en particulier, un plan indiquant la répartition des niveaux de richesse dans la ville de Montréal.

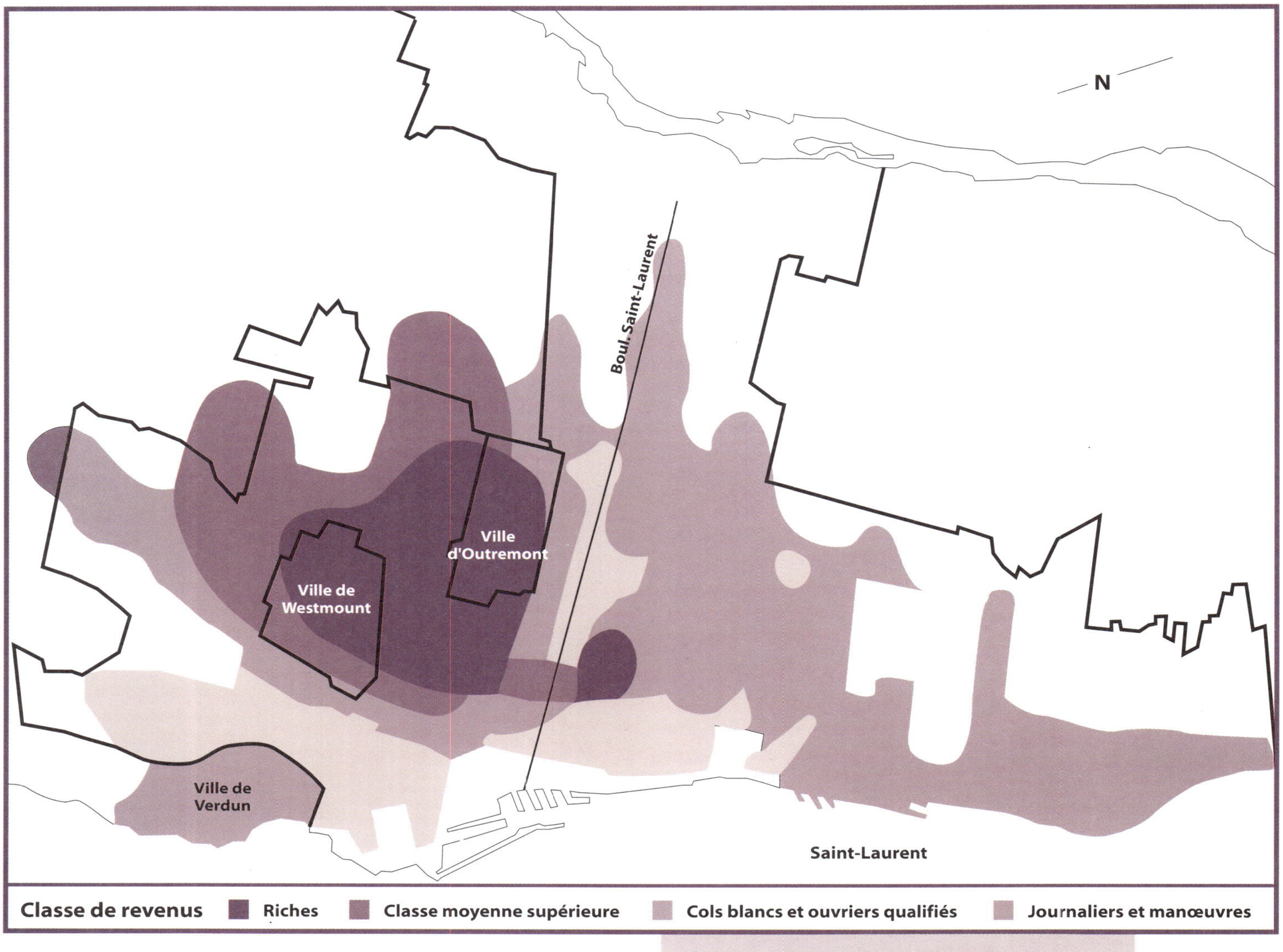

Répartition de la richesse en 1935, d'après Leonard C. Marsh.

Le territoire habité est examiné en fonction de quatre classes de revenus : les riches, la classe moyenne supérieure, les cols blancs et ouvriers qualifiés et, finalement, les journaliers et manœuvres dont les gains sont toujours précaires[452]. Les seuils monétaires des classes ne sont pas indiqués, mais le document précise les catégories de revenus pour les ouvriers et les cols blancs. La strate supérieure, correspondant aux cols blancs, dispose de revenus annuels oscillant entre 1 000 $ et 1 500 $; suivent les ouvriers qualifiés et les artisans, avec des revenus de 850 $ à 1 025 $, les ouvriers «semi-qualifiés», avec 650 $ à 850 $ et, finalement, les manœuvres avec 450 $ à 650 $[453]. Enfin, deux classes de revenus se situent nettement au-dessus du seuil de 1 500 $ par année. En ce qui concerne la répartition dans l'espace, les plus favorisés jouissent d'une position centrale sur les pentes du mont Royal, correspondant au «Mille carré»[454], Westmount, Outremont, ainsi qu'à une petite enclave à l'est du boulevard Saint-Laurent, autour du square Saint-Louis. Ils sont entourés de gens de la classe moyenne supérieure, c'est-à-dire les cadres, les membres des professions libérales et les commerçants aisés qui se retrouvent à Westmount, Notre-Dame-de-Grâce, Outremont, Ville Mont-Royal, Snowdon et Hampstead.

Les cols blancs et les ouvriers qualifiés occupent un vaste territoire, de Maisonneuve à Verdun et Notre-Dame-de-Grâce, en passant par le plateau Mont-Royal et en remontant dans certaines sections de Villeray. Enfin, le groupe des journaliers et des manœuvres occupe le vieux quartier industriel traversé par le canal de Lachine, le second pôle industriel ancien à l'est près du port, les vieux faubourgs du début du XIXe siècle et l'ancien village de Saint-Jean-Baptiste. Cette distribution géographique illustre des phénomènes qui étaient à l'œuvre depuis près d'un siècle : le déplacement de la bourgeoisie du vieux centre vers les pentes du mont Royal, amorcé vers 1850, le recul de la fonction résidentielle vers la périphérie, et le retrait des classes plus aisées vers les zones plus récentes, où les logements neufs sont plus nombreux.

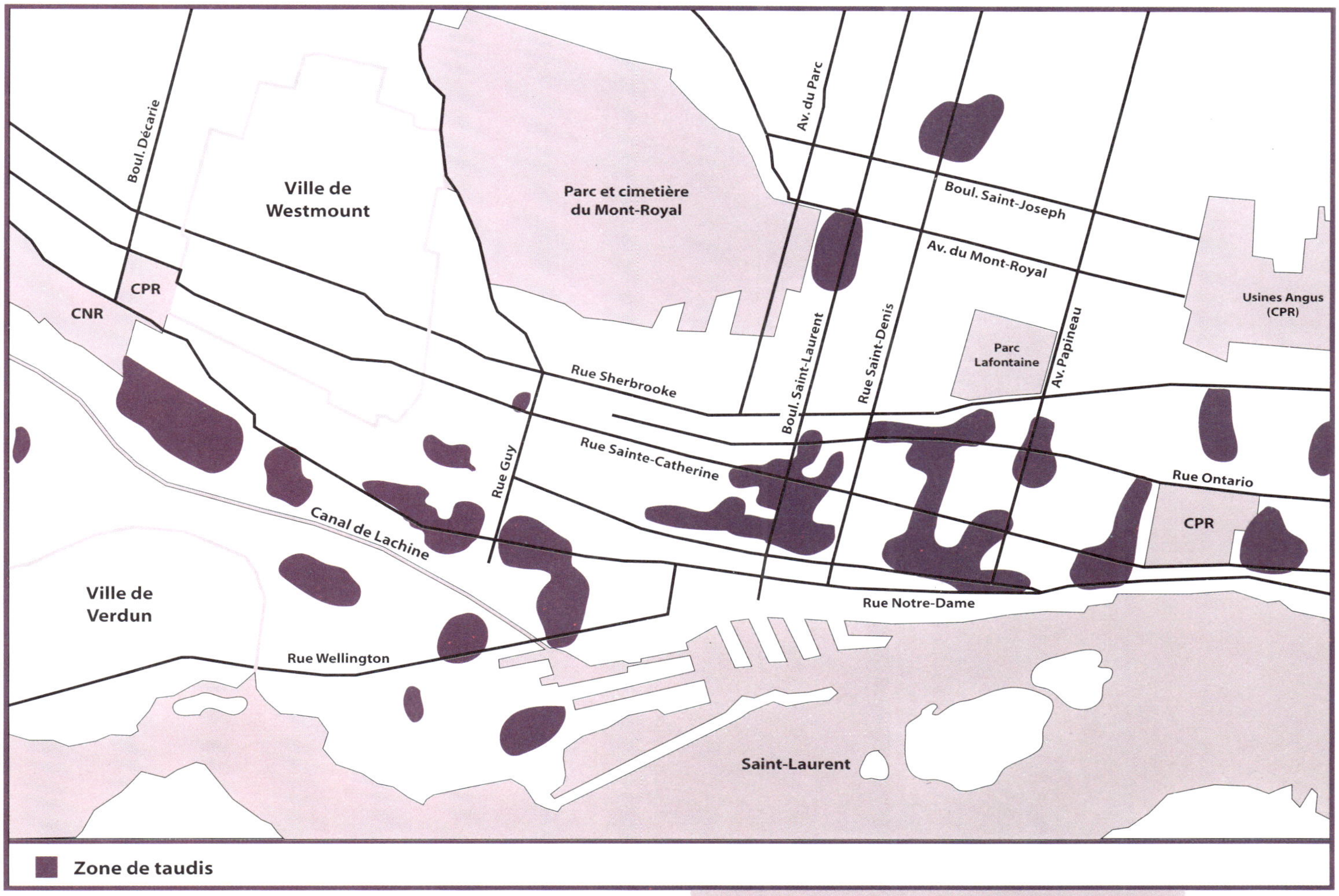

Répartition des taudis en 1935, d'après Leonard C. Marsh.

LES ZONES DE TAUDIS

La qualité de l'habitat ouvrier cristallise l'attention des réformateurs sociaux, au moins depuis le milieu du XIXe siècle[455]. En 1910, un parlementaire britannique, Henry Vivian, déclare que certains coins de Montréal n'ont rien à envier à l'«East End» londonien sur le plan de la dégradation[456]. Deux ans plus tard, l'abbé E.E.M. Gouin dénonce les trois principaux défauts du logement ouvrier montréalais : étroitesse, carence de ventilation et éclairage inadéquat[457]. L'enquête de 1935, qui survient après une période intense de construction, conclut sur une note un peu plus optimiste. Les taudis existent, certes, mais ils ne forment pas la majorité de l'habitat ouvrier. Sur 213 000 logements dans Montréal, Verdun, Westmount et Outremont, les auteurs estiment à 3 000 le nombre de taudis proprement dits[458]. Ils signalent cependant des circonstances susceptibles d'aggraver la situation : l'impact de la crise sur l'entretien, la détérioration des logements neufs, prévisible au cours des 25 années à venir et le ralentissement de la construction résidentielle.

En 1936, la commission métropolitaine de Montréal rappelle que 500 logements ont été condamnés par le service de santé depuis 1929 et que 1 000 autres, en piètre état, sont tolérés en raison de la situation critique de pénurie[459].

Deux ans plus tard, une autre enquête explique le phénomène d'entassement par la rareté des logements à bon marché. En outre, sur un ensemble de 4 216 logements visités et classés en quatre catégories allant d'«excellent» à «mauvais», 54% appartiennent aux deux catégories inférieures, «passable» et «mauvais»[460]. Les zones de taudis identifiées en 1935 correspondent en majeure partie aux quartiers les plus anciens de la ville.

L'ARMATURE INDUSTRIELLE

L'économie montréalaise atteint son apogée entre 1900 et 1950. Son secteur industriel, très important, regroupe 33% de la main-d'œuvre en 1911, et plus de 38% en 1941. Montréal assure plus de la moitié de la production manufacturière du Québec et environ 17% de celle du Canada. Cette période est cependant caractérisée par une conjoncture aux fluctuations amples avec, particulièrement, trois phases de crise (1913-1915, 1920-1922, 1929-1939) et par quatre phases de prospérité (1896-1912, 1915-1918, 1922-1929, 1939-1945), la dernière se poursuivant au-delà des années 1950. La structure industrielle ne change pas vraiment, elle demeure d'abord caractérisée par la place des industries légères où se retrouve le trio habillement, aliments et tabac, puis par l'industrie lourde, où dominent la transformation du fer et de l'acier et la construction du matériel roulant de chemin de fer. De nouveaux secteurs font cependant leur apparition, comme la fabrication de matériel électrique, le raffinage du pétrole et, surtout durant la Seconde Guerre mondiale, l'industrie aéronautique. Mais, derrière cette continuité, deux transformations majeures sont apparues : l'augmentation de la taille des usines et la capitalisation accrue des entreprises. Les usines Angus du Canadien Pacifique, ouvertes en 1904, illustrent ce double mouvement : comptant bientôt 7 000 ouvriers, les ateliers sont équipés de machines-outils perfectionnées. Des techniques de gestion assez avancées pour l'époque y font leur apparition — comme en témoigne l'introduction du taylorisme — pour régir toutes les étapes de la fabrication des locomotives et des voitures et rentabiliser au mieux le personnel et l'équipement[461]. La répartition spatiale des entreprises se fait toujours le long des trois pôles traditionnels du canal de Lachine, qui devient un corridor industriel sur la totalité de son parcours, l'axe du port à l'est (Hochelaga-Maisonneuve) et du centre-ville, où est localisée l'industrie légère comme le vêtement, la chaussure et l'imprimerie. La crise de 1929 secoue durement ce secteur, réduisant de 25% sa main-d'œuvre et de 50% sa valeur de production[462]. La guerre exerce un effet inverse, puisque les entreprises recommencent à embaucher et atteignent une taille encore plus considérable : 10 000 personnes travaillent alors aux usines Angus, et pas moins de 7 000 chez Canadair[463].

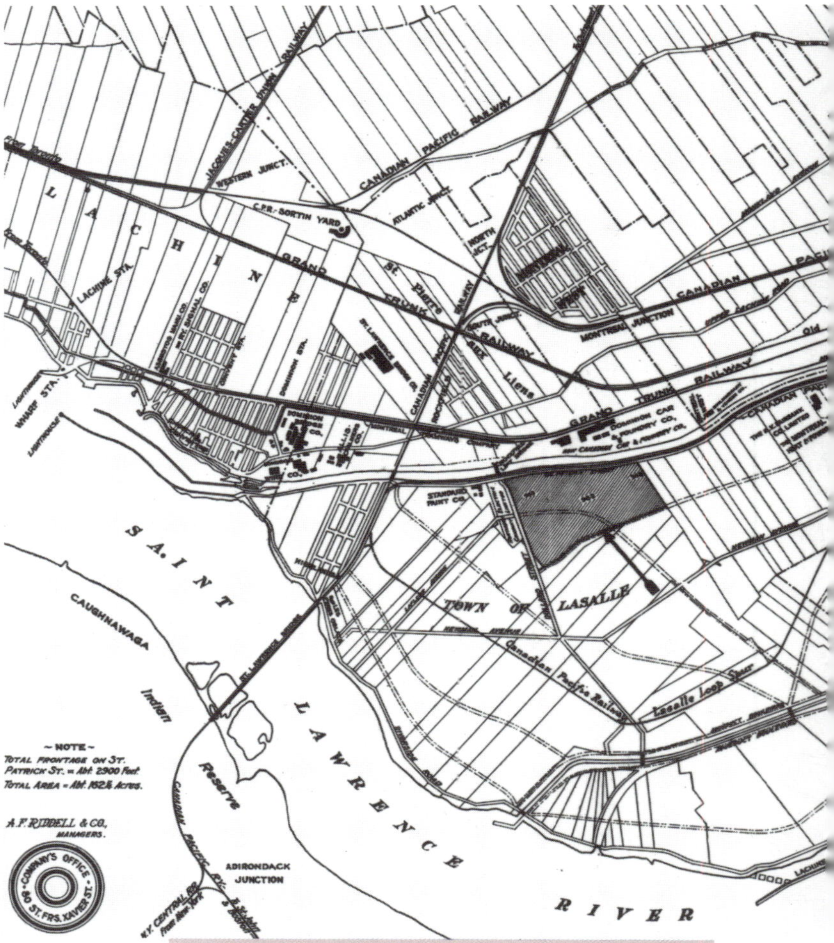

L'axe industriel du canal de Lachine.
Map Indicating the Location of Property Belonging to the Montreal (Lachine Canal) Land Syndicate Limited..., 1919, Archives nationales du Canada, NMC12838.

L'AXE DU CANAL DE LACHINE

Les berges du canal de Lachine offrent un microcosme de l'industrie montréalaise. Le secteur de la production alimentaire est bien représenté par les minoteries (Ogilvie, Robin Hood) et la raffinerie de sucre Redpath, les textiles par Belding, Paul, Mount-Royal et Merchants Manufacturing, la métallurgie par Stelco, Canadian Car and Foundry, principal fournisseur des tramways de la ville, et Dominion Bridge à Lachine. La fabrication d'appareils électriques y est installée, avec la construction de l'immense usine de Northern Electric à l'emplacement d'un bassin en 1913. La production d'énergie est représentée par l'usine à coke et à gaz de Montreal Light, Heat and Power à Ville Saint-Pierre. Une importante partie de la main-d'œuvre montréalaise y est concentrée, spécialement si l'on tient compte des zones industrielles limitrophes du côté de Saint-Henri ou de Sainte-Cunégonde, et de Pointe-Saint-Charles avec ses ateliers ferroviaires.

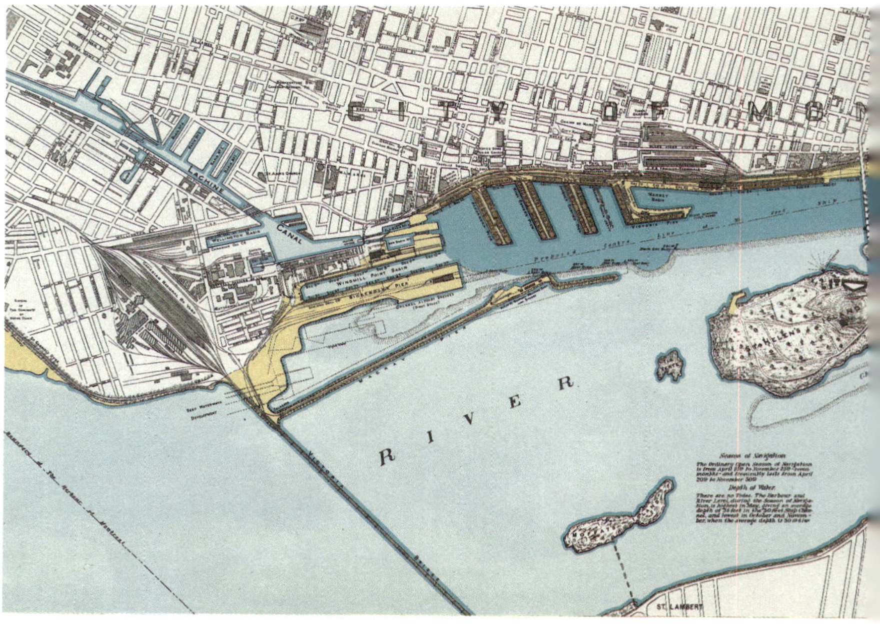

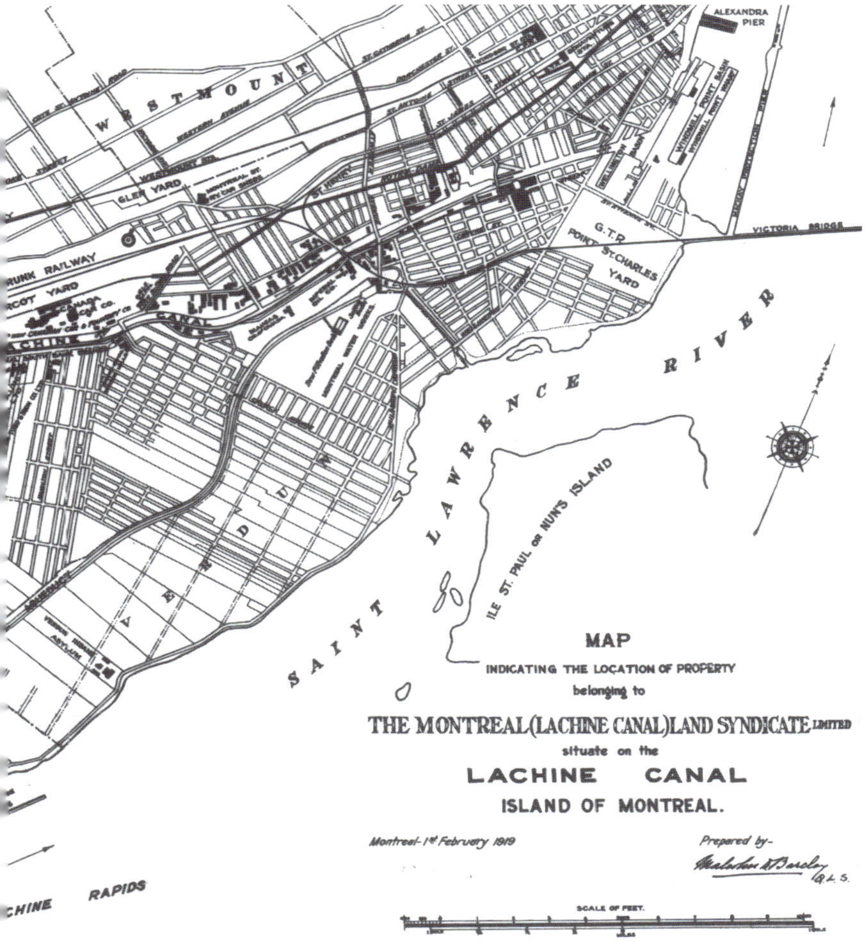

Dans la partie sud-ouest de l'île se trouve le canal d'amenée de l'aqueduc. Ce canal, dont la construction remonte aux années 1850, capte l'eau du Saint-Laurent en aval de Lachine et l'amène aux limites de la ville, où des batteries de pompes la refoulent dans des réservoirs souterrains. La proximité des rapides de Lachine donne également l'idée à des entrepreneurs d'utiliser la dénivellation pour produire du courant électrique. La centrale de la Lachine Rapids Hydraulics and Land Company sera inaugurée en 1897.

UN DÉVELOPPEMENT VERS L'EST

Les activités portuaires poursuivent leur croissance : le nombre de navires passe de 5 541 en 1896 à 13 141 en 1914[464]. Il est vrai que cette dernière année marque un sommet qui ne sera plus égalé avant la période de 1925 à 1929[465]. L'évolution du tonnage global suit également une courbe ascendante, modulée par les effets de la crise et de la guerre, avec 4,7 millions de tonnes en 1920, 13,8 en 1935 et 15,3 en 1950[466]. La période est marquée par les travaux d'aménagement et par l'extension continue des installations.

Les ouvrages prévus au siècle précédent (planche 26) sont réalisés avant la Première Guerre mondiale : construction d'un mur pour parer aux inondations, réfection et surélévation des quais pour accueillir de plus gros navires, édification de hangars permanents en acier et en béton, mises en chantier d'élévateurs à grains en nombre suffisant, nouvelles voies ferrées. Le port s'étend graduellement vers l'est, avec la construction des jetées Laurier (1894-1896), Sutherland (1889-1891) et Tarte (1900-1908); vis-à-vis de Maisonneuve s'ouvre, en 1912, le chantier maritime de la Canadian Vickers et sa cale sèche flottante et, à partir de 1916, on construit des quais pour desservir les raffineries de pétrole. Les quais, qui s'allongeaient sur 9 km en 1896, atteignent 12 km en 1914 et 17 km en 1940[467]. Parmi les produits manutentionnés dans le port, les grains dominent nettement durant les années 1920, alors que Montréal est le principal port céréalier d'Amérique du Nord. Chaque année, une moyenne de 129 millions de boisseaux y sont transbordés, dont environ la moitié en provenance des États-Unis; pour la même période, la part du second port en importance, celui de Vancouver, n'est que de 46,5 millions de boisseaux en moyenne par année[468]. Les autorités du port sont fières de leur équipement pour transporter les grains comme le réseau de courroies sans fin alimentant les jetées ou, encore, le dispositif à bascule permettant de vider en quelques minutes un wagon entier dans les silos[469].

Durant les décennies de 1930 et de 1940, les exportations de grains diminuent, et les importations dominent alors les flux : il s'agit du pétrole et du charbon, ainsi que diverses matières premières nécessitées par l'industrie de la région, comme le sucre et les différents minerais. Le port figure encore en tête de liste pour le tonnage et la diversité des produits, mais il a perdu son statut de port d'exportation.

En 1930, le port s'étend jusqu'à la limite de Pointe-aux-Trembles. La concentration des installations ferroviaires dans la partie ouest du port, notamment du côté de l'ancienne gare Viger, est perceptible sur cette carte.
Plan of the Southern Portion of the Harbour of Montreal 1930. Archives du port de Montréal.

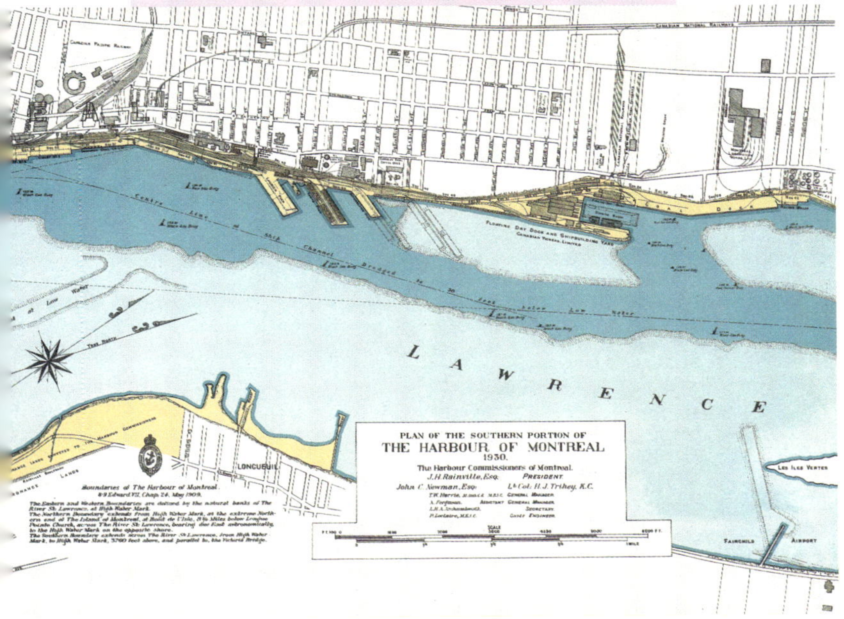

L'ÈRE DES ANNEXIONS

Avant la Première Guerre mondiale, l'agglomération connaît la deuxième plus grande poussée de croissance démographique de son histoire après celle des années 1850-1861 (planche 22); le taux annuel moyen d'accroissement atteint d'ailleurs un sommet entre 1901 et 1911 avec 5,74% pour la ville[470]. La coïncidence des migrations internes ainsi qu'une formidable vague d'immigration sont à l'origine de ce mouvement, qui modifie également la composition même de la population. Presque simultanément, le territoire de la ville augmente considérablement : en 1918, il représente cinq fois celui de 1867, alors qu'il était demeuré relativement stable durant tout le siècle précédent[471].

Les annexions débutent en 1883 avec la ville d'Hochelaga, et se poursuivent avec Saint-Jean-Baptiste (1886), Saint-Gabriel (1887) et Côte-Saint-Louis (1893). Après un temps d'arrêt de quelques années, elles se succèdent à un rythme accéléré, avec 26 fusions entre 1905 et 1914, si bien qu'en 1918, 31 annexions impliquant 23 municipalités ont été réalisées[472]. Cette expansion s'exerce dans plusieurs directions. À la périphérie immédiate d'abord, avec un développement en couronne autour du territoire d'origine puis, le long du Saint-Laurent, vers l'ouest comme vers l'est et, enfin, dans l'axe des rues Saint-Denis et du boulevard Saint-Laurent, alors que les limites de la ville de Montréal touchent pour la première fois la rivière des Prairies. Ce mouvement a des répercussions sur la construction résidentielle : entre 1890 et 1904, le nombre annuel moyen de permis de construire émis pour des bâtiments neufs se situait à 508, il atteint 1 417 entre 1905 et 1909, et 2 720 entre 1910 et 1914. Mais l'ensemble du territoire est loin d'être couvert d'habitations, la vague d'annexions ayant créé à Montréal une très grande quantité d'espaces libres qui ne seront pas occupés avant une trentaine d'années. Des secteurs tels que Longue-Pointe, Rosemont, Villeray, Ahuntsic, Bordeaux, Cartierville, Côte-des-Neiges et Ville-Émard sont encore très peu bâtis. En 1935, la ville compte davantage de lots vacants (98 000) que de lots occupés (88 000)[473].

Entre-temps, le développement de la banlieue continue sa progression. Outremont et Westmount sont en expansion, tout comme Hampstead et Ville Mont-Royal, alors appelée *Model City*. Cette dernière représente un exemple caractéristique de planification urbaine articulée autour du chemin de fer. Son promoteur, la Compagnie du Canadien Nord (Canadian Northern), avait l'intention de rentabiliser le tunnel construit sous le mont Royal en attirant, par cette liaison rapide, des cadres et des professionnels travaillant au centre-ville. C'est ainsi que s'explique le plan radial de cette ville centrée sur la gare. La banlieue déborde même sur la rive sud du Saint-Laurent, avec les deux pôles de Longueuil et de Saint-Lambert/Greenfield Park. Après la Première Guerre mondiale, il n'y aura pas d'autres annexions, et ce, jusqu'en 1960. La situation de 1919 n'est pas sans rappeler quelque peu celle de 1792 (planche 20), lorsque la ville disposait d'un immense territoire en grande partie encore inoccupé. Au XXe siècle, cependant, Montréal atteindra ses nouvelles frontières beaucoup plus rapidement et l'urbanisation touchera une aire encore plus vaste, débordant l'île et transformant toute la région en agglomération.

La ville de Montréal et les municipalités avoisinantes en 1919.
Georges David, Carte de la Cité de Montréal..., Archives nationales du Canada, NMC11068.

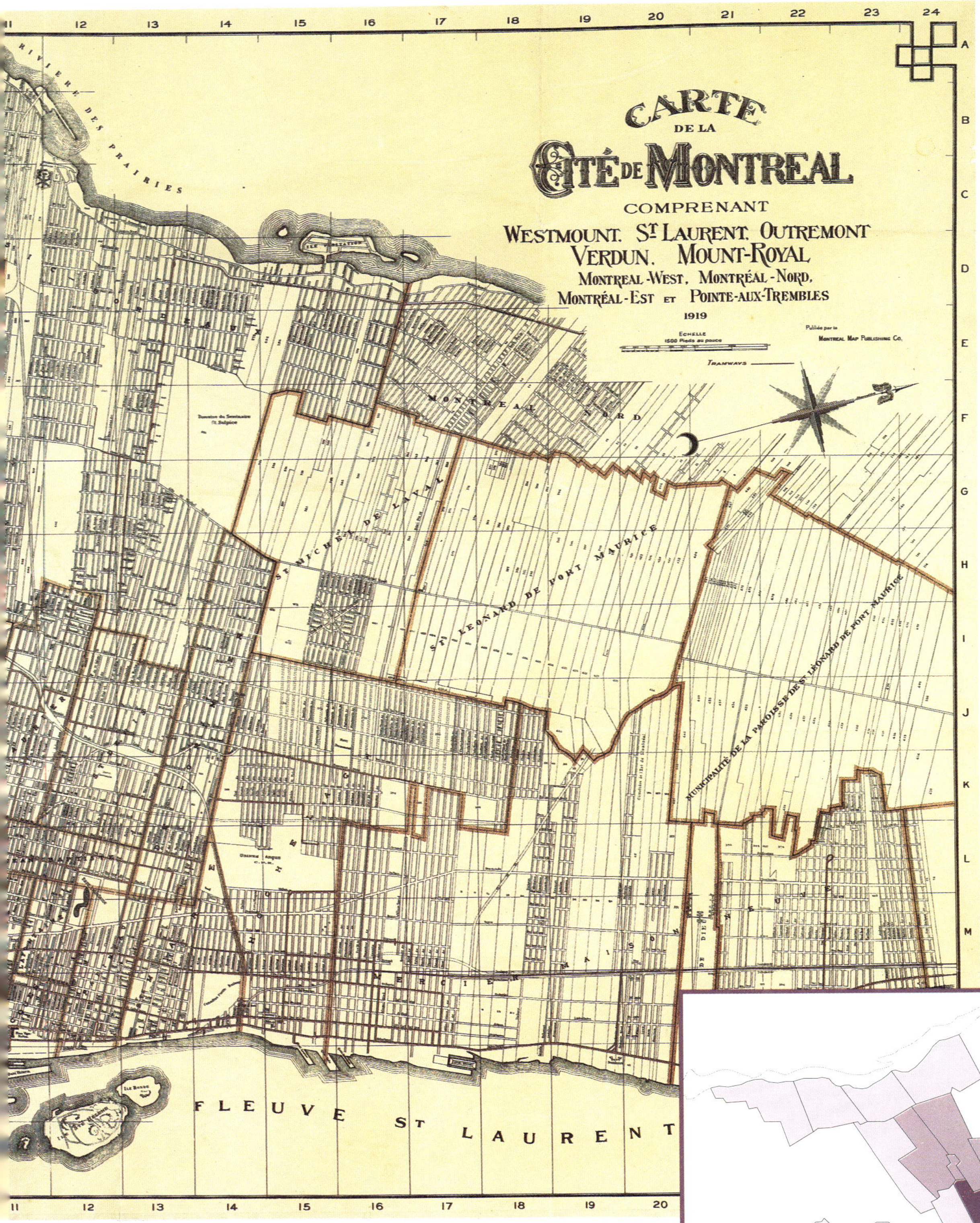
CARTE
DE LA
CITÉ DE MONTREAL
COMPRENANT
WESTMOUNT. ST LAURENT. OUTREMONT
VERDUN. MOUNT-ROYAL
MONTREAL-WEST. MONTRÉAL-NORD.
MONTRÉAL-EST ET POINTE-AUX-TREMBLES
1919
RIVIERE DES PRAIRIES
MONTREAL NORD
ST MICHEL DE LAVAL
ST LEONARD DE PORT MAURICE
MUNICIPALITÉ DE LA PAROISSE DE ST LEONARD DE PORT MAURICE
MERCIER
MAISONNEUVE
FLEUVE ST LAURENT

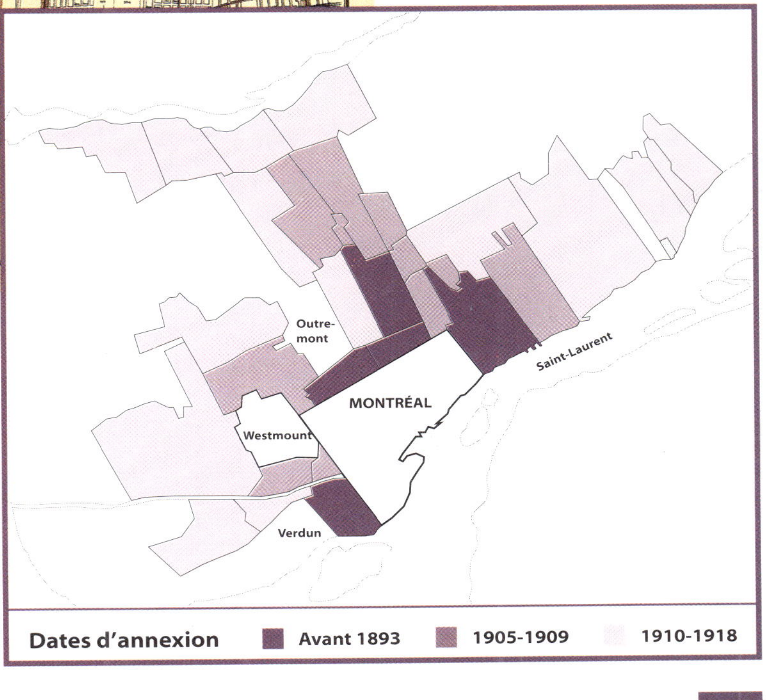
Outre-
mont
MONTRÉAL
Westmount
Verdun
Saint-Laurent
Dates d'annexion
Avant 1893
1905-1909
1910-1918

LES ANNÉES FOLLES

Les années 1920 sont des années fastes pour Montréal. Après un difficile ajustement au lendemain de la guerre, l'économie redémarre vigoureusement. La ville devient un immense chantier de construction : des maisons sont construites dans les nouveaux quartiers, ainsi que des usines et, surtout, les gratte-ciel, qui symbolisent à la fois la modernité urbaine et le statut de métropole du Canada. En 1924, un règlement municipal autorise le dépassement de la limite qui était établie à 10 étages et, bientôt, les trois édifices les plus élevés de la ville sont mis en chantier : celui de la Banque Royale (1927-1928) qui domine alors la rue Saint-Jacques avec ses 20 étages, le siège social de la compagnie Bell, situé au centre de la côte du Beaver Hall (1927-1929), et finalement, l'édifice Aldred, inspiré des modèles art déco new-yorkais, est érigé sur la place d'Armes (1929)[474]. Le grand commerce ne demeure pas en reste et ces années voient l'installation de la maison Eaton de Toronto, qui rénove et agrandit l'ancien magasin Goodwin (1925-1927); la maison Simpson, également de Toronto, suit cet exemple en 1929. Le doyen des grands magasins de la rue Sainte-Catherine, Henry Morgan, met ces années à profit pour agrandir et rénover son édifice (1923 et 1927)[475].

L'expansion de la ville s'accompagne d'une spécialisation accrue de son espace, en particulier avec l'émergence d'un centre-ville aux aires très diversifiées, qui couvre dorénavant une vaste zone s'étendant du port à la rue Sherbrooke, entre les rues Berri et Guy. Cette expansion se calque sur le réseau des tramways, véritable système nerveux de la ville, qui permet d'amener quotidiennement employés et clients vers le centre. Le tracé des différentes lignes forme une empreinte qui joue le rôle de témoin et de révélateur des circulations passées. Il offre une vision globale de la vie urbaine à travers ses différentes manifestations, qu'elles soient liées au domaine du travail, de la santé, des loisirs, de la culture ou à la vie religieuse.

Le réseau des tramways et des chemins de fer en 1923; ces derniers sont identifiés par leur nom ou leurs initiales, GTR signifie Grand Trunk Railway.
Commission des tramways de Montréal, Le réseau des tramways de Montréal, 1923, Archives nationales du Canada, NMC1555.

Le cœur de la ville reste la place d'Armes. À peu de distance du monument de Paul de Chomedey de Maisonneuve qui s'y dresse depuis 1895[476] se trouvent les sièges sociaux des grandes banques, la Bourse et les principales institutions financières, le Palais de justice, l'hôtel de ville, et une multitude de bureaux à l'intérieur desquels œuvrent des avocats, des comptables, des ingénieurs, des marchands, des secrétaires et des commis de toute sorte. La rue Saint-Jacques — plus connue sous son nom anglais de St. James Street — devient au Canada ce que Wall Street symbolise pour les États-Unis. Les entreprises cherchent à s'installer dans le centre, comme l'atteste la construction, avant 1923, d'une vingtaine de gratte-ciel entre la place d'Armes et la rue Saint-Pierre. Seule l'église Notre-Dame peut encore témoigner des fonctions religieuses jadis si importantes en ce lieu. Mais cet espace ne suffit pas aux affaires, et les entreprises commencent à se déplacer vers la rue Sainte-Catherine. L'expansion s'effectue par deux endroits, la rue De Bleury, avec ses édifices en hauteur, qui attire les grandes imprimeries et papeteries au point d'être connue sous le nom de «Paper Hill», et la côte du Beaver Hall, bientôt jalonnée de bureaux. L'axe secondaire du centre des affaires se développe le long de la rue Sainte-Catherine entre deux pôles : le square Phillips, avec la construction du siège social de Canada Cement (1921-1922) et le square Dominion, avec l'installation de Sun Life en 1918 et la construction du Dominion Square Building en 1928-1929. Bien reliés entre eux, ces différents points du centre-ville sont desservis par de nombreuses lignes de tramway. La densité des circuits qui aboutissent à la place d'Armes et au terminus Craig voisin donne une idée de la concentration des activités réunies dans ce périmètre.

La rue Sainte-Catherine polarise les grands magasins en deux endroits : dans le voisinage du square Phillips où se trouvent les plus importants d'entre eux et, plus à l'est, entre l'édifice Dandurand (1912), à l'angle de la rue Saint-Denis, considéré à l'époque comme le premier gratte-ciel de l'est de Montréal[477], et les magasins Dupuis frères près de la rue Saint-Hubert. Mais «la Catherine» regroupe aussi bon nombre de théâtres et de cinémas et forme, avec le boulevard Saint-Laurent, le point de rencontre par excellence d'une grande variété de loisirs, y compris ceux qu'une enquête du YMCA appelle pudiquement les «commercialized amusements»[478].

Même s'ils sont desservis par le tramway, les axes industriels n'apparaissent pas d'une façon très nette, ce qui confirme l'habitude des ouvriers d'habiter près de leur lieu de travail. La ligne de la rue Notre-Dame dessert les deux anciens pôles industriels mais peu d'ouvriers font un long parcours. Une enquête effectuée en 1938 confirmera cette caractéristique : sur les 1 382 ouvriers d'une entreprise, 43% demeurent à moins d'un kilomètre de l'usine et 60% à moins de 1,6 km[479]. La rue Sherbrooke rassemble les grandes institutions : le collège de Montréal, le campus de l'Université McGill, le musée de la Montreal Art Association, l'École technique, le Mont-Saint-Louis, la Bibliothèque municipale et le nouveau bâtiment de l'hôpital Notre-Dame. La dimension culturelle de la ville est importante, comme en témoigne la présence des nombreux journaux implantés dans l'axe de la rue Craig, des bibliothèques et des institutions d'enseignement spécialisé et supérieur. Aux alentours du carrefour Saint-Denis et Sainte-Catherine s'étend le quartier latin, dominé par l'Université de Montréal, dont les bâtiments ont été reconstruits après l'incendie de 1919; on y trouve, en outre, l'École polytechnique et l'École des hautes études commerciales, cette dernière donnant sur le square Viger. De même, l'axe de la rue Saint-Denis joue un rôle essentiel essentiel pour les transports urbains car il permet de traverser toute l'île jusqu'à la rivière des Prairies. Toutefois, le trajet n'est pas continu puisqu'il y a un changement de voiture à la hauteur de la rue Crémazie. Celle-ci marquera longtemps un hiatus entre les quartiers du sud et ceux qui se développent de l'autre côté, vers la rivière des Prairies.

Sur le plan des loisirs, l'hippodrome de Blue Bonnets et le parc Dominion ont les moyens d'accueillir une clientèle nombreuse, d'autant plus qu'ils sont bien desservis par les transports en commun. Centre du réseau ferroviaire, la ville dispose d'un équipement hôtelier de qualité, dont le tout récent hôtel Mont-Royal, inauguré en 1922. Elle attire des visiteurs du monde entier, mais plus particulièrement des États-Unis, certains touristes américains souhaitant manifestement échapper à la prohibition qui règne dans leur pays durant ces années. Réputée pour ses congrès et ses colloques, Montréal a reçu un million et demi de visiteurs en 1928[480]. Progressivement, les compagnies ferroviaires regroupent les services de passagers dans les gares de l'ouest de la ville. La gare Bonaventure du Grand Tronc se trouve à proximité immédiate de la gare Windsor du Canadien Pacifique et, non loin, s'élève celle du Canadien National, à la sortie du tunnel creusé sous le mont Royal. La gare et l'hôtel Viger sont sur le point d'être abandonnés. Le réseau des tramways est de forme radiale et privilégie les communications nord-sud. Les lignes sont beaucoup plus denses dans l'ouest de la ville, ce qui reflète probablement la différence des niveaux de revenus.

L'INTÉGRATION DE L'ÉCONOMIE RÉGIONALE

Les Montréalais ont toujours manifesté un grand intérêt pour le développement du réseau de communication, indispensable à la vie urbaine et gage de progrès économique. Ses trois composantes n'évoluent cependant pas au même rythme durant la première moitié du XXe siècle. Si le système de navigation est presque en place, avec le chenal et l'ensemble des canaux de l'amont, le réseau ferroviaire est encore en pleine croissance. Le développement de l'Ouest canadien entraîne la densification des voies et une concurrence nouvelle, avec la formation d'un troisième transcontinental en 1899. Mais la grande nouveauté de cette période est incontestablement le développement des transports routiers.

La construction du troisième réseau ferroviaire, le Canadien Nord, revêt une importance particulière pour la ville. Ses promoteurs désiraient s'équiper d'un terminus au centre-ville et eurent l'idée de percer un tunnel sous le mont Royal pour y assurer un accès direct. Les travaux débutent en 1912 pour s'achever en 1916[481]. En ce qui concerne la gare, les promoteurs s'inspirent de la gare Pennsylvanie à New York et prévoient d'ériger la superstructure au-dessus des voies. Malheureusement, le transport ferroviaire subit une grave crise au moment de la Première Guerre mondiale et le gouvernement fédéral doit intervenir, dès 1917, en prenant sous sa responsabilité la gestion du nouveau réseau. De 1919 à 1923, toutes les lignes en difficulté, y compris celle du Grand Tronc, sont regroupées et confiées à une nouvelle entreprise, les Chemins de fer nationaux du Canada (Canadien National) dont le siège social est installé à Montréal, ce qui renforce d'autant plus la position centrale de la ville dans le transport ferroviaire. Mais le nouveau réseau doit faire face à un problème de taille : il a hérité de lignes diverses et dispose de deux gares à Montréal. Or, pour passer de l'une à l'autre, les trains doivent faire un détour de 180 km[482]. La consolidation sera parachevée en 1943 alors que la nouvelle gare centrale est inaugurée[483], et le raccordement des lignes complété, avec la fin de la construction de la ligne de Montréal-Nord[484]. L'automobile se développe particulièrement après la Première Guerre mondiale. En 1917, on recense 6 859 véhicules pour la ville de Montréal, nombre qui passe à 55 347 en 1928, pour atteindre 74 600 en 1941[485]. Camions et autobus bouleversent le transport des marchandises et des personnes. Les cultivateurs de la région utilisent ce nouveau moyen de transport qui leur permet d'accéder plus rapidement au marché. Dès 1925, les cultivateurs de Saint-Rémi-de-Napierville réclament le rehaussement des garde-corps du pont Victoria dans le but de faciliter la circulation des camions, l'abaissement du coût du «livret de passage» et l'amélioration des routes en direction de Montréal[486]. La construction d'un nouveau pont fait également l'objet de nombreuses réclamations. Mis en chantier durant les années 1920, il est inauguré en 1930 sous le nom de «pont du Havre» et sera finalement rebaptisé pont Jacques-Cartier en 1934. De son côté, le gouvernement provincial, responsable des voies routières, met sur pied un ambitieux programme de réfection des routes dans la région durant les années 1920. La densité du réseau de communication autour de Montréal témoigne du degré d'intégration de l'économie régionale à la ville.

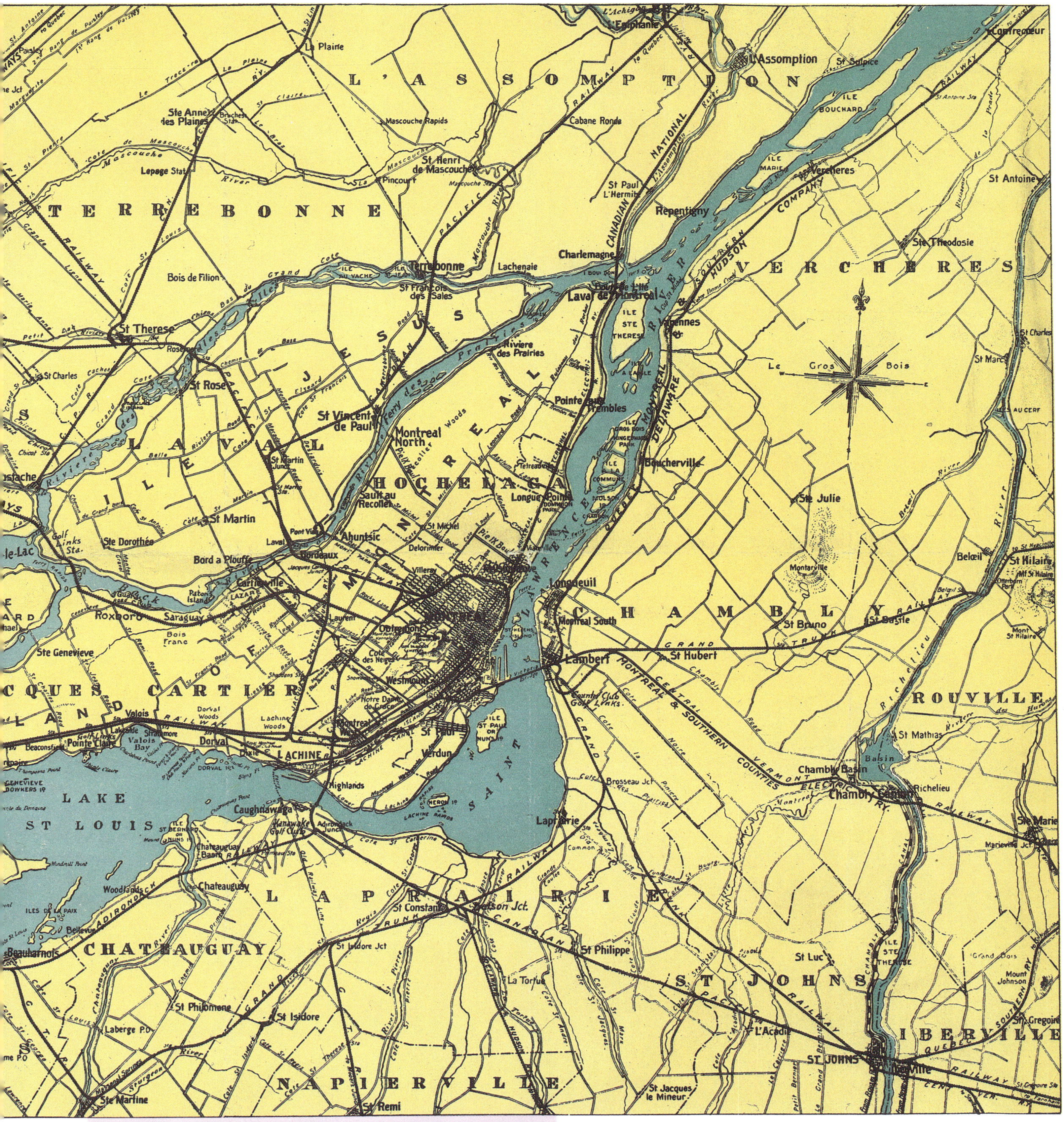

Les routes principales et les chemins de fer dans la région montréalaise en 1920.
Thos. V. Bell Ltd, Automobilist's Map of the Island of Montreal, 1920, Archives nationales du Canada, NMC2031.

L'APRÈS-GUERRE

L'entrée en guerre du Canada déclenche une reprise économique immédiate. Au plus fort de la crise, en 1933, le chômage touchait au minimum 27% de la main-d'œuvre canadienne et en 1939, 14,1%[487], mais il est quasiment nul pendant toute la durée de la guerre. Entre 1946 et 1951, il se stabilise autour de 3,3%, pour remonter à 9% durant la courte récession de 1957[488]. Le contraste entre l'avant-guerre et les années cinquante est on ne peut plus flagrant. L'implication dans la Seconde Guerre mondiale diffère de celle de la Première Guerre mondiale : le Canada fournit non seulement soldats et nourriture, mais se transforme en véritable arsenal au profit de la Grande-Bretagne et des Alliés.

Toute l'économie est mobilisée et l'organisation de la production est confiée à un ministre énergique, Clarence D. Howe (1886-1960). Ingénieur de formation, celui-ci s'entoure de fonctionnaires, crée une multitude de commissions chargées de réglementer avec rigueur un secteur précis. Pour cela, il fait appel à des cadres de haut niveau, qui acceptent d'y travailler pour des honoraires symboliques d'un dollar. Ses «Dollar-a-Year Men» l'épaulent pour gérer la production, l'allocation des matières premières et de la main-d'œuvre[489]. Cette mobilisation a un double impact sur la structure manufacturière montréalaise : hausse de la production et diversification. Les industries traditionnelles sont stimulées par les commandes de matériel militaire, que ce soit dans le secteur de la chaussure, qui doit soudain faire face à une commande de milliers de paires de bottines, ou dans celui du textile, qui se consacre à la production des uniformes et des parachutes. L'industrie du matériel de transport se reconvertit : les usines Angus se mettent à fabriquer des chars d'assaut au lieu de locomotives et Canadian Car and Foundry, des véhicules militaires plutôt que des tramways. Par la suite, la guerre suscite des industries nouvelles, telles que l'aéronautique, avec l'ouverture de Canadair, ou l'électronique pour répondre aux besoins en radio et en radar. Une telle prospérité succédant à une période de crise entraîne des problèmes spécifiques. Le réseau des transports en commun, se trouvant saturé du jour au lendemain, ne pourra remplacer son matériel pendant la durée du conflit. La compagnie doit remettre en service des voitures datant de 1907 et se trouve même dans l'obligation d'acheter 50 tramways d'occasion aux États-Unis pour pouvoir répondre à la demande car, bien entendu, le rationnement en pétrole limite sévèrement l'utilisation de la voiture[490].

La situation du logement devient critique. La crise avait entraîné une chute de 80% de la construction résidentielle. Résultat : la moyenne annuelle de construction de logements passe de 5 000 unités (1925-1931) à moins de 1 000 (1931-1937)[491]. Les usines de guerre attirent quelque 65 000 personnes à Montréal entre 1940 et 1945. Dès 1942, tous les logements sont occupés et 40% d'entre eux par plus d'une famille. Environ 1 400 familles logent dans des hangars, des garages ou des magasins[492]. Pour remédier à cette situation d'urgence, une agence du gouvernement fédéral, Wartime Housing Ltd, construit des centaines de petites maisons préfabriquées, situées près des usines de guerre; néanmoins, le nombre de ces logements reste bien en deçà des besoins réels[493].

L'urbanisation de l'île de Montréal et de ses environs vers 1952. Assemblage de 6 cartes au 1:50 000e. Toutes les cartes sont de la quatrième édition (1952), sauf celle de la section sud-est (Greenfield Park-La Prairie) dont le fond est légèrement différent et qui appartient à la deuxième édition (1950).

Canada, Department of National Defense, National Topographic Series. Université McGill, cartothèque.

Après la guerre, la libéralisation des approvisionnements en matières premières et l'accumulation des épargnes relancent la croissance urbaine. L'agglomération se développe alors sur trois fronts. La vague d'annexions qui s'est terminée en 1918 (planche 33) avait laissé beaucoup d'espaces non construits qui donnaient à certaines parties de Montréal une allure rurale. En 1942, Léo-Paul Desrosiers évoquait la ville qui «a envoyé ses colonnes de maisons s'insérer entre les cultures maraîchères : deux rues circulent parfois entre des champs plantés de céleris, d'oignons, de navets et de choux»[494]. L'expansion se fera donc d'abord de ce côté, entre Villeray et la rivière des Prairies, du côté de Maisonneuve, Longue-Pointe et Tétreaultville, ou encore de Ville-Émard et Notre-Dame-de-Grâce. Ces nouveaux quartiers se couvrent de maisons à logements multiples, où domine le duplex et où sont supprimés les escaliers extérieurs, définitivement bannis par un règlement municipal de 1955[495]. Les municipalités de la banlieue limitrophe forment la deuxième ligne : Ville Saint-Laurent, Saint-Michel, Montréal-Nord, Hampstead. Puis, le mouvement progresse sur une troisième ligne, avec le développement hâtif de la rive sud, du côté de Longueuil et, surtout, de Ville Jacques-Cartier, créée en 1945.

Les clivages sociaux se reproduisent dans la banlieue avec la grande variation de la qualité des constructions : à côté de villes de type plus bourgeois, dotées de maisons unifamiliales luxueuses et de terrains spacieux, on trouve certaines villes dont les habitations sont d'une qualité acceptable et d'autres constituées en partie de bicoques insalubres et inconfortables. Des parties de Ville Jacques-Cartier prennent l'allure de zones sinistrées avec leurs maisons faites à partir de matériaux de récupération ou de basse qualité[496]. Dans ses souvenirs d'enfance, Pierre Vallières évoque les taudis «...recouverts de "papier goudron" noir, et qui ressemblaient à de vieilles baraques sinistres abandonnées dans un marais. Surtout les jours de pluie, Longueuil-Annexe avait l'aspect d'un bidonville calciné»[497]. Malgré cette expansion au-delà du Saint-Laurent, à la fin des années 1950, l'île dispose toujours de terrains encore cultivés, qui diminuent constamment devant la progression de l'habitat et les nouvelles installations telles que l'aéroport de Dorval et les raffineries de pétrole.

L'ÉCONOMIE URBAINE EN TRANSFORMATION

Le caractère quasi constant de la prospérité, depuis la guerre jusqu'à la fin des années 1960, masque des changements fondamentaux qui, non seulement remettent en question la prééminence de Montréal dans le réseau urbain canadien, mais sapent les bases traditionnelles de sa structure économique. La tertiarisation de l'économie, processus qui avait débuté pendant la première moitié du siècle, continue sur sa lancée et finit par représenter la majorité des emplois; en 1980 pour l'ensemble du Québec, 68% de la main-d'œuvre est dans le tertiaire, proportion passée à plus de 71% en 1987. La croissance de l'emploi durant ces deux années est également révélatrice : tandis que le secteur secondaire (manufacturier) connaît une baisse de 0,3%, le tertiaire progresse, lui, de 15,4%[498]. Trois des moteurs traditionnels de l'économie montréalaise – transports, industries manufacturières et services financiers – commencent à manifester des signes d'essoufflement. Les années 1960 et 1970 sont marquées par un prodigieux étalement urbain qui touche aussi bien les activités économiques que le secteur résidentiel et provoque un phénomène de décentralisation entraînant un certain dépérissement du centre-ville. Beaucoup de ces changements ne concernent pas uniquement la ville de Montréal; en effet, l'évolution des villes durant la seconde moitié du XXe siècle présente généralement les mêmes caractéristiques, et plus précisément le lent déclin du centre au profit de la banlieue[499].

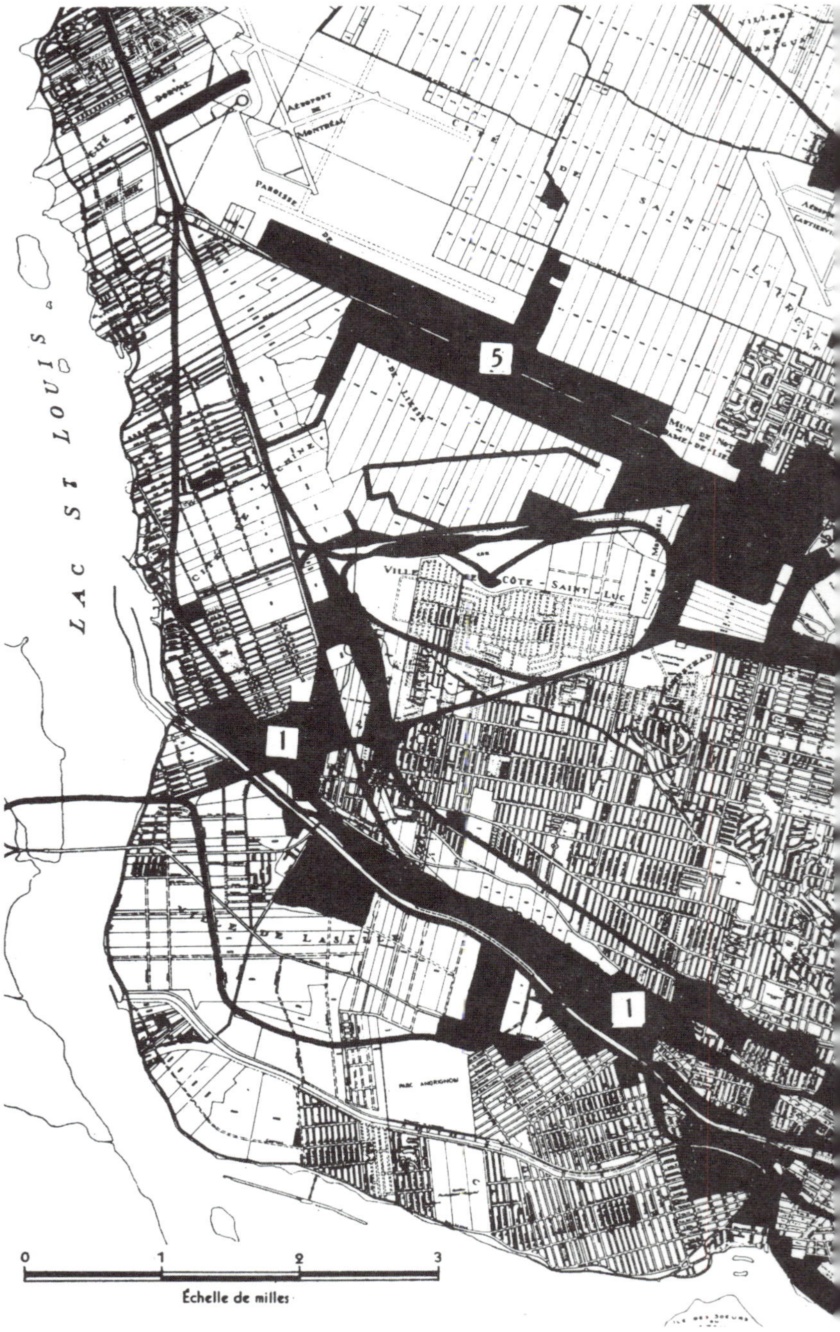

LA CANALISATION DU SAINT-LAURENT

À partir du XIXe siècle, les transports représentent le fleuron de l'économie urbaine (planches 23, 26, 32) et la bourgeoisie a su tirer parti des avantages de la situation de Montréal pour en faire le pivot des grands systèmes de transport transcanadiens, qu'il s'agisse de la navigation, du chemin de fer et, depuis la guerre, de l'aviation. Toutefois, le transport maritime connaît plusieurs modifications. Depuis le début du siècle, la position dominante du port de Montréal est affaiblie par la concurrence : d'autres ports attirent davantage et le flux des marchandises se trouve réparti entre un plus grand nombre d'installations.

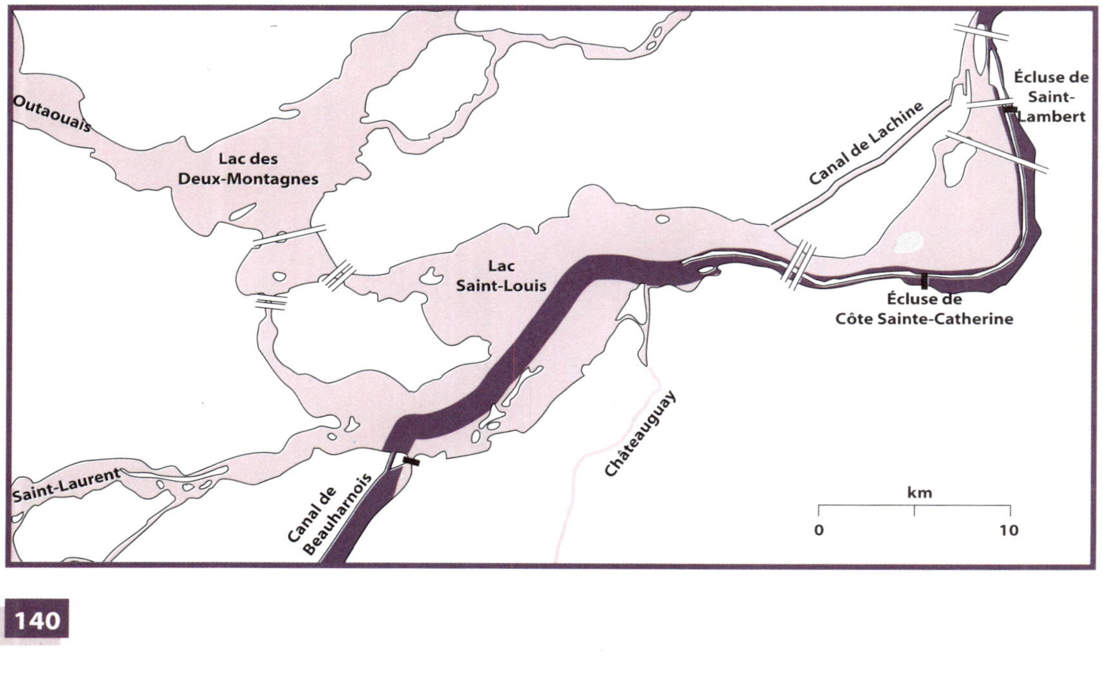

Les zones industrielles en 1959 : zone 1, axée sur le canal de Lachine (surtout industries lourdes); zone 2, accrochée au port (abattoirs, brasseries, chantiers maritimes, cimenteries, industries pétrolières); zone 3, au cœur de la ville (industrie diffuse); zone 4, reliée au chemin de fer qui ceinture le mont Royal (industries variées); zone 5, secteur d'expansion récente.

Ludger Beauregard, «Géographie manufacturière de Montréal», Mélanges géographiques canadiens offerts à Raoul Blanchard, Québec, Presses universitaires Laval, 1959, Figure II, 293.

L'aménagement du Saint-Laurent en une véritable voie maritime a longtemps représenté une menace pour les Montréalais qui redoutaient qu'elle n'entraînât le déclin du port. Mais cette innovation était exigée par les États américains du Mid West qui, de concert avec l'Ontario, y voyaient la fin du monopole de Montréal et des autres ports de la côte Est, ainsi qu'une source appréciable d'économies. Les progrès de la navigation maritime se traduisaient aussi par une augmentation de la taille des navires, ce qui diminuait, pour les armateurs, l'intérêt des ports en eaux peu profondes comme celui de Montréal. La conjonction de tous ces facteurs provoque un recul de la position du port : en 1961, il représentait près de 40% des activités portuaires canadiennes, alors qu'en 1973, cette proportion n'est plus que de l'ordre de 15%[500].

Les zones industrielles en 1972.
Claude Manzagol, «L'industrie manufacturière à Montréal», L. Beauregard, dir., Montréal. Guide d'excursions, Montréal, Presses de l'Université de Montréal, 1972: 130.

Grâce à la crise du pétrole, qui rend les transitaires plus sensibles aux coûts du transport terrestre[501], les activités de manutention par conteneurs montent en flèche et la position de Montréal s'améliore, atteignant même, en 1986, le premier rang pour le mouvement des conteneurs au niveau du Canada[502]. Cette nouvelle orientation entraîne d'ailleurs un réaménagement spatial : dorénavant, la section la plus ancienne du port, située entre le pont Jacques-Cartier et le canal de Lachine n'a plus aucune utilité. Les installations y ont été en grande partie démolies et le front de fleuve est reconverti en zone de loisirs et d'interprétation historique[503]. Les activités portuaires se sont déplacées vers l'Est.

L'augmentation du transport par camion pour les marchandises, de la voiture et de l'avion pour le transport des passagers se fait au détriment du chemin de fer. De plus, l'implantation industrielle, qui était importante le long de ses voies, disparaît peu à peu. Ainsi, le long de la ligne de ceinture construite par le Canadien Pacifique en 1886, les bâtiments industriels sont progressivement abandonnés, transformés ou démolis et il n'y subsiste que peu d'activités. Les usines Angus, qui symbolisaient les retombées industrielles sur l'économie urbaine, ont d'abord été réduites en grande partie, avant d'être définitivement fermées en 1992. Ironie du sort, certains progrès du transport ferroviaire, qui assuraient sa survie, auront des effets négatifs sur plusieurs secteurs industriels. L'utilisation systématique des wagons réfrigérés entraîne, par exemple, la disparition des grands abattoirs montréalais, en particulier les Abattoirs de l'Est et ceux de Canada Packers à la pointe Saint-Charles, en permettant de centraliser dans l'Ouest les opérations d'abattage et de débitage.

L'aéroport de Dorval est né de la guerre et sa fonction de tête de pont du Transatlantic Ferry Command, pour convoyer des bombardiers et des chasseurs de l'Amérique à l'Angleterre, lui vaut un équipement d'excellente qualité. Dès 1946, il s'impose comme le principal aéroport canadien et assure tous les vols transatlantiques sans exception[504]. En 1965, Dorval occupe encore le second rang en Amérique du Nord, après New York, pour les liaisons transatlantiques[505]. La suprématie de Montréal reposait sur deux facteurs : la réglementation fédérale et la faiblesse du rayon d'action des appareils. Avec le développement de l'aviation et l'extension du rayon d'action, les données de base sont bouleversées. Ainsi, l'aéroport de Toronto apparaît de plus en plus comme le centre de gravité du transport où les grandes sociétés aériennes désirent atterrir et, graduellement, il devient une plaque tournante. En 1970, 27% des passagers y transitaient, contre 19% seulement à Montréal; en 1984, si la proportion du premier est restée stable, celle du second est encore réduite à 13%[506]. Durant les années 1970, la construction d'un deuxième aéroport à Mirabel coïncide avec un changement de réglementation des vols transatlantiques et provoque un problème sérieux de surcapacité à Montréal.

Au lendemain de la guerre, les infrastructures routières de Montréal ne sont pas particulièrement bien développées. Le gouvernement provincial a pourtant rénové plusieurs routes et a construit le boulevard Taschereau en direction de Québec, mais la ville ne dispose d'aucune voie rapide. C'est à la fin des années 1950 que commencent à fonctionner les premières voies rapides, avec l'autoroute métropolitaine et celle des Laurentides. L'Exposition de 1967 et les Jeux olympiques de 1976 seront l'occasion de compléter le réseau autoroutier entourant Montréal. Celui-ci va alors rapidement polariser les industries qui désertaient dans leur majorité les zones traditionnelles d'implantation.

L'ÉVOLUTION DES ZONES INDUSTRIELLES

L'ensemble du secteur industriel demeure important pour l'économie urbaine, même si la part de Montréal dans la production manufacturière du pays a quelque peu régressé : la ville reste néanmoins, à cet égard, la deuxième région en importance. Au lendemain de la guerre, il devient impératif pour de nombreuses entreprises de moderniser leurs installations. La plupart en profitent donc pour remettre en cause leur emplacement. Certaines, dont l'objectif est de se rapprocher de leur marché, vont s'installer en Ontario, où elles sont mieux situées pour prospérer. D'autres, qui choisissent de demeurer dans la région de Montréal, recherchent des terrains plus vastes et mieux desservis par les voies routières. Les anciennes usines étaient construites en hauteur, sur plusieurs étages, mais, à partir des années 1930, les nouvelles normes d'architecture industrielle préconisent la construction sur un niveau unique pour faciliter les échanges entre les différents services ou étapes de la production. On crée donc de nouveaux parcs industriels, souvent placés en bordure de voies rapides ou d'autoroutes. Ce mouvement déclenche une déconcentration des industries, hors des limites de l'agglomération. La progression du réseau autoroutier entraîne le développement de parcs industriels dans toute la région métropolitaine. En 1983, la répartition de l'emploi manufacturier dans la région métropolitaine témoigne de ces changements. Montréal, Lachine et Lasalle ont toujours une certaine prééminence, mais de nouveaux pôles industriels apparaissent, avec l'émergence de Ville Saint-Laurent, qui s'est développée régulièrement depuis la guerre, et l'importance croissante de Laval et de Sainte-Thérèse. La faible proportion d'emplois dans Montréal-Est est le signe de la régression récente de l'industrie pétrochimique.

La répartition de l'emploi manufacturier en 1982.
Claude Manzagol, «L'évolution récente de l'industrie manufacturière à Montréal», Cahiers de Géographie du Québec, 27, 71 (septembre 1983) : 251.

ÉVOLUTION DU CENTRE-VILLE

L'accroissement de la tertiarisation de l'économie et la migration d'une partie du commerce de détail vers la banlieue affectent les activités et influencent l'évolution du centre-ville. Celui-ci voit sa taille augmenter singulièrement et son espace se spécialiser. Les secteurs les plus anciens, comme le vieux centre des affaires, sont lésés d'une partie de leurs fonctions pour en acquérir de nouvelles, tandis que les tours à bureaux remplacent des édifices commerciaux, industriels ou résidentiels dans la zone d'expansion du nouveau centre.

LE NOUVEAU CENTRE DES AFFAIRES

La tendance au déplacement du centre des affaires remonte à la première moitié du siècle (planche 34). Deux facteurs provoquent une accélération du phénomène qui aboutissent à un transfert définitif : l'ouverture du boulevard Dorchester (René-Lévesque) en 1954-1955 et la construction des premières lignes du métro entre 1962 et 1966. L'augmentation de la circulation automobile entraîne une congestion de plus en plus importante du centre-ville et suscite l'élaboration de nouvelles voies de dégagement permettant de mieux relier le centre et la périphérie. Le boulevard Dorchester devient également une artère de prestige qui attire les grandes entreprises. Ce phénomène est accentué par le programme de mise en valeur entrepris par le Canadien National durant les années 1950[507]. Cette entreprise disposait d'un terrain de près de neuf hectares bien situé, à la sortie de son tunnel sous le mont Royal, une petite portion étant occupée par la Gare centrale. La mise en chantier de l'hôtel Reine-Élizabeth en 1954 et, surtout, celle de la place Ville-Marie en 1959, déclenchent un vif intérêt pour cette partie de la ville et provoquent une réaction en chaîne. En 1962, quelques gratte-ciel s'élèvent le long du nouveau boulevard, entre le square Dominion (Banque canadienne impériale de commerce, 1962) et la rue University (édifice CIL, 1962).

Mais c'est la construction du métro qui insuffle un nouveau dynamisme à l'érection de tours à bureaux et qui réoriente leur implantation le long d'une partie de la ligne «est-ouest». Entre la rue De Bleury et la rue Drummond, l'avenue du Président-Kennedy et le boulevard De Maisonneuve prennent en quelques années l'allure de canyons enserrés par des tours de verre et de métal. Le cœur du nouveau centre des affaires s'est donc redéveloppé au nord de l'ancienne rue Craig, devenue la rue Saint-Antoine. Entre 1950 et 1980, la superficie totale de planchers y est passée de 3 à 5 millions de mètres carrés. En 1982, le relevé de l'utilisation de l'espace fait ressortir l'importance du tertiaire : espaces de bureaux (près de 50%) et commerces représentent 79% du total, tandis que l'habitation (8%), les institutions (7%) et l'industrie (6%), se partagent le reste[508]. Le premier centre-ville, défini en 1963 comme quartier historique sous le nom de «Vieux-Montréal»[509] subit durant ces années une période de déclin et un bouleversement de ses fonctions. L'ouverture du nouveau Palais de justice, en 1971, renforce les fonctions administratives publiques (hôtel de ville et justice), pendant que les activités culturelles et touristiques prennent de l'ampleur.

À partir de la fin des années 1970, beaucoup d'espaces industriels ou commerciaux ont été recyclés en immeubles d'habitation, ce qui contribue à diversifier encore plus les activités du vieux centre, qui retrouve ainsi un certain dynamisme. La coexistence entre les nouvelles fonctions et celles plus anciennes n'est pas toujours évidente, comme en témoigne la situation des entreprises de services au transport (agents maritimes, courtiers, transitaires, fournisseurs de navires, arrimeurs, etc.), logées dans le vieux centre depuis le XIXe siècle et tributaires de l'augmentation constante des coûts de location[510].

Les constructions au centre-ville entre 1962 et 1982.
Clément Demers, «Le nouveau centre-ville de Montréal», Cahiers de Géographie du Québec, 27, 71 (septembre 1983) : 226-227.

- - - *Limite du centre-ville 1972*
— *Limite du centre-ville 1982*
● *Construction de 1963 à 1972**
▲ *Construction de 1973 à 1979**
■ *Projet à partir de 1980**
* *Projet de plus de 10 000 m²*

1. *Édifice de Bell Canada et de la Banque nationale du Canada*
2. *Complexe Guy-Favreau*
3. *Palais des congrès*
4. *Banque nationale de Paris*
5. *Place Beaver-Hall*
6. *Centre Sheraton*
7. *Place Mercantile*
8. *Siège social de l'Alcan*
9. *Le 500 ouest Sherbrooke*
10. *Condominium Maisonneuve*
11. *Le 425 De Maisonneuve*
12. *Édifice Aetna*
13. *Centre Manuvie*
14. *Peel nº 2*
15. *Agrandissement de l'édifice IBM*
16. *Le Châtelain*
17. *Centre communautaire chinois*

Le réseau souterrain des galeries marchandes et des passages reliés au métro en 1983. L'axe A-A' correspond au réseau entre la place des Arts et le Palais des congrès.
Clément Demers, «Le nouveau centre-ville de Montréal», Cahiers de Géographie du Québec, 27, 71 (septembre 1983) : 229.

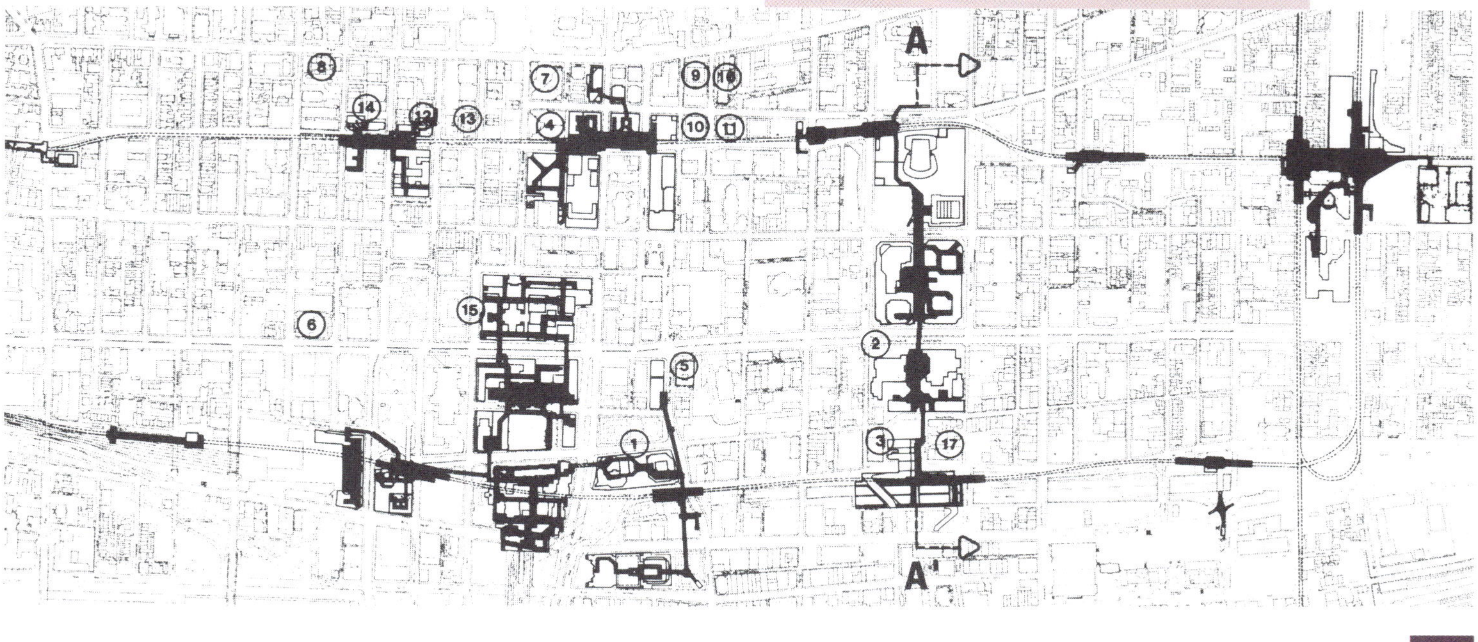

LES ACTIVITÉS COMMERCIALES

Jusqu'aux années 1960, la rue Sainte-Catherine dominait les activités de commerce de détail, mais la croissance de la banlieue entraîne des pressions qui modifient petit à petit la répartition des commerces. La multiplication rapide des centres commerciaux périphériques représente un facteur de concurrence non négligeable pour les magasins du centre-ville, ainsi que pour les autres artères commerciales de quartier. Entre 1951, année de la construction du premier, et 1981, pas moins de 200 centres commerciaux sont ouverts, quadrillant tout le territoire[511]. Le centre-ville réussit tant bien que mal à conserver un certain monopole, mais l'installation des succursales des grands magasins dans les centres régionaux provoque, entre autres, la fermeture des magasins Dupuis et Simpson, ce qui confirme l'importance du phénomène de décentralisation du commerce. Cependant, l'innovation des galeries marchandes en réseau souterrain, apparue avec la place Ville-Marie et stimulée par l'avènement du métro, crée un nouveau pôle d'attraction. Tirant parti de la clientèle potentielle des immenses tours à bureaux, de véritables centres commerciaux raccordés aux entrées de métro s'installent dans les sous-sols. En quelques années, Montréal se dote du plus vaste réseau piétonnier souterrain du monde. Mais l'installation souterraine des magasins et des boutiques constitue une menace réelle pour les commerces traditionnels le long des rues, ce qui n'ira pas sans susciter des inquiétudes quant à l'avenir même des artères commerciales du centre-ville. Dans les quartiers, les rues commerciales subissent le contrecoup de la concurrence des centres commerciaux, à quoi s'ajoutent les effets de l'appauvrissement graduel des habitants des quartiers centraux (planche 39). Leur importance diminue et le type de commerce se modifie, comme c'est le cas pour l'avenue du Mont-Royal ou la rue Saint-Hubert. En contrepartie, la transformation de certaines voies naguère résidentielles ou manufacturières, telles les avenues Monkland et Laurier, de même que le boulevard Saint-Laurent, crée des pôles commerciaux dynamiques. Préoccupée par ce dépérissement, l'administration municipale a lancé depuis 1980 un programme de revitalisation des artères commerciales, afin d'épauler les efforts des marchands locaux[512].

À L'EST DU CENTRE-VILLE

Dès le XIXe siècle, la partie ouest de la vieille ville abritait davantage de maisons d'affaires que la partie est et cette division s'est accentuée avec le déplacement du centre-ville. En effet, la majorité des grandes tours se retrouve à l'ouest de la rue De Bleury. Depuis les années cinquante, les pouvoirs publics cherchent le moyen d'infléchir cette tendance par des programmes d'implantation immobilière dans la partie est. L'emplacement du nouveau siège social d'Hydro-Québec, achevé en 1962, la construction de la place des Arts (inaugurée en 1963), celle du complexe Desjardins (1972-1976), du complexe Guy-Favreau (inauguré en 1983), de Radio-Canada (1973) et du campus de l'Université du Québec à Montréal (1979), constituent autant de tentatives des différents ordres de gouvernement pour stimuler le développement. La transformation espérée se fait plus lentement que prévu, les grandes entreprises privées ne suivant pas le mouvement. Mais, là aussi, les pressions se font sentir et les utilisations traditionnelles de l'espace ont reculé devant les activités tertiaires. Le quadrilatère délimité par les rues Saint-Denis, Sainte-Catherine, Sherbrooke et Saint-Hubert porte la trace des multiples interventions. Le déménagement de l'Université de Montréal dans ses nouveaux locaux sur le flanc nord du mont Royal (inaugurés en 1943), inflige un coup dur au traditionnel quartier latin. Les institutions disparaissent les unes après les autres : c'est le cas de l'École polytechnique et de l'École des hautes études commerciales. La transformation du collège Mont-Saint-Louis en cégep du Vieux-Montréal en 1968 permet de maintenir une présence étudiante et, avec l'arrivée de l'Université du Québec à Montréal en 1979, le quartier latin se donne un second souffle.

La rue Saint-Hubert présente un cas exemplaire de zone urbaine en transition : elle perd son caractère institutionnel en raison de la disparition des bâtiments des sœurs de la Providence et du déménagement de l'Université de Montréal. Sur une partie de son parcours, les édifices ont été démolis pour faire place à un parc, tandis qu'au nord du boulevard de Maisonneuve, l'expansion du terminus Voyageur a entraîné deux vagues de démolition, qui n'ont laissé subsister que quelques maisons, un hôtel et une institution religieuse. Ailleurs, la fonction résidentielle recule lentement devant la montée du tertiaire. Les maisons, dont un bon nombre ont été tranformées en maisons de chambres durant les années 1930 et 1940, sont rénovées et reconverties en bureaux, ou restaurées.

PLANCHE 38

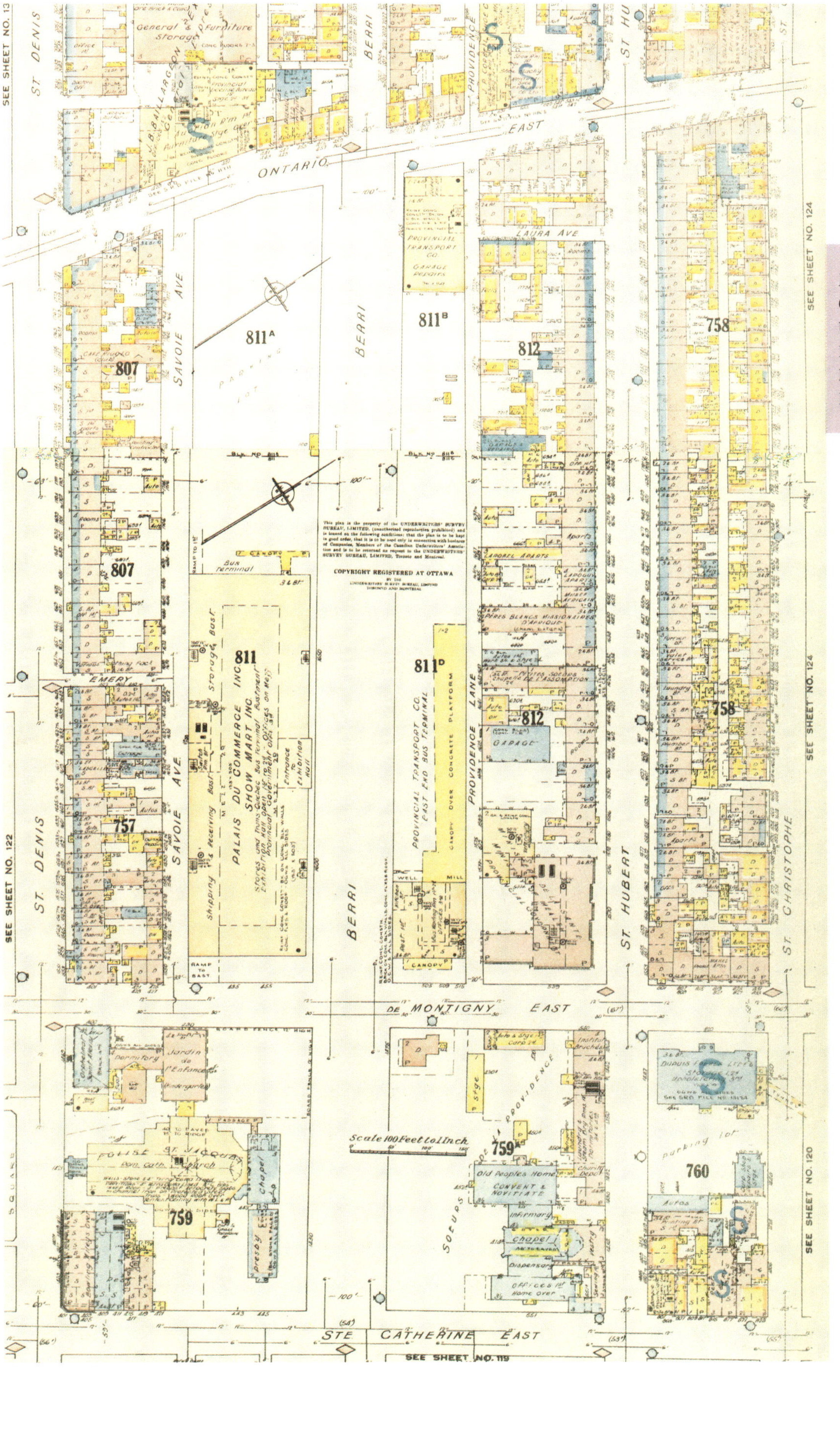

Le quadrilatère Saint-Denis/Sainte-Catherine/Saint-Hubert/Sherbrooke. Underwriter's Survey Bureau, Insurance Plan of the City of Montreal, Volume 3, Montréal, 1954, pages 123 et 131. INRS-Urbanisation, Cartothèque.

DE NOUVEAUX GROUPES ETHNIQUES

Les deux tendances démographiques observées depuis le début du XIXe siècle se poursuivent avec l'augmentation et la diversification de la population. Mais le phénomène de croissance ralentit sensiblement après les années 1960, avec la fin de l'exode rural qui achevait de vider les campagnes du Québec. L'immigration demeure dynamique et apporte un visage de plus en plus varié à la population, avec l'arrivée de nouveaux groupes ethniques. À l'image des grandes métropoles, Montréal prend une allure multiculturelle, ce qui ne va pas sans créer des problèmes d'adaptation.

UN RALENTISSEMENT DE LA CROISSANCE

La croissance de la population n'est pas régulière, ni dans l'espace ni dans ses composantes. La ville semble avoir atteint son plein potentiel d'habitants vers le milieu des années soixante. En revanche, elle subira des baisses, freinées durant la décennie de 1980. Pour l'ensemble de l'île, la poussée a été plus soutenue, indice du développement des villes de banlieue telles que Saint-Laurent, Dorval, Kirkland, Pointe-Claire et Ville d'Anjou; elle culmine une dizaine d'années plus tard, entre 1970 et 1975.

Le développement de la région métropolitaine présente un profil distinct. L'augmentation y est soutenue, avec cependant un net ralentissement durant les années 1970. Les trois courbes portent la trace des composantes de l'urbanisation montréalaise après 1950 : hausse parallèle de la ville et de la banlieue dans l'île puis, à partir de 1960, urbanisation accélérée à l'extérieur de l'île. La rive sud et l'île Jésus sont les premières concernées puis, en quelques années, le pourtour de l'archipel montréalais : Saint-Eustache, Sainte-Thérèse, Blainville, Boisbriand, Terrebonne, Mascouche et Repentigny pour la rive nord, et pour la rive sud, Longueuil, Boucherville, Brossard, Saint-Hubert et Saint-Bruno. L'agglomération s'étale donc sur un espace de plus en plus étendu.

POPULATION DE MONTRÉAL, 1951-1991

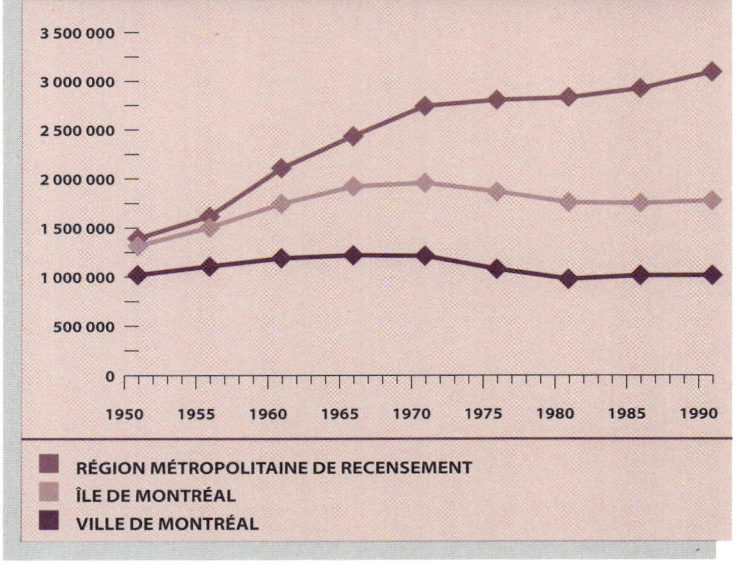

GROUPES ETHNIQUES, 1951-1991

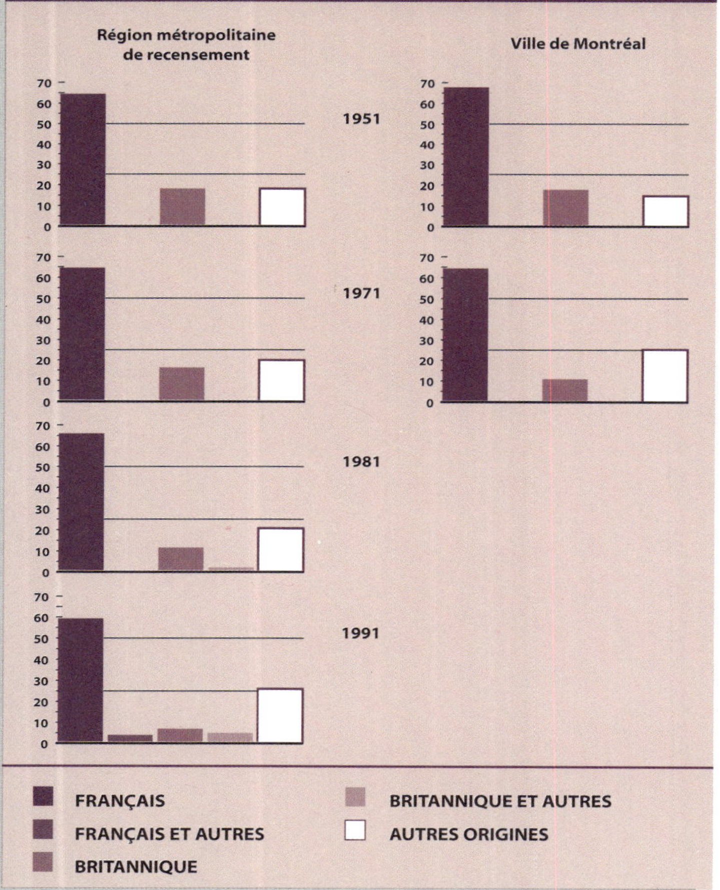

L'EXPLOSION ETHNIQUE

La composition de la population subit des changements considérables dont les deux principaux sont la réduction du nombre de Britanniques, et l'accroissement spectaculaire des Montréalais d'origine autre que britannique et française. Quant au groupe d'origine française, après avoir montré une remarquable stabilité jusqu'au recensement de 1981 (autour de 64% dans la région métropolitaine de recensement), il amorce un certain recul au recensement de 1991, 59% des répondants déclarant une origine ethnique française unique et 3,7%, une origine multiple, y compris la française[513].

L'exode des Britanniques d'origine a souvent été relié à la question de la remontée du nationalisme québécois francophone, aux lois de protection du français et à la crainte de la souveraineté. Toutefois, ce mouvement est beaucoup plus complexe et correspond davantage à l'ascension de Toronto en tant que métropole économique depuis la fin de la guerre. Il commence d'ailleurs bien avant l'arrivée du Parti québécois au pouvoir, de même qu'il précède l'application des lois linguistiques, la proportion des Britanniques diminuant constamment depuis le début du siècle (planche 31). Représentant 15% de la région métropolitaine de recensement en 1951, leur proportion est tombée à 11% en 1981 et semble s'être maintenue en 1991. La question linguistique prend une importance nouvelle, particulièrement dans le contexte de la tertiarisation où le travail est davantage axé sur l'échange d'informations diverses, c'est-à-dire sur les communications, verbales ou écrites. Dans ce contexte, les dimensions linguistique et culturelle deviennent déterminantes[514].

Après la guerre la reprise de l'immigration est caractérisée par une diversification des pays d'origine : l'Europe du Sud durant les années 1950 et 1960, les Caraïbes et l'Extrême-Orient durant les années 1970 et 1980. La ville est devenue un microcosme dont le caractère cosmopolite tranche avec l'homogénéité de la population du reste du Québec.

En 1991, en dehors des Français et des Britanniques d'origine, les trois communautés culturelles les plus importantes dans la région métropolitaine de Montréal sont celles des Italiens, des Juifs et des Noirs. Les premiers sont de loin les plus nombreux, et représentent 5,4% de la population totale, les deuxièmes 3,1% et les troisièmes près de 3%. Les Grecs, les Chinois et les Portugais forment 3,7% de la population. L'importance relative de la communauté juive a diminué; elle a suivi en partie les Britanniques d'origine et l'apport important des Juifs sépharades francophones qui s'installent à partir de la fin des années 1950 n'a pas compensé sa diminution. En 1991, plus du quart de la population de la zone métropolitaine de recensement est d'une autre origine que française ou britannique.

LE NIVEAU DE SCOLARITÉ

La société urbaine a toujours été marquée par les clivages sociaux et leur répercussion dans l'espace. Dans le passé, les clivages apparaissaient davantage au niveau de la rue ou du «bout de rue»[515] (planches 31, 27 et 18). Après 1950, le phénomène de suburbanisation entraîne un effet d'homogénéisation sociale de l'espace urbain : les plus nantis quittent les quartiers centraux pour aller vivre en banlieue, les plus pauvres restent sur place. Enfin, la désindustrialisation du centre vient renforcer ce phénomène. Les anciens quartiers ouvriers perdent peu à peu leur armature industrielle, au profit de la banlieue ou de l'extérieur, et deviennent de véritables zones sinistrées, marquées par la pauvreté et le chômage. Ce genre de «développement en trou de beigne»[516], observé ailleurs au Québec et en Amérique du Nord, entraîne le déclin du noyau central, qui demeure entouré de zones plus prospères.

Proportion de la population ayant fait des études secondaires au recensement de 1981.
Statistique Canada, Série d'atlas métropolitains, Montréal, Ottawa, 1984 : 65.

À ce sujet, le niveau scolaire de la population constitue un bon indicateur des clivages sociaux. Si l'industrie manufacturière légère, qui dominait la structure industrielle de Montréal, reposait sur une main-d'œuvre peu scolarisée, la tertiarisation exige des employés possédant un niveau d'instruction plus élevé. La répartition de la population la moins scolarisée met en relief une zone bien connue de pauvreté à Montréal. Il s'agit du «T inversé»[517], qui est calqué sur les anciens axes industriels de la ville : le canal de Lachine à l'ouest et le long du port à l'est, perpendiculairement au boulevard Saint-Laurent, et la vieille aire de manufacture légère qui s'y était développée. À l'inverse, la répartition de la population plus scolarisée fait apparaître un clivage très net entre l'est et l'ouest montréalais, ainsi qu'avec la banlieue hors de l'île.

LE DÉCLIN DÉMOGRAPHIQUE

La distribution géographique des revenus faibles et celle du chômage coïncident assez largement avec celle de la scolarisation. Ce recouvrement n'est pas dû au hasard, car une fois le mécanisme d'appauvrissement enclenché dans un quartier, l'effet d'entraînement fait partir les plus jeunes, mieux scolarisés, à la recherche d'un emploi ou de meilleures conditions de logement, laissant sur place une population de plus en plus vieillissante. Pour le Conseil des affaires sociales, cette notion de déclin démographique est au cœur des problèmes des zones urbaines centrales[518].

Dans le cas de Montréal, le retour en ville des plus jeunes, ayant pour conséquence un certain processus de «gentryfication» dans certains quartiers, pourrait bien n'avoir été que temporaire; lorsqu'ils auront des enfants, ils choisiront probablement de s'installer en banlieue, ce qui accentuera les clivages. En définitive, l'image de la croissance «en trou de beigne» rappelle étrangement le modèle des successions de zones concentriques établi par les sociologues de l'école de Chicago : un centre-ville entouré d'une première ceinture de zones d'habitat de pauvreté, au-delà de laquelle s'étendent les zones d'habitat de meilleure qualité, puis la banlieue[519]. Montréal correspond assez fidèlement à ce modèle.

Proportion de la population ayant un niveau de scolarité inférieur à la 9e année au recensement de 1981.
Statistique Canada, Série d'atlas métropolitains, Montréal, Ottawa, 1984 : 61.

Répartition des familles à faibles revenus (familles économiques) au recensement de 1981.
Statistique Canada, Série d'atlas métropolitains, Montréal, Ottawa, 1984 : 125.

Répartition du taux de chômage au recensement de 1981.
Statistique Canada, Série d'atlas métropolitains, Montréal, Ottawa, 1984 : 97.

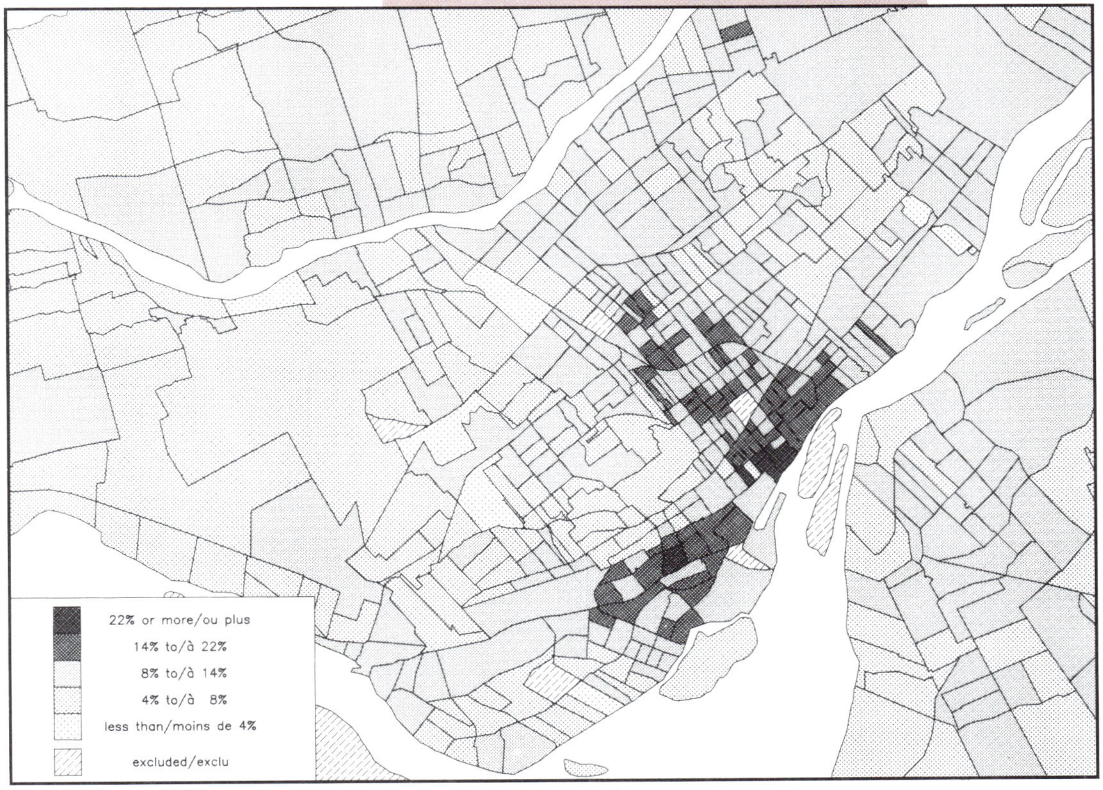

LES ESPACES ETHNIQUES

L'espace urbain n'est pas modelé par les seules fonctions économiques (planches 37 et 38) et par les clivages sociaux (planche 39). Chaque groupe ethnique a un comportement spatial particulier et une façon différente d'occuper l'espace liée à des particularismes culturels et aux conditions du développement socio-économique des nouveaux arrivants. Certains groupes tendent à se fondre, d'autres, au contraire, se concentrent dans un coin de la ville, formant un «quartier ethnique» bien identifié.

Le clivage de base est bien connu et sépare l'agglomération en deux grandes aires d'influence, le Montréal français d'une part, et anglais de l'autre. Même s'il n'est pas aussi tranché — on trouve une présence importante de chacun des groupes dans l'aire de l'autre — ce clivage n'en constitue pas moins la réalité fondamentale de la répartition ethnique dont les racines remontent loin dans l'histoire. Il n'est cependant pas fixe dans le temps car, avec l'évolution du groupe et de son statut socio-économique, les aires se déplacent. Leur expansion, l'une vers l'ouest de l'île et l'autre vers l'est, résulte de divers facteurs parmi lesquels la hausse du niveau de vie et le mouvement de suburbanisation après 1950.

Les immigrants qui arrivent à partir de la fin du XIXe siècle doivent s'accommoder de cette situation. Ils commencent par s'insérer entre les deux groupes principaux, dans le corridor du boulevard Saint-Laurent mais, suivant leur

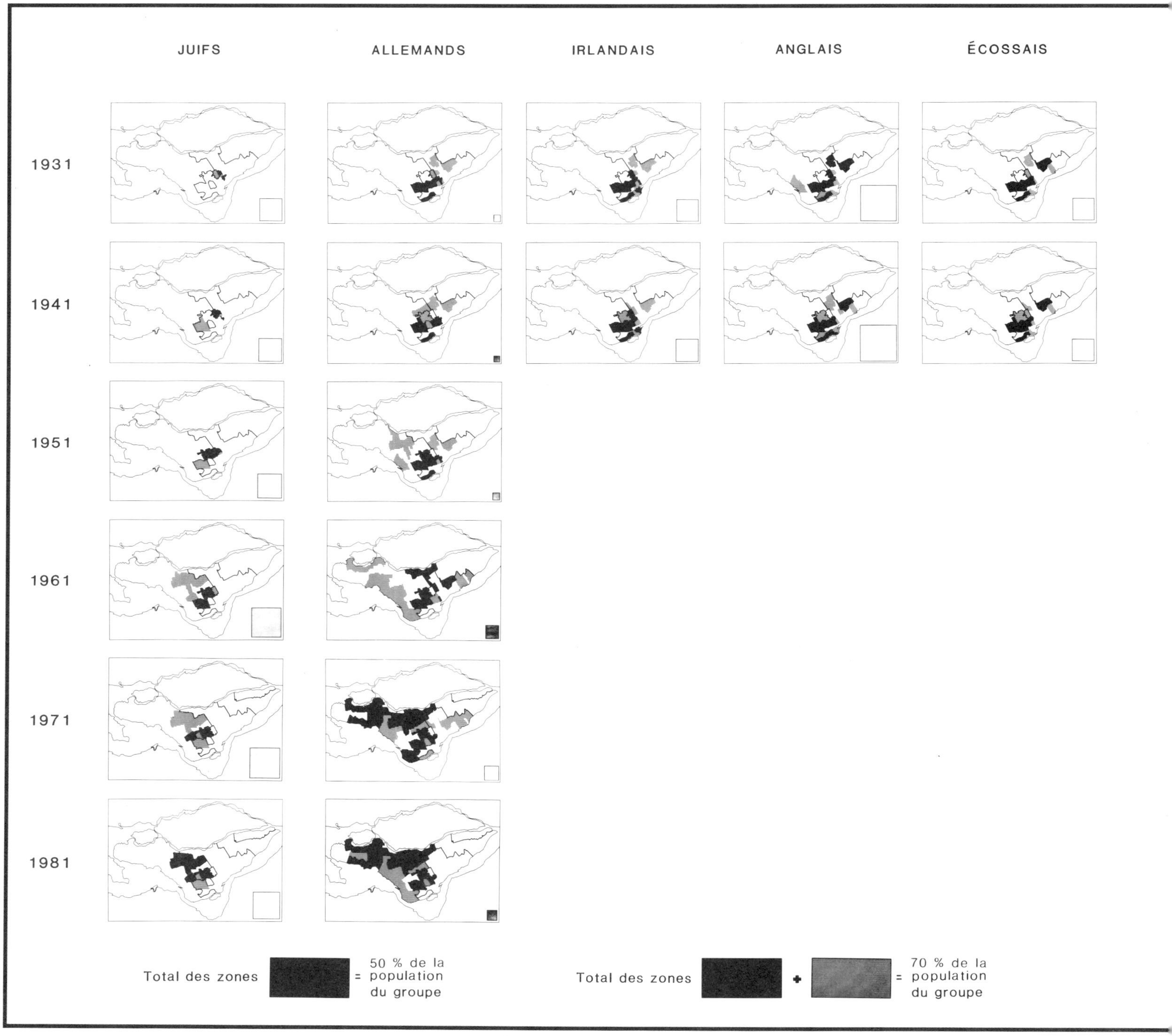

capacité d'intégration dans la structure socio-économique de la ville, ils déploient des stratégies diverses. Deux grands types apparaissent. Le premier se caractérise par une intégration rapide aux Britanniques qui constitue le groupe socio-économique dominant. C'est le cas des immigrants de religion réformée, Allemands, Scandinaves et Hollandais.

La seconde forme d'intégration entraîne, au contraire, la concentration sur une partie du territoire et l'éclosion d'institutions spécifiques, ainsi que l'émergence d'une véritable sous-économie ethnique. Les communautés juive et italienne ont suivi cette seconde voie. Parmi les nombreuses explications de ces comportements figurent l'appartenance religieuse et la proximité linguistique, mais aussi la notion de confort culturel, qui cimente les cohésions internes d'une collectivité[520]. Ainsi, même si les facteurs de ségrégation ne sont jamais à négliger, le facteur dynamique d'agrégation est plus important, et vise à assurer un minimum de services, de même qu'à resserrer les liens communautaires.

L'évolution de l'aire de diffusion des groupes ethniques dans la ville : d'abord, la constitution de deux espaces, français dans la partie est et anglais dans la partie ouest; puis viennent s'ajouter les différents groupes ethniques, de façon diffuse pour les Allemands et les Ukrainiens, et de façon concentrée pour les Italiens et les Juifs.

Claire McNicoll, *L'évolution spatiale des groupes ethniques à Montréal, 1871-1981*, Thèse de doctorat, Paris, École des Hautes Études en Sciences Sociales, 1986.

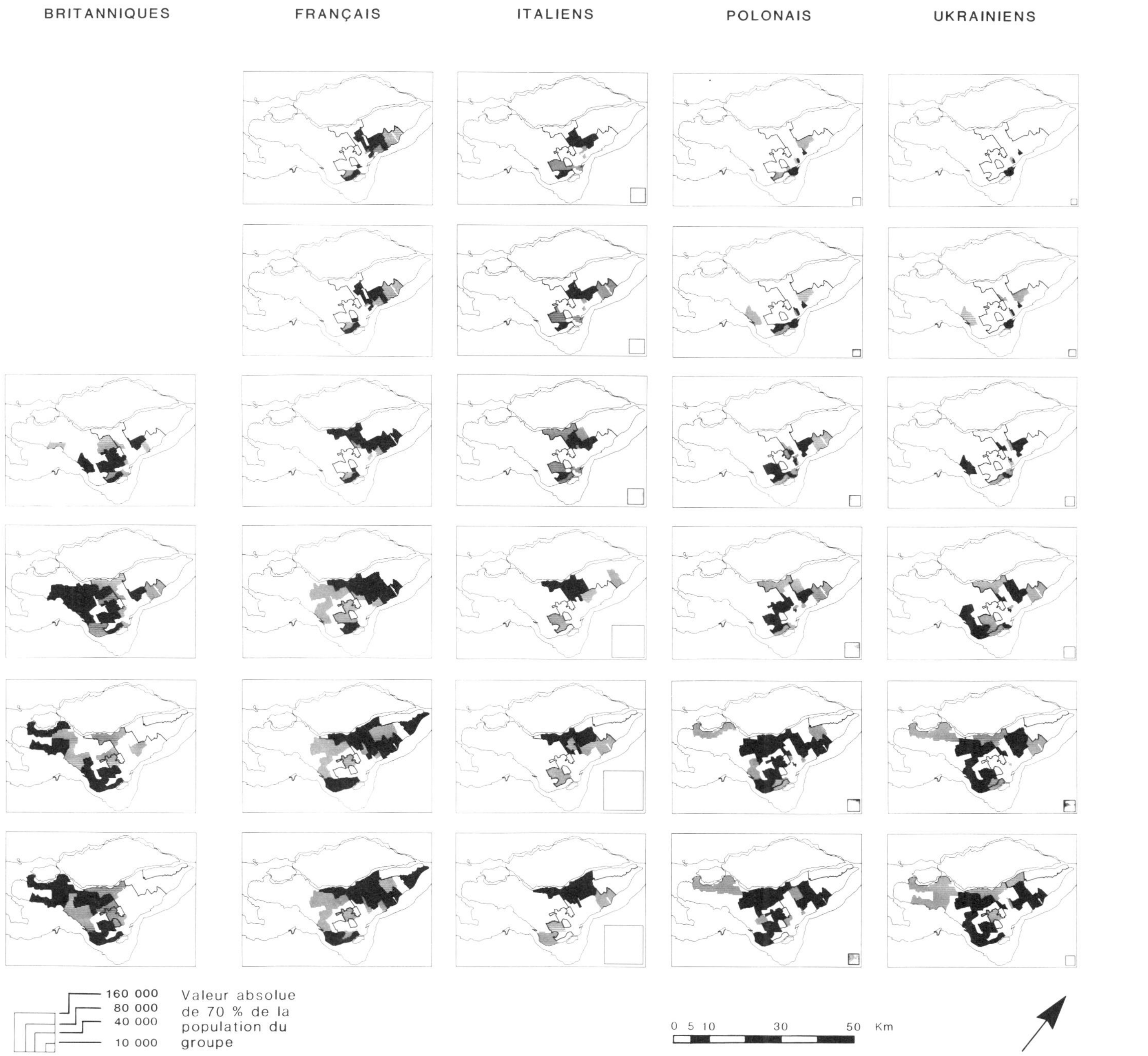

L'AGGLOMÉRATION MONTRÉALAISE

L'une des caractéristiques les plus notables de l'urbanisation du Québec est le niveau élevé de concentration de la population urbaine à l'intérieur d'une immense agglomération[521]. D'après le recensement de 1991, il apparaît que 45% de la population du Québec vit à l'intérieur des limites de la région métropolitaine de recensement. Cette proportion, qui était de 34% en 1951, avait déjà atteint le niveau de 1991 en 1976 et s'est maintenue depuis. En considérant cette fois la grande région administrative de Montréal, qui s'étend des Laurentides jusqu'à la frontière américaine, c'est alors plus de la moitié de la population du Québec qui y habite (près de 57%)[522].

L'urbanisation de la région métropolitaine s'est effectuée sans plan d'ensemble, comme cela avait un peu été le cas autour du noyau central de Montréal durant la deuxième moitié du XIXe siècle (planche 30). En effet, le jeu de la promotion foncière aboutit à la création d'une multitude de municipalités, toutes jalouses de leur autonomie. La mise en place de mécanismes de concertation se fait lentement. En 1921, dans le but de régler les problèmes causés par certaines municipalités, le gouvernement du Québec avait créé la Commission métropolitaine de Montréal, dont le rôle était surtout d'ordre financier[523]. En 1951, l'organisation de la Commission de transport de Montréal permet une première collaboration entre Montréal et sa banlieue immédiate. Plus tard, en 1959, la création de la Corporation du Montréal métropolitain facilite la concertation entre les différentes municipalités, mais la politique résolument annexionniste du maire Jean Drapeau à laquelle s'ajoute la volonté d'autonomie des municipalités la rendent peu efficace[524]. Cette dernière attitude avait aussi un fondement linguistique, les municipalités anglophones du West Island ne voulant pas se retrouver sous la coupe d'une majorité francophone[525].

L'agglomération montréalaise vue du satellite Lansat-5 en 1989. Les parties urbanisées colorées en bleu dominent l'espace montréalais, qui laisse peu de place au territoire agricole et forestier.
Centre canadien de télédétection, 1989.

À la fin des années 1960, la situation devient favorable à une forme de gouvernement régional et, finalement, la Communauté urbaine de Montréal voit le jour en 1970. Elle exerce une coordination à l'échelle de l'île, prenant la responsabilité des services de police, de l'évaluation foncière, du schéma d'aménagement, de l'assainissement de l'air et de l'eau, de l'inspection des aliments et des transports publics. Au-delà de l'île, l'explosion urbaine a suscité l'intervention du gouvernement qui unifie les 14 municipalités de l'île Jésus en 1965, avec la formation de la ville de Laval, tandis que sur la rive sud, les villes de Longueuil et de Jacques-Cartier fusionnaient en 1969. L'agglomération ne dispose cependant pas encore d'organisme de concertation régional.

Montréal demeure une des grandes villes du Canada, un centre industriel, commercial et financier de premier ordre. Elle représente, en outre, le principal foyer culturel des francophones : c'est un lieu de production par excellence, avec ses studios de télévision, de cinéma, son industrie de l'édition, ses universités et ses bibliothèques. La continuité d'une communauté anglophone importante et la présence de divers groupes ethniques colorent la société montréalaise, et font de la ville un microcosme de l'Amérique.

Les grandes étapes de l'urbanisation du territoire depuis 1932 font apparaître l'importance de la croissance urbaine des années 1960-1980.
Gérard Divay et Marcel Gaudreau, La formation des espaces résidentiels, Montréal et Québec, INRS-Urbanisation et Presses de l'Université du Québec, 1984, carte 1.

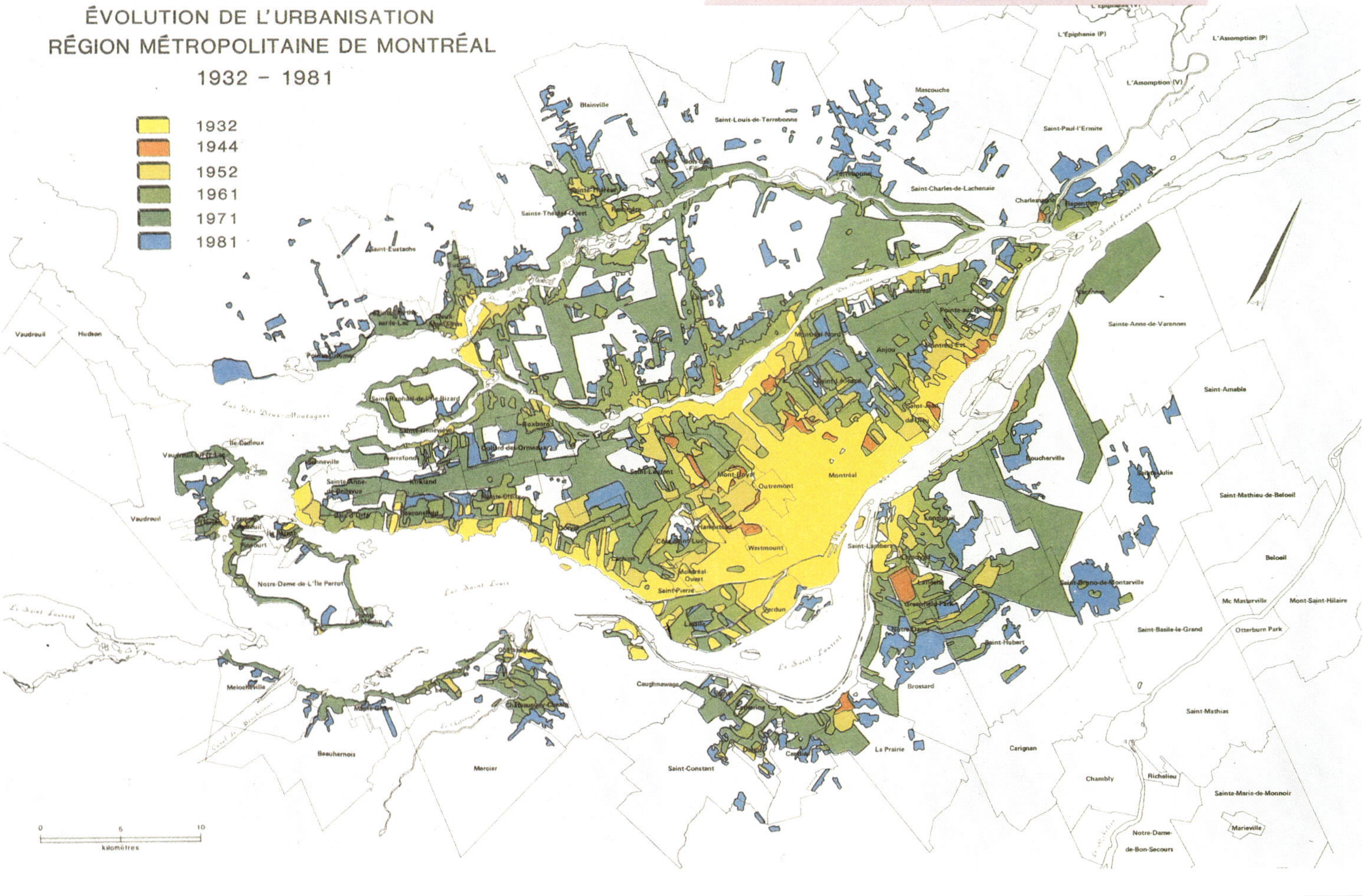

1 Nous reprenons ici la distinction classique des géographes : un plan correspond à une étendue de territoire restreinte, généralement une surface sur laquelle l'effet de la courbure du globe terrestre est nulle; la carte désigne un territoire plus étendu. À toutes fins utiles, lorsqu'il s'agit d'une ville, on emploie de préférence le mot «plan». Nous suivrons cet usage dans cet ouvrage.

2 Les archives de la ville, les Archives nationales du Canada, les Archives nationales du Québec à Montréal, la Bibliothèque nationale du Québec et les fichiers des grandes bibliothèques de Montréal. Pierre Lépine, de la Bibliothèque nationale du Québec, nous a gracieusement fourni une copie de son fichier informatisé et Alan Stewart, du Centre canadien d'architecture, nous a permis de consulter des répertoires de cartes et plans anciens préparés par son équipe de recherche. Il n'existe pas de cartobibliographie récente de Montréal. Les essais les plus complets remontent aux environs de la Première Guerre : *Catalogue de la bibliothèque administrative des archives municipales et inventaire chronologique des cartes et plans de Montréal, 1534-1918*, seconde édition, Montréal, s.é., 1918; E.-Z. Massicotte, «Inventaires des cartes et plans de l'île et de la ville de Montréal», *Bulletin des recherches historiques*, XX (1914) : 33-41, 65-73; Émile Miller, «Inventaire chronologique des cartes et des plans de Montréal, 1611-1915, avec annotations», *Rapport annuel du département des archives municipales pour l'année 1915*, Montréal, Perreault, 1916 : 39-80.

3 Ces plans parcellaires sont conservés dans les greffes des notaires et des arpenteurs.

4 Lucien Campeau, «Montréal, fondation missionnaire», *L'Église de Montréal*, 18 janvier 1990 : 63.

5 Monique C. Poirier, *The Fortifications of Montreal 1717-1744 : The Development and Implementation of the Plan*, mémoire de maîtrise (histoire de l'art), Université Concordia, 1991 : 35 et 48, signale un plan de 1692 perdu lors d'un naufrage et un autre, envoyé à Paris en 1708, mais qui n'a jamais été retrouvé.

6 René Baudry, «Les plans en relief de Québec, Montréal et Louisbourg», *Revue d'histoire de l'Amérique française, XVI*, 2 (septembre 1962) : 213-218; Pierre Mayrand, «Les plans en relief de la Nouvelle-France», *Revue d'histoire de l'Amérique française, XXII*,1 (juin 1968) : 17-24.

7 Tous les plans et figures nouveaux ont été conçus par l'auteur et exécutés par Yves Otis.

8 Pour un exemple récent de critique de la cartographie ancienne, voir Claude Boudreau, sous la direction de Serge Courville, *L'analyse de la carte ancienne, essai méthodologique. La carte du Bas-Canada de 1831 de Joseph Bouchette*, Québec, Université Laval/Célat, 1986.

9 Pauline Desjardins, Monique Laliberté et Marie-Hélène Provençal, *Étude du potentiel archéologique de 12 terrains vacants du Vieux Montréal. Rapport synthèse.* Montréal, Société d'archéologie et de numismatique de Montréal, 1987 : 16-29; David Hanna, communication personnelle, le 27 octobre 1992.

10 Dans le *Montreal Herald* du 11 décembre 1824, il fait paraître une annonce prévenant les souscripteurs de l'imminence du début du travail de levés topographiques.

11 Pauline Desjardins, Monique Laliberté et Marie-Hélène Provençal, *Étude du potentiel archéologique de 12 terrains vacants du Vieux Montréal. Rapport synthèse.* Montréal, Société d'archéologie et de numismatique de Montréal, 1987 : 16-29.

12 Joanne Burgess, Louise Dechêne, Paul-André Linteau et Jean-Claude Robert, *Clés pour l'histoire de Montréal*, Montréal, Boréal, 1992.

13 Daniel Boorstin, *Les découvreurs*, Paris, Seghers, 1986 : 196-244.

14 Laurier Turgeon, Réginald Auger et William Fitzgerald, «Des Basques dans le Saint-Laurent», *Cap-aux-Diamants*, 29 (printemps 1992) : 62-67. Dès le XVIe siècle, les Basques avaient l'habitude de fréquenter les côtes de Terre-Neuve et du Labrador pour des expéditions de pêche : *Les Basques et la pêche à la baleine au Labrador au XVIe siècle*, Ottawa, Environnement Canada, 1993.

15 Aristide Beaugrand-Champagne, «Les origines de Montréal», *Cahiers des Dix*, 13 (1948) : 39-62, écrit que Roberval avait effectivement fondé un établissement sur l'île de Montréal, mais ce n'est pas le cas, car il n'est pas demeuré assez longtemps; Marcel Trudel réfute son argumentation dans son *Histoire de la Nouvelle-France, vol. 1, Les vaines tentatives*, Montréal, Fides, 1963 : 161.

16 Raoul Blanchard en a fait une description célèbre et magistrale dans la première partie de son *Montréal, esquisse de géographie urbaine*, publiée d'abord isolément (Grenoble, 1947), puis reprise dans *L'Ouest du Canada français. Montréal et sa région*, Montréal, Beauchemin, 1953 : 173-203 et dans Raoul Blanchard, *Montréal : esquisse de géographie urbaine*, édition préparée et présentée par Gilles Sénécal, Montréal, VLB, 1992 : 49-80.

17 Jean-Claude Lasserre, «Le Saint-Laurent à Montréal», Ludger Beauregard, dir., *Montréal, guide d'excursion/Field Guide*, Montréal, Presses de l'Université de Montréal, 1972 : 57.

18 Gilles Ritchot, «Le Mont-Royal», Ludger Beauregard, dir., *Montréal, guide d'excusion/Field Guide*, Montréal, Presses de l'Université de Montréal, 1972 : 49; les quatre sommets sont Outremont, la Croix/antennes, l'Abri et Westmount.

19 L'origine des terrasses a fait l'objet de nombreuses explications contradictoires. Citons celles de Pierre Dagenais, «Le milieu physique», Esdras Minville, dir. *Montréal économique*, Montréal, Fides, 1943 : 54, pour qui les terrasses correspondent à un ancien lit du Saint-Laurent, et la discussion de Raoul Blanchard dans *L'Ouest du Canada français. Montréal et sa région*, Montréal, Beauchemin, 1953 : 187-203, pour qui les terrasses sont des beines sous-marines formées par le mouvement des eaux de la mer de Champlain en réaction avec le mont Royal, dont le sommet était émergé. Depuis les travaux de Gilles Ritchot, «Problèmes géomorphologiques du Québec méridional : le mont Royal», *Revue de géographie de Montréal*, 21,1 (1967) : 41-79; 21,2 (1967) : 267-312, et ceux des quaternaristes, la complexité et la temporalité de la genèse des formes semblent avoir remplacé la recherche d'une explication unique. Pauline Desjardins, Monique Laliberté et Marie-Hélène Provençal, *Étude du potentiel archéologique de 12 terrains vacants du Vieux Montréal*, Montréal, Société d'archéologie et de numismatique, 1987 : 37-52 et planche 2.

20 En 1942, Aristide Beaugrand-Champagne, dans «1542-1642», *Cahiers des Dix*, 7 (1942) : 9-26, publie une étude de la morphologie de la ville et de ses premiers occupants accompagnée d'une reconstitution cartographique intitulée «Carte topographique de l'île de Montréal de 1542 à 1642» qui retrace tous les cours d'eau, étangs, sources, petits lacs. Malheureusement, l'auteur n'a pas donné ses sources ou les bases de sa méthodologie de reconstitution. Force nous est de constater que sa carte ne semble être qu'un inventaire sommaire de tous les éléments d'hydrographie dont l'auteur avait eu connaissance, reçus pêle-mêle, sans tenir compte de la dimension temporelle. Dans son état actuel, cette carte représente au mieux des hypothèses et donne des pistes de recherche; elle n'est pas d'une grande utilité pour comprendre le réseau hydrographique. L'auteur émet l'opinion que c'est la rivière Saint-Martin qui formait le cours d'eau principal et que plus tard un canal a été creusé pour joindre les eaux d'un ruisseau, qui se jetait dans la rivière Saint-Pierre, à la rivière Saint-Martin. En 1992, Guy Pinard, dans un article au titre accrocheur, «Le mystère de la rivière disparue», *La Presse*, 13 juin 1992 : B4, conteste le nom de rivière Saint-Pierre donné au cours d'eau qui se jette à la pointe à Callière en s'appuyant sur les travaux de Beaugrand-Champagne dont il reproduit la carte; les historiens auraient raté «une occasion [...] belle de corriger une erreur...». En fait c'est un problème de toponymie car c'est l'usage qui prime dans ce domaine. La question historique est donc de savoir pourquoi l'usage s'est ainsi imposé depuis le XVIIIe siècle. Pour une mise au point, voir Jean-Guy Brossard et al., «Question de potamonymes : les soubresauts d'une "petite rivière"», *Mémoires vives*, 4 (hiver 1993) : 17-29.

21 Dans cet ouvrage, nous utilisons la toponymie particulière à Montréal qui appelle «est» ce qui est en réalité au nord, «ouest» ce qui est au sud. La ligne de partage s'effectue dans l'axe de la rue Saint-Laurent. L'origine de la confusion se trouve dans le changement de direction du cours du Saint-Laurent, qui coule d'abord vers l'est avant d'effectuer un virage vers le nord en face du centre-ville actuel. Cette rive droite a été appelée uniformément rive sud et a servi de point d'orientation.

22 Pour certains auteurs, comme Raoul Blanchard, *L'Ouest du Canada français, Montréal et sa région*, Montréal, Beauchemin, 1953 : 216, repris par Jean-Claude Marsan, *Montréal en évolution*, Montréal, Fides, 1974 : 71, le coteau Saint-Louis correspond à l'ensemble du bourrelet. E.-Z. Massicotte, «Le coteau Saint-Louis et la citadelle de Montréal», *Bulletin des recherches historiques, XXXI*,8 (août 1925) : 263-268, appelle de ce nom la petite hauteur située au nord-est et sur laquelle on construira d'abord un moulin, puis la citadelle. Marcel Trudel, *Le terrier du Saint-Laurent en 1663*, Ottawa, Cahiers du Centre de recherche en civilisation canadienne-française, 1973 : 471-472, réserve ce nom à cette hauteur uniquement. Le procès-verbal de bornage des premières rues en 1672 est d'ailleurs très clair : «...et aboutissant au bas du Costeau Saint Louis à un petit Bastiment, qui sert de reposoir aux jours de St Sacrement», *Bulletin des recherches historiques*, 38 (1932) : 611-612.

23 R. J. Fulton, dir., *Le Quaternaire du Canada et du Groenland*, Ottawa, ministère des Approvisionnements et Services, 1989 : 1.

24 Il existe des hypothèses variables, dites maximalistes et minimalistes, quant à l'étendue de la surface de glace. Michel Parent, Jean-Marie M. Dubois, Pierre Bail, Armand Larocque et Gérard Larocque, «Paléogéographie du Québec méridional entre 12 500 et 8 000 ans BP», *Recherches amérindiennes au Québec, XV, 1-2* (1985) : 17-37. Les initiales BP signifient *«Before Present»* et sont couramment utilisées lorsqu'on emploie une mesure de temps absolue comme l'analyse au carbone 14; le *«Present»* correspond par convention à 1950; on commence aussi à employer l'expression «avant aujourd'hui».

25 Les dates varient selon les auteurs et la précision des méthodes de datation. Par exemple, les notes explicatives de la série de cartes «Paléogéographie de l'Amérique du Nord septentrionale entre 18 000 et 5 000 avant le présent, carte 1703A» évoquent le recul entre 18 000 et 14 000. Michel Parent et al, «Paléogéographie du Québec méridional entre 12 500 et 8 000 ans BP», *Recherches amérindiennes au Québec, XV, 1-2* (1985) : 17-37, donnent 12 500 ans BP; Robert McGhee, *Le Canada au temps des envahisseurs*, Montréal, Libre Expression, 1989, donne 15 000 ans.

26 Gilbert Prichonnet, «La déglaciation de la vallée du Saint-Laurent et l'invasion marine contemporaine», *Géographie physique et Quaternaire*, XXXI, 3-4 (1977) : 323-345.

27 Michel Parent et Serge Occhietti, «Late Wisconsinian Deglaciation and Champlain Sea Invasion in the St. Lawrence Valley, Québec», *Géographie physique et Quaternaire*, 42, 3 (1988) : 216.

NOTES

28 Pierre Richard, «Des archives biologiques : les grains de pollen», *Franc Nord*, printemps 1985 : 10.

29 Joyce Brown Macpherson,«Raised Shorelines and Drainage Evolution in the Montreal Lowland», *Cahiers de Géographie du Québec*, 23 (septembre 1967) : 343, donne 20 pi (6 m) par siècle; P. F. Karrow et S. Occhietti, «Le quaternaire des basses terres du Saint-Laurent», R. J. Fulton, dir., *Le Quaternaire du Canada et du Groenland*, Ottawa, ministère des Approvisionnements et Services, 1989 : 405, donnent 11,5 m par siècle.

30 C.R. Harrington et Serge Occhietti, «Inventaire systématique et paléogéologie des mammifères marins de la mer de Champlain (fin du Wisconsinien) et de ses voies d'accès», *Géographie physique et Quaternaire*, 42,1 (1986) : 45-64.

31 Dans un premier temps, ces rivages avaient été datés de 8 500 ans BP pour le plus vieux et de 6 000 ans BP pour le plus jeune : Joyce Brown Macpherson, «Raised Shorelines and Drainage Evolution in the Montreal Lowland», *Cahiers de Géographie du Québec*, 23 (septembre 1967) : 343-360. Plus tard, on a réévalué à la hausse leur âge, le rivage Rigaud paraissant plutôt de 9 800 ans BP et celui de Saint-Barthélemy de 8 000 ans BP; Michel Parent, Jean-Marie M. Dubois, Pierre Bail, Armand Larocque et Gérard Larocque, «Paléogéographie du Québec méridional entre 12 500 et 8 000 ans BP», *Recherches amérindiennes au Québec*, XV, 1-2 (1985) : 17-37.

32 La hauteur du coteau Saint-Louis est inconnue. Toutefois, le point le plus élevé du Vieux-Montréal actuel est à proximité du château Ramezay à 29 m (Pauline Desjardins, Monique Laliberté et Marie-Hélène Provençal, *Étude du potentiel archéologique de 12 terrains vacants du vieux Montréal*, Montréal, Société d'archéologie et de numismatique, 1987 : 43). Nous savons que le coteau Saint-Louis était tout de même plus élevé que le niveau de la rue Notre-Dame. L'entrepreneur chargé d'une partie des travaux en 1819 a calculé la hauteur de la partie nord du site à environ 17 m (55 pi) sans préciser son point de départ; voir Albertine Ferland-Angers, «La citadelle de Montréal (1658-1820)», *Revue d'histoire de l'Amérique française*, 3, 4 (mars 1950) : 510.

33 Pierre Richard, «Des archives biologiques : les grains de pollen», *Franc Nord*, printemps 1985 : 10.

34 C'est le découpage classique. Charles Martijn, «État de la recherche en préhistoire du Québec», *Revue de géographie de Montréal*, XXVIII, 4 (1974) : 436-439; J. V. Wright, *La préhistoire au Québec*, Montréal, Fides, 1980.

35 Norman Clermont et Claude Chapdelaine, *Pointe-du-buisson 4 : quarante siècles d'archives oubliées*, Montréal, Recherches amérindiennes au Québec, 1982 : 27.

36 Russell Thornton, *American Indian Holocaust and Survival. A Population History Since 1492*, Norman, University of Oklahoma Press, 1987 : 9, opte pour 25 000 ans; J. V. Wright, *La préhistoire au Québec*, Montréal, Fides, 1980 : 23, avance 30 000 ans.

37 R. C. Harris, dir., *Atlas historique du Canada*, vol. I, Montréal, Presses de l'Université de Montréal, 1987 : 1.

38 J. V. Wright, *La préhistoire au Québec*, Montréal, Fides, 1980 : 23-27.

39 Serge-André Crête, «Les premiers habitants», *Recherches amérindiennes au Québec*, VII, 1-2(1978) : 24-30.

40 Voir par exemple : Norman Clermont et Claude Chapdelaine, *Pointe-du-buisson 4 : quarante siècles d'archives oubliées*, Montréal, Recherches amérindiennes au Québec, 1982.

41 Je tiens à remercier Anne-Marie Balac, archéologue, du ministère des Affaires culturelles du Québec, pour les données relatives aux fouilles dans la région.

42 James F. Pendergast et Bruce G. Trigger, dir., *Cartier's Hochelaga and the Dawson Site*, Montréal, McGill-Queen's University Press, 1972.

43 Arkéos Inc., *Les sites préhistoriques du Vieux-Montréal. Analyse et synthèse*, Montréal, 1991 : 57-62.

44 Pierre Bibeau et Gérard Gagné, «Présence du sylvicole à la place Royale de Montréal», *Mémoires vives*, 1-2 (printemps 1992) : 30-39; Arkéos Inc., *Les sites préhistoriques du Vieux-Montréal. Analyse et synthèse*, Montréal, 1991 : 57-62; Christian Bélanger, *Les Jardins d'Youville. Rapport de fouilles archéologiques 1988*, Montréal, Société d'archéologie et de numismatique, 1990; Pauline Desjardins, *La Pointe à Callière*, Montréal, ministère des Affaires culturelles, 1992.

45 C'est l'anthropologue Bruce G. Trigger qui a suggéré d'utiliser cette locution pour remplacer les termes anciens d'«Iroquoiens laurentiens» ou même d'Iroquois employés auparavant. Rappelons que de nos jours le terme iroquoien s'applique à une famille linguistique regroupant plusieurs nations, tandis que le mot Iroquois désigne surtout les cinq nations [agniers (Mohawks), Onneiouts, Onontagués, Goyogouins et Tsonnontouans; au XVIIIe siècle une sixième nation s'ajoute, celle des Tuscaroras]. Bruce G. Trigger, «Hochelaga : History and Ethnohistory», James F. Pendergast et Bruce G. Trigger, dir., *Cartier's Hochelaga and the Dawson Site*, Montréal, McGill-Queen's University Press, 1972 : 45; Bruce G. Trigger et James F. Pendergast, «Saint Lawrence Iroquoians», Bruce G. Trigger, dir., *Handbook of North American Indians*, vol. 15 : *Northeast, Washington*, Smithsonian Institution, 1978 : 357-361.

46 J. V. Wright et R. Fecteau, «Établissement agricole iroquoien », R. C. Harris, dir., *Atlas historique du Canada*, vol. 1, Montréal, Presses de l'Université de Montréal, 1987 : planche 12.

47 Cette hypothèse, en fait véritable paradigme de la recherche actuelle, est appelée *in situ*. Écrivant en 1952, son auteur, R. S. MacNeish «propose un développement sur place pour la majorité des groupes historiques. Il écarte la théorie de la migration récente et suggère, en se basant sur la continuité stylistique de la poterie, que la présence des Iroquoiens dans le Nord-Est remonte au moins à l'an mille de notre ère et que leur origine est plus ancienne. Il n'écarte donc pas l'idée d'une migration mais elle daterait d'une période où les Iroquoiens avaient un mode de vie et une poterie différents», Claude Chapdelaine, «Poterie, ethnicité et Laurentie iroquoienne», *Recherches amérindiennes au Québec*, XXI, 1-2 (1991) : 45. Récemment, des chercheurs ont contesté ce paradigme et proposé une migration plus tardive, durant l'époque sylvicole; Claude Chapdelaine, «L'origine des Iroquoiens dans le nord-est. Remise en question de l'hypothèse in situ», *Recherches amérindiennes au Québec*, XXII, 3-4 (1992) : 3-4 et pour les positions du débat, 5-36.

48 Claude Chapdelaine, *Le site Mandeville à Tracy. Variabilité culturelle des Iroquoiens du Saint-Laurent*, Montréal, Recherches amérindiennes au Québec, 1989 : 21-22.

49 Ibid.

50 Bruce G. Trigger, «Hochelaga : History and Ethnohistory», James F. Pendergast et Bruce G. Trigger, dir., *Cartier's Hochelaga and the Dawson Site*, Montréal, McGill-Queen's University Press, 1972 : 45.

51 Claude Chapdelaine, *Le site Mandeville à Tracy. Variabilité culturelle des Iroquoiens du Saint-Laurent*, Montréal, Recherches amérindiennes au Québec, 1989 : 257-261.

52 Marcel Trudel, *Histoire de la Nouvelle-France*, vol. I, *Les vaines tentatives, 1524-1603*, Montréal, Fides, 1963 : 247.

53 Claude Chapdelaine, «Poterie, ethnicité et Laurentie iroquoienne», *Recherches amérindiennes au Québec*, XXI, 1-2 (1991) : 51.

54 Bruce G. Trigger, «Hochelaga : History and Ethnohistory», James F. Pendergast et Bruce G. Trigger, dir., *Cartier's Hochelaga and the Dawson Site*, Montréal, McGill-Queen's University Press, 1972 : 91.

55 John A. Dickinson, «Old Routes and New Wares : The Advent of European Goods in the St. Lawrence Valley», Bruce G. Trigger, T. Morantz et Louise Dechêne, dir. *Le Castor fait tout*, Montréal, Lake St. Louis Historical Society, 1987 : 25-41; l'argument est repris de façon plus succincte dans «Une mystérieuse disparition», Yves Landry, dir., *Pour le Christ et le Roi*, Montréal, Libre Expression/Art Global, 1992 : 82-85.

56 J. B. Jamieson, «Trade and Warfare : The Disappearance of the St. Lawrence Iroquoians», *Man in the Northeast*, 39(1990) : 79-86.

57 J. V. Wright et R. Fecteau, «Établissement agricole iroquoien», R. C. Harris, dir., *Atlas historique du Canada*, vol. 1, Montréal, Presses de l'Université de Montréal, 1987 : planche 12.

58 Marcel Trudel, *Histoire de la Nouvelle-France*, vol. I, *Les vaines tentatives, 1524-1603*, Montréal, Fides, 1963 : 247.

59 Le passage du lac Saint-Pierre représente un obstacle important pour la navigation jusqu'au milieu du XIXe siècle lorsqu'un chenal sera creusé. Même de nos jours, les hauts-fonds du lac imposent une contrainte insurmontable pour les navires à trop fort tirant d'eau. À l'époque du voyage de Cartier, l'ignorance des chenaux navigables à travers les îles de Sorel s'ajoutait au problème de l'étiage.

60 Les sources sont très peu nombreuses et, dans tous les cas, fragmentaires. Certains chercheurs, dont W. D. Lighthall, ont voulu voir dans Tutonaguy une corruption de Tiotaké, nom employé par les Agniers pour désigner Montréal; W. F. Ganong, *Crucial Maps in the Early Cartography and Place-Nomenclature of the Atlantic Coast of Canada*, Toronto, University of Toronto Press, 1964 : 314. Par ailleurs, ce genre d'analyse fondée sur quelques correspondances de mots faites hors contexte linguistique et historique pose tant de problèmes que son utilisation est déconseillée : Bernard G. Hoffman, *Cabot to Cartier. Sources for a Historical Ethnography of Northeastern North America 1497-1550*, Toronto, University of Toronto Press, 1961 : 211-212. D'autres trouvent difficile à croire que, si l'auteur des deuxième et troisième relations était le même, il n'y ait aucun rappel de la visite d'Hochelaga et pensent qu'il s'agit d'un auteur différent; Marcel Trudel, *Histoire de la Nouvelle-France*, vol.1, *Les vaines tentatives, 1524-1603*, Montréal, Fides, 1963 : 151. Cependant, ce même auteur proposera plus tard que le nom de Tutonaguy soit celui d'un village qui aurait succédé à Hochelaga et ait été situé à la pointe à Callière; Marcel Trudel, *Histoire de la Nouvelle-France*, vol. 2, *Le comptoir, 1604-1627*, Montréal, Fides, 1966 : 175.

61 Aristide Beaugrand-Champagne, «Les origines de Montréal», *Cahiers des Dix*, 13 (1948) : 39-62, prétend, d'après une interprétation de cette carte et du texte apparaissant dans le cartouche du bas que Roberval a tenté d'installer 70 personnes à Montréal en 1543. Marcel Trudel réfute son argumentation dans son *Histoire de la Nouvelle-France*, vol. I, *Les vaines tentatives, 1524-1603*, Montréal, Fides, 1963 : 161.

62 Laurier Turgeon, Réginald Auger et William Fitzgerald, «Des Basques dans le Saint-Laurent», *Cap-aux-Diamants*, 29 (printemps 1992) : 62-67.

63 Le texte parle de «deux lieues», mais les estimations de Cartier sont souvent exagérées; voir W. F. Ganong, *Crucial Maps in the Early Cartography and Place-Nomenclature of the Atlantic Coast of Canada*, Toronto, University of Toronto Press, 1964. Par ailleurs, comme beaucoup de mesures de l'Ancien Régime, la longueur de la lieue est variable selon les endroits et les types d'usage. La lieue commune de France mesure 4,5 km, mais la lieue de poste vaut moins de 4 km et la lieue marine plus de 5 km. Voir Émile Littré, «Lieue», *Dictionnaire de la langue française*, Paris, Gallimard/Hachette, 1972. Marcel Trudel et Marie Baboyant optent pour une lieue de 4,99 km. François Dollier de Casson, *Histoire du Montréal*, Nouvelle édition critique par Marcel Trudel et Marie Baboyant, Montréal, Hurtubise HMH, 1992 : 91, note 11.

64 Bruce G. Trigger, «Hochelaga : History and Ethnohistory», James F. Pendergast et Bruce G. Trigger, dir., *Cartier's Hochelaga and the Dawson Site*, Montréal, McGill-Queen's University Press, 1972 : 3-92.

65 Giovani Battista Ramusio, *Terzo Volume Nelle Navigationi et Viaggi racolta de M. Gio Battista Ramusio, nel quale si contagona La Navigatione al Mondo Nuovo*, Venetia, Nella stamperia de Giunti, 1556. Le plan est attribué à Giacomo Gastaldi : Henry Harrisse, *Notes pour servir à l'histoire, à la bibliographie et à la cartographie de la Nouvelle-France et des pays adjacents, 1545-1700*, Paris, Tross,1872 : 223.

66 Sa véracité sera d'abord attaquée par W. D. Lighthall et le plan sera défendu par Aristide Beaugrand-Champagne. Pour une analyse de tous les aspects de la controverse, voir Bruce Trigger, «Hochelaga : History and Ethnohistory», James F. Pendergast et Bruce G. Trigger, dir., *Cartier's Hochelaga and the Dawson Site*, Montréal, McGill-Queen's University Press, 1972 : 3-92.

67 Jacques Cartier, *Relations*, édition critique par Michel Bideaux, Montréal, Presses de l'Université de Montréal,1986 : 151-153.

68 Jean Poirier, «Origine du nom de la ville de Montréal», *Revue d'histoire de l'Amérique française*, 46,1 (été 1992) : 37-44; les deux formes, royal et réal, coexistent au XVIe siècle, et le plan aurait contribué à renforcer la seconde.

69 Aristide Beaugrand-Champagne, «Le chemin d'Hochelaga», *Mémoires et comptes rendus de la Société Royale du Canada*, troisième série, XVII (1923), section I : 17-24; repris dans «Le chemin et l'emplacement de la bourgade d'Hochelaga», *Cahiers des Dix*, 12 (1947) : 15-160.

70 Gérard Malchelosse, «Jacques Cartier va à Hochelaga», *Cahiers de Dix*, 21 (1956) : 31-53; Claude Perrault, «La découverte de Montréal par Jacques Cartier», *Revue d'histoire de l'Amérique française*, XX,2 (septembre 1966) : 236-261; Lucien Campeau, «Sur les pas de Cartier et de Champlain», *Cahiers de l'Académie canadienne française*, 8 (1964) : 29-38; Pierre Larouche, *Montréal et l'urbanisme. Hier et Aujourd'hui*, Montréal, Villes nouvelles-villes anciennes, 1990 : 119-121 et *Montréal 1535 – La Redécouverte d'Hochelaga*, Montréal, Villes nouvelles-villes anciennes, 1992.

71 Bruce G. Trigger a soigneusement et systématiquement repris l'ensemble des arguments du débat en faisant la part des choses dans «Hochelaga : History and Ethnohistory», James F. Pendergast et Bruce G. Trigger, dir., *Cartier's Hochelaga and the Dawson Site*, Montréal, McGill-Queen's University Press, 1972 : 3-92; aucun des arguments qu'il retient n'a été invalidé par les travaux récents.

72 Bruce G. Trigger, «Hochelaga : History and Ethnohistory», James F. Pendergast et Bruce G. Trigger, dir., *Cartier's Hochelaga and the Dawson Site*, Montréal, McGill-Queen's University Press, 1972 : 3-92.

73 Pierre Larouche, *Montréal 1535 – La Redécouverte d'Hochelaga*, Montréal, Villes nouvelles-villes anciennes, 1992.

74 On a bien retrouvé quelques sépultures amérindiennes, tant du côté d'Outremont que de Westmount, mais jamais en nombre suffisant et, surtout, jamais d'objets témoignant de l'existence d'un établissement quelconque. Voir par exemple : Robert Larocque, «Les sépultures amérindiennes du mont Royal», *Recherches amérindiennes au Québec*, XX, 3-4 (1990) : 31-41.

75 Pierre Bibeau et Gérard Gagné,«Présence du Sylvicole à la place Royale de Montréal», *Mémoires vives*, 1-2 (printemps 1992) : 30-39; Arkéos Inc, *Les sites préhistoriques du Vieux-Montréal. Analyse et synthèse*, Montréal, 1991 : 57-62; Christian Bélanger, *Les Jardins d'Youville. Rapport de fouilles archéologiques 1988*, Montréal, Société d'archéologie et de numismatique, 1990; Pauline Desjardins, *La Pointe à Callière*, Montréal, ministère des Affaires culturelles, 1992. La quantité d'objets retrouvés (autour de 5 000) est relativement faible à côté de sites comparables comme celui du bivouac de la Pointe-du-Buisson, avec ses 30 000 objets, ou la place Royale à Québec et ses 35 000 objets; même en tenant compte de la plus faible superficie fouillée à Montréal, l'écart demeure important.

76 *Les Véritables Motifs de Messieurs et Dames de la Société de Nostre Dame de Monreal. Pour la conversion des Sauvages de la nouvelle France*, s.l., MDCXXXXIII, 25.

77 Lucien Campeau, «Montréal, fondation missionnaire», *L'Église de Montréal*, 11 janvier 1990 : 37.

78 Les dates précises de sa vie sont inconnues; il serait né entre 1600 et 1609 et mort en 1690 ou en 1692.

79 Lucien Campeau (ibid., 37-41), compare les deux traditions du récit de la fondation de Montréal et qui sont les principales sources : celle des sulpiciens et celle des Hospitalières de Saint-Joseph. En les critiquant et en les confrontant aux relations des jésuites et à d'autres sources, il établit que si Jean-Jacques Olier et Jérôme Le Royer de la Dauversière se connaissaient sans doute depuis la fin des années 1630, le premier n'a rejoint les rangs de la société qu'après 1640.

80 Voir Alain Tallon, *La compagnie du Saint-Sacrement (1629-1667) : spiritualité et société*, Paris, Éditions du cerf, 1990 : 15 et passim.

81 Celle-ci quitte la communauté assez rapidement et ses dates de vie ne semblent pas avoir été consignées dans l'histoire de la communauté. *Histoire de la Congrégation de Notre-Dame de Montréal*.

82 Marcel Trudel, *Montréal, la formation d'une société, 1642-1663*, Montréal, Fides, 1976 : 219.

83 Ibid., 205-206.

84 Brigitte Caulier, «Les "Messieurs" de Saint-Sulpice en Nouvelle-France», *Les prêtres de Saint-Sulpice au Canada*, Québec, Presses de l'Université Laval, 1992 : 16.

85 Marie Morin, *Histoire simple et véritable. Les Annales de l'Hôtel-Dieu de Montréal*, 1659-1725, édition critique par Ghislaine Legendre, Montréal, Presses de l'Université de Montréal, 1979 : 96.

86 C. E. Heidenreich, *Explorations and Mapping of Samuel de Champlain*, 1603-1632, Toronto, University of Toronto Press, 1976 : 104-107.

87 Marcel Trudel, «La carte de Champlain en 1632 : ses sources et son originalité», *Cartologica*, 51 (juillet-décembre 1978) : 1-20.

88 Sur cette association pieuse et ses rapports avec la société française, voir le travail d'Alain Tallon, *La Compagnie du Saint-Sacrement (1629-1667) : spiritualité et société*, Paris, Cerf, 1990.

89 Sur Jérôme Le Royer de La Dauversière, voir Marie-Claire Daveluy, «Paul de Chomedey de Maisonneuve», *Dictionnaire biographique du Canada*, vol. I : 218-227; Dom Guy-Marie Oury, *L'Homme qui a conçu Montréal. Jérôme Le Royer de La Dauversière*, Montréal, Méridien, 1991.

90 François Dollier de Casson a été le premier à en faire état de façon très directe : «... par le moyen d'une *Relation* de la Nouvelle France, qui parlait fortement de l'île du Montréal comme étant le lieu le plus propre du pays afin d'y établir une mission...», *Histoire du Montréal*, nouvelle édition critique par Marcel Trudel et Marie Baboyant, Montréal, Hurtubise HMH, 1992 : 50 et note 10, p. 67. Dom Guy-Marie Oury, *L'Homme qui a conçu Montréal. Jérôme Le Royer de La Dauversière*, Montréal, Méridien, 1991 : 120-121, évoque les œuvres de Champlain et insiste sur les rapports qu'avait Le Royer de La Dauversière avec les missionnaires, récollets comme jésuites.

91 Lucien Campeau, «Montréal, fondation missionnaire», *L'Église de Montréal*, 18 janvier 1990 : 62-64.

92 L'étude classique est celle de Marie-Claire Daveluy, *La Société de Notre-Dame de Montréal. 1639-1663. Son histoire, ses membres, son manifeste*, Montréal, Fides, 1965, et qui fait remonter la société à 1639. Cependant, les travaux récents de Lucien Campeau, *loc. cit.*, et de Dom Guy-Marie Oury, *op. cit.*, reportent cette fondation à 1642 en s'appuyant surtout sur le fait qu'il s'agit de la première apparition de ce nom dans les documents et que, par ailleurs, les sources écrites antérieures à 1642 font toujours état des deux mêmes individus, Le Royer de La Dauversière et de Fancamp, agissant seuls. Ce n'est que plus tard qu'ils déclareront avoir agi au nom de la Société.

93 L'expédition comprenait une pinasse, une gabarre et deux barques. La pinasse est un bâtiment long et étroit, mû à voile et à rames; la gabarre désigne un navire de transport long et plat, à voiles et à rames également. François Dollier de Casson, *Histoire du Montréal*, nouvelle édition critique par Marcel Trudel et Marie Baboyant, Montréal, Hurtubise HMH, 1992 : 77 et 82.

94 Il existe une controverse autour de la date «officielle» de la fondation, parce que les trois sources du XVIIe siècle divergent. La plus ancienne, la *Relation* des jésuites, place l'arrivée et la première messe le 17 mai; François Dollier de Casson, écrivant vers 1672, opte pour le 18; Marie Morin, dans son *Histoire simple et véritable*, commencée vers 1697, date l'arrivée du 17 et la première messe du lendemain. Tout se réduit à la crédibilité de ces trois sources : le père Vimont a été témoin oculaire et rédacteur de la *Relation* de 1642, tandis que ni Dollier de Casson, écrivant 30 ans après l'événement, ni sœur Morin, écrivant encore plus longtemps après, n'ont été des témoins directs; les deux ont cependant connu des fondateurs et recueilli des témoignages. Si tous semblent accepter la date du 17 comme date d'arrivée, celle de la messe ne fait pas l'unanimité. Tout tient finalement à l'événement choisi comme «fondateur»; pour citer un des plus chauds partisans de la date du 18 : «Or, la date de fondation d'une ville doit-elle être attribuée au fait du débarquement sur son sol ou à la cérémonie officielle de sa dédicace?», Victor Morin, *La légende dorée de Montréal*, Montréal, Éditions des Dix, 1949,12. Marie Morin, *Histoire simple et véritable*, édition critique par Ghislaine Legendre, Montréal, Presses de l'Université de Montréal, 1979 : 52.

95 François Dollier de Casson, *Histoire du Montréal*, nouvelle édition critique par Marcel Trudel et Marie Baboyant, Montréal, Hurtubise HMH, 1992 : 86.

96 François Dollier de Casson, *Histoire du Montréal*, nouvelle édition critique par Marcel Trudel et Marie Baboyant, Montréal, Hurtubise HMH, 1992 : 107. Les dates varient; pour Jacques Viger, les travaux vont de 1643 à 1645 (Archives du Séminaire de Québec, Fonds Viger-Verreau, *Le petit registre in 4 to de la cure de Montréal*, 40), la date de 1647 pour la fin des travaux est proposée par M.W. Burke-Gaffney, «Canada's First Engineer Jean Bourdon (1601-1668)», Canadian Catholic Historical Studies, *Report*, 1957 : 95, mais la *Relation* des jésuites sur laquelle l'affirmation s'appuie est ambiguë.

97 Pauline Desjardins et Geneviève Duguay, *Pointe-à-Callière : L'aventure montréalaise*, Montréal, Le Vieux-Port de Montréal/Septentrion, 1992 : 26 et note 10, p. 43. Des vestiges de mur retrouvés sous la rue de la Commune pourraient avoir appartenu au fort. Un peu plus haut sur la pointe, du côté des Jardins d'Youville, les fouilles n'ont rien donné non plus : Christian Bélanger, *Les Jardins D'Youville, Rapport de fouilles archéologiques 1988*, Montréal, Société d'archéologie et de numismatique, 1990.

98 L'orientation correspond à celle de la pointe à Callière, mais le tracé du contour laisse perplexe : on ne distingue ni le cours de la petite rivière, ni celui du Saint-Laurent. Les fortifications y sont à demi terminées alors qu'elles l'auraient été en 1646.

99 Marcel Trudel, *Montréal, la formation d'une société, 1642-1663*, Montréal, Fides, 1976 : XXVII-XXVIII, 67-69. Gustave Lanctot, *Montréal sous Maisonneuve*,1642-1665, Montréal, Beauchemin, 1966 : 150-151. On semble excuser l'imprécision du plan en n'y voyant qu'une esquisse rapide. Marcel Trudel, *op. cit.* et Harry Clinch, «Seven Early Maps and Plans Depicting Montreal from 1535 to 1723», David B. Frost, dir, *Montreal Geographical Essays*, Montréal, Université Concordia, 1981 : 52-68. Des scories et du charbon minéral retrouvés sur la pointe à Callière pourraient correspondre à la forge qui apparaît sur le plan de Bourdon; Pauline Desjardins et Geneviève Duguay, *Pointe-à-Callière : L'aventure montréalaise*, Montréal, Le Vieux-Port de Montréal/Septentrion, 1992 : 28.

100 Lucien Campeau, «Montréal, fondation missionnaire», *L'Église de Montréal*, 15 mars 1990 : 256; John Dickinson, «Vivre en Canada», Yves Landry, dir., *Pour le Christ et le Roi*, Montréal, Libre Expression/Art Global, 1992 : 111.

101 Le terrain est concédé au gouverneur de Callière en 1688 et la maison existait en 1697; elle sera démolie durant la décennie de 1790. Pauline Desjardins et Geneviève Duguay, *Pointe-à-Callière : L'aventure montréalaise*, Montréal, Le Vieux-Port de Montréal/Septentrion, 1992 : 48 et 60.

102 *Le Vieux Montréal 1611-1803*, dessins de P.-L. Morin, publié par H. Beaugrand, Montréal, 1884. L'atlas comprend 14 planches. Pierre-Louis Morin (1813-1886), né en France, est venu au Canada en 1836; il a été arpenteur-géomètre pour le gouvernement. Comme architecte, il aurait participé avec le père Félix Martin à la confection des plans de la façade de l'église de Saint-Patrick.

103 Gustave Lanctot évalue son travail de façon positive, toutefois : «L'auteur a préféré reconstituer des plans topographiques de la ville, et dessiner des plans des édifices, de 1642 à 1760. Pour ce travail, il a utilisé les pièces originales qu'il a pu se procurer en France et au Canada, les documents d'archives, les gravures anciennes et les ouvrages en bibliothèque. Il a, de cette façon, dressé six cartes accompagnées de renseignements historiques et cadastraux, ainsi que des dessins d'églises et de maisons. Malheureusement, il lui est arrivé à l'occasion, devant l'absence de pièces contemporaines, d'interpréter des matériaux douteux et même au besoin de recourir simplement à son imagination. Malgré ces quelques faux pas, qui ont fait un tort exagéré au reste de son travail, l'ouvrage mérite une place éminente dans l'histoire du passé français de Montréal.» G. Lanctot, «Images et figures du Montréal sous la France (1642-1763)», *Mémoires de la Société royale du Canada*, Section 1, 1943 : 55. Outre la précision des emplacements, la principale critique adressée à P.-L. Morin concerne la représentation qu'il fait d'un prétendu château de Maisonneuve situé rue Saint-Paul à proximité de l'Hôtel-Dieu. E.-Z. Massicotte, «Montréal se transforme», *Cahiers des Dix*, 5 (1940) : 177-181. Pour Robert Lahaise, *Les Édifices conventuels du Vieux Montréal*, Montréal, Hurtubise HMH, 1980 : 224-230, cette image, passablement embellie, correspondrait plutôt au premier séminaire de Saint-Sulpice (1659-1661).

104 Marcel Trudel, *Montréal, la formation d'une société, 1642-1663*, Montréal, Fides, 1976 : 67-69.

105 Robert Lahaise, *Les Édifices conventuels du Vieux Montréal*, Montréal, Hurtubise HMH, 1980 : 30-32.

106 Il existe une controverse autour de la date de la construction. Certains textes disent 1644, d'autres, 1645. L'historien Lucien Campeau a émis une hypothèse intéressante pour expliquer cette différence : Jeanne Mance aurait été conquise par l'idée d'implanter son hôpital en Huronie, mais des pressions de sa bienfaitrice française, Madame de Bullion, et de la Société de Notre-Dame de Montréal l'auraient fait changer d'avis et précipiter la construction à l'automne de 1645. Lucien Campeau, «Montréal, fondation missionnaire», chapitre IX, *L'Église de Montréal*, 5 avril 1990 : 343-348.

107 Gustave Lanctot critique sévèrement ce plan : «quant au *Plan de Montréal de 1650 à 1672* que L. P. Morin (sic) a dessiné dans *Le Vieux Montréal*, c'est une reconstitution, plus ou moins exacte, basée sur le terrier seigneurial et des pièces de l'époque, où il arrive que l'imagination supplée parfois à la documentation.» G. Lanctot, «Images et figures du Montréal sous la France (1642-1763)», *Mémoires de la Société royale du Canada*, section 1, 1943 : 59. Ce jugement est confirmé par un examen sommaire du plan : la citadelle n'existe pas avant 1693, le terrain de l'église Notre-Dame n'est pas encore remembré à cette époque, le contour de la chapelle de Notre-Dame-de-Bonsecours est celui de la construction de 1673 et le sentier qui deviendra la rue de l'Hôpital est absent.

108 Réimpression de l'édition originale dans Marie-Claire Daveluy, *La Société de Notre-Dame de Montréal, 1639-1663 —son histoire—ses membres—son manifeste*, Montréal, Fides, 1965 : 35.

109 Louise Dechêne, *Habitants et marchands de Montréal au XVIIe siècle*, Paris, Plon, 1974 : 242.

110 «Enfin, nous pensons que tout inspiré par le plan primitif d'une réduction indigène, évidente dans le dessein primitif, le plan de Ville-Marie ne comprend pas encore une exploitation seigneuriale et une organisation urbaine.» Lucien Campeau, «Montréal, fondation missionnaire», chapitre IX, *L'Église de Montréal*, 5 avril 1990 : 346.

111 Lucien Campeau, «Montréal, fondation missionnaire», chapitre X, *L'Église de Montréal*, 10 mai 1990 : 471-474; 24 mai 1990 : 531-535.

112 ANQM, minutier de Jean de Saint-Père, 4 janvier 1648, *Concession d'une terre à Pierre Gadoys.*

113 «Y a plus de 60 arpens de terre desertés qui sont comme prairies, où l'on pourroit semer des grains, & y faire des iardinages. Autresfois des sauvages y ont labouré, mais les ont quitées pour les guerres ordinaires qui y auoient.» Hubert Deschamps, prés., *Les voyages de Samuel Champlain, Saintongeais, père du Canada*, Paris, Presses universitaires de France, 1951 : 243.

114 Arkéos, *Montréal, carrefour dans l'espace*, Montréal, 1992 : 37; les auteures parlent d'un plan radio-concentrique à partir de l'Hôtel-Dieu : «On peut dès lors constituer une intention de planification spatiale centrée autour de l'hôpital. La construction en 1654 de la chapelle de l'Hôtel-Dieu doit s'inscrire dans un projet d'aménagement urbain global dont on retrouve la trace aujourd'hui.»

115 W. H. Atherton, *Montreal 1535-1914. Under the French Regime 1535-1760*, vol 1, Montréal, Clarke Publishing, 1914 : 116. Par exemple, lorsque Lambert Closse vend une lisière de son fief en 1659, une clause oblige l'acheteur à «bâtir un logis proche et à la défense de celui du vendeur qui sans cette condition n'eut pas consenti à la vente». Cité par E.-Z. Massicotte, «Quelques rues et faubourgs du vieux Montréal», *Les Cahiers des Dix*, 1 (1936) : 116.

116 Marcel Roncayolo, dans *La ville et ses territoires*, Paris, Gallimard, 1990 : 90-104, évoque les deux types de plan; le premier, radio-concentrique, et souvent identifié à un mode de croissance annuelle et le second, en damier, indice d'une volonté de planification. Il précise cependant que les deux formes peuvent être dissociées de ces processus.

117 John Dickinson, «Vivre en Canada», Yves Landry, dir., *Pour le Christ et le Roi*, Montréal, Libre Expression/Art Global, 1992 : 124-125.

118 Cité par Marcel Trudel, *Montréal, la formation d'une société, 1642-1663*, Montréal, Fides, 1976 : 73.

119 Marcel Trudel, *op. cit.*, 75, évoque un minimum de 59 maisons pour l'ensemble de l'île en 1663; Gustave Lanctot, *Montréal sous Maisonneuve 1642-1665*, Montréal, Beauchemin, 1966 : 211, en compte une soixantaine en 1664.

120 Louise Dechêne, *Habitants et marchands de Montréal au XVIIe siècle*, Paris, Plon, 1974 : 171-173.

121 Ibid., 50-77.

122 Les chiffres ont été établis par Marcel Trudel, *Montréal, la formation d'une société, 1642-1663*, Montréal, Fides, 1976 : 21.

123 Yves Landry, «Débarquer au Nouveau Monde», Yves Landry, dir., *Pour le Christ et le Roi*, Montréal, Libre Expression/Art Global, 1992 : 86.

124 Yves Landry, dir., *Pour le Christ et le Roi*, Montréal, Libre Expression/Art Global, 1992 : note 1, 297.

125 Cameron Nish, «Charles de Couagne», *Dictionnaire biographique du Canada*, volume I, 160.

126 En collaboration avec Albertine Ferland-Angers, «François Charon de la Barre», *Dictionnaire biographique du Canada*, vol. II, 139-142.

127 C. J. Jaenen, «Jeanne Le Ber», *Dictionnaire biographique du Canada*, volume I, 391-392.

128 Louise Dechêne, *Habitants et marchands de Montréal au XVIIe siècle*, Paris, Plon, 1974 : 366.

129 W. J. Eccles, «François-Marie Perrot», *Dictionnaire biographique du Canada*, vol. I, 552-554.

130 Louise Dechêne, *Habitants et marchands de Montréal au XVIIe siècle*, Paris, Plon, 1974 : 368-369.

131 Louise Dechêne, *Habitants et marchands de Montréal au XVIIe siècle*, Paris, Plon, 1974 : 245.

132 Marcel Trudel, *Montréal, la formation d'une société, 1642-1663*, Montréal, Fides, 1976 : 72-73, en retrace sept en tout, qui rayonnent autour du fort. Pierre-Louis Morin en recense six, ouverts progressivement entre 1645 et 1668; «Plan de Montréal de 1650 à 1672», *Le vieux Montréal 1611-1803*, dessins de P.-L. Morin, publié par H. Beaugrand, Montréal, 1884.

133 19 avril 1668. *Ordonnance pour les chemins des costeau St-Louis, Ste-Marie & la Redoute du St Enfant Jésus*, cité par Albertine Ferland-Angers, «La citadelle de Montréal (1658-1820)», *Revue d'histoire de l'Amérique française*, 3,4 (1950) : 494.

134 Le texte donne «dix-huit pieds».

135 E.-Z. Massicotte, «La verbalisation des premières rues de Montréal», *Bulletin des recherches historiques*, XXXVIII (1932) : 610-621; dans la source, les largeurs sont exprimées en pieds français, respectivement de 30, 24 et 18 pieds.

136 Monique C. Poirier et Alan Stewart ont établi que ce plan ne pouvait en tout cas être postérieur à 1677. Monique Poirier, *The Fortifications of Montreal 1717-1744 : The Development and Implementation of the Plan*, Mémoire de maîtrise (histoire de l'art), Université Concordia, 1991 : 34-35, note 13.

137 Requête seigneuriale du 5 août 1676, citée par Arkéos. *Montréal, carrefour dans l'espace*, Montréal, 1992 : 57.

138 Pour une discussion de l'influence du plan sur ce point et de ses limites, voir Jean-Claude Marsan, *Montréal en évolution*, Montréal, Fides, 1974 : 95-96.

139 John W. Reps, *The Making of Urban America. A History of City Planning in the United States*, Princeton, Princeton University Press, 1965 : 68-71.

140 Louise Dechêne, *Habitants et marchands de Montréal au XVIIe siècle*, Paris, Plon, 1974 : 363-364.

141 L'autre plan est celui de 1672, attribué tantôt à Bénigne Basset, tantôt à François Dollier de Casson (voir planche 7).

142 Il n'est cependant ni daté ni signé, ce qui pourrait indiquer qu'il s'agit d'une ébauche. Son caractère officiel vient de ce que la première copie retracée, dans les archives du ministère des Colonies à Paris, porte la note «envoyé par Mr. Denonville le 13 novembre 1685». Deux autres versions en ont été retrouvées, l'une aux archives nationales de France à Aix-en-Provence et l'autre aux archives du séminaire de Québec. Le plan a manifestement été confectionné après 1684 car il indique l'emplacement du nouvel édifice du séminaire; de plus, d'après la sœur Marie Morin, la résidence de Maisonneuve sur la pointe à Callière aurait été démolie vers 1682-1683; Marie Morin, *Histoire simple et véritable*, édition critique par Ghislaine Legendre, Montréal, Presses de l'Université de Montréal, 1979 : 53. Les sources ne concordent cependant pas sur cette dernière question : Olivier Maurault, *La Paroisse* : 20, avance la date de 1675, tandis que P.-L. Morin parle de 1672 (*Le vieux Montréal 1611-1803*, dessins de P.-L. Morin, publié par H. Beaugrand, Montréal, 1884); Marcel Trudel et Marie Baboyant donnent la date de 1675 (François Dollier de Casson, *Histoire du Montréal*, nouvelle édition critique par Marcel Trudel et Marie Baboyant, Montréal, Hurtubise HMH, 1992 : 74 et 109); la correspondance de Louis Tronson, supérieur du séminaire Saint-Sulpice de Paris, commence à mentionner la démolition en 1679. Le plan est attribué à Villeneuve par Harry Clinch, «Seven Early Maps and Plans Depicting Montreal from 1535 to 1723», David B. Frost, dir., *Montreal Geographical Essays*, Montréal, Université Concordia, 1981 : 62-64, mais si on le date de 1684, comme il le fait, cela ne concorde plus avec l'arrivée de Villeneuve en Nouvelle-France, qui a lieu en 1685 seulement («Robert de Villeneuve», *Dictionnaire biographique du Canada*, vol. I, Québec, Presses de l'Université Laval, 1966). C'est sans doute pour cette raison que Gustave Lanctot, «Images et figures du Montréal sous la France (1642-1763)», *Mémoires de la Société royale du Canada*, section 1, 1943 : 59, conteste l'attribution à Villeneuve.

143 Qui semble d'ailleurs avoir été exagérée. Le fait que Maisonneuve ait été accompagné dans son expédition de fondation par le gouverneur de Montmagny et le supérieur de la mission jésuite marque une prééminence certaine. Marcel Trudel et Lucien Campeau soulignent que la Société de Notre-Dame de Montréal relevait tout de même de la Compagnie des Cent-Associés.

144 Louise Dechêne, «L'évolution du régime seigneurial au Canada. Le cas de Montréal aux XVIIe et XVIIIe siècles», *Recherches sociographiques*, XII,2 (1971) : 143-183.

145 Jean-Jacques Olier avait donné comme objectif à la Compagnie de Saint-Sulpice, fondée en 1641, de soigner la formation et la préparation du clergé paroissial. *Les prêtres de Saint-Sulpice au Canada. Grandes figures de leur histoire*, Québec, Presses de l'Université Laval, 1992.

146 «...j'ai passé le reste du tems ici bien désagréablement. On n'y sauroit faire aucune partie de plaisir, ni jouër, ni voir les Dames que le Curé n'en seroit informé, & ne le préche publiquement en Chaire.», Louis-Armand de Lom D'arce, baron de Lahontan, *Oeuvres complètes*, édition critique par Réal Ouellet et Alain Beaulieu, vol. I, Montréal, Presses de l'Université de Montréal, 1990 : 313.

147 John Dickinson, «Annaotaha et Dollard vus de l'autre côté de la palissade», *Revue d'histoire de l'Amérique française*, 35,2 : 163-178.

148 Louis-Armand de Lom D'arce, baron de Lahontan, *Oeuvres complètes*, édition critique par Réal Ouellet et Alain Beaulieu, vol. I, Montréal, Presses de l'Université de Montréal, 1990 : note 107, 282.

149 E.-Z. Massicotte, «La foire des pelleteries à Montréal au XVIIe siècle», *Bulletin des recherches historiques*, XXVIII (1922) : 373-380.

150 Louise Dechêne, *Habitants et marchands de Montréal au XVIIe siècle*, Paris, Plon, 1974 : 172-180.

151 François Dollier de Casson, *Histoire du Montréal*, nouvelle édition critique par Marcel Trudel et Marie Baboyant, Montréal, Hurtubise HMH, 1992 : 107.

152 Gilles Havard, *La Grande Paix de Montréal en 1701*, Montréal, Recherches amérindiennes au Québec, 1992 : 52-54.

153 W. J. Eccles, *France in America*, édition révisée, Markham, Fitzhenry and Whiteside, 1990 : 94-124.

154 Adrian Nunes, *Government Policy Toward the Fortifications in Canada During the French Regime*, Mémoire de maîtrise (histoire), Université McGill, 1970 : 1-24.

155 Monique C. Poirier, *The Fortifications of Montreal 1717-1744 : The Development and Implementation of the Plan*, Mémoire de maîtrise (histoire de l'art), Université Concordia, 1991 : 47.

156 Dans les sources, les données sont en pieds français, respectivement : 15 pieds de haut, un pied de diamètre et 10 pieds de long.

157 Monique C. Poirier, *The Fortifications of Montreal 1717-1744 : The Development and Implementation of the Plan*, Mémoire de maîtrise (histoire de l'art), Université Concordia, 1991 : 40-47.

158 Pour les dates de construction des édifices religieux, voir : Robert Lahaise, *Les Édifices conventuels du Vieux Montréal*, Montréal, Hurtubise HMH, 1980.

159 Robert Lahaise, *Les Édifices conventuels du Vieux-Montréal*, Montréal, HMH, 1980 : 331-368.

160 Louise Dechêne, *Habitants et marchands de Montréal au XVIIe siècle*, Paris, Plon, 1974; E.-Z. Massicotte, « Quelques rues et faubourgs du vieux Montréal», *Cahiers des Dix*, 1 (1936) : 120.

161 Louise Dechêne, «La croissance de Montréal au XVIIIe siècle», *Revue d'histoire de l'Amérique française*, 27, 2 (1974) : 167; *Habitants et marchands de Montréal au XVIIe siècle*, Paris, Plon, 1974 : 122.

162 Alan Stewart, «Reconstitution de la ville fortifiée du XVIIIe siècle», Phyllis Lambert et Alan Stewart, dir., *Montréal, ville fortifiée au XVIIIe siècle*, Montréal, Centre canadien d'architecture, 1992 : 56.

163 E.-Z. Massicotte, « Quelques rues et faubourgs du vieux Montréal», *Cahiers des Dix*, 1 (1936) : 117-122.

164 Monique C. Poirier, *The Fortifications of Montreal 1717-1744 : The Development and Implementation of the Plan*, Mémoire de maîtrise (histoire de l'art), Université Concordia, 1991 : 12-13; Boisberthelot de Beaucours, «plan de 1713».

165 Alan Stewart, «Reconstitution de la ville fortifiée du XVIIIe siècle», Phyllis Lambert et Alan Stewart, dir., *Montréal, ville fortifiée au XVIIIe siècle*, Montréal, Centre canadien d'architecture, 1992 : 56.

166 Olivier Maurault, «Les moulins du Séminaire», *Marges d'histoire. III Saint-Sulpice*, Montréal, éditions de l'ACF, 1930 : 113-154; Corinne Beutler, «Les moulins à farine du Séminaire Saint-Sulpice à Montréal (1658-1840) : essai d'analyse économique d'une prérogative du régime seigneurial», Société historique du Canada, *Historical Papers/Communications historiques*, Vancouver 1983 : 185-187.

167 Réal Bates, «Des hommes en quête d'épouse», Yves Landry, dir., *Pour le Christ et le Roi*, Montréal, Libre Expression/Art Global, 1992 : 107 .

168 Louise Dechêne, *Habitants et marchands de Montréal au XVIIe siècle*, Paris, Plon, 1974 : 122.

169 Marcel Trudel, *Le terrier du Saint-Laurent en 1663*. Ottawa, Éditions de l'Université d'Ottawa, 1973 : 411-472, 565-569; *Montréal, la formation d'une société, 1642-1663*, Montréal, Fides, 1976.

170 Louise Dechêne, *Habitants et marchands de Montréal au XVIIe siècle*. Paris, Plon, 1974 : 242, donne le chiffre de 111 terres et d'une trentaine d'emplacements urbains, mais pour la période 1648-1666.

171 Louise Dechêne, *Habitants et marchands de Montréal au XVIIe siècle*, Paris, Plon, 1974 : 259-264.

172 Ibid., 278.

173 Réal Bates, «Des hommes en quête d'épouse», Yves Landry, dir., *Pour le Christ et le roi*, Montréal, Libre Expression/Art Global, 1992 : 102-107, donne les chiffres suivants d'après les reconstitutions de population du Programme de recherche en démographie historique : 400 en 1660, 1 300 en 1680 et 2 969 en 1700. Les chiffres de 500 et 1800 personnes sont basés sur le premier recensement de 1685 qui donne 724 personnes pour Montréal et l'estimé de Louise Dechêne indiquant une population de 1 150 en 1697 (Louise Dechêne, «La croissance de Montréal au XVIIIe siècle», *Revue d'histoire de l'Amérique française*, 27, 2 (septembre 1973) : 164).

174 Louise Tremblay, *La politique missionnaire des Sulpiciens au XVIIe siècle et au début du XVIIIe siècle*, 1668-1735. Mémoire de maîtrise (histoire), Université de Montréal, 1981; «Des seigneurs missionnaires», Yves Landry, dir., *Pour le Christ et le Roi*, Montréal, Libre Expression/Art Global, 1992 : 131-133.

175 Louise Dechêne, *Habitants et marchands de Montréal au XVIIe siècle*. Paris, Plon, 1974 : 363.

176 Jacques Mathieu, *La Nouvelle-France. Les Français en Amérique du Nord XVIe-XVIIIe siècles*, Paris et Québec, Belin/Presses de l'Université Laval, 1991 : 61.

177 W. J. Eccles, «Louis de Buade de Frontenac et de Palluau», *Dictionnaire biographique du Canada*, vol. I, 137-146; André Vachon, «Jean Talon», *Dictionnaire biographique du Canada*, vol. I : 629-646.

178 W. J. Eccles, «La Mer de l'Ouest : Outpost of Empire», *Essays on New France*, Toronto, Oxford University Press, 1987 : 97-98.

179 Gilles Havard, *La Grande Paix de Montréal en 1701*, Montréal, Recherches amérindiennes au Québec, 1992.

180 Cyrille Gélinas, *Le rôle du fort de Chambly dans le développement de la Nouvelle-France de 1665 à 1760*, Ottawa, Service canadien des parcs, 1983 :12.

181 Cyrille Gélinas, *Le rôle du fort de Chambly dans le développement de la Nouvelle-France de 1665 à 1760*, Ottawa, Service canadien des parcs, 1983 : 13-17; Léopold Lamontagne, «Alexandre de Prouville de Tracy», *Dictionnaire biographique du Canada*, vol. I : 567-570, parle de six forts, mais il compte pour deux forts Sainte-Anne et Lamothe (sic).

182 Louise Dechêne, *Habitants et marchands de Montréal au XVIIe siècle*. Paris, Plon, 1974 : 30-31.

183 En l'absence de toute source fiable, les chiffres oscillent entre 200 pour les années 1667-1670 et 500 à 800 en 1680 d'après l'intendant Duchesneau; mais ce dernier chiffre est beaucoup trop élevé d'après l'historienne Louise Dechêne. Conrad E. Heidenreich, «Essor du commerce français, 1667-1696», R. C. Harris, dir., *Atlas historique du Canada*, vol 1, Montréal, Presses de l'Université de Montréal, 1987, planche 38; Louise Dechêne, *Habitants et marchands de Montréal au XVIIe siècle*, Paris, Plon, 1974 : 175.

184 W.J. Eccles, «François-Marie Perrot, 1644-1691», *Dictionnaire biographique du Canada*, vol. 1, 552-554.

185 Louise Dechêne, *Habitants et marchands de Montréal au XVIIe siècle*. Paris, Plon, 1974 : 171-180.

186 Louise Dechêne, «La croissance de Montréal au XVIIIe siècle», *Revue d'histoire de l'Amérique française*, 27,2 (septembre 1973) : 167.

187 E. A. Adair, «The Evolution of Montreal During the French Regime», Canadian Historical Association, *Historical Report 1942* : 29 «...by about 1700, Montreal economically was no longer a town of small traders, of fur fairs and Indian barter but a city of merchants, a base for adventure into the wilds, even a city of bright lights to which Indians and voyageurs alike came to drink and gamble away their profits».

188 A. Gordon Dewey, «The Beginnings of British Commerce at Montreal», *The Canadian Magazine*, XLIII,1 (may 1914) : 3-14.

189 André Lachance, «Vivre à Montréal», Yves Landry, dir., *Pour le Christ et le Roi*, Montréal, Libre Expression/Art Global, 1992 : 185-253; Louise Dechêne, *Habitants et marchands de Montréal*, Paris, Plon, 1974 : 374-413.

190 Louise Dechêne, *Habitants et marchands de Montréal*, Paris, Plon, 1974 : 374-375.

191 Louise Dechêne, «La croissance de Montréal au XVIIIe siècle», *Revue d'histoire de l'Amérique française*, 27,2 (septembre 1973) : 176.

192 Lorraine Gadoury, *La noblesse de Nouvelle-France. Familles et alliances*, Montréal, Hurtubise HMH, 1991 : 41-49.

193 Louise Dechêne, *Habitants et marchands de Montréal*, Paris, Plon, 1974 : 389-391; José E. Igartua, «The Merchants of Montreal at the Conquest : Socio-economic Profile», *Histoire sociale/Social History*, VIII, 16, (novembre 1975) : 275-293.

194 Raymond Dumais, «Ignace Gamelin», *Dictionnaire biographique du Canada*, vol. IV : 306-307.

195 Louise Dechêne, «Alexis Lemoine dit Monière», *Dictionnaire biographique du Canada*, vol. III : 409.

196 José E. Igartua, «The Merchants of Montreal at the Conquest : Socio-economic Profile», *Histoire sociale/Social History*, VIII, 16, (novembre 1975) : 284.

197 Lorraine Gadoury, *La noblesse de Nouvelle-France. Familles et alliances*, Montréal, Hurtubise HMH, 1991.

198 Ibid., 49.

199 Roch Legault, «L'organisation militaire sous le régime britannique et le rôle assigné à la gentilhommerie canadienne, 1760-1815», *Revue d'histoire de l'Amérique française*, 45,2 (automne 1991) : 227-249.

200 Alan Stewart, «Reconstitution de la ville fortifiée du XVIIIe siècle», P. Lambert et Alan Stewart, dir., *Montréal ville fortifiée au XVIIIe siècle*, Montréal, Centre canadien d'architecture, 1992 : 65.

201 David Arthur Armour, «Alexander Henry», *Dictionnaire biographique du Canada*, vol. VI : 348-351.

202 Joanne Burgess, «Richard Dobie», *Dictionnaire biographique du Canada*, vol. V : 283-286.

203 Lewis H. Thomas, «Thomas Walker», *Dictionnaire biographique du Canada*, vol. IV : 823-825.

204 Ginette Joannette et Claire Joron, *Pierre Guy marchand-négociant de Montréal : les multiples activités d'un bourgeois canadien-français dans la seconde moitié du XVIIIe siècle*, Mémoire de maîtrise (histoire), Université de Montréal, 1985; Ginette Joannette et Claire Joron, «Pierre Guy», *Dictionnaire biographique du Canada*, vol. V : 434-438; Hilda Neatby, «Pierre Guy : A Montreal Merchant of the Eighteenth Century», *Eighteenth-Century Studies*, 5,2 (Winter 1971-72) : 224-242.

205 Cette thèse est classique depuis la formulation qu'en a fait D. G. Creighton, *The Commercial Empire of the St. Lawrence, 1760-1850*, Toronto, Ryerson Press, 1938; elle informe les travaux de Fernand Ouellet, en particulier son *Histoire économique et sociale du Québec, 1760-1840*, Montréal, Fides, 1966. Elle est assez ancienne, voir par exemple : A. Gordon Dewey, «The Beginnings of British Commerce at Montreal», *The Canadian Magazine*, XLIII,1 (may 1914) : 3-14.

206 Louise Dechêne, *Habitants et marchands de Montréal*, Paris, Plon, 1974 : 389-391; José E. Igartua, «The Merchants of Montreal at the Conquest : Socio-economic Profile», *Histoire sociale/Social History*, VIII, 16, (novembre 1975) : 275-293.

207 L'importance de ces contrats ne doit pas être sous-estimée, surtout avant 1850. Par exemple, en 1800, alors que la valeur de la production de fourrures est estimée à 300 000 £, l'entretien de la garnison coûte annuellement 600 000 £ à la Grande-Bretagne, somme à laquelle il faut ajouter la solde des militaires, soit 260 000 £. Michael Bliss, *Northern Enterprise. Five Centuries of Canadian Business*, Toronto, McClelland & Stewart, 1987 : 110.

208 José E. Igartua, «A Change in Climate : The Conquest and the Marchands of Montréal», Société historique du Canada/Canadian Historical Association, *Historical Papers/Communications historiques*, 1874 : 115-135.

209 Michel Filion, «La traite des fourrures au XVIIIe siècle : essai d'analyse statistique et d'interprétation d'un processus», *Histoire sociale/ Social History*, XX, 40 (novembre 1987) : 296.

210 Fernand Ouellet, «Simon McTavish», *Dictionnaire biographique du Canada*, vol. V, 617-625.

211 J. Murray Greenwood, «John Richardson», *Dictionnaire biographique du Canada*, vol. VI, 706-714.

212 Alfred Dubuc, «John Molson», *Dictionnaire biographique du Canada*, vol. VII, 668-674.

213 C'est dans le but d'aider à restaurer ces anciennes réglementations que François-Joseph Cugnet publie en 1775 son *Traité de la Police qui a toujours été suivie en Canada...*, Québec, Guillaume Brown, 1775.

214 James Murray, «An Ordinance for Regulating and Establishing the Courts of Judicature, Justices of the Peace, Quarter-Sessions, Bailiffs, and Other Matters Relative to the Distribution of Justice in this Province», Adam Short et Arthur G. Doughty, *Documents Relating to the Constitutional History of Canada 1759-1791*, Ottawa, King's Printer, 1907 : 151; Antonio Drolet, «Le régime des Juges de Paix (1764-1833)», *La ville de Québec. Histoire municipale II*, Québec, Société historique de Québec, 1965 : 24-32.

215 Pierre Cardinal, «Des sites archéologiques urbains témoins de l'histoire du Vieux- Montréal», *Mémoires vives*, 1-2 (printemps 1992) : tableau des sites, 28-29.

216 Julian Gwyn, «Sir William Johnson», *Dictionnaire biographique du Canada*, vol. IV : 425-429; Earle Thomas, «Sir John Johnson», *Dictionnaire biographique du Canada*, vol. VI : 387-390.

217 Louise Dechêne, «L'évolution du régime seigneurial au Canada. Le cas de Montréal aux XVIIe et XVIIIe siècles», *Recherches sociographiques*, XII, 2 (mai-août 1971) : 143-183.

218 Georges-E. Baillargeon, *La survivance du régime seigneurial à Montréal*, Montréal, Cercle du livre de France, 1968 : 20.

219 Brian Young, *In Its Corporate Capacity. The Seminary of Montreal as a Business Institution, 1816-1876*, Montréal, McGill-Queen's University Press, 1986 : 40.

220 Louise Dechêne, «La croissance de Montréal au XVIIIe siècle», *Revue d'histoire de l'Amérique française*, 27,2 (septembre 1973) : 164.

221 Dale Miquelon, *New France 1701-1744 "A Supplement to Europe"*, Toronto, McClelland and Stewart, 1987 : 1-3.

222 Gilles Havard, *La Grande Paix de Montréal de 1701. Les voies de la diplomatie amérindienne*, Montréal, Recherches amérindiennes au Québec, 1992; Richard White, *The Middle Ground. Indians, Empires, and Republics in the Great Lakes Region, 1650-1815*, Cambridge, Cambridge University Press, 1991.

223 Monique C. Poirier, *The Fortifications of Montreal 1717-1744 : The Development and Implementation of the Plan*, mémoire de maîtrise (histoire de l'Art), Université Concordia, 1991 : 42.

224 Monique C. Poirier, ibid., 49, 89. Elle place la date entre 1708 et 1710; André Charbonneau, Marc Lafrance et Monique Poirier, «Les fortifications de Montréal», Phyllis Lambert et Alan Stewart, dir., *Montréal ville fortifiée au XVIIIe siècle*, Montréal, Centre canadien d'architecture, 1992 : 20. Ils placent la date à 1709; Alan Stewart, «Reconstitution de la ville fortifiée du XVIIIe siècle», Phyllis Lambert et Alan Stewart, dir., *Montréal ville fortifiée au XVIIIe siècle*, Montréal, Centre canadien d'architecture, 1992 : 59.

225 André Charbonneau, Yvon Desloges et Marc Lafrance, *Québec ville fortifiée du XVIIe au XIXe siècle*. Québec et Ottawa, Éditions du Pélican /Parcs Canada, 1982 : 39.

226 Alan Stewart, «Reconstitution de la ville fortifiée du XVIIIe siècle», Phyllis Lambert et Alan Stewart, dir., *Montréal ville fortifiée au XVIIIe siècle*, Montréal, Centre canadien d'architecture, 1992 : 59.

227 Phyllis Lambert, «La maison et son environnement», Phyllis Lambert et Alan Stewart, dir., *Montréal ville fortifiée au XVIIIe siècle*, Montréal, Centre canadien d'architecture, 1992 : 76; Robert Lahaise, *Les Édifices conventuels du Vieux Montréal. Aspects ethno-historiques*, Montréal, Hurtubise HMH, 1980.

228 Claude de Ramezay, (1659-1724), gouverneur de Montréal en 1704, s'est fait construire une résidence en pierre de trois étages qui sera complètement transformée en 1756. Le bâtiment actuel ne conserverait que peu d'éléments de la première maison. Répertoire d'architecture traditionnelle sur le territoire de la Communauté urbaine de Montréal, *Architecture domestique I. Les résidences*, Montréal, CUM, 1987 : 568-575.

229 Monique C. Poirier, *The Fortifications of Montreal 1717-1744 : The Development and Implementation of the Plan*, mémoire de maîtrise (histoire de l'Art), Université Concordia, 1991 : 77-78.

230 Jean-Claude Perrot, *Genèse d'une ville moderne, Caen au XVIIIe siècle*. Paris, Mouton, 1975, tome 1, 22-23.

231 Cité par Kathleen Jenkins, *Montreal, Island City of the St. Lawrence*, New York, Doubleday, 1966 : 121-122; André Lachance, *La Vie urbaine en Nouvelle-France*, Montréal, Boréal, 1987: 70.

232 Louis Franquet, «Voyages et mémoires sur le Canada par Franquet», *Annuaire de l'Institut canadien de Québec*, Québec, Imprimerie générale A. Côté, 1889 : 145.

233 Kathleen Jenkins, *Montreal, Island City of the St. Lawrence*, New York, Doubleday, 1966 : 147, 159.

234 ANC, MG 11, CO 42, vol. 116, Quebec, 3 August 1791, *Report concerning the Town Walls of Montreal; of the removing or appropriating them for the Public Benefit, the Reservation necessary for the Purpose of government with some hints for the general improvement of the town.*

235 Dès 1874, un érudit avait évoqué les principaux témoignages sur le piètre état des fortifications; Alfred Sandham, *Montreal and its Fortifications*, Montréal, Daniel Rose, 1874; les historiens plus contemporains ont repris les mêmes arguments; voir Kathleen Jenkins, *Montreal, Island City of the St. Lawrence*, New York, Doubleday, 1966 : 121-122, 159, 173; Jean-Claude Marsan, *Montréal en Évolution*, Montréal, Fides, 1974 : 102-104. Pour le rôle urbanisant, voir Luc Noppen, «Naissance d'une cité» , Yves Landry, dir., *Pour le Christ et le Roi*, Montréal, Libre Expression/Art Global, 1992 : 166, et René Chartrand, «Une place de guerre», Yves Landry, dir., *Pour le Christ et le Roi*, Montréal, Libre Expression/Art Global, 1992 : 211.

236 Adrian M. Nunes, *Government Policy Toward the Fortifications in Canada during the French Regime*, mémoire de maîtrise (histoire), Université McGill, 1970 : 168-169.

237 Monique C. Poirier, *The Fortifications of Montreal 1717-1744 : The Development and Implementation of the Plan*, mémoire de maîtrise (histoire de l'Art), Université Concordia, 1991 : 15-18.

238 André Charbonneau, Marc Lafrance et Monique Poirier, «Les fortifications de Montréal», Phyllis Lambert et Alan Stewart, dir., *Montréal ville fortifiée au XVIIIe siècle*, Montréal, Centre canadien d'architecture, 1992 : 30.

239 Chaussegros de Léry avait d'ailleurs, dès 1717, noté les ravages du gel sur «une simple muraille» (10 août 1717). *Mémoire et état de la ville de Montréal*, Pierre-Georges Roy, *Inventaire des Papiers de Léry conservés aux Archives de la province de Québec*, vol. 1, Québec, Archives de la province de Québec, 1939 : 30; Franquet avait aussi noté en 1752 que plusieurs réparations étaient nécessaires. Louis Franquet, «Voyages et mémoires sur le Canada par Franquet», *Annuaire de l'Institut canadien de Québec*, Québec, Imprimerie générale A. Côté, 1889.

240 Monique C. Poirier, *The Fortifications of Montreal 1717-1744 : The Development and Implementation of the Plan*, mémoire de maîtrise (histoire de l'Art), Université Concordia, 1991 : 77-95; André Charbonneau, Marc Lafrance et Monique Poirier, «Les fortifications de Montréal», Phyllis Lambert et Alan Stewart, dir., *Montréal ville fortifiée au XVIIIe siècle*, Montréal, Centre canadien d'architecture, 1992 : 19-30.

241 André Charbonneau, Marc Lafrance et Monique Poirier, «Les fortifications de Montréal», Phyllis Lambert et Alan Stewart, dir., *Montréal ville fortifiée au XVIIIe siècle*, Montréal, Centre canadien d'architecture, 1992 : 25.

242 Louis Franquet, «Voyages et mémoires sur le Canada par Franquet», *Annuaire de l'Institut canadien de Québec*, Québec, Imprimerie générale A. Côté, 1889 : 146.

243 Le travail de reconstitution des titres de propriété entrepris par le Groupe de recherche sur Montréal du Centre canadien d'architecture a permis d'établir ce fait.

244 Le pas ordinaire est évalué à 2,5 pieds.

245 Monique C. Poirier, *op. cit.*, 58-59; le texte indique 12 à 18 pieds.

246 E.-Z. Massicotte, «Quelques rues et faubourgs du vieux Montréal», *Cahiers des Dix*, 1 (1936) : 140-144.

247 Pour les estimations de population au XVIIIe siècle, les données les plus crédibles sont celles de Louise Dechêne, «La croissance de Montréal au XVIIIe siècle», *Revue d'histoire de l'Amérique française*, 27,2 (1973) : 163-165; pour 1800, le chiffre de 9 000 apparaît plus juste compte tenu de l'imprécision des dénombrements; voir Jean-Claude Robert, *Montréal 1821-1871. Aspects de l'urbanisation*, thèse de doctorat, École des hautes études en sciences sociales/Université de Paris I, 1977 : 163-192.

248 Réal Bates, «Des maux venus d'ailleurs», Yves Landry, dir., *Pour le Christ et le Roi*, Montréal, Libre Expression/Art Global, 1992 : 147.

249 Une liste dressée par le gouverneur Murray en 1765 identifie 98 individus. Le nombre de 100 familles avancé par Elinor Kyte Senior, «Montreal in the Loyalist Decade 1775-1785», *The Loyalists of Quebec 1774-1825. A Forgotten History*, Montréal, Heritage Branch, 1989 : 6, semble exagéré; on trouve aussi l'estimation de 56 familles dans James H. Lambert, «David Chabrand Delisle», *Dictionnaire biographique du Canada*, vol. IV, 150-152.

250 Elinor Kyte Senior, «Montreal in the Loyalist Decade 1775-1785», *The Loyalists of Quebec 1774-1825. A Forgotten History*, Montréal, Heritage Branch, 1989 : 11-12. Il s'agit en fait de protestants mais, pour la population civile, la concordance est quasi parfaite à l'époque entre protestants et Britanniques.

251 James Axtell, *The Invasion Within. The Contest of Cultures in Colonial North America*, New York, Oxford University Press, 1985 : 287-301.

252 André Lachance, «Vivre à Montréal», Yves Landry, dir., *Pour le Christ et le Roi*, Montréal, Libre Expression/Art Global, 1992 : 223.

253 Louise Dechêne, «La croissance de Montréal au XVIIIe siècle», *Revue d'histoire de l'Amérique française*, 27,2 (septembre 1973) : 176.

254 Marie Morin, *Histoire simple et véritable*, Montréal, Presses de l'Université de Montréal,1979 : 272-274.

255 Louise Dechêne, *Habitants et marchands de Montréal au XVIIe siècle*, Paris, Plon, 1974 : 363-364.

256 Ibid., 362.

257 Il s'agit d'un genre de recensement que les titulaires d'une seigneurie doivent présenter périodiquement aux autorités royales; il présente les titres et les grandes divisions territoriales de la seigneurie, ainsi que le nom des censitaires.

258 Ibid., 362; Luc Noppen, «Des maisons pour un autre hiver», Yves Landry, dir., *Pour le Christ et le Roi*, Montréal, Libre Expression/Art Global, 1992 : 136-137.

259 Phyllis Lambert, «La maison et son environnement», Phyllis Lambert et Alan Stewart, dir., *Montréal, ville fortifiée au XVIIIe siècle*, Montréal, Centre canadien d'architecture, 1992 : 76.

260 Alan Stewart, «Reconstitution de la ville fortifiée du XVIIIe siècle», Phyllis Lambert et Alan Stewart, dir. *Montréal, ville fortifiée au XVIIIe siècle*, Montréal, Centre canadien d'architecture, 1992 : 60.

261 Cité par Robert Lahaise, *Les Édifices conventuels du Vieux Montréal. Aspects ethno-historiques*, Montréal, Hurtubise HMH, 1980 : 353.

262 Alan M. Stewart, *Settling an 18th Century Faubourg : Property and Family in the Saint-Laurent Suburb, 1735-1810*, mémoire de maîtrise (histoire), Université McGill, 1988 : 15.

263 Ibid., 70-73.

264 Ibid., 136.

265 W. J. Eccles, «The Social, Economic and Political Significance of the Military Establishment in New France», *Essays on New France*, Toronto, Oxford University Press, 1987 : 118; Thomas Wien, «Selling Beaver Skins in North America and Europe, 1720-1760 : The Uses of Fur-Trade Imperialism», *Journal of the Canadian Historical Association/Revue de la Société historique du Canada*, NS 1 (1990) : 293-317.

266 Louis Franquet, «Voyages et mémoires sur le Canada par Franquet», *Annuaire de l'Institut canadien de Québec*, Québec, Imprimerie générale A. Côté, 1889 : 145; Pehr Kalm, *Voyage de Pehr Kalm au Canada en 1749*, Montréal, Pierre Tisseyre,1977:477; [J.C.B.], *Voyage au Canada fait depuis l'an 1751 jusqu'en l'an 1761*, Paris, Aubier, 1978, passim.

267 Louise Dechêne, *Habitants et marchands de Montréal*, Paris, Plon, 1974 : 181; Brian D. Murphy, *The Size of the Labour Force in the Montreal Fur Trade, 1765-1790 : A Critical Evaluation*, mémoire de maîtrise (histoire), Université d'Ottawa, 1986 : 142-143; R. C. Harris, dir., *Atlas historique du Canada*, vol. 1, Montréal, Presses de l'Université de Montréal, 1987 : 87.

268 Les données sont en progression constante. Louise Dechêne, *Habitants et marchands de Montréal*, Paris, Plon 1974 : 181, énumère 146 engagés en 1727 et 300 en 1737. Dale C. Miquelon, *New France 1701-1744 «A Supplement to Europe»*, Toronto, McClelland and Stewart, 1987 : 156, en compte 300-500 vers 1740. Thomas Wien, «La ruée vers la fourrure», Yves Landry, dir., *Pour le Christ et le Roi*, Montréal, Libre Expression/Art Global, 1992 : 198, évalue le personnel à 700 engagés et moins d'une centaine de voyageurs à la fin du Régime français.

269 Alan Stewart, «Colonisation, commerce et économie locale», Phyllis Lambert et Alan Stewart, dir., *Montréal, ville fortifiée au XVIIIe siècle*, Montréal, Centre canadien d'architecture, 1992 : 46.

270 *Voyage de Pehr Kalm au Canada en 1749*, Montréal, Pierre Tisseyre,1977 : 203.

271 Réal Bates, «Des maux venus d'ailleurs», Yves Landry, dir., *Pour le Christ et le Roi*, Montréal, Libre Expression/Art Global, 1992 : 144.

272 Louise Dechêne, *Habitants et marchands de Montréal*, Paris, Plon, 1974 : 246.

273 Ludger Beauregard, «Géographie historique des côtes de l'île de Montréal», *Cahiers de Géographie du Québec*, 28, 73-74 (1984) : 55.

274 Antoine Roy, dir., *L'île de Montréal en 1731. Aveu et dénombrement des Messieurs de Saint-Sulpice*, Québec, Archives de la province de Québec, 1943 : 4-6.

275 Louis Lavallée, *La Prairie en Nouvelle-France, 1647-1760*, Montréal, McGill-Queen's University Press, 1993: 32-35; Louis Lemoine, *Longueuil en Nouvelle-France*, Longueuil, Société d'histoire de Longueuil, 1975 : 110.

276 Alan Stewart, «Colonisation, commerce et économie locale», Phyllis Lambert et Alan Stewart, dir., *Montréal, ville fortifiée au XVIIIe siècle*, Montréal, Centre canadien d'architecture, 1992 : 46.

277 Louis Lavallée, *La Prairie en Nouvelle-France, 1647-1760*, Montréal, McGill-Queen's University Press, 1993 : 70-72; Louis Lemoine, *Longueuil en Nouvelle-France*, Longueuil, Société d'histoire de Longueuil, 1975 : 110-112.

278 Sylvie Dépatie, *L'Évolution d'une société rurale: l'île Jésus au XVIIIe siècle*, thèse de doctorat (histoire), Université McGill, 1988 : 36-40.

279 Louis Lavallée, *La Prairie en Nouvelle-France, 1647-1760*, Montréal, McGill-Queen's University Press, 1993 : 260.

280 Louis Michel, «Un marchand rural en Nouvelle-France. François-Augustin Bailly de Messein, 1709-1771», *Revue d'histoire de l'Amérique française*, 33,2 (septembre 1979) : 235-236.

281 Louis Lavallée, *La Prairie en Nouvelle-France, 1647-1760*, Montréal, McGill-Queen's University Press, 1993 : 255-262.

282 Alan Stewart, «Colonisation, commerce et économie locale», Phyllis Lambert et Alan Stewart, dir., *Montréal, ville fortifiée au XVIIIe siècle*, Montréal, Centre canadien d'architecture, 1992 : 46; Marthe Faribault-Beauregard, «Montréal, notre île. Les passages d'eau à la fin du XVIIIe siècle», *Montréal, activités, marchands, quartiers*, Montréal, Société historique de Montréal, 1984 : 64-79.

283 Catherine Objois, *Les Meuniers dans la seigneurie de l'île de Montréal au XVIIIe siècle*, mémoire de maîtrise (histoire), Université de Montréal, 1981 : 8-9.

284 Construit vers 1710 d'après Catherine Objois, *op. cit.*, 12 ou vers 1693-1697, d'après Olivier Maurault, «Les moulins du séminaire», *Marges d'histoire. III Saint-Sulpice*, Montréal, Librairie de l'Action canadienne-française, 1930 : 130.

285 Cité par R. Bonin, «Le canal Lachine sous le régime français», *Bulletin des recherches historiques*, XLII (1936) : 293.

286 Catherine Objois, *Les Meuniers dans la seigneurie de l'île de Montréal au XVIIIe siècle*, mémoire de maîtrise (histoire), Université de Montréal, 1981 : 28.

287 *Voyage de Pehr Kalm au Canada en 1749*, Montréal, Pierre Tisseyre, 1977 : 446, 473.

288 André Lachance, *La Vie urbaine en Nouvelle-France*, Montréal, Boréal, 1987:55-59; Louise Dechêne, *Habitants et marchands de Montréal*, Paris, Plon, 1974 : 354.

289 Phyllis Lambert, «La maison et son environnement», Phyllis Lambert et Alan Stewart, dir., *Montréal, ville fortifiée au XVIIIe siècle*, Montréal, Centre canadien d'architecture, 1992 : 76.

290 Monique C. Poirier, *The Fortifications of Montreal 1717-1744 : The Development and Implementation of the Plan*, mémoire de maîtrise (histoire de l'Art), Université Concordia, 1991 : 61-62.

291 André Lachance, «Vivre à Montréal», Yves Landry, dir., *Pour le Christ et le Roi*, Montréal, Libre Expression/Art Global, 1992 : 251.

292 Louise Dechêne, «La croissance de Montréal au XVIIIe siècle», *Revue d'histoire de l'Amérique française*, 27,2 (septembre 1973) : 164.

293 Alan Stewart, «Colonisation, commerce et économie locale», Phyllis Lambert et Alan Stewart, dir., *Montréal, ville fortifiée au XVIIIe siècle*, Montréal, Centre canadien d'architecture, 1992 : 45, donne le chiffre de 3 000 comme optimum stable de population de la ville fortifiée, atteint dès les années 1740.

294 Guy Frégault, *La Guerre de la Conquête*, Montréal, Fides, 1955 : 381.

NOTES

295 Alfred Sandham, *Montreal and Its Fortifications*, Montréal, Daniel Rose, 1874 : 19.

296 Claude Perreault, «La capitulation de Montréal : 8 septembre 1760», Albert Desbiens, dir., *Histoire du Canada. Une expérience tricentenaire*, Montréal, Cahiers de l'Université du Québec, 1970 : 63-71.

297 Alan Stewart, «Reconstitution de la ville fortifiée du XVIIIe siècle», Phyllis Lambert et Alan Stewart, dir., *Montréal, ville fortifiée au XVIIIe siècle*, Montréal, Centre canadien d'architecture, 1992 : 65.

298 Alan Stewart, «Colonisation, commerce et économie locale», Phyllis Lambert et Alan Stewart, dir., *Montréal, ville fortifiée au XVIIIe siècle*, Montréal, Centre canadien d'architecture, 1992 : 52.

299 Marcel Moussette, *Le chauffage domestique au Canada des origines à l'industrialisation*, Québec, Presses de l'Université Laval, 1983.

300 Elinor K. Senior, «Montreal in the Loyalist Decade», *The Loyalists of Quebec 1774-1825 : A Forgotten History*, Montréal, Heritage Branch of the United Loyalists Association,1989 : 6.

301 Marjorie Wilkins Campbell, *The North West Company*, Vancouver, Douglas & McIntyre, 1983 : 75.

302 La distinction entre rue et boulevard date du XXe siècle; pour faciliter le repérage, l'appellation contemporaine a été utilisée.

303 Alan M. Stewart, *Settling an 18th Century Faubourg: Property and Family in the Saint-Laurent Suburb, 1735-1810*, mémoire de maîtrise, Université McGill, 1988 : 104-112.

304 E.-Z. Massicotte, «Quelques rues et faubourgs du vieux Montréal», *Cahiers des Dix*, 1 (1936) : 124-128.

305 W. J. Eccles, «Sovereignty Association, 1500-1783», *Essays on New France*, Toronto, Oxford University Press, 1987 : 156-181.

306 Le premier chiffre est pour l'année 1783. Fernand Ouellet, «Simon McTavish», *Dictionnaire biographique du Canada*, vol. V : 620.

307 R. Cole Harris, dir., *Atlas historique du Canada*, vol. I, Montréal, Presses de l'Université de Montréal, 1987 : 145.

308 José E. Igartua, «A Change in Climate : The Conquest and the Marchands of Montréal», Société historique du Canada. *Historical Papers/Communications historiques*, 1974 : 115-135.

309 Michel Filion, «La traite des fourrures au XVIIIe siècle : essai d'analyse statistique et d'interprétation d'un processus», *Histoire sociale/Social History*, XX, 40 (novembre 1987) : 279-298, et particulièrement le tableau 5.

310 A. G. Doughty et D. A. McArthur, dir., *Documents relatifs à l'histoire constitutionnelle du Canada, 1791-1818*, Ottawa, Imprimeur du Roi, 1915 : 77.

311 *L'Aveu et Dénombrement* de 1781 relève 352 maisons dans les faubourgs et 307 pour la vieille ville. Ce document est cependant incomplet pour cette dernière, qui compterait de 360 à 400 maisons. Claude Perrault, présentateur, *Montréal en 1781*, Montréal, B.C. Payette, 1969; les lacunes du document ont été signalées par Alan Stewart et Mario Lalancette, du Groupe de recherche sur Montréal du Centre canadien d'architecture.

312 Fondé au début du siècle, le Parti canadien change son nom en celui de Parti patriote en 1826. Bien qu'il ne regroupe pas uniquement des «Canadiens», il est le parti de la majorité francophone du Bas-Canada.

313 Les hypothèques et le droit des compagnies sont deux exemples de cette mise à jour. Pour ce dernier cas, voir Jean-Marie Fecteau, «Les "petites républiques" : les compagnies et la mise en place du droit corporatif moderne au Québec au milieu du 19e siècle», *Histoire sociale/Social History*, XXV, 49 (mai 1992) : 35-56.

314 G.J.J. Tulchinsky, «The Montreal Business Community 1837-1853», D. Macmillan, dir., *Canadian Business History Selected Studies 1497-1971*, Toronto, McClelland and Stewart, 1972 : 130; *The River Barons*, Toronto, University of Toronto Press, 1977; Donald, MacKay, *The Square Mile: Merchants Princes of Montreal*, Vancouver, Douglas & McIntyre, 1986; Jean-Claude Robert, «Les notables de Montréal au XIXe siècle», *Histoire sociale/Social History*, VIII, 15 (mai 1975) : 54-76.

315 James S. Buckingham, *Canada, Nova Scotia, New Brunswick, and the Other British Provinces in North America*, 1843, London, Fisher, 1843 : 138-143.

316 Gerald J. J. Tulchinsky, «Harrison Stephens», *Dictionnaire biographique du Canada*, vol. XI : 942-943.

317 Gérald Bernier et Daniel Salée, *The Shaping of Québec Politics and Society. Colonialism, Power, and the Transition to Capitalism in the 19th Century*, New York, Crane Russak, 1992.

318 Elinor Kyte Senior, *Red Coats and Patriotes. The Rebellions in Lower Canada 1837-38*, Stittsville, Canada's Wings, 1985 : 50-57.

319 Serge Courville, Jean-Claude Robert et Normand Séguin, «La Vallée du Saint-Laurent à l'époque du Rapport Durham: économie et société», *Journal of Canadian Studies/ Revue d'études canadiennes*, 25,1 (printemps 1990) : 78-95.

320 Donald MacKay, *The Square Mile. Merchant Princes of Montreal*, Vancouver, Douglas & McIntyre, 1987 : 122.

321 Brian Young, *George-Étienne Cartier, bourgeois montréalais*, Montréal, Boréal, 1982.

322 G.J.J. Tulchinsky, *The River Barons*, Toronto, University of Toronto Press, 1977 : 22-25.

323 Louis Rousseau, «La conduite pascale dans la région montréalaise, 1831-1865 : un indice du mouvement de ferveur religieuse», Rolland Litalien, dir. *L'Église de Montréal 1836-1986*, Montréal, Fides, 1986 : 273.

324 Le diocèse de Montréal est érigé en 1836 seulement, mais un évêque y réside depuis 1820.

325 Roberto Perin, *Bourget and the dream of a Free Church in Quebec, 1862-1878*, thèse de PhD (histoire), Université d'Ottawa, 1975, «Troppo Ardenti Sacerdoti : the Conroy Mission Revisited», *Canadian Historical Review*, LXI,3 (September 1980) : 283-304; Lucia Ferretti, *Entre voisins. La société paroissiale en milieu urbain. Saint-Pierre-Apôtre de Montréal 1848-1930*, Montréal, Boréal, 1992.

326 Lucia Ferretti, *Entre voisins. La société paroissiale en milieu urbain. Saint-Pierre-Apôtre de Montréal 1848-1930*, Montréal, Boréal, 1992.

327 Fernand Ouellet, «Structure des emplois et ethnicité dans les villes de Québec et de Montréal (1819-1844)», *Éléments d'histoire sociale*, Montréal, Hurtubise HMH, 1972 : 177-202.

328 Joanne Burgess, *Work, Family and Community: Montreal Leather Craftsmen, 1790-1831*, thèse de PhD, (histoire), Université du Québec à Montréal, 1986.

329 Joanne Burgess, *Work, Family and Community: Montreal Leather Craftsmen, 1790-1831*, thèse de PhD, (histoire), Université du Québec à Montréal, 1986.

330 Jean-Claude Robert, «Urbanisation et population : le cas de Montréal en 1861», *Revue d'histoire de l'Amérique française*, 35,4 (mars 1982) : 523-535.

331 Étudiant la métallurgie à Montréal, Robert Tremblay a identifié de très nombreux cas de ce genre. *Du forgeron au machiniste : l'impact social de la mécanisation des opérations d'usinage dans l'industrie de la métallurgie à Montréal, de 1815 à 1860*, thèse de PhD (histoire), Université du Québec à Montréal, 1992; analysant les grands secteurs industriels montréalais au début des années 1930, William J. Roy trouve cette situation à l'origine de la division ethnique du travail dans beaucoup de secteurs. William J. Roy, *The French-English Division of Labor in the Province of Quebec*, mémoire de MA, Université McGill, 1935.

332 Peter Bischoff, «La formation des traditions de solidarité ouvrière chez les mouleurs montréalais : la longue marche vers le syndicalisme (1859-1881)», *Labour/Le Travail*, 21(1988) : 9-42.

333 Elinor Kyte Senior, *British Regulars in Montreal : An Imperial Garrison, 1832-1854*, Montreal, McGill-Queen's University Press, 1981.

334 Huguette Lapointe-Roy, *Charité bien ordonnée. Le premier réseau de lutte contre la pauvreté à Montréal au 19e siècle*, Montréal, Boréal, 1987.

335 Bettina Bradbury, *The Working-Class Family Economy: Montreal, 1861-1881*, thèse de PhD, (histoire), Concordia University, 1984; Gilles Lauzon, *Habiter un nouveau quartier ouvrier de la banlieue de Montréal; village Saint-Augustin (municipalité de Saint-Henri) 1855-1881*, mémoire de maîtrise (histoire), Université du Québec à Montréal, 1986.

336 Jean-Claude Robert, «The City of Wealth and Death : Urban Mortality in Montreal, 1821-1871», Wendy Mitchinson et Janice P. McGinnis, dir., *Essays in the History of Canadian Medicine*, Toronto, McClelland and Stewart, 1988 : 18-38; Patricia Thornton, Sherry Olson et Quoc Thuy Thach, «Dimensions sociales de la mortalité infantile à Montréal au milieu du XIXe siècle», *Annales de démographie historique* 1988 : 299-325.

337 Jean De Bonville, *Jean-Baptiste Gagnepetit. Les travailleurs montréalais à la fin du XIXe siècle*, Montréal, L'Aurore, 1975.

338 Jacques Viger, *Observations en amélioration des lois des chemins telles qu'en force dans le Bas-Canada en 1825*, Montreal, John Lovell, 1840.

339 Lorne Joseph Ste. Croix, *The First Incorporation of Montreal 1826-1836*, mémoire de maîtrise, McGill University, 1971.

340 Michèle Dagenais, *La démocratie à Montréal de 1830 à nos jours*, Montréal, Ville de Montréal, 1992 : 10.

341 Lorne Joseph Ste. Croix, *The First Incorporation of Montreal 1826-1836*, mémoire de maîtrise, McGill University, 1971 : 100.

342 «Report of Commissioners of Inquiry into the municipal institutions of Lower Canada», C. P. Lucas, dir. *Lord Durham's Report on the Affairs of British North America*, (3 vol., Oxford, Oxford University Press, 1912) : vol. III, 131-237.

343 Guy Bourassa, «Les élites politiques de Montréal : de l'aristocratie à la démocratie», *Revue canadienne d'économie et de science politique/ Canadian Journal of Economics and Political Science*, XXXI,1 (février 1965) : 35-51.

344 Elinor Kyte Senior, «The Influence of the British Garrison on the Development of the Montreal Police, 1832 to 1853», *Military Affairs*, 43,2 (April 1979) : 63-68.

345 Donald MacKay, *The Square Mile. Merchant Princes of Montreal*, Vancouver, Douglas & McIntyre, 1987 : 103-105; John I. Cooper, *Montreal. A Brief History*, Montreal, McGill-Queen's University Press, 1969 : 59, 71-72.

346 Hélène-Andrée Bizier, *L'Université de Montréal. La quête du savoir*, Montréal, Libre Expression, 1993 : 15-57.

347 Jacques Michon, «Le livre et l'édition à Montréal», Jean-Pierre Duquette, dir., *Montréal 1642-1992*, Montréal, Hurtubise HMH, 1992 : 85-93.

348 Le territoire de la ville de Montréal a été défini de façon arbitraire en 1792 et il dépasse de beaucoup le périmètre construit (voir planche 20).

349 Raymond Montpetit, «La construction de l'église Notre-Dame de Montréal : quelques pistes pour une interprétation socio-historique», J.-R. Brault, dir., *Montréal au XIXe siècle*, Montréal, Leméac, 1990 : 149-198; David Hanna, «Creation of an Early Victorian Suburb in Montreal», *Urban History Review/Revue d'histoire urbaine*, IX,2 (octobre 1980) : 38-64.

350 Joseph Bouchette, 1774-1841, haut fonctionnaire de l'époque, portait le titre d'«arpenteur général» et il a consacré sa carrière à mieux connaître les ressources du Bas-Canada. Il a écrit des descriptions détaillées des colonies britanniques nord-américaines et fait deux grandes cartes, la première en 1815 et la seconde en 1831. Ses travaux sont toujours indispensables à la connaissance de la première moitié du XIXe siècle. Pour une critique détaillée de sa cartographie, voir Claude Boudreau, *L'analyse de la carte ancienne, essai méthodologique. La carte du Bas-Canada de 1831 de Joseph Bouchette*, Québec, Université Laval (Celat), 1986. Ses cartes de Montréal n'ont cependant pas encore fait l'objet d'une critique systématique, mais il n'hésitait pas à s'inspirer largement des travaux des autres cartographes, dont Louis Charland (planche 20) et Jacques Viger.

351 *Statuts provinciaux du Bas-Canada*, 40 George III, chap. XVI.

352 Pour une description détaillée du plan des commissaires, voir *Joseph Bouchette, Description topographique de la province du Bas-Canada...*, (London, W. Faden, 1815) : 157 et suivantes; Jean-Claude Marsan, *Montréal en évolution*, Montréal, Fides, 1974 : 154-164.

353 Ces deux noms rappellent directement l'événement; James McGill (1744-1813) était l'un des trois commissaires.

354 Ce calcul est basé sur un dépouillement de *l'Aveu et Dénombrement* de 1781 et sur un tableau des rues préparé par Jacques Viger. Claude Perrault, *Montréal en 1781*, Montréal, 1969; Archives de la ville de Montréal, *Procès-verbaux des juges de paix*, 19 juillet 1817, «Tableau général des Rues de la Ville et des Faubourgs de Montréal».

355 Archives nationales du Québec à Montréal, Romuald Trudeau, *Mes Tablettes No 3* : 1-2.

356 Archives de la ville de Montréal. Procès-verbaux des juges de paix. Lettre du 6 décembre 1819. La précision du document a été établie par une première vérification détaillée pour les faubourgs Saint-Laurent et Saint-Louis, pour lesquels j'ai comparé, rue par rue, tous les éléments du plan avec le *Livre de dépouillement du recensement de 1825* de Jacques Viger (Archives du séminaire de Québec, Fonds Viger-Verreau) et *l'Aveu et Dénombrement* de 1781. Mais, en dépit de ces qualités, le plan n'est pas sans faille : ainsi, la représentation de la place d'Armes n'est pas exacte, il s'agit plutôt d'une anticipation puisque l'ancienne église paroissiale ne sera démolie qu'en 1830; en 1825 on devrait voir le tracé de deux églises.

357 Robert Lahaise, *Les Édifices conventuels du Vieux-Montréal*, Montréal, Hurtubise HMH, 1980 : 358-361.

358 Archives nationales du Québec à Montréal, Romuald Trudeau, *Mes Tablettes No 3* : 4.

359 Paul-André Linteau et Jean-Claude Robert, «Propriété foncière et société à Montréal : une hypothèse», *Revue d'histoire de l'Amérique française*, 28,1 (juin 1974) : 54.

360 Ibid.

361 L'auteur est ingénieur et a déjà préparé, pour le compte de la municipalité, une série de levés topographiques pour les différents quartiers (1843). Son plan demeure d'ailleurs moins précis pour la vieille ville, comme l'ont remarqué Pauline Desjardins, Monique Laliberté et Marie-Hélène Provençal, *Étude du potentiel archéologique de 12 terrains vacants du Vieux-Montréal*, Montréal, Société d'archéologie et de numismatique, 1987 : 19-29. D'après le géographe David Hanna, qui prépare une analyse sur le sujet, le plan est beaucoup plus détaillé dans les quartiers extérieurs. Dans la partie sud-ouest, le cartographe a cependant représenté des lotissements qui sont encore à l'état de projets, contrairement à ceux des quartiers de la partie nord-est. Communication personnelle de David Hanna du 27 octobre 1992.

362 Pour ce dernier quartier voir Lucia Ferretti, *Entre voisins. La société paroissiale en milieu urbain, Saint-Pierre-Apôtre de Montréal*, 1848-1930, Montréal, Boréal, 1992.

363 Jean-Claude Robert, *Montréal, 1821-1871. Aspects de l'urbanisation*, thèse de doctorat en histoire, École des hautes études en sciences sociales/Université de Paris I,1977 : 377-380.

364 Claude Perrault, «Les marchés Sainte-Anne — Le parlement et la place Youville — 1833-1901», *Revue d'histoire de l'Amérique française*, XXIII, 3 (décembre 1969) : 393-403.

365 Michèle Dagenais, *La démocratie à Montréal. De 1830 à nos jours*, Montréal, ville de Montréal, 1992 : 11.

366 L'éditeur de l'annuaire Mackay pour l'année 1850 a jugé bon de faire précéder son ouvrage d'une courte analyse de ce mouvement. Jean-Claude Robert, *Montréal 1821-1871. Aspects de l'urbanisation*, thèse de doctorat, École des hautes études en sciences sociales/Université de Paris I, 1977 : 186.

367 Ibid. : 189.

368 Le recensement de 1852 ne précise pas l'appartenance ethnique des «natifs du Canada» , pour employer l'expression usitée. D'ailleurs, il ne spécifie qu'une catégorie à coup sûr : les natifs du Canada «d'origine française»; les autres, qui sont britanniques en très grande majorité sont dits : «non d'origine française». Par contre, il donne le pays d'origine des immigrants.

369 Ce qui permet d'extrapoler pour les natifs du Canada «non d'origine française»; voir note précédente.

370 La notion est de Claire McNicoll, *Montréal, ville multiculturelle*, Paris, Belin, 1993 : 277 et suivantes.

371 Le calcul d'un indice de dissemblance pour les recensements de 1825, 1844, 1852 et 1871 montre une progression constante de la valeur de l'indice. Jean-Claude Robert, *Montréal 1821-1871. Aspects de l'urbanisation*, thèse de doctorat, École des hautes études en sciences sociales/Université de Paris I, 1977 : 388-390.

372 Jean-Claude Robert, «The City of Wealth and Death:Urban Mortality in Montreal, 1821-1871», W. Mitchinson et Janice D. McGinnis, dir., *Essays in the History of Canadian Medicine*, Toronto, McClelland & Stewart, 1988 : 18-38.

373 Louise Dechêne et Jean-Claude Robert, «Le choléra de 1832 dans le Bas-Canada : mesure des inégalités devant la mort», H. Charbonneau et A. Larose, dir., *The Great Mortalities : Methodological Studies of Demographic Crisis in the Past/Les grandes mortalités : étude méthodologique des crises démographiques du passé*, Liège, 1979 : 229-256.

374 Jean-Claude Robert, *Montréal 1821-1871. Aspects de l'urbanisation*, thèse de doctorat, École des hautes études en sciences sociales/Université de Paris I, 1977 : 218-219; la citation est tirée de *La Minerve* du 18 juin 1832.

375 Le chiffre de 6 000 morts qui figure sur la pierre est exagéré. Les Sœurs grises parlent de 3 862 décès. Jean-Claude Robert, *Montréal 1821-1871. Aspects de l'urbanisation*, thèse de doctorat, École des hautes études en sciences sociales/Université de Paris I, 1977 : 221.

376 Pour une analyse de l'élection voir France Galarneau, «L'élection partielle du quartier ouest de Montréal en 1832 : analyse politico-sociale», *Revue d'histoire de l'Amérique française*, 32,4 (mars 1979) : 565-584.

377 En 1825, Jacques Viger parle de «village» à propos d'Hochelaga, mais il s'agit plutôt à cette époque d'un petit noyau villageois. Jacques Viger, *Observation en amélioration des lois des chemins telles qu'en force dans le Bas-Canada en 1825*, Montréal, John Lovell, 1840 : 27.

378 En particulier Benjamin Silliman, *Remarks on a Short Tour Between Hartford and Quebec in the Autumn of 1819*, New Haven, Converse, 1820 : 195.

379 Alfred Dubuc, «Montréal et les débuts de la navigation à vapeur sur le Saint-Laurent», *Revue d'histoire économique et sociale*, 45,1 (1967) : 105-118.

380 G.J.J. Tulchinsky, *The River Barons*, Toronto, University of Toronto Press, 1977 : 35-67; Georges Bervin, *Québec au XIXe siècle. L'activité économique des grands marchands*, Sillery, Septentrion, 1991 : 207-253.

381 G.J.J. Tulchinsky, *The River Barons*, Toronto, University of Toronto Press, 1977 : 203-231.

382 Il ne s'agit pas de cinq lignes différentes, par exemple le Champlain and St. Lawrence dispose de plusieurs quais.

383 Serge Courville, *Entre ville et campagne. L'essor du village dans les seigneuries du Bas-Canada*, Québec, Presses de l'Université Laval, 1990; Serge Courville, Jean-Claude Robert et Normand Séguin, «The Spread of Rural Industry in Lower Canada, 1831-1851», *Journal of the Canadian Historical Association/ Revue de la Société historique du Canada*, nouvelle série, 2 (Kingston 1991) : 43-70.

384 Jean-Claude Robert, «Activités agricoles et urbanisation dans la paroisse de Montréal, 1820-1840», François Lebrun et Normand Séguin, dir. *Sociétés villageoises et rapports villes-campagnes au Québec et dans la France de l'Ouest XVIIe-XXe siècles*, Trois-Rivières, Université du Québec à Trois-Rivières — CREQ, 1987 : 91-100; Jean-Claude Robert, «William Evans», *Dictionnaire biographique du Canada*, vol. VIII : 307-309.

385 Jacques Viger, *Rapport sur les chemins, rues, ruelles et ponts de la cité et paroisse de Montréal, avril et mai 1840*, Montréal, John Lovell, 1841 : 18-30.

386 Jean-Claude Robert, «Aperçu sur les structures socio-professionnelles des villages de la région nord de Montréal durant la première moitié du XIXe siècle», *Cahiers de Géographie du Québec*, 28, 73-74 (avril-septembre 1984) : 63-72.

387 Les liens familiaux se tissaient aussi avec les artisans du village de la Côte-des-Neiges ainsi qu'avec les artisans du cuir britanniques fraîchement immigrés. Joanne Burgess, *Work, Family and Community: Montreal Leather Craftsmen, 1790-1831*, thèse de doctorat (histoire), Université du Québec à Montréal, 1987.

388 Jacques Viger, *Observations en amélioration des lois des chemins telles qu'en force dans le Bas-Canada en 1825*, Montréal, Lovell, 1840 : 31.

389 Marc H. Choko, *Les Grandes Places publiques de Montréal*, Montréal, Éditions du Méridien, 1987 : 112.

390 Le premier évêque de Montréal, Jean-Jacques Lartigue, est un cousin, comme aussi l'inspecteur des chemins et premier maire de Montréal, Jacques Viger.

391 Elinor Kyte Senior, *British Regulars in Montreal. An Imperial Garrison, 1832-1854*, Montréal, McGill-Queen's University Press, 1981.

392 G.J.J. Tulchinsky, *The Construction of the First Lachine Canal, 1815-1826*, mémoire de maîtrise, Université McGill, 1960 : 61-62.

393 À ne pas confondre avec la métairie des Sœurs de la Congrégation de Notre-Dame qui était située à proximité.

394 Brian Young, *In Its Corporate Capacity. The Seminary of Montreal as a Corporate Institution, 1816-1876*, Montréal, McGill-Queen's University Press, 1986 : 131-142.

395 G.J.J. Tulchinsky et Brian J. Young, «John Young», *Dictionnaire biographique du Canada*, vol. X : 790-798.

396 T. Saint-Pierre, *Histoire du commerce canadien-français de Montréal 1535-1893*, réimpression, Montréal, Élysée, 1975 : 74.

397 France Normand, «La navigation intérieure à Québec au dernier quart du XIXe siècle», *Revue d'histoire de l'Amérique française*, 43,3 (hiver 1990) : 334-335.

398 Les données sont en pieds : 16 737 à 30 772. Paul-André Linteau, *Histoire de Montréal depuis la Confédération*, Montréal, Boréal, 1992 : 19.

399 G.J.J. Tulchinsky, *The River Barons. Montreal Businessmen and the Growth of Industry and Transportation, 1837-1853*, Toronto, University of Toronto Press, 1977 : 225-226. Il y aura une commission d'enquête à ce sujet en 1887. L'importance de l'eau ainsi utilisée amène les ingénieurs à élargir et à approfondir à nouveau le canal pour assurer une plus grande régularité à son débit.

400 *Montreal in 1856. A sketch Prepared for the Celebration of the Opening of the Grand Trunk Railway of Canada*, Montréal, Lovell,1856 : 41; E.-Z. Massicotte, «Évocations du vieux Montréal», *Cahier des Dix*, 3(1938) : 157-161.
401 G.J.J. Tulchinsky, «John Redpath», *Dictionnaire biographique du Canada*, vol. IX : 721-723.
402 Janet M. Brooke, *Le goût de l'art : les collectionneurs montréalais, 1880-1920*, Montréal, Musée des Beaux-Arts de Montréal, 1989.
403 Philip P. Carpenter, «On the Relative Value of Human Life in Different Parts of Canada», *Canadian Naturalist and Geologist*, (1859) : 178.
404 Paul-André Linteau, *Histoire de Montréal depuis la Confédération*, Montréal, Boréal, 1992 : 40.
405 Répertoire d'architecture traditionnelle sur le territoire de la communauté urbaine de Montréal, *Les Magasins et les Cinémas*, Montréal, CUM, 1985 : XIX, 205-209.
406 Paru d'abord par livraisons dans le journal *Montreal Star*, l'ouvrage est publié en brochure. Il a été réédité avec une introduction : Herbert Brown Ames, *The City Below the Hill*, réédition, Toronto, University of Toronto Press, 1972.
407 David Hanna et Sherry Olson, «Métiers, loyers et bouts de rue : l'armature de la société montréalaise, 1881 à 1901», *Cahiers de Géographie du Québec*, 27,71 (septembre 1983) : 255-275.
408 Robert Rumilly, *Histoire de Montréal*, tome 2, Montréal, Fides, 1970 : 337-339. La ville a recensé 9 042 personnes d'après ses rôles d'évaluation, mais le rapport officiel ajoute : «Il est bien connu cependant qu'il se trouvait un très grand nombre de personnes demeurant dans les quartiers incendiés comme sous-locataires, ne payant aucune taxe et dont les noms ne paraissent pas aux livres de la corporation.» La ville évalue donc le total à 10 000 ou 11 000 personnes. *Procédés du comité général de secours de Montréal*, Montréal, Lovell, 1853 : 14.
409 Jean Hamelin et Yves Roby, *Histoire économique du Québec,1851-1896*, Montréal, Fides, 1972 : 154-156; Archives nationales du Québec à Montréal, Romuald Trudeau, *Tablettes chronologiques, septembre 1840* : 190; Benoît Brouillette, «Le port et les transports», Esdras Minville, dir., *Montréal économique*, Montréal, Fides, 1943 : 176.
410 Benoît Brouillette, «Le port et les transports», Esdras Minville, dir., *Montréal économique*, Montréal, Fides, 1943 : 167-175; Jean Hamelin et Yves Roby, *Histoire économique du Québec, 1851-1896*, Montréal, Fides, 1972:121-139; Paul-André Linteau, René Durocher et Jean-Claude Robert, *Histoire du Québec contemporain. De la Confédération à la crise, 1867-1929*, Montréal, Boréal, 1989 : 104-113.
411 Serge Courville, Normand Séguin et Jean-Claude Robert, «La vie de relation dans l'axe laurentien au XIXe siècle : l'exemple du lac Saint-Pierre», *Annales de Bretagne et des pays de l'Ouest*, 95,4 (1988) : 355-357.
412 Jean-Claude Lasserre, *Le Saint-Laurent, grande porte de l'Amérique*, Montréal, Hurtubise HMH, 1980 : 228.
413 Benoît Brouillette, «Le port et les transports», Esdras Minville, dir., *Montréal économique*, Montréal, Fides, 1943 : 119-121.
414 Pour un survol des différents secteurs, voir Norman Ball, dir., *Bâtir un pays. Histoire des travaux publics au Canada*, Montréal, Boréal, 1988.
415 Marcel Bellavance, en collaboration avec J.-D. Gronoff, «Les structures de l'espace montréalais à l'époque de la Confédération», *Cahiers de Géographie du Québec*, 24, 63 (décembre 1980) : 376-383.
416 Le premier cadre juridique municipal est issu directement des recommandations du rapport Durham, lequel avait longuement souligné les carences de l'administration locale. En 1840, deux ordonnances établissent les autorités locales et municipales. «L'évolution du gouvernement municipal au Québec», *Annuaire du Québec 1968-1969* : 165-166.
417 Ibid., 166-167.
418 Justin McCarthy, *Dictionnaire de l'ancien droit du Canada*, Québec, Neilson, 1809 : 161-162; C.-E. Deschamps, *Liste des municipalités dans la province de Québec*, Lévis, Mercier, 1886 : 705, donne la date de 1722. Le règlement a été adopté au Canada en 1721 et approuvé par le roi en 1722.
419 Walter Van Nus, «The Role of Suburban Government in the City-Building Process. The Case of Notre-Dame-de-Grâce, Quebec 1876-1910», *Urban History Review/Revue d'histoire urbaine*, XIII, 2 (octobre 1984) : 91-103; Westmount: A Heritage to Preserve, Westmount, 1991.
420 Michèle Benoît et Roger Gratton, *Pignon sur rue. Les quartiers de Montréal*, Montréal, Guérin, 1991 : 227.
421 Jean-Louis Lalonde, *Le village de Saint-Jean-Baptiste: la formation d'un faubourg montréalais, 1861-1886*, mémoire de maîtrise (histoire), Université du Québec à Montréal, 1985.
422 Paul-André Linteau, *Maisonneuve. Comment des promoteurs fabriquent une ville*, Montréal, Boréal, 1981 : 26-30.
423 Antoine Sirois, *Montréal dans le roman canadien*, Montréal, Marcel Didier, 1969.
424 Voir par exemple, sur un ton humoristique, le découpage territorial évoqué par Mike Boone, «A Voyage East. A Wilderness Guide to East-End Montreal», Josh Freed et John Kalina, dir. *The Anglo Guide to Survival in Québec*, Montréal, Eden Press, 1983 : 1-14.
425 Robert Rumilly, *Histoire de Montréal*, tome IV, Montréal, Fides, 1974 : 168 et 188.
426 James Lemon, *Toronto Since 1918*, Toronto, Lorimer, 1985 : 198.
427 Paul-André Linteau, *Histoire de Montréal depuis la Confédération*, Montréal, Boréal, 1992 : 430.
428 Le Montreal Board of Trade change d'opinion au début des années 1950. Edgar Andrew Collard, *The Montreal Board of Trade, 1822-1972*, Montréal, Montreal Board of Trade, 1972 : 10-11.
429 Guillaume-Alphonse Nantel, *La métropole de demain. Avenir de Montréal*, Montréal, 1910.
430 Il a publié de nombreuses brochures durant les années 1920 et 1930; par exemple voir : Séraphin Ouimet, *Plan d'ensemble de l'Ile de Montréal et la Compagnie d'Entreprise du Terminus de Montréal*, s.l., s.d.
431 Annick Germain, «*La métropole à l'aube de la modernité*», Cap-aux-Diamants, 27 (automne 1991) : 50-51.
432 J. M. S. Careless, *Toronto to 1918*, Toronto, Lorimer, 1984 : 83, 115-120.
433 Margaret W. Wesley, *Grandeur et déclin. L'élite anglo-protestante de Montréal 1900-1950*, Montréal, Libre Expression, 1990; David Morgan, *The Morgans of Montreal*, Toronto, 1992.
434 Mario Polèse, «La thèse du déclin économique de Montréal, revue et corrigée», *L'Actualité économique*, 66, 2 (juin 1990) : 144.
435 Ibid., 143.
436 Ibid., 143.
437 Claire McNicoll, *Montréal, ville multiculturelle*, Paris, Belin, 1993.
438 Traduction de l'auteur : «Financial power eventually moves — for its own protection — to where there is also political power, and that may be the ultimate reason why the core of Canada's business Establishment has altered its address from Montreal to Toronto». Peter C. Newman, *The Canadian Establishment*, Revised Edition, Toronto, McClelland & Stewart-Bantam, 1979 : 225.
439 Jane Jacobs, *The Question of Separatism. Quebec and the Struggle over Sovereignty*, New York, Random House, 1980 : 23 et particulièrement à la page 110 où elle écrit : «If Quebec remains a province indefinitely and Montreal declines into a typical Canadian regional city, Quebec will become a serious financial burden on the breadwinning provinces.» [traduction : Si le Québec demeure dans la Confédération et si Montréal devient une ville régionale canadienne typique, le Québec deviendra un poids très lourd pour les autres provinces.]
440 Paul-André Linteau, *Histoire de Montréal depuis la Confédération*, Montréal, Boréal, 1992 : 340.
441 Merrily Weisbord, *The Strangest Dream*, Toronto, Lester & Orpen Dennys, 1983.
442 Au fédéral, le droit de vote avait été accordé progressivement à partir de 1917 et au provincial, le Québec a été la dernière province à l'accorder.
443 Marlene Shore, *The Science of Social Redemption. McGill, the Chicago School, and the Origins of Social Research in Canada*, Toronto, University of Toronto Press, 1987.
444 Pierre Anctil, *Le rendez-vous manqué. Les Juifs de Montréal face au Québec de l'entre-deux-guerres*, Montréal, Institut québécois de recherche sur la culture,1988.
445 Leonard L. Knott, *Montreal 1900-1930*, Toronto, Nelson, Foster and Scott, s.d. : 3.
446 Robert Rumilly, *Histoire de Montréal*, tome IV, Montréal, Fides, 1974 : 223, parle de 300 à 400 chômeurs qui vont «prendre des lots».
447 Claire McNicoll, *Montréal, ville multiculturelle*, Paris, Belin, 1993; Paul-André Linteau, «La montée du cosmopolitisme montréalais», *Questions de culture*, 2 (1982) : 23-53; André-G. Bourassa et Jean-Marc Larrue, *Les nuits de la «Main». Cent ans de spectacles sur le boulevard Saint-Laurent (1891-1991)*, Montréal, VLB éditeur, 1993.
448 Voir l'ouvrage classique de cette école : Robert E. Park, Ernest W. Burgess et Roderick D. McKenzie, *The City*, *Chicago*, University of Chicago Press, 1925. Pour une présentation et une traduction des articles fondateurs de Park, Burgess, McKenzie et Louis Wirth, voir Y. Grafmeyer et I. Joseph, prés., *L'École de Chicago. Naissance de l'écologie urbaine*, Paris, Aubier, 1984.
449 Everett C. Hughes, *French Canada in Transition*, Chicago, University of Chicago Press, 1943; traduit en 1945 sous le titre : *Rencontre de deux mondes*, réédition, Montréal, Boréal, 1972. Hughes a été professeur à McGill durant quelques années et a dirigé plusieurs mémoires de maîtrise avant de retourner à l'Université de Chicago.
450 Marlene Shore, *The Science of Social Redemption. McGill, the Chicago School, and the Origins of Social Research in Canada*, Toronto, University of Toronto Press, 1987.
451 Montreal Board of Trade/The City Improvement League, *A Report on Housing and Slum Clearance for Montreal*, Montréal, 1935.
452 Ibid., carte No 3, 16.
453 Ibid., 13.
454 Cette expression serait apparue après la Première Guerre mondiale et était employée par les résidants qui, par contre, n'auraient jamais utilisé celle de «Mille carré doré», plus récente. Les limites sont le boulevard René-Lévesque au sud, la rue Bleury à l'est, la rue Guy à l'ouest et l'avenue des Pins au nord. Margaret W. Westley, *Grandeur et Déclin. L'élite anglo-protestante de Montréal 1900-1950*, Montréal, Libre Expression, 1990 : 24.
455 Philip P. Carpenter (1819-1877), l'un des pionniers de la réforme sanitaire à Montréal, dénonce, dès 1859, les conditions de certains logements : «On the Relative Value of Human Life in Different Parts of Canada», *The Canadian Naturalist and Geologist*, 1859 : 182-183.
456 Cité par Kathleen Jenkins, *Montreal, Island City of the St. Lawrence*, Garden City, Doubleday, 1966 : 436.
457 Paul-André Linteau, *Histoire de Montréal depuis la Confédération*, Montréal, Boréal, 1992 : 215.

458 Montreal Board of Trade/The City Improvement League, *A Report on Housing and Slum Clearance for Montreal*, Montréal, 1935 : 20-21.
459 Commission métropolitaine de Montréal, *Le mouvement de la construction et l'accroissement de la population de 1925 à 1936*, Miméo, 1936.
460 Réal Bélanger, George S. Mooney et Pierre Boucher, *Les Vieux Logements de Montréal*, Montréal, Commission métropolitaine de Montréal, 1938.
461 Robert Nahuet, *Une expérience canadienne de taylorisme : le cas des usines Angus du Canadien Pacifique*, mémoire de maîtrise (histoire), Université du Québec à Montréal, 1984.
462 Paul-André Linteau, *Histoire de Montréal depuis la Confédération*, Montréal, Boréal, 1992 : 299.
463 Ibid., 302.
464 Paul-André Linteau, «Le développement du port de Montréal au début du 20e siècle», *Société historique du Canada, Communications historiques/Historical Papers*, 1972, 187.
465 Benoît Brouillette, «Le port et les transports», Esdras Minville, dir., *Montréal économique*, Montréal, Fides, 1943 : 141.
466 Jean-Claude Lasserre, *Le Saint-Laurent, grande porte d'Amérique*, Montréal, Hurtubise HMH, 1980 : 288.
467 Benoît Brouillette, «Le port et les transports», Esdras Minville, dir., *Montréal économique*, Montréal, Fides, 1943 : 125; les données sont en pieds : 39 052 en 1914 et 55 256 en 1940. Paul-André Linteau, «Le développement du port de Montréal au début du 20e siècle», *Société historique du Canada, Communications historiques/Historical Papers*, 1972 : 193-199.
468 Benoît Brouillette, «Le port et les transports», Esdras Minville, dir., *Montréal économique*, Montréal, Fides, 1943 : 154-157.
469 Commission du Havre, *Rapport annuel du Port*, 1922-1925.
470 Paul-André Linteau, *Histoire de Montréal depuis la Confédération*, Montréal, Boréal, 1992 : 160.
471 Ibid., 352.
472 Paul-André Linteau, *Brève histoire de Montréal*, Montréal, Boréal, 1992 : 92.
473 Montreal Board of Trade/City Improvement League, *A Report on Housing and Slum Clearance for Montreal*, Montréal, 1935 : 30.
474 Madeleine Forget, *Les Gratte-ciel de Montréal*, Montréal, Méridien, 1990 : 83-144; CUM, *Architecture commerciale II*. Les hôtels, les immeubles de bureaux, *Répertoire d'architecture traditionnelle sur le territoire de la Communauté urbaine de Montréal*, Montréal, CUM, 1983.
475 CUM, *Architecture commerciale III*. Les magasins, les cinémas, *Répertoire d'architecture traditionnelle sur le territoire de la Communauté urbaine de Montréal*, Montréal, CUM, 1985.
476 Marc H. Choko, *Les Grandes Places publiques de Montréal*, Montréal, Méridien, 1987 : 53.
477 CUM, *Architecture commerciale II*. Les hôtels, les immeubles de bureaux, *Répertoire d'architecture traditionnelle sur le territoire de la Communauté urbaine de Montréal*, Montréal, CUM, 1983 : 170-172.
478 André-G. Bourassa et Jean-Marc Larrue, *Les Nuits de la «Main». Cent ans de spectacles sur le boulevard Saint-Laurent (1891-1991)*, Montréal, VLB éditeur, 1993; *The Montreal Y.M.C.A. Survey*, Montréal, 1925.
479 Réal Bélanger, George S. Mooney et Pierre Boucher, *Les Vieux Logements de Montréal*, Montréal, Commission métropolitaine de Montréal, 1938 : 18.
480 Kathleen Jenkins, *Montreal, Island City of the St. Lawrence*, Garden City, Doubleday, 1966 : 461.
481 Guy Pinard, *Montréal, son histoire, son architecture*, vol. I, Montréal, La Presse, 1987 : 248-249.
482 David B. Frost, «The Railways of Montreal», David B. Frost, dir., *Montreal Geographical Essays*, Montréal, Concordia University, 1981 : 44-45.
483 David B. Hanna, «Stratégies ferroviaires: emprises et terminus de Montréal», *Actes du 5e Congrès annuel de l'association québécoise du patrimoine industriel*, Montréal, (à paraître).
484 Michèle Benoît et Roger Gratton, «La cité du Nord», *Pignon sur rue, Les quartiers de Montréal*, Montréal, Guérin, 1991 : 256.
485 Paul-André Linteau, *Histoire de Montréal depuis la Confédération*, Montréal, Boréal, 1992 : 293-294.
486 Danielle Noiseux, *La modernisation agricole dans les comtés de Laprairie et Napiervielle, 1920-1970 : les choix des producteurs*, mémoire de maîtrise (histoire), Université du Québec à Montréal, 1985 : 116.
487 John H. Thompson et Allen Seager, *Canada, 1922-1939*, Toronto, McClelland and Stewart, 1985 : 350.
488 Paul-André Linteau, René Durocher, Jean-Claude Robert et François Ricard, *Histoire du Québec contemporain. Le Québec depuis 1930*, Montréal, Boréal compact, 1989 : 309.
489 Robert Bothwell et William Kilbourn, *C. D. Howe : A Biography*, Toronto, McClelland and Stewart, 1979.
490 Fred F. Angus, *Remember Montreal Streetcars!*, Montréal, Canadian Railroad Historical Association, 1971 : 7.
491 Commission métropolitaine de Montréal, *Le mouvement de la construction et l'accroissement de la population de 1925 à 1936*, Montréal, 1938 : 1.
492 Jean-Pierre Collin, «Crise du logement et Action Catholique à Montréal, 1940-1966», *Revue d'histoire de l'Amérique française*, 41, 2 (automne 1987) : 179-203; Marc-H. Choko, Jean-Pierre Collin et Annick Germain, «Le logement et les enjeux de la transformation de l'espace urbain: Montréal, 1940-1960», *Urban History Review/Revue d'histoire urbaine*, XV, 2 (octobre 1986) : 127-136, XV, 3 (février 1987) : 243-253.
493 Robert Rumilly, *Histoire de Montréal*, tome 5, Montréal, Fides, 1974 : 82, rappelle les 400 maisons construites à Saint-Laurent. Voir également Geneviève Auger et Raymonde Lamothe, *De la poêle à frire à la ligne de feu. La vie quotidienne des Montréalaises pendant la guerre '39-'45*, Montréal, Boréal, 1981 : 80-89.
494 Léo-Paul Desrosiers, «1942», *Les Cahiers des Dix*, 7, Montréal, Les Dix, 1942 : 302.
495 Jacques Besner, «Le zonage à Montréal», *L'Urbaniste*, automne 1986 : 29.
496 Robert Rumilly, *Histoire de Longueuil*, Longueuil, Société d'histoire de Longueuil, 1974 : 383-442.
497 Pierre Vallières, *Nègres blancs d'Amérique*, Montréal, Parti Pris, 1969 : 136.
498 *Le Québec statistique*, 56e édition, Québec, Gouvernement du Québec, 1989 : 343.
499 Joel Garreau, *Edge City. Life on the New Frontier*, New York, Doubleday, 1991.
500 Benjamin Higgins, *The Rise and Fall? of Montreal*, Moncton, Institut canadien de recherche sur le développement régional, 1986 : 60.
501 Brian Slack, «The Port of Montreal», David B. Frost, dir., *Montreal Geographical Essays*, Montréal, Université Concordia, 1981 : 32.
502 Statistique Canada, *Un portrait du Canada*, Ottawa, 1989 : 162.
503 Société du Vieux-Port de Montréal, *Le Vieux-Port de Montréal. Plan d'aménagement 1992*, Montréal, 1992; Pauline Desjardins et Louise Pothier, *Étude de potentiel archéologique du territoire du Vieux-Port de Montréal*, Montréal, Le Vieux-Port de Montréal, 1989.
504 Julie Harris, «Les aéroports», Norman R. Ball, dir., *Bâtir un pays. Histoire des travaux publics au Canada*, Montréal, Boréal, 1988 : 326.
505 Guy Pinard, *Montréal, son histoire, son architecture*, tome 3, Montréal, La Presse, 1989 : 502.
506 Statistique Canada, *L'Aviation au Canada*, Ottawa, 1986 : 140-141.
507 G. R. Stevens, *History of the Canadian National Railways*, New York, Macmillan, 1973 : 467-470, 491-493.
508 Clément Demers, «Le nouveau centre-ville de Montréal», *Cahiers de Géographie du Québec*, 27, 71 (septembre 1983) : 217, 234.
509 Jacques Déry, *Abrégé historique de Montréal*, Montréal, Publications Éclair, 1963 : 61.
510 Brian Slack, «Montréal: un centre de services de transport», F.W. Remiggi et G. Sénécal, dir., *Montréal : Tableaux d'un espace en transformation*, Montréal, Association canadienne-française pour l'avancement des sciences, 1992 : 141-152; Brian Slack, «Port Service Industries : the Case of Montreal», *Cahiers de Géographie du Québec*, 26, 68 (septembre 1982) : 235-240.
511 Ludger Beauregard et Normand Dupont, «La réorganisation du commerce dans la région métropolitaine de Montréal», *Cahiers de Géographie du Québec*, 27, 71 (septembre 1983) : 277-305.
512 Jacques Léveillée, «Pouvoir local et politiques publiques à Montréal : renouveau dans les modalités d'exercice du pouvoir urbain», *Cahiers de recherche sociologique*, 6,2 (automne 1988) : 42.
513 À la suite de changements dans la base de l'énumération et dans la formulation de la question, les comparaisons ne peuvent plus se faire exactement à partir de 1981. Il s'agit, en 1981 comme en 1991, d'un échantillon de 20% de la population. L'abandon de la question de l'appartenance ethnique du premier ancêtre du côté paternel et l'introduction de la possibilité d'évoquer des origines ethniques multiples, si elle permet de saisir les contacts interethniques, rend cependant les comparaisons difficiles. En 1981, plus de 3% des recensés ont déclaré une origine ethnique multiple et cette proportion est passée à près de 12% en 1991.
514 Mario Polèse, «La thèse du déclin économique de Montréal, revue et corrigée», *L'Actualité économique*, 66, 2 (juin 1990) : 133-146.
515 Pour une illustration de la signification des «bouts de rue», voir David B. Hanna et Sherry Olson, «Métiers, loyers et bouts de rue : l'armature de la société montréalaise, 1881 à 1901», *Cahiers de Géographie du Québec*, 27, 71 (septembre 1983) : 255-275; «Paysage social de Montréal, 1901», D. Kerr et D. W. Holdsworth, dir., *Atlas historique du Canada*, vol. III, Montréal, Presses de l'Université de Montréal, 1990 : planche 30.
516 Conseil des Affaires sociales, *Deux Québec dans un. Rapport sur le développement social et démographique*, Montréal, Gaëtan Morin, 1989 : 36.
517 Ibid., 68.
518 Ibid., 82; Richard Langlois, *S'appauvrir dans un pays riche*, Montréal, CEQ/Éditions Saint-Martin, 1990.
519 Voir le diagramme, devenu classique depuis sa parution en 1925, dans Ernest W. Burgess, «La croissance de la ville. Introduction à un projet de recherche», Y. Grafmeyer et I. Joseph, prés., *L'école de Chicago. Naissance de l'écologie urbaine*, Paris, Aubier, 1984 : 131.
520 Pour une analyse de la notion de confort culturel et de l'évolution de la répartition des groupes ethniques, voir : Claire McNicoll, *Montréal, ville multiculturelle*, Paris, Belin, 1993.
521 Louis Trotier, «La genèse du réseau urbain du Québec», Marc-André Lessard et Jean-Paul Montminy, *L'Urbanisation de la société canadienne-française*, Québec, Presses de l'Université Laval, 1968 : 28.
522 *Le Québec statistique*, 59e édition, Québec, Les Publications du Québec, 1989 : 304.
523 Andrew Sancton, *Governing the Island of Montreal*, Berkeley, University of California Press, 1985 : 28-30.
524 Paul-André Linteau, *Histoire de Montréal depuis la Confédération*, Montréal, Boréal, 1992 : 549-550.
525 Andrew Sancton, *Governing the Island of Montreal*, Berkeley, University of California Press, 1985.

REMERCIEMENTS

La réalisation de cet ouvrage a bénéficié du concours d'une équipe que je désire remercier vivement : les assistantes de recherche, Jo-Anne Rochette, Francine Légaré et Louise Bouchard, qui ont effectué l'inventaire des cartes et la préparation du matériel historiographique et, spécialement, Nathalie Gélinas, qui a en outre supervisé le repérage et le choix des cartes; Yves Otis, qui s'est acquitté, à partir de mes esquisses, de la réalisation des nombreuses figures et cartes.

J'adresse des remerciements particuliers à tous les historiens, géographes, archivistes, archéologues et bibliothécaires qui ont répondu avec diligence à mes nombreuses demandes, et m'ont toujours fourni de précieux renseignements. On pourra constater à travers les notes l'apport de leur travail et l'étendue de ma dette à leur égard.

Je salue pour leur collaboration Edward Dahl, Patrick McIntyre et Marina Royo, de la division des archives cartographiques et architecturales des Archives nationales du Canada, Suzelle Beaudouin, du Centre canadien d'architecture, Pierre Lépine, de la Bibliothèque nationale du Québec, Pamela Miller, du Musée McCord et Denys Chouinard, des Archives de la ville de Montréal.

J'exprime ma reconnaissance à mes collègues, Serge Courville, Louise Dechêne, Mario Lalancette, Paul-André Linteau et Alan Stewart, qui m'ont apporté une aide précieuse en commentant le manuscrit.

Je désire remercier André Bastien qui a partagé mon enthousiasme pour ce projet, et l'a soutenu par ses critiques, ses suggestions et sa patience, et Claire McNicoll qui a fait bénéficier ce travail de ses commentaires judicieux.

Enfin, cet atlas n'aurait jamais vu le jour sans l'appui de la Fondation Lionel-Groulx, en particulier, son directeur général, Jean-Marc Léger, à qui je renouvelle toute ma gratitude.

JEAN-CLAUDE ROBERT